은행FP
자산관리사 2부

개념정리 **+** 적중문제 한권으로 끝내기

시대에듀

은행FP
자산관리사 2부
한권으로 끝내기

FINANCIAL
PLANNER

시대에듀 수험생 여러분, 안녕하세요.

자산관리사(Financial Planner)는 금융기관 영업부서의 재테크팀 또는 PB(Private Banking) 팀에서 고객의 수입과 지출, 자산 및 부채현황, 가족상황 등 고객에 대한 각종 자료를 수집·분석하여 고객이 원하는 Life Plan상의 재무목 표를 달성할 수 있도록 종합적인 자산설계에 대한 상담과 이에 따른 실행을 지원하는 업무를 수행하는 금융전문가가 되기 위해 반드시 갖추어야 하는 국가공인 자격증입니다.

은행FP 자산관리사 시험은 시험 범위가 넓고 말 그대로 은행FP가 가지고 있어야 할 소양을 제대로 가지고 있는지를 묻고 있는 시험입니다. 시험 범위가 많다고 낙심하지 마시고, **천천히 기본 토대를 쌓는다는 마음**으로 임해주시면 충분히 합격할 수 있을 것입니다.

Always with you

사람의 인연은 길에서 우연하게 만나거나 함께 살아가는 것만을 의미하지는 않습니다.
책을 펴내는 출판사와 그 책을 읽는 독자의 만남도 소중한 인연입니다.
시대에듀는 항상 독자의 마음을 헤아리기 위해 노력하고 있습니다. 늘 독자와 함께하겠습니다.

이 책을 보고 계시는 분들 중에는 학생 분들도 계실 것이고, 바쁜 시간을 쪼개어 공부하시는 직장인 분들도 계실 것입니다. 수험생 분들이 스스로 느끼기에 부담이 덜 되는 과목이 있을 것이고 부담이 되는 과목이 있을 것입니다. **부족한 과목에서는 자신의 약점을 보강하고, 강점이 있다고 생각되는 과목은 그 강점을 놓치지 않도록 노력하는 마인드**로 공부해 주시기를 부탁드립니다.

본 도서의 특징은 크게 3가지로 요약할 수 있습니다.

이 책의 특징

1. 시험에 자주 출제되는 **빈출 핵심이론과 함께 관련 적중문제를 배치**하여, 이론 공부 후 바로 문제를 풀어봄으로써 관련 이해도를 높일 수 있도록 하였습니다.

2. **테마별·문제별 중요도를 표시**하여 상대적으로 어떤 부분이 중요한지 쉽게 파악하여 효율적인 학습이 가능하도록 하였습니다.

3. **최신 기출문제를 반영한 실전모의고사 2회분**을 통해 전체 학습이 종료된 후에 최종 마무리가 가능하도록 하였습니다.

끝으로 본 도서가 나오기까지 밤낮으로 수고해 주신 시대에듀 임직원 여러분들께 깊은 감사를 드리며, 본 도서가 은행FP 자격시험을 준비하시는 분들에게 합격의 기쁨을 가져다주는 마중물이 되기를 기원합니다. 감사합니다.

편저자 김경동 드림

"노력한다고 합격한다는 보장은 없습니다.
그러나 합격한 사람들 중에서 노력하지 않은 사람은 아무도 없습니다!"

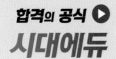

국가공인 자산관리사란?

금융기관 영업부서의 재테크팀 또는 PB(Private Banking)팀에서 고객의 수입과 지출, 자산 및 부채현황, 가족상황 등 고객에 대한 각종 자료를 수집·분석하여 고객이 원하는 Life Plan상의 재무목표를 달성할 수 있도록 종합적인 자산설계에 대한 상담과 이에 따른 실행을 지원하는 업무를 수행하는 금융전문가를 말합니다.

시험구성

제1부

시험과목	세부내용	문항수		배점
		총 문항수	과락 기준 문항수(미만)	(점수)
자산관리 기본지식	재무설계의 의의 및 재무설계 프로세스	10	16	40
	경제동향분석 및 예측	15		
	법률	15		
세무설계	소득세	4	16	40
	금융소득종합과세	8		
	양도소득세	8		
	상속·증여세	16		
	취득세·재산세·종합부동산세	4		
보험 및 은퇴설계	보험설계	10	8	20
	은퇴설계	10		
합계		100	–	100

제2부

시험과목	세부내용	문항수		배점
		총 문항수	과락 기준 문항수(미만)	(점수)
금융자산 투자설계	금융상품	16	28	70
	주식투자	15		
	채권투자	15		
	파생금융상품투자	12		
	금융상품 투자설계 프로세스	12		
비금융자산 투자설계	부동산 상담 사전 준비	9	12	30
	부동산 시장 및 정책 분석	9		
	부동산 투자전략	9		
	보유 부동산자산관리 전략	3		
합계		100	–	100

시험일정

회 차	접수기간	시험일자	합격자 발표
61회	24.03.05(화)~24.03.12(화)	04.13(토)	04.26(금)
62회	24.06.18(화)~24.06.25(화)	07.27(토)	08.09(금)
63회	24.10.01(화)~24.10.08(화)	11.09(토)	11.22(금)

※ 상기 시험일정은 한국금융연수원 사정에 따라 변경될 수 있으므로, 주관처에서 다시 한 번 정확한 일정을 확인하시기 바랍니다.

응시원서 접수방법

접수기간 내에 인터넷(www.kbi.or.kr)에서 작성 및 접수

시험관련 세부정보

시험주관처	응시자격	응시료	시험시간	문제형식
한국금융연수원 (www.kbi.or.kr)	제한 없음	전과목 5만 5천원 1부 : 2만 8천원 2부 : 2만 8천원	총 200분 1교시 : 9:00 ~ 10:40 2교시 : 11:00 ~ 12:40	객관식 5지 선다형

합격기준

아래 두 가지 조건을 모두 충족한 자

시험과목별로 40점 미만(100점 만점 기준)이 없을 것		1부 평균, 2부 평균이 각각 60점(100점 만점 기준) 이상일 것

※ 평균은 총 득점을 총 배점으로 나눈 백분율이며, 1부 또는 2부 시험만 합격요건을 갖춘 경우는 부분합격자로 인정

검정시험의 일부 면제

검정시험 결과 1부 시험 또는 2부 시험만을 합격한 자는 부분 합격일로부터 바로 다음에 연속되어 실시하는 3회(년수 제한 2년)의 검정시험에 한하여 1부 시험 합격자는 1부 시험을, 2부 시험 합격자는 2부 시험을 면제(2009년 제18회 시험부터 적용)

과목별 학습전략

1과목 | 금융자산 투자설계(70문항)

1장 | 금융상품(16문항/70문항)

금융상품 파트는 비슷한 성격끼리 금융상품을 분류하고 해당 분류 내에서 세부 금융상품의 특징 등에 대해 묻고 있는 문제가 주를 이루고 있습니다. 따라서 비슷한 성격의 금융상품은 함께 공부하면서 공통점과 차이점에 대해 파악하는 것이 중요합니다.

2장 | 금융상품 투자설계 프로세스(12문항/70문항)

금융상품 투자설계는 먼저 투자자의 성향을 파악하고, 투자자의 현재 상황, 예상 상황 등을 종합하여 현재 자료를 바탕으로 가장 부합하는 투자설계를 하는 것이 중요합니다. 이 챕터는 숙지해야 할 계산공식이 가장 많기 때문에 학습하는 데 어려움이 있을 수 있으므로 충분한 시간을 두고 익혀야 합니다.

3장 | 주식투자(15문항/70문항)

주식투자의 경우 크게 주식시장 관련 사항, 주식에 대한 투자전략, 주식의 가치평가로 나누어져 있습니다. 해당 파트별로 어떤 내용이 있는지 파악하고, 특히 주식의 가치평가의 경우 계산문제에 대비해야 합니다.

4장 | 채권투자(15문항/70문항)

채권투자의 경우 크게 채권시장 관련 사항, 채권에 대한 투자전략, 채권의 가격형성 및 채권수익률, 채권가격변동으로 나누어져 있습니다. 해당 파트별로 어떤 내용이 있는지 파악하고 가격형성 요소 및 채권가격에 미치는 영향에 대한 암기 및 채권수익률, 채권가격변동 등의 계산문제에 대비해야 합니다.

5장 | 파생금융상품투자(12문항/70문항)

파생상품의 경우 크게 선물, 옵션, 스왑 파트로 나눌 수 있으며, 각 파생상품 계약의 영향 및 파생상품에 영향을 미치는 요소, 헤지 전략에 대한 학습이 필요합니다.

2과목 | 비금융자산 투자설계(30문항)

1장 | 부동산 상담 사전 준비(9문항/30문항)

부동산 관련 용어에 대한 전반적인 학습이 필요하며, 특히 성격이 비슷하거나 같은 분류로 묶이는 항목들 간의 차이를 정확히 인지하는 것이 중요합니다.

2장 | 부동산 시장 및 정책 분석(9문항/30문항)

부동산 시장에 대한 정책의 필요성 및 각각의 정책 영향에 대한 이해가 필요하며, 시대별 부동산 시장 정책의 특성과 현재의 부동산 시장에 대한 이해가 필요합니다. 시대별 부동산 시장 정책의 특징은 매회 시험에 출제되므로, 핵심내용 위주로 꼭 암기하셔야 합니다.

3장 | 부동산 투자 전략(9문항/30문항)

부동산 자체의 특성에 대한 이해, 부동산 투자 및 평가 방법에 대한 이해가 필요하며, 부동산 평가를 위한 계산유형 숙지가 필요합니다. 다른 챕터보다 생소한 용어나 기법, 수식이 많이 나오므로 부담감을 가질 수 있지만, 용어의 개념과 수식을 이해하고 나면 생각보다 쉽게 점수를 받을 수 있습니다.

4장 | 보유 부동산 자산관리 전략(3문항/30문항)

부동산 관리의 방법별 특징 및 장단점에 대한 이해와 부동산펀드, 부동산금융 등의 부동산에서 파생된 금융상품에 대한 이해가 필요합니다. 출제문항 수가 3문항으로 적은 편에 해당하지만 다른 부분에 비하여 내용이나 난이도 면에서 부담이 없으므로 포기하지 않고 학습하도록 합니다.

01 각 챕터의 요약

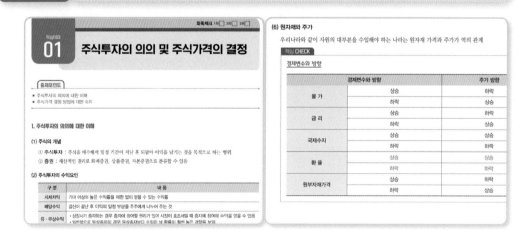

- 최신 출제경향 분석으로 각 챕터별 출제경향과 학습전략을 제시하여 효율적인 학습이 가능하도록 하였습니다.

- 챕터별로 핵심테마로 유형화하고, 그에 따라 체계적으로 정리된 핵심개념과 빈출도를 통해 교재의 전반적인 내용을 한눈에 파악할 수 있도록 하였습니다.

02 핵심개념 정리

- 각 챕터별 출제포인트에서 제시하고 있는 핵심 키워드를 통해 학습의 방향성 파악과 전반적인 요약정리가 가능합니다. 또한 3회독을 통해 테마별 학습 정도를 스스로 점검해 볼 수 있도록 하였습니다.

- 핵심이론과 관련하여 시험에 꼭 나오는 내용은 핵심CHECK에 별도로 구분하여 정리하였으며, 빈출되는 내용은 별색 표시를 통해 놓치지 않고 학습할 수 있도록 하였습니다.

03 적중문제 공략

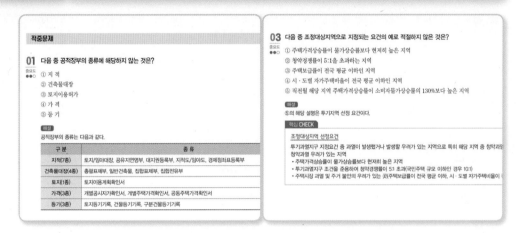

- 중요도에 따라 분류된 관련 적중문제를 바로 풀어보면서 시험 출제유형을 익히고, 앞서 공부한 핵심이론을 확인하고 정리할 수 있습니다.

- 상세한 해설과 함께 적중문제와 관련하여 꼭 알아야 하는 부가적인 핵심이론도 빠짐없이 공부할 수 있도록 하였습니다.

04 실전모의고사 2회분

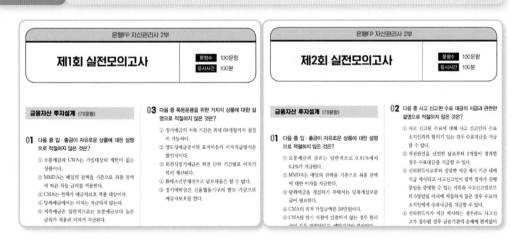

- 최신 기출복원문제로 완벽하게 구성된 실전모의고사를 제공함으로써 실전감각을 익힐 수 있도록 하였습니다.

- 최종 실력점검 및 진단을 통하여 시험 직전 학습 점검용으로 최종적으로 활용할 수 있도록 하였습니다.

4주 완성 학습플랜

FINANCIAL PLANNER

1주	1일차	2일차	3일차	4일차	5일차	6일차	7일차
	PART1						
	1장				2장		3장

2주	1일차	2일차	3일차	4일차	5일차	6일차	7일차
	PART1						
	3장		4장			5장	

3주	1일차	2일차	3일차	4일차	5일차	6일차	7일차
	PART1		PART2				
	복습		1장		2장	3장	

4주	1일차	2일차	3일차	4일차	5일차	6일차	7일차
	PART2		모의고사		총복습		
	4장	복습	1회	2회	PART1		PART2

2주 완성 학습플랜

1주	1일차	2일차	3일차	4일차	5일차	6일차	7일차
	PART1						
	1장	2장	3~4장				5장

2주	1일차	2일차	3일차	4일차	5일차	6일차	7일차
	PART1	PART2				모의고사	총복습
	복습	1~2장		3장	4장 & 복습	1회 & 2회	PART1 & PART2 모의고사

FINANCIAL PLANNER

01
PART

금융자산 투자설계

CHAPTER
01
금융상품

● 금융상품별 특징 및 공통점과 차이점에 대해서 묻고 있는 문제가 많이 출제되고 있습니다.

● 자본시장법의 특징과 자본시장법상 각 업종별 특성에 대한 학습이 중요합니다.

● 각각의 집합투자기구 및 신탁, 대출상품 등의 구조 및 특징에 대해 세세한 학습이 필요합니다.

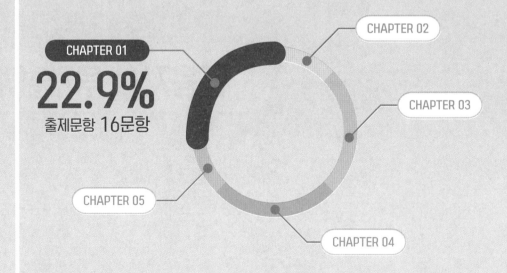

CHAPTER 02

CHAPTER 01

22.9%
출제문항 16문항

CHAPTER 03

CHAPTER 05

CHAPTER 04

핵심테마 01 입·출금이 자유로운 상품

■ 입·출금이 자유로운 상품의 종류 및 특징
■ 별단예금의 특징 및 자기앞수표의 사고 시 처리방안

1. 입·출금이 자유로운 상품(요구불예금)

(1) 입·출금이 자유로운 상품의 정의 및 특징

① 예금에 대해 별도 예치기간을 정하지 않고 언제든 자유롭게 입금과 출금을 할 수 있는 예금

② 유동성은 높은 반면 이자를 지급하지 않거나 매우 낮은 이자를 적용하여 수익성이 낮음

구 분	가입대상	저축기간	가입한도	이자지급방법	예금자보호
보통예금	제한 없음	제한 없음	제한 없음	연 2회 결산을 통해 원금에 가산 (연 0.01~0.1% 금리)	보 호
저축예금	실명의 개인	제한 없음	제한 없음	분기별 1회 결산을 통해 원금에 가산(보통예금보다는 높은 금리)	보 호
MMDA	실명의 개인, 기업용	제한 없음	제한 없음	매일의 잔액을 기준으로 최종 잔액에 따른 차등 금리 적용 (3개월 단위 이자를 원금에 가산)	보 호
당좌예금	법인 또는 사업자등록증을 소지한 개인으로 자산 및 신용이 확실하다고 인정하는 거래처와 특례 거래처 (당좌거래개설보증금 예치 필요)	제한 없음	제한 없음	이자는 지급하지 않음	보 호
CMA	제한 없음	1년 이내	제한 없음 (단, 최저 가입금액 100만원 이상)	• 인출 시 원금과 이자를 지급 • 만기 후 인출하지 않는 경우 원리금이 자동 재예탁되고 예탁기간이 연장	• 종합금융회사 : 보호 • 증권회사 : 비보호

(2) 별단예금

① 일반적인 형태의 예금이 아닌 자기앞수표 발행대전, 은행의 업무수행과 관련하여 발생하는 미정리·미결제 자금의 처리, 다른 예금 과목으로 처리하기 곤란한 자금을 처리하기 위해 일시적으로 보유하는 예금 계정

② 일반적으로 별단예금의 대부분을 차지하는 것은 '자기앞수표 발행대전'임

③ 금융기관이 인정하는 일부 항목에 대해서 예치증 또는 확인증 등을 발행하며, 금융기관이 정한 일부 범위 내에서 예금이자를 지급할 수도 있음

④ 자기앞수표*는 정액자기앞수표와 일반자기앞수표로 구분

*자기앞수표 : 고객이 금융기관에 수표발행 대금을 예치한 경우 금융기관이 자신을 발행인 겸 지급인으로 하여 발행하는 수표

⑤ 자기앞수표가 분실, 도난, 멸실, 훼손된 경우 금융기관은 신고인으로부터 사고신고를 접수받아 처리하며, 원칙적으로는 서면접수(예외적인 경우 유선을 통해 접수 가능)

⑥ 사고신고된 자기앞수표의 경우 선의취득자가 지급 제시하는 경우 수표대금을 지급할 수도 있음

⑦ 사고신고인이 선의취득자인 소지인과 권리를 다투는 경우 금융기관의 손해에 대한 보전대책을 제공하게 한 다음 '사고신고서 접수로 인한 지급거절'로 부도반환할 수 있음

핵심 CHECK

사고신고된 수표대금의 지급사유

• 사고신고 수표에 대해 사고신고인과 수표소지인과의 합의가 있는 경우 수표대금 지급 가능
• 제권판결에 의한 수표대금 지급 시 제권판결을 선언한 날로부터 1개월이 경과한 경우 수표대금을 지급
• 선의취득자로부터 정당한 지급제시 기간 내에 제시되고 사고신고인이 법적절차가 진행 중임을 증명할 수 있는 서류를 사고신고일로부터 5영업일 이내에 제출하지 않은 경우 '수표의 소지인'에게 수표대금을 지급할 수 있음
• 수표의 소지인이 승소한 경우 '수표의 소지인'에게 수표대금을 지급

적중문제

01 다음 중 입·출금이 자유로운 상품에 대한 설명으로 적절하지 않은 것은?

중요도
●●●

① 입·출금이 자유로운 상품은 유동성은 높은 반면 수익성은 낮은 특징이 있다.

② 보통예금과 저축예금은 예금자보호법에 의한 보호대상이 된다.

③ 당좌예금은 분기별 1회 이자를 지급한다.

④ MMDA는 요구불상품이면서도 단기 고금리 예금 상품으로 매일의 잔액을 기준으로 예치금액에 따라 차등금리가 적용된다.

⑤ 증권회사의 CMA상품은 예금자보호법의 보호를 받지 못한다.

해설

③ 당좌예금은 이자를 지급하지 않는다.
⑤ 종합금융회사의 CMA는 예금자보호법의 보호를 받지만, 증권회사의 CMA상품은 예금자보호법의 보호를 받지 못한다.

---

02 다음 중 별단예금에 대한 설명으로 적절하지 않은 것은?

중요도
●●○

① 일반적으로 별단예금의 대부분을 차지하는 것은 '자기앞수표 발행대전'이다.

② 은행의 업무수행과 관련하여 발생하는 미정리·미결제 자금을 처리하거나, 다른 예금 과목으로 처리하기 곤란한 자금의 처리 목적으로 일시적으로 보유하는 예금계정이다.

③ 사고신고된 자기앞수표의 경우 선의취득자가 지급 제시하는 경우 수표대금을 지급할 수 있다.

④ 자기앞수표가 분실, 도난, 멸실, 훼손된 경우 원칙적으로 금융기관은 신고인으로부터 서면 및 유선으로 접수를 받을 수 있도록 하고 있다.

⑤ 금융기관이 정한 일부 범위 내에서 예금이자를 지급할 수 있다.

> **해설**
>
> ④ 자기앞수표가 분실, 도난, 멸실, 훼손된 경우 원칙적으로 금융기관은 신고인으로부터 서면으로 접수를 받고 있으며, 예외적인 경우 유선을 통해 사고신고를 접수할 수 있다.
>
> ⑤ 금융기관이 정한 일부 범위 내에서 예금이자를 지급할 수 있으며, 금융기관이 인정하는 일부 항목에 대해서는 예치증 또는 확인증 등을 발행한다.

03 다음 중 사고신고된 수표대금의 지급사유에 대한 설명으로 적절하지 않은 것은?

중요도
●●○

① 사고신고인이 선의취득자인 소지인과 권리를 다투는 경우에는 부도반환할 수 있다.

② 사고신고 수표에 대해서는 선의취득자가 수표의 지급제시 기간 내에 지급 제시하는 경우 원칙적으로 수표대금을 지급할 수 있다.

③ 제권판결에 의한 수표대금 지급 시 제권판결을 선언한 날로부터 1개월이 경과한 경우 수표대금을 지급한다.

④ 수표의 소지인에게 수표대금이 지급되지 않기 위해서는 사고신고인이 법적절차가 진행 중인 것을 증명할 수 있는 서류를 사고신고일로부터 10영업일 내에 제출하여야 한다.

⑤ 수표의 소지인이 승소한 경우 '수표의 소지인'에게 수표대금을 지급한다.

> **해설**
>
> 선의취득자로부터 정당한 지급제시 기간 내에 제시되고 사고신고인이 법적절차가 진행 중임을 증명할 수 있는 서류를 사고신고일로부터 5영업일 이내에 제출하지 않은 경우 '수표의 소지인'에게 수표대금을 지급할 수 있다. 따라서, 사고신고인은 5영업일 이내에 증명할 수 있는 서류를 제출해야 한다.

핵심테마

02 목돈마련을 위한 적립식 상품

출제포인트

■ 목돈마련을 위한 적립식 상품의 종류 및 특징

1. 목돈마련을 위한 적립식 상품

(1) 목돈마련을 위한 적립식 상품의 종류 및 특징

① 일반적으로 적금 또는 부금으로 '통칭'되는 금융상품

② 고객이 저축 가입 시 일정한 기간을 정해 매월 일정 금액을 일정일에 납입하기로 약정하고 이를 약정기한(만기)까지 납입한 후 만기일이 되면 납입한 원금과 사전 약정한 이자를 합하여 지급받는 형태

③ 요구불예금에 비해 상대적으로 수익성은 높으나 유동성은 낮음

구 분	가입대상	저축기간	저축한도	저축방법 및 종류	예금자보호
정기적금	제한 없음	6개월 이상 5년 이내 (월 단위)	제한 없음 (월 1만원 이상)	• 정기적립식 : 저축기간 및 납입일을 정해 정기적으로 불입 • 자유적립식 : 저축기간만 정하여 기간 중 자유롭게 불입 (월 최고 납입한도가 있음)	보 호
상호부금	제한 없음	6개월 이상 5년 이내 (월 단위)	제한 없음 (월 1만원 이상)	• 정기적립식 : 저축기간 및 납입일을 정해 정기적으로 불입 • 자유적립식 : 저축기간만 정하여 기간 중 자유롭게 불입 (월 최고 납입한도가 있음)	보 호
신용부금	제한 없음 (대출을 받으려는 목적의 적립식 금융상품)	5년 이내 (일 또는 월 단위)	제한 없음 (대출한도는 별도의 한도 제한이 있음)	적립식 저축	보 호
재형저축	• 총 급여액이 5천만원 이하인 자로서 직전 과세기간에 근로소득만 있거나 근로소득 및 종합소득과세표준에 합산되지 않는 종합소득이 있는 경우 • 직전 과세기간의 종합소득이 3천5백만원 이하인 경우	최소 7년 이상	분기당 최저 1만원 이상 300만원 이내	적립식저축으로 분기별 한도 내에서 자유롭게 납입 가능 (단, 2015년 이후 신규 가입 불가)	• 예금 : 보호 • 펀드 : 비보호
농어가 목돈마련 저축	일정 자격에 해당하는 일반 농어민 및 저소득 농어민	3년 또는 5년	연 240만원 범위 내에서 월 5천원 이상 천원 단위로 납입	월납, 분기납, 반기납 (단, 농어촌의 계절적 사정을 고려하여 분기 또는 반년 납부도 가능)	비보호

01 다음 중 적립식 상품에 대한 설명으로 적절하지 않은 것은?

중요도
●●○

① 일반적으로 정기적금과 상호부금의 가입대상의 제한은 없다.

② 농어가목돈마련저축은 일정 자격에 부합하는 농어민 및 저소득 농어민을 대상으로 하는 저축상품으로 예금자보호법의 보호를 받는다.

③ 신용부금의 저축기간은 5년 이내로 저축방법은 월부금식과 일부금식 두 가지의 형태로 가입이 가능하다.

④ 정기적금은 월 1만원 이상을 충족할 경우 저축한도의 제한은 없다.

⑤ 재형저축은 2015년 이후 신규 가입이 불가하다.

해설

② 농어가목돈마련저축은 일정 자격에 해당하는 일반 농어민 및 저소득 농어민을 대상으로 가입할 수 있는 저축상품이다. 저축기간은 3년 또는 5년이며, 예금자보호법의 보호를 받지 못한다.

⑤ 재형저축의 저축기간은 최소 7년 이상이며 2015년 이후 신규 가입이 불가능하다. 예금 형태의 재형저축은 예금자보호를 받지만, 펀드는 보호를 받지 못한다.

02 다음 중 적립식 상품에 대한 설명으로 적절하지 않은 것은?

중요도
●●○

① 일반적으로 요구불예금에 비해 상대적으로 수익성은 높으나 유동성은 낮다.

② 적립식 상품의 고객은 저축 가입 후 납입하기로 한 금액을 일정 기간마다 만기까지 납입한 후 만기일이 되면 납입한 원금과 사전 약정한 이자를 합하여 지급받는다.

③ 정기적금과 신용부금, 상호부금은 예금자보호법의 보호를 받는다.

④ 농어가목돈마련저축의 경우 농어촌의 계절적 사정을 고려하여 분기 또는 반년 납부도 가능하다.

⑤ 자유적립식은 저축기간만 정하여 기간 중 자유롭게 불입하는 것으로 월 납입금액의 한도 제한은 없다.

해설

⑤ 자유적립식은 저축기간만 정하여 기간 중 자유롭게 불입하는 것으로 월 최고 납입한도가 있다.

④ 농어가목돈마련저축의 경우 월납, 분기납, 반기납이 가능하며 농어촌의 계절적 사정을 고려하여 분기 또는 반년 납부를 허용하였다.

핵심 CHECK

적립식 상품과 요구불예금의 비교
적립식 상품은 요구불예금 대비 수익성은 높으나 유동성이 낮음

핵심테마
03 목돈운용을 위한 거치식 상품

■ 목돈운용을 위한 거치식 상품의 종류 및 특징

1. 목돈운용을 위한 거치식 상품

(1) 목돈운용을 위한 거치식 상품의 종류 및 특징

① 목돈을 단기 또는 장기로 운용하고자 하는 목적에 이용되는 금융상품

② 예금신규 가입 시 고객이 일정한 금액을 약정기한(만기)까지 예치하기로 약정

③ 약정기간이 만료되면 은행이 원금과 약정이자를 지급하는 형태의 정기예금과 정기예탁금 등을 말함

④ 거치식예금은 중도 해지가 되지 않거나 매우 낮은 중도 해지 이율을 받으며, 만기 경과 후 해지하는 경우 만기 후 이율을 적용하여 지급

구 분	가입대상	가입한도	저축/예치기간	저축한도	이자지급방법	예금자보호
정기예금[*1]	제한 없음	제한 없음	1~60개월	통상 100만원 이상	• 만기일시지급식 • 월이자지급식 • 월이자원가식 • 원리금 연금형 지급식	보 호
정기예탁금	조합원(준조합원) 또는 회원	제한 없음	5년 이내	통상 100만원 이상	• 만기일시지급식 • 연이자지급식 • 월이자지급식 (1인당 3천만원 가입한도 내에서 발생한 이자소득 내에서 우대세율 적용)	비보호 (신용협동기구의 별도 기금으로 보호)
양도성 예금증서	제한 없음	제한 없음	30일 이상 제한 없음	통상 5백만원 또는 1천만원 이상 (금융기관별 상이)	할인식	비보호
환매조건부 채권[*2]	제한 없음	제한 없음	최저 15일 이상	통상 5백만원 또는 1천만원 이상 (금융기관별 상이)	만기이자지급식	비보호
표지어음	제한 없음	제한 없음	30일 이내 ~1년 이내	통상 5백만원 또는 1천만원 이상 (금융기관별 상이)	할인식	보 호

*1 정기예금

구 분	내 용
회전식정기예금	• 신규 가입 당시 만기와 함께 회전(연동)기간을 동시에 정해 가입하면 만기 범위 내에서 회전 기간별로 고시된 시장 실세금리에 연동하여 정기예금의 금리가 다시 정해지는 형태의 정기예금 • 회전 단위 기간별로 이자 복리 계산
주가지수연동정기예금	• 정기예금과 주가지수옵션(워런트) 등을 결합하여 만든 구조화된 정기예금으로 원금의 일부 또는 정기예금에서 발생하는 이자를 KOSPI200 등과 연계된 주가지수 옵션 또는 워런트 등에 투자하는 정기예금 • 원금은 보장되지만 이자 부문에 대한 리스크 존재

*2 환매조건부채권 : 중도해지, 담보대출, 잔액증명서 발급, 증서재발행 등이 가능

핵심 CHECK

주가지수연동정기예금의 주요 수익구조

수익구조	내 용
상승수익추구형 (낙아웃콜형)	주가지수 하락 시 원금을 보장하면서 주가지수 상승 시 참여율을 적용하여 수익률이 정해 지지만 주가지수가 사전에 정한 일정 지수 이상을 터치할 경우 옵션의 효력이 무효화되거나 사전에 정한 소정의 리베이트만을 수령
하락수익추구형 (낙아웃풋형)	주가지수 상승 시 원금을 보장하면서 주가지수 하락 시 참여율을 적용하여 수익률이 정해 지지만 주가지수가 사전에 정한 일정 지수 이하를 터치할 경우 옵션의 효력이 무효화되거나 사전에 정한 소정의 리베이트만을 수령
양방향수익추구형 (낙아웃콜풋형)	주가지수가 일정 지수 범위 내에서 상승하거나 하락할 경우 사전에 정해진 참여율을 적용 하여 수익률이 정해지지만 주가지수가 사전에 정해진 일정 지수 이상 또는 일정 지수 이하를 터치할 경우 옵션의 효력이 무효화되거나 사전에 정한 리베이트만을 수령

(2) 양도성예금증서

① 은행, 종합금융회사, 증권회사 등이 취급하는 금융상품으로 금융기관이 양도성을 부여하여 발행하는 무기명 정기예금증서

② 시장 실세금리를 적용하여 받는 상품으로 정기예금 대비 약간의 고금리 적용

③ 양도성예금증서는 실물발행과 등록발행 두 가지 발행 방법이 있으며, 2006년 이후 실물＋등록 병행 실시

④ 실무적으로는 고객에게 통장을 발행하고, 실물로 발행 시 분실 또는 도난을 당한 경우 재발급이 불가능하며, 공시최고 및 제권판결 절차를 거쳐야 지급이 가능

⑤ 비과세종합저축 및 중도해지 조건으로 가입이 불가능하며, 만기 후 이자를 지급하지 않음

⑥ 예치기간 동안의 이자를 액면금액에서 할인하여 발행하는 할인식으로 발행

01 다음 중 목돈운용을 위한 거치식 상품의 특징으로 적절하지 않은 것은?

중요도
●●●
① 목돈을 단기 또는 장기로 운용하고자 하는 목적에 이용된다.

② 정기예금과 정기예탁금은 약정기간이 만료되면 은행은 원금과 약정이자를 투자자에게 지급한다.

③ 거치식예금은 중도 해지하더라도 기존에 약정한 이율로 기간별로 계산한 이자를 수령할 수 있는 특징이 있다.

④ 정기예금은 최장 60개월까지 예치할 수 있다.

⑤ 정기예탁금은 통상적으로 100만원 이상의 최저 저축한도가 존재한다.

해설

③ 거치식예금을 중도 해지하는 경우 매우 낮은 중도 해지 이율이 적용된 이자만을 원금과 함께 수령할 수 있다.

④ 정기예금은 가입대상 및 가입한도가 없으며 저축기간은 최소 1개월 이상 60개월 이내로 통상 100만원 이상의 최저 저축한도가 존재한다.

02 다음 중 정기예탁금과 양도성예금증서에 대한 설명으로 적절하지 않은 것은?

중요도
●●○
① 정기예탁금의 가입대상은 조합원 또는 회원을 대상으로 한다.

② 양도성예금증서는 액면금액에서 이자를 할인하여 발행하는 할인식으로 발행한다.

③ 정기예탁금의 저축기간은 최대 5년 이내이다.

④ 양도성예금증서의 실물이 분실 또는 도난을 당한 경우 신속히 증서를 재발급하여야 한다.

⑤ 양도성예금증서는 만기 후 이자를 지급하지 않는다.

해설

④ 양도성예금증서의 실물이 분실 또는 도난된 경우 실물 재발급은 불가능하며, 사고신고 접수 후 수표의 경우와 마찬가지로 공시최고 및 제권판결 절차를 거쳐야 해당 금액의 지급 및 수령이 가능하다.

⑤ 양도성예금증서는 비과세종합저축 및 중도해지 조건으로 가입이 불가능하며, 만기 후 이자를 지급하지 않는다.

03 다음 중 「예금자보호법」상 예금자보호 대상인 거치식 상품은?

중요도
●●●
① 정기예금

② 정기예탁금

③ 양도성예금증서(CD)

④ 환매조건부채권

⑤ 기업어음

해설

거치식상품 중 「예금자보호법」상 예금자보호 대상은 정기예금과 표지어음이다. 정기예탁금은 신용협동기구의 별도 기금으로 보호받는다.

04 다음 중 회전식정기예금과 주가지수연동정기예금에 대한 설명으로 적절하지 않은 것은?

중요도
●●●

① 회전식정기예금은 신규 가입 당시 회전기간을 정해 만기 범위 내에서 회전기간별로 고시된 시장 실세금리에 연동하여 정기예금의 금리가 다시 정해지는 형태의 정기예금이다.

② 주가지수연동정기예금의 경우 원리금에 대한 손실이 발생할 수 있는 리스크가 존재한다.

③ 주가지수연동정기예금은 정기예금과 주가지수 옵션 등을 결합하여 만든 구조화된 정기예금이다.

④ 주가지수연동정기예금과 연계된 주가지수는 KOSPI200 등의 주가지수가 대표적이다.

⑤ 회전식정기예금은 회전 단위 기간별로 이자가 복리 계산된다.

해설

② 주가지수연동정기예금은 원금은 보장되지만, 이자부문에서 손실이 발생할 수 있는 리스크가 존재한다.

④ 주가지수연동정기예금은 정기예금과 주가지수 옵션(워런트) 등을 결합하여 만든 구조화된 정기예금으로 원금의 일부 또는 정기예금에서 발생하는 이자를 KOSPI200 등과 연계된 주가지수 옵션 또는 워런트 등에 투자하는 정기예금이다.

05 다음 중 수익률이 가장 높을 것으로 예상되는 상황은?

중요도
●●●

① 주가지수연동정기예금 중 상승수익추구형으로 가입했으며, 주가지수가 가입 당시보다 하락한 경우

② 주가지수연동정기예금 중 상승수익추구형으로 가입했으며, 주가지수가 가입 당시보다 상승한 경우(옵션이 무효화되는 일정 지수를 초과하여 상승하지는 못함)

③ 주가지수연동정기예금 중 상승수익추구형으로 가입했으며, 주가지수가 가입 당시보다 상승한 경우(옵션이 무효화되는 일정 지수를 초과하여 상승)

④ 주가지수연동정기예금 중 하락수익추구형으로 가입했으며, 주가지수가 가입 당시보다 상승한 경우

⑤ 주가지수연동정기예금 중 양방향수익추구형으로 가입했으며, 주가지수가 가입 당시보다 상승한 경우(옵션이 무효화되는 일정 지수를 초과하여 상승)

해설

② 주가지수연동정기예금 중 상승수익추구형으로 가입했으며, 주가지수가 가입 당시보다 상승한 경우 참여율을 적용한 수익률이 적용된다.

③, ⑤ 상승수익추구형 및 양방향수익추구형으로 가입한 경우 주가지수가 가입 당시보다 상승할 경우 수익을 얻을 수 있지만 옵션이 무효화되는 일정 지수를 초과할 경우 옵션이 무효화되므로 주가 상승에 따른 수익 부분을 얻을 수 없게 된다.

핵심테마 04

기타 금융상품
- 주택청약 관련 금융상품

출제포인트

■ 주택청약 관련 금융상품의 종류 및 특징

1. 주택청약 관련 금융상품

(1) 주택청약 금융상품의 종류 및 특징

① 주택청약 관련 금융상품은 「주택공급에 관한 규칙」에 근거하여 무주택 서민들에게 주택공급을 촉진하기 위해 도입된 금융상품임

② 2015년 이후 주택청약종합저축을 제외한 나머지 입주자저축은 신규가입이 종료

구 분	가입자격	계약기간	납입방법	적용이율 및 지급방법	예금자보호
주택청약 종합저축	국내 거주 재외동포, 외국인 거주자를 포함한 실명의 개인	가입한 날로부터 입주자로 선정된 날까지 (별도의 만기 없음)	매월 2만원 이상 50만원 범위 내에서 자유롭게 납입	• 적용이율 : 가입일로부터 해지일까지의 기간에 따라 국토교통부장관이 정하여 고시하는 이자율 • 지급방법 : 해지 시 원금과 이자 지급 • 무주택세대주로서 총 급여액이 세법에서 정한 일정 금액 이하 근로인인 경우 연간납입액(300만원 한도)의 40% 범위 내에서 소득공제 가능	비보호
청약예금	만 19세 이상의 개인 또는 국내에 거소가 있는 재외동포 및 외국인 거주자	1년 단위 자동 재예치	일시금 납입방식	• 적용이율 : 신규가입 또는 재예치 당시 금융기관 고시이율 • 지급방법 : 만기에 지급	보 호
청약부금	만 19세 이상의 개인 또는 국내에 거소가 있는 재외동포 및 외국인 거주자	2~5년 (금융기관별 상이)	자유적립식 또는 정기적립식	• 적용이율 : 신규가입 당시 금융기관 고시이율 • 지급방법 : 만기에 지급	보 호
청약저축	무주택세대의 구성원	가입한 날로부터 입주자로 선정된 날까지 (별도의 만기 없음)	자유적립식	주택청약종합저축과 동일	비보호

(2) 청약순위 발생기준

① 청약순위 발생기준은 「주택공급에 관한 규칙」에서 정하고 있으며, 동 규칙에서는 분양주택을 일반 공급함에 있어 '국민주택'과 '민영주택'으로 구분하여 청약순위를 달리 적용

② 주택건설지역을 수도권, 수도권 외의 지역, 투기과열지구 또는 청약과열지구, 위축지역 등으로 나누어 순위발생 자격을 달리 정하고 있음

③ 국민주택의 일반공급

구 분		내 용
1순위	수도권	주택청약종합저축에 가입하여 1년이 경과한 자로서 월 납입금을 12회 이상 납입
	수도권 외	주택청약종합저축에 가입하여 6개월이 경과한 자로서 월 납입금을 6회 이상 납입
	투기과열지구 또는 청약과열지구	• 주택청약종합저축에 가입하여 2년이 지난 자로서 월 납입금을 24회 이상 납입한 세대주일 것 • 무주택세대 구성원으로서 과거 5년 이내 무주택세대 구성원 전원이 다른 주택의 당첨자가 되지 아니하였을 것
	위축지역	주택청약종합저축에 가입하여 1개월이 경과한 자
2순위		제1순위에 해당하지 않은 자

④ 민영주택의 일반공급

구 분		내 용
1순위	수도권	주택청약종합저축에 가입하여 1년이 경과한 자로서 「민영주택 지역별 면적별 청약 예치기준금액」에 상당하는 금액을 납입
	수도권 외	주택청약종합저축에 가입하여 6개월이 경과한 자로서 「민영주택 지역별 면적별 청약 예치기준금액」에 상당하는 금액을 납입
	투기과열지구 또는 청약과열지구	• 주택청약종합저축에 가입하여 2년이 지난 자로서 「민영주택 지역별 면적별 청약 예치기준금액」에 상당하는 금액을 납입 • 무주택세대 구성원으로서 과거 5년 이내 무주택세대 구성원 전원이 다른 주택의 당첨자가 되지 아니하였을 것 • 2주택 이상을 소유한 세대에 속한 자가 아닐 것
	위축지역	주택청약종합저축에 가입하여 1개월이 경과한 자로서 「민영주택 지역별 면적별 청약 예치기준금액」에 상당하는 금액을 납입
2순위		제1순위에 해당하지 않은 자

※ 청약 동일 순위 간 경쟁이 있는 경우 공급 순차

85m² 이하	• 「가점제 우선적용 기준」에 따른 비율에 해당하는 수의 주택은 가점제를 우선 적용 • 나머지 수의 주택은 추첨의 방법으로 입주자를 선정
85m² 초과	동일 순위 내에서 경쟁이 있는 경우 추첨의 방법으로 입주자를 선정

※ 청약가점제 산정 기준

구 분	무주택 기간	부양가족수	청약통장 가입기간
배 점	최대 32점	최대 35점	최대 17점
최대 득점기준	15년 이상	6명 이상	15년 이상
득점구간	2점 ~ 32점	5점 ~ 35점	1점 ~ 17점
최소 득점기준	1년 미만	0명	6개월 미만

01 다음 중 주택청약 금융상품에 대한 설명으로 적절하지 않은 것은?

중요도
●○○

① 2015년 이후 주택청약종합저축을 제외한 나머지 금융상품의 신규가입은 할 수 없다.

② 주택청약종합저축의 만기는 가입한 날로부터 입주자로 선정된 날까지로서 특정한 만기가 존재하지 않는다.

③ 주택청약종합저축은 예금자보호법상 보호를 받는 상품이다.

④ 청약순위는 '국민주택'과 '민영주택'으로 구분하여 청약순위를 달리 적용한다.

⑤ 국내 거주 재외동포의 경우에도 실명을 쓰는 개인인 경우 주택청약종합저축에 가입할 수 있다.

해설

③ 주택청약종합저축은 예금자보호법상 보호가 되지 않는다.

④ 청약순위는 주택청약 관련 금융상품에 가입하는 순간 발생하며, '국민주택'과 '민영주택'으로 구분하여 청약순위를 달리 적용한다. 또한, 수도권과 수도권 이외 지역, 투기과열지구 및 청약과열지구, 위축지역으로 구분하여 순위발생 자격을 달리 정하고 있다.

⑤ 주택청약종합저축의 경우 국내 거주 재외동포, 외국인 거주자를 포함한 실명의 개인에게 가입자격이 부여된다.

핵심 CHECK

주택청약종합저축

적립식 상품은 요구불 예금 대비 수익성은 높으나 유동성이 낮음

가입자격	국내 거주 재외동포, 외국인 거주자를 포함한 실명의 개인
계약기간	가입한 날로부터 입주자로 선정된 날까지(별도의 만기 없음)
납입방법	매월 2만원 이상 50만원 범위 내에서 자유롭게 납입
적용이율 및 지급방법	• 적용이율 : 가입일로부터 해지일까지의 기간에 따라 국토교통부장관이 정하여 고시하는 이자율 • 지급방법 : 해지 시 원금과 이자 지급 • 무주택세대주로서 총 급여액이 세법에서 정한 일정 금액 이하 근로자인 경우 연간납입액(300만원 한도)의 40% 범위 내에서 소득공제 가능
예금자보호	비보호

※ 2015년 이후 주택청약종합저축을 제외한 나머지 입주자저축은 신규가입이 종료됨

02 다음 중 주택청약 금융상품에 대한 설명으로 적절하지 않은 것은?

중요도
●○○

① 청약예금, 청약부금, 청약저축은 예금자보호법상 예금자보호를 받을 수 있다.

② 주택청약종합저축은 매월 2만원 이상 50만원 범위 내에서 자유롭게 납입 가능하다.

③ 청약저축의 경우 가입대상은 무주택세대의 구성원이다.

④ 청약예금의 경우 가입 후 1년 단위로 자동으로 재예치되며, 일시금으로 납입한다.

⑤ 주택청약종합저축을 가입한 무주택세대주는 총 급여액이 세법에서 정한 일정 금액 이하를 충족하는 경우 연간 납입액(300만원 한도)의 40% 범위 내에서 소득공제가 가능하다.

해설

청약예금, 청약부금은 예금자보호법상 예금자보호를 받을 수 있지만 청약저축은 예금자보호법상 예금자보호를 받을 수 없다.

핵심테마
05 기타 금융상품 - 채권상품

■ 채권상품의 종류 및 특징에 대한 이해

1. 후순위채권

(1) 후순위채권의 정의 및 특징

① 채권발행 회사가 다른 채무(선순위채무)를 우선 변제하고 잔여재산이 있는 경우 해당 채무를 후순위로 상환하기로 약정되어 있는 채권
② 우선주나 보통주보다는 우선 변제
③ 금융기관의 일정 조건에 해당하는 후순위채권은 BIS비율 산정 시 자기자본에 포함되어 은행의 재무비율을 개선할 수 있으며, 필요 시 일반채권이나 정기예금보다는 높은 금리의 후순위채권을 발행하여 자금조달 및 재무구조 개선 가능
④ 후순위채권은 발행한 은행이 만기까지 고수익을 보장하고, 10년 이상 장기채권의 경우 분리과세도 가능
⑤ 원칙적으로 타인에게 양도가 가능하며, 발행은행에서 후순위채권을 담보로 한 대출 및 지급보증 업무는 불가능함
⑥ 원본손실 가능성 있으며, 중도상환이 불가능한 상품
⑦ 채권의 발행은행이 후순위채권의 매입자에 대해 대출, 지급보증서 발급 등에 의해 매입 관련 자금을 직ㆍ간접적으로 지원하는 행위는 할 수 없도록 규정

(2) 후순위채권의 장점과 단점

장 점	• 발행한 은행이 만기까지 고수익 보장 • 10년 이상 장기채권의 경우 분리과세 가능 • 복리채, 이표채 등 다양한 형태로 발행되어 장기자금을 운용하기에 적합
단 점	• 「예금자보호법」에 의해 보호받을 수 없음 • 발행은행의 도산 혹은 파산 시 원금을 변제받기 어려움

2. 산업금융채권

(1) 산업금융채권의 정의 및 특징

① **목적** : 국가 주요 기간산업의 재원 조달 목적으로 발행하는 채권

② 「예금자보호법」에 의해 보호받을 수 없는 상품

③ 등록 발행되어 고객에게는 실물채권이 아닌 예금증서와 같이 통장(증서) 형태로 발행되며, 분실 또는 훼손 시 재발행 가능

④ 약정기간 이전에 중도상환(중도해지) 및 분할 인출이 가능

⑤ **발행조건** : 할인채, 복리채, 이표채

⑥ **이자지급방법** : 약정한 이율과 이자계산방법에 따라 계산하며, 상환기일 이후 실제상환일까지의 이자는 지급하지 않음

⑦ **만기** : 1년 ~ 5년

⑧ 원금의 소멸시효는 5년이며, 이자는 지급기일로부터 2년 경과 시 소멸시효 경과로 권리를 행사할 수 없음

3. 중소기업금융채권

(1) 중소기업금융채권의 정의 및 특징

① **목적** : 중소기업은행이 안정적인 중장기 자금을 확보하여 중소기업의 자금수요에 능동적으로 대처하기 위해 중소기업에 대한 투자와 중장기 대출재원 조달 목적으로 발행하는 채권

② 「예금자보호법」에 의해 보호받을 수 없는 상품

③ 등록 발행되어 고객에게는 실물채권이 아닌 예금증서와 같이 통장(증서) 형태로 발행되며, 분실 또는 훼손 시 재발행 가능

④ 약정기간 이전에 중도상환(중도해지) 및 분할 인출이 가능

⑤ 가입자격에 따라 개인형과 법인형, 가입채널에 따라 영업점 판매용과 온라인 판매용 등으로 구분할 수 있음

⑥ **최저가입금액(액면가 기준)**

할인채	5만원 이상(5만원 단위)
이표채 및 복리채	10만원 이상(1원 단위)

⑦ **원리금 지급시기** : 중금채원리금은 각 회차별 만기일 또는 이자지급기일 이후 지급

⑧ **이자지급방법** : 은행에서 정한 이율과 방법에 따라 계산

⑨ **만 기**

할인채	1년
이표채 및 복리채	1년 이상 5년 이하

⑩ 은행의 승낙을 얻어 양도하거나 질권 설정 가능

⑪ 원금의 소멸시효는 5년이며, 이자는 지급기일로부터 2년 경과 시 소멸시효 경과로 권리를 행사할 수 없음

01 다음 중 후순위채권의 특징에 대한 설명으로 적절하지 않은 것은?

중요도
●●○

① 후순위채권은 채권발행 회사가 선순위채무를 우선 변제하고 잔여재산이 있는 경우 해당 채무를 상환하기로 약정되어 있는 채권이다.

② 후순위채권은 선순위채권보다는 후순위로 상환받지만 우선주 및 보통주보다는 우선으로 변제된다.

③ 후순위채권 발행은행이 도산 혹은 파산하는 경우 원금을 변제받을 수 없다.

④ 후순위채권은 금융기관의 BIS비율 산정 시 항상 부채로 인식된다.

⑤ 후순위채권은 발행한 은행이 만기까지 고수익을 보장하고 10년 이상 장기채권의 경우 분리과세도 가능하다.

해설

④ 일정 조건에 해당하는 후순위채권은 BIS비율 산정 시 자기자본에 포함될 수 있어서 은행의 재무비율을 개선할 수 있다.

③ 후순위채권 발행은행이 도산 혹은 파산하는 경우 원금을 변제받을 수 없으며 「예금자보호법」상 보호를 받을 수 없다.

02 다음 중 산업금융채권의 특징에 대한 설명으로 적절하지 않은 것은?

중요도
●○○

① 산업금융채권은 국가 주요 기간산업의 재원 조달 목적으로 발행하는 채권이다.

② 산업금융채권은 고객에게 실물채권 형식으로 발행되어 분실 또는 훼손되는 경우 재발행이 가능하다.

③ 산업금융채권은 할인채, 복리채, 이표채의 형식으로 발행된다.

④ 산업금융채권은 약정기간 이전에 중도상환 및 분할 인출이 가능하다.

⑤ 산업금융채권의 원금 소멸시효는 5년이며, 이자는 지급기일부터 2년이 경과하면 소멸시효 경과로 그 권리를 행사할 수 없다.

해설

산업금융채권은 고객에게 통장(증서) 형태로 발행되며, 분실 또는 훼손 시 재발행이 가능하다.

03 다음 중 중소기업은행채권에 대한 특징으로 적절하지 않은 것은?

중요도
●●○

① 중소기업은행이 안정적인 중장기 자금을 확보하여 중소기업의 자금수요에 능동적으로 대처하기 위해 중소기업에 대한 투자와 중장기 대출재원 조달 목적으로 발행하는 채권이다.

② 중소기업채권은 「예금자보호법」상 보호받을 수 없다.

③ 중소기업채권은 은행의 승낙을 얻어 양도하거나 질권 설정이 가능하다.

④ 할인채로 발행된 중소기업금융채권의 경우 최저가입금액은 5만원이다.

⑤ 중소기업금융채권의 경우 계약기간은 모두 1년에서 5년 사이로 설정된다.

해설

⑤ 중소기업금융채권의 경우 계약기간은 이표채 및 복리채의 경우 1년에서 5년, 할인채는 1년이다.

④ 중소기업금융채권의 최저가입금액은 할인채는 5만원, 이표채 및 복리채는 10만원이다.

핵심테마
06 기타 금융상품

■ 개인종합자산관리계좌의 종류 및 특징에 대한 이해

1. 골드뱅킹

(1) 금 투자 관련 금융상품의 종류 및 특징

구 분	금 실물에 투자	금 실물을 보유하지 않고 금 가격에 투자
공통점	금 가격에 투자	
차이점	금 실물거래에 따른 부가가치세 과세	부가가치세 문제가 발생하지 않고 금 매매차익에 대한 배당소득세가 부과

(2) 골드뱅킹의 특징

① **가입대상** : 제한 없음

② 「예금자보호법」에 의해 보호되지 않음

③ **거래기준** : 런던금시장협회가 발표하는 금 1트로이온스당 미달러 표시가격이 기준

④ **거래방법**

　㉠ 거래시점의 금가격 및 미달러 현물환율 적용

　㉡ 금 1g당 원화가격으로 환산한 기준가격을 산출하고 1g당 기준가격에 금융기관의 수수료(1% 내외)를 감안하여 매입(매도)가격 결정

　㉢ 매수 또는 매도 시점의 환율에 따라 투자손익의 변동 가능성 있음

2. 개인종합자산관리계좌(ISA)

(1) 개인종합자산관리계좌의 정의 및 종류

① **개인종합자산관리계좌** : 하나의 통장(계좌) 안에 펀드, ELS, 예금, 적금 등 다양한 금융상품으로 포트폴리오를 구성한 후, 운용기간 중 발생한 손익을 통산하여 순소득 중 일정한도까지 세제(비과세 및 분리과세) 혜택을 부여하는 종합자산관리형 상품

② **개인종합자산관리계좌의 종류**

신탁형	투자자가 직접 종목이나 수량을 지정하여 운용지시
일임형	• 투자자에게 투자일임을 받아 전문 운용인력이 자산을 운용하고 그 결과를 투자자에게 귀속 • 사전적으로 투자자의 위험성향에 따라 모델포트폴리오*(MP)를 구성하여 제시해야 함 • 분기 1회 이상 포트폴리오 재배분 실시 • 자산 처분 및 취득 시 투자자에게 사전통지의무

*모델포트폴리오 : 투자일임업자가 투자일임계약 체결 전 투자자에게 제시하는 금융상품의 종류, 비중, 위험도 등의 내용이 포함된 포트폴리오

(2) 개인종합자산관리계좌의 유형별 특징

① **가입자격에 따라 일반형, 서민형, 농·어민형으로 구분**

구 분	일반형	서민형	농어민형
가입자격	• 만 19세 이상 거주자 • 만 15세 ~ 19세 미만으로 직전연도 근로소득이 있는 자	• 만 19세 이상 소득이 없는 거주자 • 총급여 5천만원 이하의 근로소득자 • 종합소득금액 3,800만원 이하의 사업소득자	종합소득금액 3,800만원 이하의 농어민
의무보유기간	3년		
비과세 한도	200만원	400만원	

01 다음 중 골드뱅킹에 대한 설명으로 적절하지 않은 것은?

중요도
●○○

① 금 실물에 투자하더라도 금 가격에 투자하는 형태가 된다.

② 골드뱅킹의 경우 매수 또는 매도 시점의 환율에 따라 투자손익의 변동 가능성이 있다.

③ 런던금시장협회의 금 1트로이온스당 미달러 표시가격이 금가격의 기준이 된다.

④ 금 실물에 투자하는 경우 배당소득세가 부과된다.

⑤ 골드뱅킹의 경우 예금자보호법상 보호되지 않는다.

[해설]

금 실물에 투자하는 경우 금 실물거래에 따른 부가가치세가 과세된다.

02 다음 중 개인종합자산관리계좌(ISA)에 대한 설명으로 적절하지 않은 것은?

중요도
●●●

① 자산의 운용방법에 따라 신탁형과 일임형으로 구분된다.

② 신탁형은 직접 종목이나 수량을 지정하여 투자자가 운용지시한다.

③ 일임형의 경우 사전적으로 투자자의 위험성향을 파악할 수 있도록 모델포트폴리오를 제시해야 한다.

④ 일임형의 경우 1년에 한 번씩 자산의 포트폴리오 재배분을 실시해야 한다.

⑤ 개인종합자산관리계좌는 하나의 통장(계좌) 안에 펀드, ELS, 예금, 적금 등 다양한 금융상품으로 포트폴리오를 구성한 후 운용기간 중 발생한 손익을 통산하여 투자자에게 되돌려주는 종합자산관리형 상품이다.

[해설]

④ 일임형의 경우 분기에 한 번씩 자산의 포트폴리오 재배분을 실시해야 한다.

⑤ 개인종합자산관리계좌는 하나의 통장(계좌) 안에 펀드, ELS, 예금, 적금 등 다양한 금융상품으로 포트폴리오를 구성한 후, 운용기간 중 발생한 손익을 통산하여 순소득 중 일정한도까지 세제(비과세 및 분리과세) 혜택을 부여하는 종합자산관리형 상품이다.

핵심테마

07 자본시장법의 특징

출제포인트

■ 자본시장법에 대한 이해와 특징

1. 자본시장법의 특징

자본시장에서의 금융혁신과 공정한 경쟁을 촉진하고 투자자를 보호하며 금융투자업을 건전하게 육성함으로써 자본시장의 공정성과 신뢰성 및 효율성을 높여 국민경제의 발전에 이바지함을 목적으로 함

핵심 CHECK

자본시장법의 주요 내용

구 분	내 용
금융기능별 규율체계	• 금융기관별 규율체계에서 금융기능별 규율체계로 전환 • 금융기관의 종류와 관계없이 경제적 실질에 따라 동일한 금융기능(업무 + 금융상품 + 투자안)은 동일하게 처리
포괄주의(Negative) 방식 채택	• 포괄주의 : 금융투자상품을 투자성(원본손실의 가능성)이 있는 모든 금융상품으로 규정 • 모든 금융투자상품의 규제가 가능하며, 금융투자회사 입장에서는 더욱 다양하고 획기적인 금융투자상품의 개발과 판매가 가능
금융투자업 상호 간 겸영	6개 금융투자업 상호 간 겸영 허용
투자자보호제도 강화	• 일반투자자에 대한 보호의무를 대폭 강화함 • 자본시장법에 비해 소비자보호 의무가 더 강화된 금융소비자보호법을 제정하고 2021년부터 시행 • 금융소비자보호법이 시행되어 이전 자본시장법에서 규율하고 있던 적합성의 원칙, 적정성의 원칙, 설명의무, 부당권유행위 금지 등 대부분 소비자보호제도가 금융소비자보호법으로 변경되어 더욱 강화 • 투자성 상품에 대한 청약 철회제도 및 위법계약의 해지권 등이 신설

01 다음 중 자본시장법에 대한 설명으로 적절하지 않은 것은?
중요도
●●● ① 금융기능별 규제에서 금융기관별 규제로 변화하였다.
② 자본시장법은 금융투자상품을 원본손실 가능성이 있는 모든 금융상품으로 규정하고 있다.
③ 자본시장법은 금융투자업 간 상호 겸영을 허용하고 있다.
④ 자본시장법은 일반투자자에 대한 보호의무를 대폭 강화하였다.
⑤ 획기적인 금융투자상품의 개발 및 판매가 가능하게 되었다.

해설

자본시장법은 금융기관별 규율체계에서 금융기능별 규율체계로 전환되었다. 이에 따라 자본시장법상으로 금융기관의 종류와 관계없이 경제적 실질에 따라 동일한 금융기능은 동일하게 규율할 수 있게 되었다.

02 다음 중 자본시장법의 주요 특징에 해당하지 않는 것은?
중요도
●●● ① 열거주의 방식
② 금융기능별 규율체계
③ 금융투자업 상호 간 겸영 가능
④ 투자자보호제도 강화
⑤ 소비자보호제도가 금융소비자보호법으로 이전

해설

자본시장법은 열거주의 방식에서 포괄주의(Negative) 방식으로 전환되었다.

핵심테마

08 집합투자 및 집합투자기구의 이해

출제포인트

- 집합투자의 정의 및 특징
- 집합투자기구의 정의 및 특징

1. 집합투자

(1) 집합투자의 정의 및 특징

① **집합투자의 정의** : 2인 이상의 투자자로부터 모은 금전 등을 투자자로부터 일상적인 운용지시를 받지 않으면서 투자대상자산을 취득·처분, 그 밖의 방법으로 운용하고 그 결과를 투자자에게 배분하여 귀속시키는 것

② 집합투자는 간접투자에 따른 실적배당원칙을 기초로 하여 투자손익은 투자자에게 귀속됨

핵심 CHECK

집합투자의 특징

구 분	내 용
공동투자 및 전문가에 의한 대행투자(간접투자)	• 2인 이상의 투자자로부터 소액의 투자자금을 모아 펀드를 구성 • 공동투자 : 소액으로는 투자가 불가능한 곳에 투자 • 대행투자 : 전문가들이 투자자를 대신하여 투자
실적배당	• 투자펀드의 운용에 따른 수익과 손실이 모두 투자자에게 귀속 • 펀드 투자자는 펀드의 손익과 의결권에 있어 투자지분에 따라 동등한 권리를 보유
분산투자와 운용의 독립	• 다양한 유가증권에 분산투자하여 투자위험을 최소화 • 재산의 운용과 관련하여 투자자로부터 일상적인 운용지시를 받지 않음
자산보관·관리의 안전성	• 집합투자재산은 자산운용회사의 고유재산과 분리하여 수탁회사가 별도로 보관 • 수탁회사는 수탁회사 고유재산, 다른 신탁재산과 구분하여 보관·관리

2. 집합투자기구

(1) 집합투자기구의 정의 및 특징

① **집합투자기구의 정의** : 집합투자를 수행하기 위한 법적기구

② 신탁형, 회사형, 조합형 등 3가지 법적형태가 있으며, 대부분 신탁형의 투자신탁 형태로 설정

(2) 사모집합투자기구

① **사모집합투자기구의 정의** : 집합투자증권을 사모로만 발행하며 투자자의 수가 일정인 이하인 집합투자기구(전문투자자를 포함한 투자자의 총수 100인 이하)

② 사모펀드에 투자하는 일반투자자의 수는 49인 이하로 제한

③ '기관전용 사모집합투자기구'와 '일반 사모집합투자기구'로 구분

④ 적격투자자 요건을 충족한 일반투자자는 일반 사모집합투자기구에 투자

> **핵심 CHECK**
>
> **적격투자자 요건**
> - 전문투자자로서 대통령령으로 정하는 투자자
> - 1억원 이상으로서 대통령령으로 정하는 금액 이상을 투자한 개인 또는 법인, 그 밖의 단체

(3) 집합투자기구의 법적형태

구 분	법적형태	규 약	투자증권형태	투자업자 지위
투자신탁	신탁계약	신탁계약서	수익증권	위탁자
투자주식회사	주식회사	정 관	주 식	법인이사
투자유한회사	유한회사	정 관	지분증권	법인이사
투자합자회사	합자회사	정 관	지분증권	무한책임이사
투자합자조합	합자조합	합자조합계약	지분증권	무한책임조합원
투자익명조합	익명조합	익명조합계약	지분증권	영업자

(4) 집합투자기구별 투자대상자산의 종류

혼합자산 및 단기금융집합투자기구(MMF)를 제외하고는 50%를 초과하여 주로 투자하는 재산의 종류 비율에 따라 집합투자기구의 명칭을 부여

구 분	증권펀드	부동산펀드	특별자산펀드	MMF	혼합자산펀드
증 권	○	○	○	○	○
파생상품	○	○	○	×	○
부동산	○	○	○	×	○
실물자산	○	○	○	×	○
특별자산	○	○	○	×	○

01 다음 중 집합투자의 특징에 해당하지 않는 것은?

중요도
●●○

① 실적배당
② 직접투자
③ 분산투자
④ 운용의 독립
⑤ 자산보관·관리의 안전성

해설

집합투자업은 공동투자 및 전문가에 의한 대행투자를 하는 간접투자 방식을 채택하고 있다.

02 다음 중 집합투자에 대한 설명으로 적절하지 않은 것은?

중요도
●●○

① 신탁형, 회사형, 조합형 등 3가지 법적형태가 있으며, 대부분 신탁형의 투자신탁 형태로 설정한다.
② 투자펀드의 운용에 따른 결과인 수익과 손실은 모두 투자자에게 귀속된다.
③ 투자자는 의결권에 있어 투자지분에 관계없이 투자자별로 하나의 의결권을 가진다.
④ 집합투자업상 투자의 특징은 다양한 유가증권에 분산투자하여 투자위험을 최소화한다.
⑤ 집합투자를 통해 조성한 펀드의 자금 및 재산은 수탁회사에서 관리하며, 수탁회사는 신탁재산과 수탁회사의 고유재산을 구분하여 보관 및 관리한다.

해설

투자자는 펀드의 손익과 의결권에 있어 투자지분에 따라 동등한 권리를 보유한다.

03 다음 중 사모집합투자기구의 특징에 해당하지 않는 것은?

중요도
●●○

① 사모집합투자기구는 집합투자증권을 사모로만 발행하며 투자자의 수가 일정인 이하인 집합투자기구를 의미한다.
② 사모펀드에 투자하는 일반투자자의 수는 100인 이하로 제한된다.
③ 기관전용 사모집합투자기구와 일반 사모집합투자기구로 구분할 수 있다.
④ 적격투자자 요건을 충족한 일반투자자는 일반 사모집합투자기구에 투자할 수 있다.
⑤ 1억원 이상의 금액을 투자한 개인은 적격투자자가 될 수 있다.

해설

② 사모펀드에 투자하는 일반투자자의 수는 49인 이하로 제한되며, 전문투자자를 포함한 전체투자자의 총수는 100인 이하로 제한된다.
⑤ 적격투자자는 전문투자자로서 대통령령으로 정하는 투자자로, 1억원 이상으로 대통령령으로 정하는 금액 이상을 투자한 개인 또는 법인, 그 밖의 단체가 될 수 있다.

04 다음 중 집합투자기구에 대한 설명으로 적절하지 않은 것은?

중요도
●●●

① 집합투자기구는 신탁형, 회사형, 조합형 등 3가지 법적형태가 있으며, 대부분 회사형의 투자신탁 형태로 설정된다.
② 혼합자산펀드 및 단기금융집합투자기구(MMF)를 제외하고는 50%를 초과하여 주로 투자하는 재산의 종류 비율에 따라 집합투자기구의 명칭을 부여한다.
③ 단기금융집합투자기구(MMF)는 증권에만 투자할 수 있다.
④ 집합투자기구상 투자대상자산은 증권, 파생상품, 부동산, 실물자산, 특별자산으로 분류할 수 있다.
⑤ 운용재산을 정하는 것에 있어서 자본시장법에서는 제한을 엄격하게 두고 있지 않다.

해설

집합투자기구는 신탁형, 회사형, 조합형 등 3가지 법적형태가 있으며, 대부분 신탁형의 투자신탁 형태로 설정된다.

핵심테마
09

증권과 파생상품, 집합투자증권의 정의 및 종류

출제포인트

- 증권 및 파생상품의 정의 및 종류, 특징
- 집합투자증권의 정의

1. 증 권

(1) 증권의 정의 및 종류

① **증권의 정의** : 투자원본 범위 내에서 손실가능성이 있는 금융투자상품

② **증권의 분류**

채무증권	지급청구권이 표시된 국채증권, 지방채증권, 특수채증권, 사채권, 기업어음증권 등
지분증권	주권·신주인수권이 표시된 것, 출자증권, 합자회사 등의 출자지분 등
수익증권	신탁수익증권, 투자신탁 수익증권 등 신탁의 수익권이 표시된 것
증권예탁증권	• 증권을 예탁받은 자가 증권이 발행된 국가 외의 국가에서 발행한 것으로 예탁받은 증권에 관련된 권리가 표시된 것 • 미국시장에서 발행 및 유통되는 미국달러표시 예탁증서인 ADR, 전 세계 주요 금융시장에서 동시에 발행 및 유통되는 GDR이 있음
투자계약증권	• 특정 투자자가 그 투자자와 타인 간의 공동사업에 금전 등을 투자하고, 주로 타인이 수행한 공동사업의 결과에 따른 손익을 귀속받는 계약상의 권리가 표시된 것 • 집합투자증권, 출자지분 등이 있음
파생결합증권	기초자산의 가치변동에 따라 수익이 결정되며 유가증권과 파생금융상품이 결합된 증권 예 주가연계증권(ELS), DLS, 환율연계증권, 주가워런트증권(ELW) 등 ※ 파생결합사채(ELB/DLB)는 원금이 보장되는 형태의 상품으로 채무증권으로 분류

2. 파생상품

선물(선도)	기초자산 등을 기초로 하는 지수 등에 의해 산출된 금전 등을 장래 특정시점에 인도할 것을 약정
옵 션	미리 정해진 조건에 따라 일정 기간 내에 상품이나 유가증권 등의 특정자산을 사거나 팔 수 있는 권리를 부여하는 것을 약정하는 계약
스 왑	장래의 일정 기간 동안 미리 정해진 가격으로 기초자산 등을 기초로 하는 지수 등에 의해 산출된 금전 등을 교환할 것을 약정하는 계약

3. 집합투자증권

① **집합투자증권** : 집합투자기구에서 발행하는 증권

② **투자신탁의 수익증권**

　　㉠ 투자신탁계약에서 수익권을 표창하는 증권

　　㉡ 무액면 · 기명식으로 발행하며, 일괄예탁 방식으로 발행

③ **투자회사(주식회사)의 주권**

　　㉠ 무액면 · 기명식으로 해당 투자회사가 발행하며, 신주발행에 관한 사항은 해당 투자회사의 이사회가 결정

　　㉡ 투자회사는 오로지 보통주만을 발행할 수 있음

　　㉢ 일괄예탁 방식으로 발행

적중문제

01 다음 중 증권의 분류와 세부 종류가 올바르지 않게 짝지어진 것은?

중요도
●●○

① 채무증권 – 국채증권
② 수익증권 – 주가연계증권(ELS)
③ 증권예탁증권 – ADR(American Depository Receipts)
④ 투자계약증권 – 집합투자증권
⑤ 파생결합증권 – 주가워런트증권(ELW)

[해설]
수익증권은 신탁수익증권, 투자신탁 수익증권 등 신탁의 수익권이 표시된 증권이다. 주가연계증권(ELS)은 파생결합증권으로 분류할 수 있다.

02 다음 중 금융투자상품의 종류 및 특징에 대한 설명으로 적절하지 않은 것은?

중요도
●●○

① 파생상품 중 스왑은 미리 정한 가격으로 일정시점에 자금흐름의 교환을 통해 이루어지는 계약을 의미한다.
② 투자회사는 보통주 및 우선주를 발행할 수 있다.
③ 증권은 투자원본 범위 내에서 손실가능성이 있는 금융투자상품을 의미한다.
④ 투자회사의 신주발행은 이사회에서 결정한다.
⑤ 투자신탁의 수익증권은 투자신탁계약에서 수익권을 표창하는 증권으로 무액면 · 기명식으로 발행한다.

[해설]
② 투자회사는 보통주만을 발행할 수 있다.
③ 증권은 투자원본 범위 내에서 손실가능성이 있는 금융투자상품을 의미하며, 파생상품은 투자원본 초과손실가능성이 존재한다.

핵심테마

10 투자자보호제도 및 영업실무

- 투자자보호제도의 이해
- 투자 권유와 관련한 영업실무 용어에 대한 이해

1. 투자자보호제도의 원칙

구 분	특 징
투자 설명서의 교부 및 설명의무	• 금융상품판매업자 등은 일반금융소비자에게 계약체결을 권유(금융상품자문업자가 자문에 응하는 것을 포함)하는 경우 및 일반금융소비자가 설명을 요청하는 경우 금융상품에 관한 중요한 사항을 일반금융소비자가 이해할 수 있도록 설명해야 함 • 금융상품판매업자 등은 설명에 필요한 설명서를 일반금융소비자에게 제공하여야 하며, 설명한 내용을 일반금융소비자가 이해하였음을 서명, 기명날인, 녹취 또는 그 밖에 대통령령으로 정하는 방법으로 확인을 받아야 함(단, 설명서 제공에 있어서는 금융소비자보호 및 건전한 거래질서를 해칠 우려가 없는 경우로서 대통령령으로 정하는 경우에는 설명서를 제공하지 않을 수 있음) • 금융상품판매업자 등은 설명을 할 때 일반금융소비자의 합리적인 판단 또는 금융상품의 가치에 중대한 영향을 미칠 수 있는 사항으로서 대통령령으로 정하는 사항을 거짓으로 왜곡하여 설명하거나 대통령령으로 정하는 중요한 사항을 누락해서는 아니 됨
적합성의 원칙	• 적합성의 원칙 : 투자자정보를 통해 투자자의 투자성향을 파악하고, 해당 투자자에게 적합하지 않다고 인정되는 투자성 상품을 투자권유해서는 안 됨 • 금융상품판매업자 등은 금융상품 계약체결 등을 하거나 자문업무를 하는 경우 상대방인 금융소비자가 일반금융소비자인지 전문금융소비자인지를 확인해야 함 • 금융상품판매업자 등은 일반금융소비자에게 투자성 상품의 계약체결을 권유하는 경우에는 면담, 질문 등을 통해 투자자정보를 파악하고, 일반금융소비자로부터 서명, 기명날인, 녹취 또는 그 밖에 대통령령으로 정하는 방법으로 확인을 받아 이를 유지·관리해야 하며, 확인받은 내용을 일반금융소비자에게 지체 없이 제공하여야 함 • 금융상품판매업자 등은 파악된 투자자정보를 고려하여 그 일반금융소비자에게 적합하지 않다고 인정되는 계약체결을 권유해서는 안 됨
적정성의 원칙	• 적정성의 원칙 : 적합성의 원칙보다 더 강화된 투자자보호제도로서 금융회사 임직원의 투자 여부와 관계없이 금융소비자보호법에서 정한 특정 상품 판매 시에는 반드시 지켜야 하는 원칙 • 금융상품판매업자 등은 대통령령으로 정하는 보장성 상품, 투자성 상품 및 대출성 상품에 대해 일반금융소비자에게 계약체결을 권유하지 않고 금융상품 판매 계약을 체결하려는 경우 미리 면담, 질문 등을 통해 투자자정보를 파악해야 함 • 금융상품판매업자 등은 확인한 투자자 정보를 고려하여 해당 금융상품이 그 일반금융소비자에게 적정하지 않다고 판단되는 경우 대통령령으로 정하는 바에 따라 그 사실을 알리고, 그 일반금융소비자로부터 서명, 기명날인, 녹취 등의 방법으로 확인을 받아야 함 • 금융상품판매업자 등이 적정성 원칙을 이해하는 경우 적정성 판단결과와 그 이유를 기재한 서류 및 금융상품에 관한 설명서를 서면 등으로 투자자에게 제공해야 함

부당권유
행위의 금지
	• 금융상품판매업자 등은 계약체결을 권유하는 경우 다음의 어느 하나에 해당하는 행위를 할 수 없음
	  ㅡ 불확실한 사항에 대해 단정적 판단을 제공하거나 확실하다고 오인하게 할 소지가 있는 내용을 알리는 행위
	  ㅡ 금융상품의 내용을 사실과 다르게 알리는 행위
	  ㅡ 금융상품의 가치에 중대한 영향을 미치는 사항을 미리 알고 있으면서 금융소비자에게 알리지 않는 행위
	  ㅡ 투자성 상품의 경우 다음에 해당하는 행위
	
	    ⓒ 금융소비자로부터 계약의 체결 권유를 해줄 것을 요청받지 아니하고 방문, 전화 등 실시간 대화의 방법을 이용
	      하는 행위(증권, 파생상품 제외)
	    ⓛ 계약의 체결 권유를 받은 금융소비자가 이를 거부하는 취지의 의사를 표시하였는데도 계약의 체결 권유를 계속
	      하는 행위

청약의 철회
및
위법계약의
해지
	• 대통령령으로 각각 정하는 보장성 상품, 투자성 상품, 대출성 상품 또는 금융상품자문에 관한 계약의 청약을
	한 일반금융소비자에 대해 금융소비자보호법에서 정한 기간 내에 청약을 철회할 수 있도록 함
	  ㅡ 철회대상 상품 : 고난도금융투자상품, 고난도투자일임계약, 고난도금전신탁계약, 비금전신탁(자본시장법
	    에 의한 금전신탁 제외)
	  ㅡ 철회기간 : 계약서류를 제공받은 날로부터 7일 이내에 철회 가능(단, 계약서류를 제공하지 않는 경우 계약
	    체결일로부터 7일 이내 철회 가능)
	• 금융상품판매업자 등이 금융소비자보호법에서 정한 일정 요건을 위반하여 계약을 체결한 경우 금융소비자의
	계약해지권을 인정하면서, 금융소비자가 해당 해지요건에 따라 계약을 해지하는 경우 계약의 해지와 관련하
	여 수수료, 위약금 등의 비용을 청구할 수 없도록 규정

2. 투자권유 관련 영업실무 용어

(1) 기준가격

① 집합투자기구의 1좌당 순자산가치를 의미하며, 집합투자증권의 매매, 추가설정, 해지 시에 필요한 금액 산정의 기준이 되는 가격

② 집합투자업자 또는 투자회사 등은 환매의무가 없는 상장형 수익증권 및 기타 집합투자규약 등에서 특별히 정한 신탁을 제외한 모든 집합투자기구에 대해 매일의 기준가격을 산출하여 공고 및 게시하도록 정하고 있음

③ 기준가격 산출 시 펀드운용과 관련한 각종 보수 및 거래비용을 차감한 후 계산된 가격을 공시

(2) 판매보수 및 판매수수료

① 판매보수

  ㉠ 투자매매업자 또는 투자중개업자가 투자자에게 지속적으로 제공하는 용역의 대가로 집합투자기구로부터 받는 금전

  ㉡ 집합투자규약으로 정하는 바에 따라 매일의 집합투자재산의 규모에 비례하여 집합투자기구로부터 받을 수 있음

  ㉢ 자본시장법에서는 집합투자재산 연평균가액의 1%를 한도로 두고 있음

② 판매수수료

  ㉠ 투자매매업자 또는 투자중개업자가 집합투자증권 판매의 대가로 투자자로부터 직접 받는 금전

  ㉡ 집합투자규약으로 정하는 바에 따라 판매 또는 환매 시 일시에 받거나 투자기간 동안 분할하여 받을 수 있음

  ㉢ 자본시장법에서는 납입금액 또는 환매금액의 2%를 한도로 두고 있음

  ㉣ 판매금액 : 집합투자증권의 매수 시 적용하는 기준가격 × 매수하는 집합투자증권의 수 또는 출자지분의 수 (세금은 고려하지 않음)

③ 판매수수료와 판매보수의 비교

구 분	판매수수료	판매보수
취득 근거	집합투자증권의 판매 대가	지속적으로 제공하는 용역의 대가
취득 방식	투자자로부터 직접 취득	집합투자기구로부터 취득
취득 기준	판매금액(환매금액) × 수수료율	집합투자재산 연평균가액 × 보수율
부담 방법	1회성 부담(판매 또는 환매하는 경우)	지속적으로 부담(펀드 환매할 때까지)
기 타	• 장기투자 시 유리 • 기준가격에 영향 없음	• 단기투자 시 유리 • 기준가격에 영향

적중문제

01 다음 중 투자자보호제도의 내용으로 적절하지 않은 것은?

중요도
●●●

① 투자설명서의 교부 및 설명의무

② 적합성의 원칙

③ 손실보전

④ 적정성의 원칙

⑤ 청약의 철회 및 위법계약의 해지

해설

투자자보호제도의 내용은 투자설명서의 교부 및 설명의무, 적합성의 원칙, 적정성의 원칙, 부당권유행위의 금지, 청약의 철회 및 위법계약의 해지로 구분할 수 있다.

02 다음 중 투자자보호제도에 대한 설명으로 적절하지 않은 것은?

중요도
●●●

① 금융상품판매업자는 일반소비자에게 계약체결을 권유하는 경우 및 일반금융소비자가 설명을 요청하는 경우 금융상품에 관한 중요한 사항을 일반금융소비자가 이해할 수 있도록 설명해야 한다.

② 투자자 정보를 통해 투자자의 투자성향을 파악하고, 해당 투자자에게 적합하지 않다고 인정되는 투자성 상품을 투자권유해서는 안 된다.

③ 금융상품판매업자 등은 일반금융소비자에게 투자성 상품의 계약체결을 권유하는 경우 면담, 질문 등을 통해 투자자 정보를 파악해야 한다.

④ 금융상품판매업자는 계약체결을 권유하는 경우 불확실한 사항에 대해 단정적 판단을 제공할 수 있는 내용을 알리면 안 된다.

⑤ 투자자는 계약서류를 제공받은 날로부터 5일 이내에 철회가 가능하다.

> **해설**
> 투자자는 계약서류를 제공받은 날로부터 7일 이내에 철회가 가능하다.

03 다음 중 판매수수료와 판매보수에 대한 설명으로 적절하지 않은 것은?

중요도
●●○

① 판매보수는 집합투자재산 연평균가액의 1%를 한도로 한다.

② 판매수수료는 집합투자재산 판매금액의 2%를 한도로 한다.

③ 장기투자를 하는 경우 판매보수 방식으로 계약을 하는 것이 유리하다.

④ 집합투자업자 등은 대부분의 집합투자기구에 대해 매일의 기준가격을 산출하여 공고 · 게시한다.

⑤ 판매보수는 기준가격에 영향을 미친다.

> **해설**
> ③ 장기투자를 하는 경우 일시에 수수료를 납부하는 판매수수료 방식이 판매보수 방식에 비해 유리하다.
> ④ 집합투자증권의 매매, 추가설정, 해지 시 필요한 금액산정의 기준이 되는 가격으로 집합투자업자 등은 대부분의 집합투자기구에 대해 매일의 기준가격을 산출하여 공고 · 게시한다.

핵심테마 11

펀드의 매입 및 환매가격과 장 마감 후 거래

출제포인트

- 펀드의 매입 및 환매 시 기준가격 적용 원칙

1. 펀드의 매입 및 환매하는 경우 기준가격 적용 원칙

(1) 펀드의 매입 및 환매 시 기준가격 적용 원칙

① 펀드의 매입 및 환매가격은 집합투자기구의 설정이나 MMF의 거래 등 법률에서 예외적으로 인정하는 경우 이외에는 미래가격(Forward Pricing)의 적용을 원칙으로 함

> **미래가격**
> 판매회사가 투자자를 대상으로 집합투자증권을 판매(환매)하는 경우 그 판매(환매)가격을 투자자가 집합투자증권의 취득을 위해 자금 등을 납입(환매청구)한 후 최초로 산출되는 기준가격

② 금융투자업자가 집합투자증권을 판매하는 경우 투자자가 집합투자증권의 취득을 위해 금전 등을 납입한 이후 최초로 산정되는 기준가격으로 판매해야 함

③ 환매를 하는 경우 미래가격을 적용하여 투자자가 환매청구를 한 날부터 15일 이내에 집합투자규약에서 정한 환매일에 환매대금을 지급해야 함

④ **장마감 후 거래의 규제**

㉠ 투자자가 판매회사에 신규(입금) 또는 환매 등을 하는 경우 기준시간을 정하고 그 시간의 경과 여부에 따라 '당일 신청분'과 '익일 신청분'으로 구분하여 거래하는 제도

㉡ '주식 50% 이상 편입된 펀드'와 '기타펀드'로 구분하고 투자자의 신규 및 환매거래 시점을 오후 3시 30분과 오후 5시로 이원화하여 적용

㉢ 주식 50% 이상 편입기준은 실제편입비율 기준이 아닌 집합투자규약상 최대편입비율 기준

(2) 펀드 신규(추가) 매입 시 기준가격 적용

구 분		T일(당일)	T+1영업일(2영업일)	T+2영업일(3영업일)
주식 50% 이상 펀드	15시 30분 이전	매수청구	기준가 적용 매입일	
	15시 30분 이후	매수청구		기준가 적용 매입일
주식 50% 미만 펀드 채권형펀드/MMF	17시 이전	매수청구	기준가 적용 매입일	
	17시 이후	매수청구		기준가 적용 매입일

(3) 펀드 환매 시 기준가격 적용

구 분		T일(당일)	T+1영업일 (2영업일)	T+2영업일 (3영업일)	T+3영업일 (4영업일)	T+4영업일 (5영업일)
주식 50% 이상 펀드	15시 30분 이전	환매청구	기준가 적용		지급일	
	15시 30분 이후	환매청구		기준가 적용	지급일	
주식 50% 미만 펀드	17시 이전	환매청구		기준가 적용	지급일	
	17시 이후	환매청구			기준가 적용	지급일
채권형펀드	17시 이전	환매청구		기준가 적용 지급일		
	17시 이후	환매청구			기준가 적용 지급일	
MMF	17시 이전	환매청구	기준가 적용 지급일			
	17시 이후	환매청구		기준가 적용 지급일		

적중문제

01 다음 중 펀드를 매입 및 환매하는 경우의 기준가격 적용 원칙에 대한 설명으로 적절하지 않은 것은?

중요도
●●○

① 펀드의 매입 및 환매가격은 집합투자기구의 설정이나 MMF의 거래 등 법률에서 예외적으로 인정하는 경우 이외에는 미래가격(Forward Pricing)의 적용을 원칙으로 한다.

② 장마감 후 거래의 경우 '주식 50% 이상 편입된 펀드'와 '기타펀드'로 구분하고 투자자의 신규 및 환매거래 시점을 오후 3시 30분과 오후 5시로 이원화하여 적용한다.

③ 펀드의 환매를 하는 경우 미래가격을 적용하여 투자자가 환매청구를 한 날부터 15일 이내에 집합투자규약에서 정한 환매일에 환매대금을 지급해야 한다.

④ 주식 편입기준은 실제편입비율을 기준으로 한다.

⑤ 금융투자업자가 집합투자증권을 판매하는 경우 투자자가 집합투자증권의 취득을 위해 금전 등을 납입한 이후 최초로 산정되는 기준가격으로 판매해야 한다.

> 해설
> 주식 50% 이상 편입기준은 실제편입비율이 아닌 집합투자규약상 최대편입비율을 기준으로 한다.

02 다음 중 오후 3시 30분 이전에 펀드를 신규매입한 경우 적절한 기준가 적용일은?

중요도
●●○

① 주식 50% 이상 펀드 : 2영업일

② 주식 50% 이상 펀드 : 3영업일

③ 주식 50% 이상 펀드 : T일

④ 주식 50% 미만 펀드 : T일

⑤ 주식 50% 미만 펀드 : 3영업일

해설

T + 1 영업일(2영업일)이다.

구 분		T일(당일)	T+1영업일(2영업일)	T+2영업일(3영업일)
주식 50% 이상 펀드	15시 30분 이전	매수청구	기준가 적용 매입일	
	15시 30분 이후	매수청구		기준가 적용 매입일
주식 50% 미만 펀드 채권형펀드/MMF	17시 이전	매수청구	기준가 적용 매입일	
	17시 이후	매수청구		기준가 적용 매입일

03 다음 중 3월 14일(월) 오후 6시 30분 채권형펀드를 환매한 경우 적절한 기준가 적용일은?

중요도
●●○

① 3월 14일   ② 3월 15일

③ 3월 16일   ④ 3월 17일

⑤ 3월 18일

해설

T + 3 영업일(4영업일)이다.

구 분		T일(당일)	T+1영업일 (2영업일)	T+2영업일 (3영업일)	T+3영업일 (4영업일)	T+4영업일 (5영업일)
주식 50% 이상 펀드	15시 30분 이전	환매청구	기준가 적용		지급일	
	15시 30분 이후	환매청구		기준가 적용	지급일	
주식 50% 미만 펀드	17시 이전	환매청구		기준가 적용	지급일	
	17시 이후	환매청구			기준가 적용	지급일
채권형펀드	17시 이전	환매청구		기준가 적용 지급일		
	17시 이후	환매청구			기준가 적용 지급일	
MMF	17시 이전	환매청구	기준가 적용 지급일			
	17시 이후	환매청구		기준가 적용 지급일		

12 집합투자상품의 분류

■ 집합투자상품의 형태별 분류 방법

1. 집합투자상품의 분류

(1) 법적 설립형태에 따른 분류

투자신탁형	집합투자규약에 의해 집합투자업자와 수탁자가 투자신탁계약을 체결한 후 수익증권을 발행하면 수익자가 판매회사를 통해 이를 취득하는 형태
투자회사형	집합투자를 할 목적으로 투자회사를 설립하고 투자자가 그 회사의 주주 또는 사원이 되는 형태
투자조합형	2인 이상의 특정인이 모여 공동사업을 하거나 영업자가 사업을 영위할 수 있도록 하고 투자사업의 결과를 투자자가 취득하는 형태

(2) 모집방식에 따른 분류

공모형	불특정 다수의 투자자를 대상으로 공모 방식으로 모집
사모형	투자자의 수가 대통령령으로 정하는 일정 수 이하를 대상으로 모집

(3) 중도환매 가능 여부에 따른 분류

개방형	투자자가 계약기간 중 자유롭게 환매를 청구할 수 있는 형태
폐쇄형	투자자가 투자신탁 기간에 중도 환매를 청구할 수 없는 형태

(4) 추가설정 가능 여부에 따른 분류

추가형	최초로 펀드를 설정한 후 투자자의 증감에 따라 펀드의 규모가 증감하는 형태
단위형	펀드가 설정된 이후 추가적인 설정을 하지 않는 형태

01 다음 중 집합투자상품의 분류에 대한 설명으로 적절하지 않은 것은?

중요도
●○○

① 집합투자상품은 크게 투자신탁형, 투자회사형, 투자조합형으로 구분할 수 있다.

② 불특정 다수를 대상으로 투자자를 모집하는 방식은 공모 방식이다.

③ 개방형의 경우 투자자가 계약기간 중 자유롭게 환매 청구를 할 수 있다.

④ 추가형의 경우 최초펀드 설정 후 투자자의 증감에 따라 펀드 규모가 증감하는 형태이다.

⑤ 집합투자상품 중 투자조합형은 3인 이상의 특정인이 모여 공동사업을 하거나 영업자가 사업을 영위할 수 있도록 하고 투자사업의 결과를 투자자가 취득하는 형태이다.

해설

집합투자상품 중 투자조합형은 2인 이상의 특정인이 모여 공동사업을 하거나 영업자가 사업을 영위할 수 있도록 하고 투자사업의 결과를 투자자가 취득하는 형태이다.

핵심테마
13 주식형펀드

■ 주식형펀드의 분류 및 특성에 대한 이해

1. 증권집합투자기구

① 집합투자재산의 100분의 50을 초과하여 증권에 투자하는 집합투자기구
② **증권** : 원금 범위 내에서 손실이 발생할 수 있는 금융투자상품

〈자본시장법상 금융상품의 분류체계〉

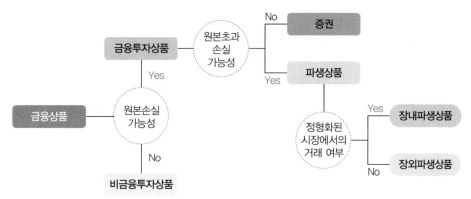

2. 주식형펀드

(1) 주식형펀드의 정의 및 특징

① 집합투자규약상 집합투자재산의 60% 이상을 주식 및 주식 관련 파생상품에 투자
② 투자한 주식 등의 가격이 상승할 때는 높은 수익을 기대할 수 있지만 투자원금의 손실도 크게 발생할 수 있는 전통적 고위험 고수익형 투자상품
③ **포트폴리오 내 구성종목 선정 방식** : 실무적으로는 두 가지 방식을 병행하여 구성종목 선정에 사용

구 분	분석 순서
Top-Down 방식	거시경제분석 → 경기분석 → 산업분석 → 개별기업가치분석
Bottom-Up 방식	개별기업가치분석 → 산업분석 → 경기분석 → 거시경제분석

(2) 운용전략에 따른 분류

구 분	액티브형펀드	패시브형펀드
정 의	펀드매니저가 시장의 상황에 따라 비교대상지수(벤치마크)보다 높은 수익을 목표로 주식편입비율과 투자종목을 탄력적으로 운용	비교대상지수(벤치마크) 수준의 수익을 목표로 운용하는 펀드
운용방식	• 적극적 • 종목 발굴, 마켓타이밍 검토 • 전략적 자산배분 • 벤치마크 대비 초과수익률 추구 목표	• 소극적 • 지수추적이 주목적 • Buy and Hold • 시장수익률
보 수	높 음	낮 음

(3) 운용스타일에 따른 분류

구 분	가치주펀드	성장주펀드
정 의	기업의 내재가치에 비해 저평가되어 있는 기업을 골라 투자	미래 성장성에 대해 현재의 기업가치보다 주가가 높게 형성되는 주식에 투자하는 펀드
투자방식	가치가 있는 기업에 장기투자	성장성이 높은 기업에 집중투자
종목 선택 사례	저PBR주, 저PER주 등	이익성장성이 높은 기업의 주식 등
특 징	• 낮은 변동성과 매매회전율 • 상대적으로 낮은 시장민감도	• 높은 변동성과 매매회전율 • 상대적으로 높은 시장민감도

적중문제

01 다음 중 금융상품에 대한 설명으로 적절하게 연결되지 않은 것은?

중요도
●○○

① 금융투자상품 – 원본손실 가능성이 있다.

② 증권 – 투자한 원본까지 손실이 발생할 가능성이 있다.

③ 파생상품 – 투자한 원본을 초과하여 손실이 발생할 가능성이 있다.

④ 주식형펀드 – 집합투자재산의 100분의 50을 초과하여 증권에 투자하는 집합투자기구이다.

⑤ 장내파생상품 – 정형화된 시장에서 거래하는 파생상품이다.

해설

④ 주식형펀드는 집합투자재산의 100분의 60을 초과하여 증권(주식 및 주식 관련 파생상품)에 투자하는 집합투자기구이다.

⑤ 파생상품은 정형화된 시장에서 거래되는 경우 장내파생상품, 정형화된 시장 이외에서 거래되는 경우에는 장외파생상품으로 구분한다.

정답 01 ④

02 다음 중 주식형펀드에 대한 설명으로 적절하지 않은 것은?

중요도
●●●

① 주식형펀드는 투자한 주식 등의 가격이 상승할 때는 높은 수익을 기대할 수 있지만 투자원금의 손실도 크게 발생할 수 있는 전통적 고위험 고수익형 투자상품이다.

② 실무적으로는 Top – down 방식과 Bottom – up 방식을 혼합하여 주식형펀드의 포트폴리오 내 구성종목을 선정한다.

③ 주식형펀드 중 패시브펀드는 전략적인 자산배분이 필요하다.

④ 주식형펀드 중 액티브펀드는 펀드 매니저가 비교대상 지수보다 높은 수익을 목표로 한다.

⑤ 주식형펀드 중 패시브펀드는 액티브펀드에 비해 상대적으로 보수가 낮다.

해설
전략적인 자산배분이 필요한 경우는 주식형펀드 중 액티브펀드이다.

03 다음 중 가치주펀드와 성장주펀드를 비교한 것으로 적절한 것은?

중요도
●●○

① 가치주펀드는 기업의 장부가치에 비해 저평가되어 있는 기업을 골라 투자하는 것을 목표로 한다.

② 성장주펀드는 성장성이 높은 기업에 초점을 두고 해당 기업의 주식에 투자를 한다.

③ 가치주펀드는 이익성장성이 높은 기업의 주식에 투자한다.

④ 가치주펀드의 경우 성장주펀드에 비해 높은 변동성과 매매회전율의 특징을 나타낸다.

⑤ 성장주펀드의 경우 가치주펀드에 비해 시장민감도가 상대적으로 낮다.

해설
성장주펀드는 성장성이 높은 기업에 집중 투자한다.

핵심테마

14 채권형펀드 및 기타펀드

■ 채권형펀드의 분류 및 특성에 대한 이해

1. 채권형펀드

(1) 채권형펀드의 정의 및 특성

① 집합투자규약상 집합투자재산의 60% 이상을 채권 및 채권 관련 파생상품에 투자하면서 주식을 편입하지 않는 펀드

② 시장금리와 채권형펀드의 수익률은 반대방향

금리 하락 시	채권가격 상승 → 펀드수익률 상승
금리 상승 시	채권가격 하락 → 펀드수익률 하락

③ 주식형펀드 대비 기대수익률과 변동성이 낮은 저위험 저수익 집합투자상품

④ **채권형펀드 자산배분운용전략**

소극적 전략	만기보유전략, 사다리형전략, 바벨형전략, Index전략
중립적 전략	채권면역전략, 현금흐름 일치전략
적극적 전략	금리예측전략, 스프레드 운용전략, 수익률곡선타기 전략

(2) 채권가격에 영향을 미치는 요인

내적요인	채권의 잔존기간	채권의 잔존기간이 길수록 채권수익률 상승
	채무불이행 위험(발행자 신용도)	신용도가 낮을수록 채권수익률 상승
	채권의 유동성	유동성이 낮은 채권일수록 채권수익률 상승
외적요인	경기동향	경기 상승 국면 시 채권공급이 증가하여 채권수익률 상승
	통화금융정책	재할인율 정책, 공개시장조작 정책, 지급준비율 정책
	물가수준(인플레이션)	물가수준 상승 시 채권수익률 상승
	자금사정	자금사정이 양호한 경우 채권수익률 하락, 통화긴축 혹은 자금시장 악화 시 채권수익률 상승
	채권시장수급관계	채권의 초과공급 발생 시 채권수익률 상승
	과세제도	• 세율 인상 → 채권수익률 상승 • 세율 인하 → 채권수익률 하락
	환율 및 국제금리변동	• 평가절하 : 채권수익률 상승 • 평가절상 : 채권수익률 하락

(3) 금리와 채권가격의 관계

> **말킬의 채권가격 정리**
> • 채권가격은 채권수익률에 반비례한다.
> • 채권의 만기가 긴 채권일수록 수익률 변동에 따른 채권가격의 변동폭이 커진다.
> • 채권수익률 변동에 따른 채권가격의 변동폭은 만기가 길어지면 커지지만 그 증가율은 체감한다.
> • 만기가 일정할 때 수익률 하락으로 인한 가격상승폭이, 수익률 상승으로 인한 가격하락폭보다 크다.
> • 채권수익률 변동으로 인한 채권가격변동률은 표면이율이 높을수록, 채권이자지급 주기가 짧을수록 적어진다.

2. 혼합형펀드

① 주식과 채권 등에 적절히 배분하여 투자하는 상품
② 집합투자규약상 주식의 최고편입비율이 50% 이상인 주식혼합형상품과 주식의 최고편입비율이 50% 이하인 채권혼합형상품으로 구분
③ **수익성** : 채권형펀드 < 혼합형펀드 < 주식형펀드
④ **투자위험** : 채권형펀드 < 혼합형펀드 < 주식형펀드

적중문제

01 다음 중 채권형펀드에 대한 설명으로 적절하지 않은 것은?

중요도
●●●
① 집합투자재산의 60% 이상을 채권 및 채권 관련 파생상품에 투자하는 펀드이다.
② 금리가 하락하는 경우 펀드수익률은 함께 하락한다.
③ 주식형펀드와 비교해서 기대수익률과 변동성이 낮다.
④ 채권형펀드의 경우 주식상품을 포트폴리오에 추가할 수 없다.
⑤ 금리가 상승하는 경우 채권가격은 하락한다.

해설
금리가 하락하는 경우 채권가격은 상승하고 펀드수익률은 상승한다. 즉, 시장금리와 채권형펀드의 수익률은 반대방향으로 움직인다.

02 다음 중 채권형펀드의 자산배분전략 중 소극적 전략이 아닌 것은?

중요도
●●○

① 만기보유전략
② 금리예측전략
③ 사다리형전략
④ 바벨형전략
⑤ Index전략

해설
채권형펀드 자산배분운용전략은 다음과 같다.

소극적 전략	만기보유전략, 사다리형전략, 바벨형전략, Index전략
중립적 전략	채권면역전략, 현금흐름 일치전략
적극적 전략	금리예측전략, 스프레드 운용전략, 수익률곡선타기 전략

03 다음 중 채권가격에 영향을 미치는 요인에 대한 설명으로 적절하지 않은 것은?

중요도
●●●

① 채권의 잔존기간이 길수록 채권수익률은 상승한다.
② 발행자의 신용도가 낮을수록 채권수익률은 상승한다.
③ 물가수준이 상승하는 경우 채권수익률은 상승한다.
④ 유동성이 낮은 채권일수록 채권수익률은 하락한다.
⑤ 자금사정이 양호한 경우 채권수익률은 하락한다.

해설
유동성이 낮은 채권일수록 채권수익률은 상승한다.

04 다음 중 금리와 채권가격과의 관계에 대한 설명으로 적절하지 않은 것은?

중요도
●●●
① 채권가격은 채권수익률에 반비례한다.

② 채권의 만기가 긴 채권일수록 수익률 변동에 따른 채권가격 변동폭이 커진다.

③ 채권수익률 변동에 의한 채권가격 변동폭은 만기가 길어질수록 커지지만 증가율은 체감한다.

④ 채권수익률 변동으로 인한 채권가격 변동률은 표면이율이 높을수록, 채권 이자지급 주기가 짧을수록 적어진다.

⑤ 만기가 일정할 때 수익률의 상승으로 인한 가격하락폭이, 수익률의 하락으로 인한 가격상승폭보다 크다.

해설

만기가 일정할 때 수익률의 하락으로 인한 가격상승폭이, 수익률의 상승으로 인한 가격하락폭보다 크다.

05 다음 중 혼합형펀드에 대한 설명으로 적절하지 않은 것은?

중요도
●○○
① 혼합형펀드는 주식과 채권 등에 적절히 배분하여 투자하는 상품이다.

② 혼합형펀드는 집합투자규약상 주식의 최고편입비율이 50% 이상인 주식혼합형상품과 주식의 최고편입비율이 50% 이하인 채권혼합형상품으로 구분할 수 있다.

③ 혼합형펀드의 경우 채권형펀드보다 수익성은 크다.

④ 혼합형펀드의 경우 채권형펀드보다 투자위험성은 낮다.

⑤ 혼합형펀드의 경우 주식형펀드보다 수익성은 낮다.

해설

혼합형펀드의 경우 채권형펀드보다 투자위험성은 높으며, 주식형펀드보다는 투자위험성이 낮다.

핵심테마
15 부동산집합투자기구

- 부동산집합투자기구의 특성에 대한 이해
- 부동산집합투자기구의 종류별 특성

1. 부동산집합투자기구

(1) 부동산집합투자기구의 정의 및 특징

① 집합투자재산의 100분의 50을 초과하여 부동산에 투자하는 집합투자기구

② 부동산 및 부동산을 기초자산으로 하는 관련 자산에 투자하게 되므로 일반 펀드 투자에 있어서의 위험과 함께 실물부동산 투자에 있어서 발생하는 위험도 동시에 있음

③ 부동산펀드의 위험

체계적 위험	• 시장 전체의 변동과 관련된 위험 • 모든 부동산시장 전반에 영향 • 분산투자를 통해 제거할 수 없는 위험 예 경제 위험, 인구통계학적 위험, 자본시장 변동 위험, 유동성 위험
비체계적 위험	• 해당 부동산의 고유한 요인 때문에 발생하는 위험으로 해당 부동산에 국한하여 영향 • 분산투자를 통해 제거 가능한 위험 예 금융 위험, 물리적 하자 위험, 관리 위험 등

(2) 부동산펀드의 종류

PF(Project Financing)형 부동산펀드 (대출형 부동산펀드)	• 시행회사에 초기 토지매입대금이나 시공비 등을 대출한 후 이자를 받아 배당해주는 부동산펀드 상품 • 국내 부동산펀드의 가장 일반적인 형태 • 만기는 2~3년
임대수익형 부동산펀드 (Buy&Lease형)	• 실물 부동산을 매입하여 임대사업으로 운용하는 수익성 부동산투자신탁 상품 • 부동산 임대사업을 통해 안정적으로 수익을 달성하고, 투자신탁기간 만료 시 매매차익을 통해 자본이득을 추구 • 존속기간 환금성이 제한되므로 장기투자 고객에게 적합한 상품
경매·공매형 부동산펀드 (Value형)	경매 또는 공매에 참가하여 상업용 부동산을 저가에 매입한 후 이를 임대하거나 고가에 매각하여 임대수익과 가격상승 차익을 추구하는 부동산펀드
직접개발형 부동산펀드 (Development형)	• 부동산펀드 자체가 개발사업에 직접 참여하여 분양이나 임대를 통해 개발이익 추구 • 부동산펀드 중 가장 투자위험이 높은 형태의 펀드
증권형 부동산펀드	다른 부동산펀드의 집합투자증권에 투자, 부동산투자회사(REITs)의 주식에 투자, 부동산개발회사의 발행증권에 투자 등
기타 부동산펀드	분양권 등과 같이 부동산 관련 권리에 투자하는 권리형 부동산펀드 및 부동산 기초 파생상품에 주로 투자하는 파생형 부동산펀드 등

01 다음 중 부동산집합투자기구에 대한 설명으로 적절하지 않은 것은?

중요도
●●●

① 부동산집합투자기구는 집합투자재산의 100분의 50을 초과하여 부동산에 투자하는 집합투자기구이다.

② 펀드투자에 존재하는 위험과 실물부동산 투자에서 발생하는 위험도 동시에 존재한다.

③ 임대수익형 부동산펀드는 존속기간 동안 환금성이 제한되므로 장기투자 고객에게 적합하다.

④ 대출형 부동산펀드는 국내 부동산펀드 중 가장 일반적인 형태이다.

⑤ 직접개발형 부동산펀드는 수익이 적더라도 위험이 낮은 것을 선호하는 투자자에게 적합한 상품이다.

해설

직접개발형 부동산펀드는 부동산펀드 중 가장 투자위험이 높은 형태의 펀드로, 저위험을 추구하는 투자자에게는 적합하지 않는 상품이다.

02 다음 중 부동산집합투자기구에서 발생할 수 있는 위험 중 체계적 위험으로 분류할 수 없는 위험 요인은?

중요도
●●○

① 경제 위험

② 인구통계학적 위험

③ 관리 위험

④ 유동성 위험

⑤ 자본시장 변동 위험

해설

관리 위험은 부동산 공간의 임대관리, 자산가치 유지관리의 하자에 기인한 위험으로 비체계적 위험이다.

특별자산집합기구 및 단기금융집합투자기구

출제포인트

■ 특별자산집합기구의 정의 및 특성에 대한 이해
■ 단기금융집합투자기구의 정의 및 종류

1. 특별자산집합기구

① 집합투자재산의 100분의 50을 초과하여 특별자산에 투자

② 증권 및 부동산을 제외하고 경제적 가치가 있는 모든 자산으로 하는 특별자산의 범위를 포괄적으로 규정

③ 투자위험이나 수익구조를 이해하기가 어렵고, 폐쇄형으로 설정하므로 유동성이 낮으며, 다른 펀드에 비해 투자기간이 장기적

④ 실물펀드의 경우 펀드와 관련된 일반적 보수나 수수료 이외에 실물의 보관, 유통, 매매와 관련한 비용 및 세금에 대한 검토가 필요

⑤ **특별자산펀드의 종류** : 실물자산형 특별자산펀드(농산물, 축산물 등), 탄소배출권 특별자산펀드, 선박투자형 특별자산펀드, SOC 인프라펀드

2. 단기금융집합투자기구

(1) 단기금융집합투자기구(MMF)의 특징

안정성 강화	원본 손실 가능성이 있는 금융투자상품에 속하지만, 자본시장법에서 정한 단기금융상품 이외에 다른 자산에는 투자할 수 없음
유동성 강화	• 익영업일 입출금제도 적용 • 환매수수료 없이 언제든 환매 가능
장부가평가	• 보유재산에 대한 장부가평가가 적용 • 시장금리의 변동에 따른 자산가치의 변동에 적용받지 않고 안정적으로 기준가격이 상승

① 집합투자재산을 단기금융상품에만 투자하는 집합투자기구

> **자본시장법에서 정하는 단기금융상품의 종류**
> • 남은 만기가 6개월 이내인 양도성 예금증서
> • 남은 만기가 5년 이내인 국채증권, 남은 만기가 1년 이내인 지방채증권, 특수채증권, 사채권(주권 관련 사채권 및 사모의 방법으로 발행된 사채권은 제외), 기업어음증권(단, 환매조건부매수의 경우 남은 만기의 제한을 받지 않음)
> • 남은 만기가 1년 이내인 법에 따른 금융기관에 발행, 할인, 매매, 중개, 인수 또는 보증하는 어음
> • 금융기관에 대한 30일 이내의 단기대출
> • 만기가 6개월 이내인 금융기관 또는 체신관서에의 예치
> • 다른 단기금융집합투자기구의 집합투자증권
> • 단기사채 등

② MMF에서 운용하는 집합투자재산의 '가중평균잔존만기'를 제한

> **MMF의 종류별 가중평균잔존만기**
> • (집합투자기구에서 운용하는 개별자산의 잔존기간 × 개별자산의 운용금액) ÷ 전체 운용금액의 합계액
> • 개인용 MMF : 75일
> • 법인용 MMF 중에서 집합투자규약에 장부가격으로 평가하지 않음을 명시한 MMF : 60일
> • 그 밖의 MMF : 120일

(2) MMF의 종류

① 투자자에 따라 개인으로만 이루어진 개인전용 MMF와 투자자가 법인으로만 이루어진 법인전용 MMF로 구분
② 투자하는 자산이 원화 금융상품인 경우 원화전용 MMF, 외화 금융상품인 경우 외화전용 MMF

(3) MMF의 주요 운용기준

① 증권을 대여하거나 차입하는 방법으로 운용하지 않음
② 남은 만기가 1년 이상인 국채증권에 집합투자재산의 100분의 5 이내에서 금융위원회가 정하여 고시하는 범위에서 운용
③ 환매조건부매도는 금융위원회가 정하여 고시하는 범위 이내
④ 각 MMF 집합투자재산의 남은 만기에 대한 가중평균된 기간이 금융위원회가 정하여 고시하는 범위 이내
⑤ 투자대상 자산의 신용등급 및 신용등급별 투자한도, 남은 만기의 가중평균 계산방법, 그 밖에 자산운용의 안정성 유지에 관해 금융위원회가 정하여 고시하는 내용을 준수할 것

적중문제

01 다음 중 특별자산집합투자기구에 대한 설명으로 적절하지 않은 것은?

중요도
●○○

① 특별자산집합투자기구는 집합투자재산의 100분의 60을 초과하여 특별자산에 투자하는 집합투자기구를 의미한다.
② 폐쇄형으로 설정하므로 유동성이 낮고, 다른 펀드에 비해 투자기간이 장기적이다.
③ 실물 펀드의 경우 펀드와 관련된 일반적 보수나 수수료 이외에 실물의 보관, 유통, 매매와 관련한 비용 및 세금에 대한 검토가 필요하다.
④ 특별자산펀드의 종류는 실물자산형, 탄소배출권, 선박투자형, SOC 인프라 등이 있다.
⑤ 특별자산펀드는 투자위험이나 수익구조를 이해하기가 어렵다.

해설
특별자산집합투자기구는 집합투자재산의 100분의 50을 초과하여 특별자산에 투자하는 집합투자기구를 의미한다.

02 다음 중 단기금융집합투자기구(MMF)에 대한 설명으로 적절하지 않은 것은?

중요도
●●○

① 단기금융집합투자기구는 집합투자재산을 단기금융상품에만 투자하는 집합투자기구이다.

② 단기금융집합투자기구의 경우 약간의 환매수수료만을 부담하면서 환매가 가능하여 유동성이 높다.

③ 보유재산에 대해서는 장부가평가를 적용하여 기준가격은 자산가치의 변동에 적용받지 않는다.

④ 개인형 MMF의 경우 가중평균잔존만기는 75일로 제한된다.

⑤ 단기금융집합투자기구는 증권을 대여하거나 차입하는 방법으로 운용하지 않는다.

해설

단기금융집합투자기구의 경우 환매수수료를 부담하지 않고 언제든 환매가 가능하여 유동성이 강화되었다.

03 다음 중 단기금융집합투자기구에서 투자할 수 있는 단기금융상품의 종류에 해당하지 않는 것은?

중요도
●●○

① 만기가 5개월인 양도성 예금증서

② 만기가 3년인 국채증권

③ 단기사채

④ 금융기관에 대한 60일 단기대출

⑤ 다른 단기금융집합투자기구에서 발행한 집합투자증권

해설

금융기관에 대한 30일 이내의 단기대출이 단기금융상품으로 분류된다.

특수한 형태의 집합투자기구

출제포인트

- 여러 가지 형태의 집합투자기구에 대한 이해

---

1. 환매금지형 집합투자기구

(1) 환매금지형 집합투자기구의 정의 및 특징

① 투자자가 펀드에 투자한 이후 만기 또는 존속기간까지 환매청구를 할 수 없음

② 환매자금마련을 위한 자산 처분이 필요하지 않아 자산을 만기까지 안정적으로 운용할 수 있음

③ 부동산, 실물자산 또는 비상장주식 등 환금성이 부족한 자산에 투자하는 경우 환매금지형(폐쇄형)으로 설정

(2) 투자자보호 조치

유동성(환금성) 확보	집합투자증권을 최초로 발행한 날부터 90일 이내에 집합투자증권을 거래소 시장에 상장해야 함
존속기간의 설정	환매금지형펀드는 신탁계약기간을 정한 투자신탁 또는 존립기간을 정한 투자회사에 한해 폐쇄형으로 만들 수 있음
집합투자증권의 추가 발행 제한	대통령령으로 정하는 때에만 집합투자증권을 추가로 발행할 수 있음 • 환매금지형 집합투자기구로부터 받은 이익분배금의 범위에서 그 집합투자기구의 집합투자증권을 추가로 발행하는 경우 • 기존 투자자의 이익을 해칠 염려가 없다고 신탁업자로부터 확인을 받은 경우 • 기존 투자자 전원의 동의를 받은 경우 • 기존 투자자에게 집합투자증권의 보유비율에 따라 추가로 발행되는 집합투자증권의 우선매수기회를 부여하는 경우 등

2. 종류형 집합투자기구

(1) 종류형 집합투자기구의 정의 및 특징

① 투자자별로 판매보수 또는 판매수수료 등을 차등 적용하여, 동일 펀드 내에 기준가격이 상이한 여러 종류의 집합투자증권이 존재하는 형태

② 각 클래스별로 집합투자증권을 발행해야 하고 기준가격도 각 종류(Class)별로 산정

(2) 종류형 집합투자기구의 운용기준

① 각 종류별로 판매보수 및 판매수수료 체계가 달라야 함

② 각 종류별로 자산의 운용 및 평가 방법을 다르게 할 수 없음

③ 각 종류별로 운용보수, 수탁보수, 일반사무관리보수율은 차별화할 수 없음

④ 각 종류별로 환매수수료는 차별이 가능함

⑤ 펀드의 기준가격은 각 클래스별로 산정 공고해야 함

⑥ 종류의 수에는 제한이 없음

⑦ 특정 종류에서 다른 종류로의 전환이 허용됨

⑧ 기존 펀드도 약관(정관) 변경을 통해 클래스 펀드로의 전환이 가능함

⑨ 수익자총회는 전체 수익자총회와 종류별 수익자총회로 구분 운용함

⑩ 특정 종류의 투자자에 대해서만 이해관계가 있는 경우 그 종류의 투자자만으로 총회를 개최할 수 있음

⑪ 투자설명서에 종류별 세부내용을 기술하여야 함

3. 전환형 및 모자형 집합투자기구

(1) 전환형 집합투자기구의 정의 및 특징

① 공통으로 적용되는 집합투자규약에 의해 서로 다른 여러 종류의 펀드 상품으로 전환할 수 있는 권리가 투자자에게 부여된 집합투자기구

② 국내의 경우 일반적으로 먼저 별도의 독립된 하위펀드를 구성하고, 이러한 독립된 하위펀드 몇 개를 모아 하나의 전환형펀드를 구성

③ 투자자에게 펀드전환권을 부여함으로써 투자자의 시장상황 판단 및 전망에 따라 다른 펀드로의 선택이 자유로움

④ 투자신탁, 투자회사, 투자유한회사, 투자합자회사, 투자조합, 투자익명조합, 사모투자전문회사 상호간 전환은 허용되지 않음

⑤ 전환 시에 환매수수료는 물론 일반 펀드 신규 시 부과되는 선취판매수수료를 징수하지 않고 수수료 절감효과가 발생

(2) 모자형 집합투자기구의 정의 및 특징

① 집합투자기구를 설정함에 있어서 모펀드와 자펀드를 설정하고 자펀드는 모펀드의 집합투자증권을 취득하는 형태로 운용하는 집합투자기구

② 투자자가 자펀드에 가입하면 자펀드는 모펀드의 집합투자증권에 투자하고 이렇게 다수의 자펀드에서 모인 펀드재산을 모펀드에서 운용하는 형태

③ 모펀드와 자펀드의 자산운용회사가 동일해야 함

④ 자펀드는 모펀드가 발행하는 집합투자증권 이외의 다른 집합투자증권을 취득할 수 없음

⑤ 모펀드에 투자할 수 있는 투자자는 자펀드로 제한

⑥ 판매회사에서 투자자에게 판매하는 펀드는 자펀드임

4. 상장지수 집합투자기구

(1) 상장지수 집합투자기구(상장지수펀드)의 정의 및 특징

① 특정 지수와 연동되는 수익률을 얻을 수 있도록 설계된 집합투자기구
② 추가형이며 상장형 집합투자기구로 증권집합투자기구의 인덱스펀드와 유사한 성격
③ 수익구조상으로 인덱스펀드와 유사하지만, 시장에 상장되어 있어 개별 주식에 투자한 것과 같이 언제든 거래소를 통해 실시간 시장가격으로 매매할 수 있음
④ 지수에 투자하는 인덱스펀드이므로 개별 종목에 대한 별도의 분석이 필요하지 않음
⑤ 자산운용회사의 별도 리서치 조직이 필요 없고 거래를 빈번히 할 필요가 없으므로 비용이 저렴하고 성과 측정이 투명
⑥ 발행시장과 유통시장의 두 가지 시장에 대한 재정거래에 의해 자동적인 시장 안정장치 역할을 하는 순기능이 있음

(2) 상장지수 집합투자기구의 설정요건

① 거래소, 외국거래소, 금융위가 정하여 고시하는 시장에서 거래되는 종목의 가격 또는 다수의 가격수준을 종합적으로 표시하는 지수
② 지수를 구성하는 종목이 10종목 이상
③ 지수가 시장을 통해 투자자에게 적절히 공표될 수 있을 것
④ ETF 집합투자증권의 환매가 가능해야 함
⑤ ETF 집합투자증권에 대해 집합투자기구 설립 또는 설정일로부터 30일 이내에 증권 시장에 상장할 것

적중문제

01 다음 중 환매금지형 집합투자기구에 대한 설명으로 적절하지 않은 것은?

중요도
●○○

① 환매금지형 집합투자기구는 만기 또는 존속기간까지 환매청구를 할 수 없다.
② 집합투자기구 입장에서는 환매자금마련을 위한 자산 처분이 필요하지 않아 자산을 만기까지 안정적으로 운용할 수 있다.
③ 주로 부동산, 실물자산 또는 비상장주식 등 환금성이 부족한 자산에 투자하는 경우 환매금지형으로 설정한다.
④ 투자자 입장에서 유동성을 확보할 수 있도록 집합투자증권을 최초로 발행한 날부터 90일 이내에 집합투자증권을 거래소 시장에 상장해야 한다.
⑤ 신탁계약기간을 정하지 않더라도 폐쇄형펀드로 만들 수 있다.

> **해설**
> 환매금지형 집합투자기구의 경우 신탁계약기간을 정한 투자신탁 혹은 존립기간을 정한 투자회사에 한해 폐쇄형펀드로 만들 수 있다.

02 다음 중 종류형 집합투자기구에 대한 운용기준으로 적절하지 않은 것은?

중요도
●●●
① 종류의 수에는 제한이 없다.
② 종류 간에 전환이 가능하다.
③ 종류별로 판매보수, 판매수수료, 환매수수료는 동일하게 적용해야 한다.
④ 투자설명서에 종류별로 해당되는 세부 내용을 기재해야 한다.
⑤ 종류별로 기본적인 자산운용방법이나 투자한도 등은 같다.

해설

종류별로 판매보수, 판매수수료, 환매수수료는 종류별로 다르게 적용할 수 있다.

03 다음 중 종류형 집합투자기구에 대한 설명으로 적절하지 않은 것은?

중요도
●●●
① 동일 펀드 내에 기준가격이 상이한 여러 종류의 집합투자증권이 존재하는 형태이다.
② 각 클래스별로 집합투자증권을 발행해야 하고 기준가격도 각 종류(Class)별로 산정한다.
③ 수익자총회는 전체 수익자총회와 종류별 수익자총회로 구분 운용한다.
④ 각 종류별로 운용보수, 수탁보수, 일반사무관리보수율은 차별화할 수 없다.
⑤ 특정 종류의 투자자에게만 이해관계가 있는 일이 발생하더라도 전체 투자자로 총회를 개최해야 한다.

해설

특정 종류의 투자자에게만 이해관계가 있는 일이 발생하는 경우 그 종류의 투자자만으로 총회를 개최할 수 있다.

04 다음 중 전환형 집합투자기구에 대한 설명으로 적절하지 않은 것은?

중요도
●●●
① 전환형 집합투자기구는 규약에 의해 서로 다른 여러 종류의 펀드 상품으로 전환할 수 있는 권리가 투자자에게 부여된 집합투자기구이다.
② 전환형 집합투자기구는 투자자에게 펀드전환권을 부여함으로써 투자자의 시장상황 판단 및 전망에 따라서 다른 펀드로의 선택이 자유로운 특징이 있다.
③ 투자신탁, 투자회사, 투자유한회사, 투자합자회사, 투자조합, 투자익명조합, 사모투자전문회사 상호간 전환도 가능하다.
④ 전환 시에 환매수수료는 물론 일반 펀드 신규 시 부과되는 선취판매수수료를 징수하지 않고 수수료 절감효과가 발생한다.
⑤ 국내의 경우 일반적으로 먼저 별도의 독립된 하위펀드를 구성하고, 이러한 독립된 하위펀드 몇 개를 모아 하나의 전환형펀드를 구성하는 형태가 일반적이다.

해설

투자신탁, 투자회사, 투자유한회사, 투자합자회사, 투자조합, 투자익명조합, 사모투자전문회사 상호간 전환은 불가능하다.

05 다음 중 모자형 집합투자기구에 대한 설명으로 적절하지 않은 것은?

중요도
●●●

① 모자형 집합투자기구는 집합투자기구를 설정함에 있어서 모펀드와 자펀드를 설정하고 자펀드는 모펀드의 집합투자증권을 취득하는 형태로 운용하는 집합투자기구이다.
② 모자형 집합투자기구는 투자자가 자펀드에 가입하면 자펀드는 모펀드의 집합투자증권에 투자하며, 모펀드에서 펀드 재산을 운용하는 형태이다.
③ 모펀드와 자펀드의 자산운용회사는 동일해야 한다.
④ 모펀드는 펀드 투자자금의 50% 이상을 자펀드로부터 수령해야 한다.
⑤ 펀드 판매회사에서 투자자에게 판매하는 펀드는 자펀드이다.

> **해설**
> 모펀드에 투자할 수 있는 투자자는 자펀드로 제한되므로 투자자금 전액을 자펀드로부터 수령해야 한다.

> **핵심 CHECK**
>
> **모자형펀드의 특징**
> • 모펀드와 자펀드의 자산운용회사가 동일해야 함
> • 자펀드는 모펀드가 발행하는 집합투자증권 이외의 다른 집합투자증권을 취득할 수 없음
> • 모펀드에 투자할 수 있는 투자자는 자펀드로 제한
> • 판매회사에서 투자자에게 판매하는 펀드는 자펀드임

06 다음 중 상장지수 집합투자기구에 대한 설명으로 적절하지 않은 것은?

중요도
●●○

① 특정 지수와 연동되는 수익률을 얻을 수 있도록 설계된 집합투자기구이다.
② 비용이 상대적으로 비싸며, 성과 측정이 어렵다는 단점이 있다.
③ 증권집합투자기구의 인덱스펀드와 특징이 유사하다.
④ 상장지수 집합투자기구를 설정하기 위해서는 적용하는 지수의 구성종목이 10종목 이상이어야 한다.
⑤ 시장에 상장되어 있어 개별 주식에 투자한 것과 같이 언제든 거래소를 통해 실시간 시장가격으로 매매할 수 있다.

> **해설**
> 상장지수펀드는 자산운용회사의 별도 리서치 조직이 필요 없고 거래를 빈번히 할 필요가 없으므로 비용이 저렴하고 성과 측정이 투명하다.

> **핵심 CHECK**
>
> **상장지수펀드의 특징**
> • 수익구조상으로 인덱스펀드와 유사하지만, 시장에 상장되어 있어 개별 주식에 투자한 것과 같이 언제든 거래소를 통해 실시간 시장가격으로 매매할 수 있음
> • 지수에 투자하는 인덱스펀드이므로 개별 종목에 대한 별도의 분석이 필요하지 않음
> • 별도 리서치 조직이 필요 없고 거래를 빈번히 할 필요가 없으므로 비용이 저렴하고 성과 측정이 투명함
> • 발행시장과 유통시장에 대한 재정거래에 의해 자동적인 시장 안정장치 역할을 하는 순기능이 있음

18 구조화 상품의 정의 및 유형

출제포인트

- 구조화 상품에 대한 정의 및 유형에 대한 이해

1. 구조화 상품의 정의

① 원본보존형 상품을 제외하고는 대부분 고난도 금융투자상품에 속함
② 원금보장형 상품의 경우 주가지수를 기준으로 한 ELS, 주가지수 이외에 금리, 환율 등 다른 기초자산과 수익구조를 연계한 DLB로 구분

2. 구조화 상품의 유형

주가연계증권 (ELS ; Equity Linked Securities)	• 주가지수나 개별 주식의 가격 움직임과 연계하여 손익이 결정 • 파생결합증권*으로 분류
주가연계신탁 (ELT ; Equity Linked Trust)	형식적으로는 은행에서 판매하는 신탁상품이지만 실질적으로는 증권사가 발행한 파생결합증권인 ELS를 은행 신탁계정에 기초자산으로 편입한 상품
주가연계펀드 (ELF ; Equity Linked Fund)	• 증권사에서 발행하는 ELS 또는 DLS에 투자하는 펀드상품 • 최소 3개 이상 증권사가 발행한 파생결합증권을 편입하여 펀드를 구성 • 손익구조상 원본이 보존되는 형태로 구조화한 경우에도 펀드의 특성상 원금보장형이 아닌 원금보존추구형으로 판매 • 파생상품펀드로 분류
주가연계파생결합사채 (ELB ; Equity Linked Bond)	• 원금보장형 ELS • 원금보장형 구조로 발행되는 파생결합증권을 별도로 분류

*파생결합증권 : 기초자산의 가격·이자율·지표·단위 또는 이를 기초로 하는 지수 등의 변동과 연계하여 미리 정해진 방법에 따라 지급하거나 회수하는 금전 등이 결정되는 권리가 표시된 것

적중문제

01 다음 중 구조화 상품에 대한 설명으로 적절하지 않은 것은?

중요도
●●○

① 구조화 상품은 원본보존형 상품을 제외하고 '고난도 금융투자상품'으로 분류된다.
② 주가연계증권(ELS)은 주가지수나 개별 주식 움직임과 연계하여 손익이 결정된다.
③ 주가연계신탁(ELT)은 증권사가 발행한 파생결합증권인 ELS를 은행 신탁계정에 기초자산으로 편입한 상품이다.
④ 주가연계파생결합사채(ELB)는 원금비보장형 상품이다.
⑤ 주가연계펀드(ELF)는 최소 3개 이상 증권사가 발행한 파생결합증권을 편입하여 펀드를 구성해야 한다.

해설
주가연계파생결합사채(ELB)는 원금보장형 상품이다.

19 구조화 상품의 손익구조

■ 구조화 상품의 손익구조 형태에 대한 이해

1. 구조화 상품의 손익구조 내용

원금보장형 구조	방향성 수익추구형	• 상승수익추구형(Knock − out Call Option) − 주가하락 시 원금보존, 주가상승 시 참여율에 따라 수익 결정 − 베리어 터치 시 낙아웃 발생(무효) • 하락수익추구형(Knock − out Put Option) − 주가상승 시 원금보존, 주가하락 시 참여율에 따라 수익 결정 − 베리어 터치 시 낙아웃 발생(무효) • 양방향수익추구형
	범위형	• 특정 범위 내에 있을 경우 사전에 정한 일정 수익률을 지급하지만 범위를 벗어나는 경우 원금만 지급하는 구조 • 주가지수가 일정 범위 내에서 움직일 것으로 예상될 경우 유효한 투자전략
	디지털형	미리 정한 조건 충족 시 수익을 지급하고 조건 미충족 시 수익 미지급
원금비보장형 구조	원금부분 보장형	통상 원금의 80~95% 수준이 보장되는 구조이며, 참여율을 높이거나 낙아웃 베리어를 높이는 방법 등으로 투자자에게 유리한 수익구조를 가져오는 형태
	원금 비보장형	스텝다운형(Autocall Stepdown) : 조기상환조건이 계단을 내려가는 것처럼 조금씩 낮아지는 형태로 계약시점보다 주가가 40~50% 이상 떨어지지 않으면 약속된 이자를 지급하는 형태

01 다음 중 구조화 상품의 수익구조에 대한 설명으로 적절하지 않은 것은?

중요도
●●●

① 상승수익추구형은 주가가 하락하더라도 원금은 보존된다.

② 하락수익추구형은 주가가 하락하는 경우 참여율에 따라 수익이 결정된다.

③ 디지털형은 특정 범위 내에 있을 경우 사전에 정한 일정 수익률을 지급하지만, 범위를 벗어나면 원금만 지급하는 구조이다.

④ 원금부분보장형의 경우 통상 원금의 80~95% 수준이 부분적으로 보장된다.

⑤ 스텝다운형은 조기상환 조건이 기간이 지남에 따라 점차 완화된다.

해설
디지털형은 미리 정한 조건을 충족하는 경우 수익을 지급하고, 조건을 충족하지 못하는 경우 수익을 지급하지 않는다. 특정 범위 내에 있을 경우 사전에 정한 일정 수익률을 지급하는 것은 범위형이다.

02 다음 중 원금이 동일한 경우 수익이 가장 클 것으로 예상되는 경우는?

중요도
●●●

① 상승수익추구형으로 투자했으며 주가가 상승한 경우(베리어 터치)

② 상승수익추구형으로 투자했으며 주가가 상승한 경우(베리어 터치하지 않음)

③ 범위형으로 특정 범위를 벗어난 경우

④ 스텝다운형으로 계약했으며 주가가 60% 떨어진 경우

⑤ 하락수익추구형으로 투자했으며 주가가 상승한 경우

해설
상승수익추구형으로 투자했으며 주가가 상승한 경우 참여율에 따른 이익이 발생한다. 단, 베리어를 터치하는 경우 무효가 되므로 베리어를 터치하지 않는 것이 중요하다.

핵심테마
20 신탁의 정의 및 특징

- 신탁상품에 대한 정의 및 특징에 대한 이해
- 신탁상품의 종류 각각에 대한 이해

1. 신탁의 정의 및 관계인

① 신탁설정자(위탁자)와 신탁인수자(수탁자)와의 특별한 신임관계에 의해 위탁자가 특정 재산권을 수탁자에게 이전하거나 처분하고 수탁자로 하여금 수익자의 이익 또는 특정의 목적을 위해 그 재산권을 관리 · 처분하게 하는 법률관계

② **신탁의 관계인**

위탁자	• 신탁재산을 맡기는 자 • 위탁자의 지위는 신탁행위로 정한 방법에 따라 제3자에게 이전 가능
수탁자	• 신탁 목적에 따라 신탁재산을 관리 · 처분하는 자 • 미성년자, 금치산자, 한정치산자 및 파산선고를 받은 자는 수탁자가 될 수 없음
수익자	• 신탁재산의 원본 또는 이익을 수령하는 자 • 수익자는 위탁자가 지정할 수 있으며, 별도로 지정하지 않은 경우 위탁자 본인이 수익자가 됨
신탁관리인	수익자가 특정되어 있지 않거나 아직 존재하지 않는 경우 수익자를 위해 선임된 자
신탁재산관리인	수탁자가 불가피한 사정으로 사임 또는 기타 사유로 해임된 경우 수탁자를 대신하여 일시적으로 신탁재산을 관리

핵심 CHECK

신탁의 관계인
위탁자, 수탁자, 수익자, 신탁관리인, 신탁재산관리인

2. 신탁상품의 종류

신탁에서 인수할 수 있는 재산 종류 : 금전, 유가증권, 금전채권, 동산, 토지와 그 정착물, 지상권, 전세권 및 토지의 임차권, 무체재산권(지적재산권 포함) 등

금전신탁	연금저축신탁	• 개인의 노후생활안정을 목적으로 일정기간 이상 적립금을 납입한 후, 적립기간이 만료된 때로부터 납입원본과 이익을 일정기간 이상 연금으로 나누어 수령할 수 있는 저축상품
		  ― 은행 : 원본보장형 연금저축신탁
		  ― 증권회사 : 원금비보장형 연금저축펀드
		  ― 보험회사 : 원금보장형 연금저축보험

	특정금전신탁	• 신탁회사가 위탁자로부터 수탁받은 자금을 위탁자가 지정한 운용방법 · 조건에 따라 운용한 후 운용수익을 돌려주는 실적배당형 단독운용 신탁상품 • 중도 해지수수료 없이 언제든 입 · 출금이 가능하도록 하는 단기 고수익 신탁상품인 MMT도 특정금전신탁의 한 종류
재산신탁	유가증권신탁	유가증권을 신탁하여 수탁자로 하여금 그 관리운용을 하게 하는 신탁으로 신탁목적에 따라 관리유가증권신탁과 운용유가증권신탁으로 구분
	금전채권신탁	수탁자가 금전을 신탁재산으로 예탁받아 이를 적절한 투자대상에 운용하여 얻은 이익을 신탁종료 시 수익자에게 금전 등의 형태로 되돌려주는 신탁
	부동산신탁	부동산 소유자가 소유권을 신탁회사에 이전하고 신탁회사는 이 신탁재산을 효과적으로 개발 · 관리 · 운용하여 신탁종료 시 그 이익을 돌려주는 신탁
	동산신탁	차량 · 자동차 · 선박 · 중기 · 기타설비 등의 설비동산을 대상으로 하여 이를 인수 · 관리 · 운용 후 신탁종료 시 그 이익을 돌려주는 신탁

> **핵심 CHECK**
>
> **연금저축신탁의 내용**
>
> | 구 분 | 내 용 |
> |---|---|
> | 가입대상 | 소득세법상 거주자인 개인 |
> | 납입한도 | 연 1,800만원 이내 |
> | 최소 납입기간 | 5년 이상 |
> | 연금수령 요건 | 납입기간 : 5년 이상, 개시연령 : 만 55세 이상, 수령기간 : 10년 이상 |
> | 연금수령 과세 | 만 55세 이상 ~ 70세 미만 : 5.5%, 만 70세 이상 ~ 80세 미만 : 4.4%, 만 80세 이상 : 3.3% |

01 다음 중 신탁에 대한 설명으로 적절하지 않은 것은?

중요도
●●●

① 신탁은 신탁설정자(위탁자)와 신탁인수자(수탁자)와의 특별한 신임관계에 의해 설정되며, 위탁자가 특정 재산권을 수탁자에게 이전하거나 처분을 한다.

② 수탁자는 신탁 목적에 따라 신탁재산을 관리·처분하는 자로 미성년자, 금치산자, 한정치산자, 파산선고를 받은 자는 수탁자가 될 수 없다.

③ 신탁재산관리인은 수탁자가 불가피한 사정으로 사임 또는 기타 사유로 해임된 경우 수탁자를 대신해서 일시적으로 신탁재산을 관리한다.

④ 신탁은 금전, 유가증권, 금전채권, 동산, 토지와 그 정착물, 지상권, 전세권 및 토지의 임차권, 무체재산권(지적재산권 포함) 등 다양한 자산을 인수할 수 있다.

⑤ 신탁의 수익자는 위탁자가 지정해야 하며, 지정하지 않을 경우 신탁계약을 체결할 수 없다.

해설

신탁의 수익자는 위탁자가 지정할 수 있으며, 별도로 지정하지 않은 경우 위탁자 본인이 수익자가 된다.

02 다음 중 신탁에 대한 설명으로 적절하지 않은 것은?

중요도
●●●

① 연금저축신탁은 개인의 노후생활안정을 목적으로 가입하는 저축상품으로 원본보장형, 원본비보장형으로 구분할 수 있다.

② 보험회사에서 발행한 연금저축신탁은 원금비보장형 상품이다.

③ 특정금전신탁은 신탁회사가 위탁자로부터 수탁받은 자금을 위탁자가 지정한 조건에 따라 운용한 후 운용수익을 돌려주는 실적배당형 단독운용 신탁상품이다.

④ 금전채권신탁은 수탁자가 금전을 신탁재산으로 예탁받아 이를 적절한 투자대상에 운용하여 얻은 이익을 신탁종료 시 수익자에게 금전 등의 형태로 되돌려주는 신탁이다.

⑤ 유가증권신탁은 관리유가증권신탁과 운용유가증권신탁으로 구분할 수 있다.

해설

보험회사에서 발행한 연금저축신탁은 원금보장형 연금저축보험으로 원금보장형 상품이다.

핵심테마
21
대출상품

■ 대출상품의 정의 및 사전검토 사항에 대한 이해
■ 대출 관련 주요 제도에 대한 이해

1. 대출상품의 정의 및 사전검토

(1) 대출의 정의

① 채무자가 장래에 상환할 것을 약속하고 금융기관으로부터 자금 등을 융통하여 사용
② 채무자는 대출자금의 사용 대가로 대출이자를 부담

(2) 대출 이용 시 사전검토 사항

① 대출용도의 적정성과 효율성
② 채무상환 능력
③ 대출금액의 적정성
④ 미래 불확실성에 대한 대응 능력

2. 대출 관련 주요 제도

(1) 대출금리

고정금리부대출	• 대출기간 동안 약정한 금리가 일정한 수준으로 고정 • 금리가 일정하여 미래의 금리상승 위험에 노출되지 않아 안정적 · 고정적 소득의 가계에서 이용하기에 적합
변동금리부대출	• 대출기간 동안 적용되는 금리가 시장상황에 따라 변동 • CD(양도성예금증서)금리 또는 COFIX 등과 연동(3개월 주기 CD연동대출과 6개월 주기 COFIX연동대출 및 12개월 주기 COFIX연동대출) • 금리변동 위험에 노출되어 소득이 일정하지 않은 가계에 더 적합한 금리조건

(2) 중도상환수수료

① 대출금을 당초 약정 대출기간(만기) 이전에 변제할 경우 부과되는 패널티 성격의 수수료
② 일시에 수수료를 부담하게 되며 채무자 입장에서는 불리한 조건

(3) 프라임레이트

① 금융기관에서 가장 우량한 고객에게 적용하는 최우대 금리로 '대출우대금리' 또는 '기본금리'라고도 함
② 대출금리 산정에 기본이 되는 금리이므로 금융기관의 프라임레이트가 상승하면 기존 대출자의 금리도 상승

(4) 기한연장과 조건변경

① **기한연장** : 기존 대출의 만기일을 연장

② **조건변경** : 만기일 이외에 대출금액 · 담보조건 · 보증인 · 금리 등 기존 대출의 사항을 변경

(5) 대환대출과 재대출

대환대출	기존 대출의 상환을 위해 기존 대출잔액 범위 내에서 동일한 채무자에게 대출하는 것으로 신용카드나 연체 대출금을 정리하기 위한 용도로 이용
재대출	기존 대출의 상환을 위해 기존 여신잔액 범위 내에서 동일한 채무자에게 동일한 과목의 대출을 실행

(6) 면책적 채무인수와 계약인수

면책적 채무인수	피담보채권을 채무인수 계약시점에 확정한 후 채무인수인이 확정된 피담보채무만을 면책적으로 인수하는 채무인수
계약인수	근저당권 설정계약서상 피담보채권이 확정되기 전에 채무자의 지위 전부를 채무인수인이 인수

3. 담보권의 종류

① 근담보계약

ㄱ 계속적 거래관계로부터 장래에 발생하게 될 불특정의 채권을 담보하기 위해 질권 또는 저당권을 설정하는 계약

ㄴ 피담보채무가 소멸하더라도 근담보권이 소멸하지 않음

ㄷ 담보권의 종류에 따라 취급할 수 있는 대출업무가 제한될 수 있음

② 담보권의 종류

구 분	내 용
특정채무담보	담보 약정 시 특별히 지정된 대출에 한해 담보를 제공하는 담보권의 종류로 대출의 기한연장이나 갱신 등이 허용되지 않음
특정근담보	담보 약정 시 특별히 지정된 대출과 관련하여 계속적으로 발생하는 대출을 담보하는 종류로 동일 대출의 기한 연장은 가능
한정근담보	담보 약정 시 지정된 대출 종류에 대해 현재부터 미래에 완납할 때까지 지속적으로 책임을 부담하는 담보권의 종류로 기한연장이나 재대출 등 가능
포괄근담보	담보 약정 시 대출종류가 아닌 채무자를 기준으로 채무자와 금융기관 간 모든 거래를 담보하는 담보권의 종류로 담보권이 말소될 때까지 포괄적으로 책임을 부담(모든 여신 취급 가능)

③ 담보조건에 따른 대출의 종류

구 분	내 용
신용대출	개인의 신용을 바탕으로 이루어지는 대출
주택담보대출	• APT, 다세대주택, 연립주택, 단독주택 등 공부상 주택을 담보로 제공하는 대출 • 주택은 다른 부동산담보대출에 비해 저금리로 취급
주택 이외 부동산담보대출	• 주택 이외의 부동산을 담보로 제공하고 받는 담보대출 • 주택담보대출에 비해 소폭의 고금리가 적용
보증서담보대출	• 신용보증기금의 신용보증서, 주택금융신용보증서, 금융기관의 지급보증서, 서울보증보험의 보증보험 증서 등을 담보로 취급하는 담보대출 • 보증서를 발급받기 위해 보증기관에 소정의 보증료 또는 보험료를 부담

01 다음 중 대출 이용 시 사전검토 사항이 아닌 것은?

중요도
●○○
① 수령할 수 있는 이자 크기
② 채무상환 능력
③ 대출용도의 적정성과 효율성
④ 대출금액의 적정성
⑤ 미래 불확실성에 대한 대응 능력

해설

대출 이용 시 사전검토 사항은 채무상환 능력, 대출용도의 적정성과 효율성, 대출금액의 적정성, 미래 불확실성에 대한 대응 능력이다.

02 다음 중 대출 관련 주요 제도에 대한 설명으로 적절하지 않은 것은?

중요도
●●○
① 변동금리부대출은 대출기간 동안 적용되는 금리가 시장상황에 따라 변동한다.
② 고정금리부대출은 안정적 · 고정적 소득의 가계에서 이용하기에 적합하다.
③ 중도상환수수료는 패널티 성격의 수수료로 일시에 수수료를 부담한다.
④ 프라임레이트는 금융기관에서 가장 우량한 고객에게 적용하는 최우대 금리이다.
⑤ 프라임레이트가 상승하더라도 기존 대출자의 금리에는 영향을 주지 않는다.

해설

⑤ 프라임레이트는 금융기관에서 가장 우량한 고객에게 적용하는 최우대 금리로, 대출금리 산정에 기본이 되는 금리이므로 금융기관의 프라임레이트가 상승하면 기존 대출자의 금리도 상승한다.
③ 중도상환수수료는 대출금을 당초 약정 대출기간(만기) 이전에 변제할 경우 부과되는 패널티 성격의 수수료로, 채무자 입장에서는 불리한 조건이다.

03 다음 중 대출 관련 주요 제도에 대한 설명으로 적절하지 않은 것은?

중요도
●●○
① 대출 조건변경의 경우 만기일 · 대출금액 · 담보조건 · 보증인 · 금리 등 기존 대출의 사항을 변경하는 것이다.
② 대환대출은 기존 대출의 상환을 위해 기존 대출잔액 범위 내에서 동일한 채무자에게 대출하는 것으로 주로 신용카드나 연체대출금을 정리하기 위한 용도로 이용한다.
③ 재대출은 기존 대출의 상환을 위해 기존 여신잔액 범위 내에서 동일한 채무자에게 동일한 과목의 대출을 실행하는 것이다.
④ 면책적 채무인수는 피담보채권을 채무인수 계약시점에 확정한 후 채무인수인이 확정된 피담보채무만을 면책적으로 인수하는 조건이다.
⑤ 계약인수는 근저당권 설정 계약상 피담보채권이 결정되기 전에 인수하는 조건이다.

해설

대출 조건변경은 만기일 이외의 대출금액, 담보조건, 보증인, 금리 등 기존 대출의 사항을 변경하는 것이다. 기존 대출의 만기일을 연장하는 것은 기한 연장이다.

04 다음 중 담보 약정 시 특별히 지정된 대출에 한해 담보를 제공하는 담보권의 종류는?

중요도
●●○

① 특정채무담보
② 특정근담보
③ 양도담보
④ 한정근담보
⑤ 포괄근담보

해설

담보 약정 시 특별히 지정된 대출에 한해 담보를 제공하는 담보권의 종류는 특정채무담보이다.

05 다음 중 담보권에 대한 설명으로 적절하지 않은 것은?

중요도
●●○

① 담보권의 종류에 따라 취급할 수 있는 대출업무가 제한될 수 있다.
② 담보 조건에 따라 대출을 신용대출, 주택담보대출, 주택 이외 부동산담보대출, 보증서담보대출로 구분할 수 있다.
③ 주택 이외 부동산담보대출은 주택담보대출에 비해 일반적으로 금리가 낮다.
④ 보증서담보대출을 받기 위해서는 보증서를 발급받아야 하며, 보증서를 발급받기 위해서는 보증기관에 소정의 보증료 또는 보험료를 부담해야 한다.
⑤ 포괄근담보는 금융기관 간 모든 거래를 담보하는 담보권의 종류로 담보권이 말소될 때까지 포괄적으로 책임을 부담한다.

해설

③ 주택 이외 부동산담보대출은 주택담보대출에 비해 소폭의 고금리가 적용된다.
④ 보증서담보대출은 신용보증기금의 신용보증서, 주택금융신용보증서, 금융기관의 지급보증서, 서울보증보험의 보증보험증서 등을 담보로 취급하는 담보대출로 보증서를 발급받기 위해서는 보증기관에 소정의 보증료 또는 보험료를 부담해야 한다.

핵심테마
22 외화예금 및 외국환거래법에 따른 거주성의 구분

■ 외화예금 관련 특징에 대한 이해
■ 외국환거래법상 거주자의 특징

1. 외화예금의 정의 및 특징

① **외화예금** : 외국환은행이 「외국환거래법」 등에서 정하는 바에 따라 거주자 또는 비거주자가 영수 · 취득한 외국환을 외화예금 계정에 예치하는 것

② **환 율**

자국통화표시법	• 외국화폐 1단위에 대한 자국화폐의 교환가치를 표시하는 방법 • 대부분의 국가가 적용
외국통화표시법	• 자국화폐 1단위에 대한 외국화폐의 교환가치를 표시하는 방법 • 영국 등 일부 국가에서 적용

㉠ 우리나라 환율은 외환의 수요와 공급에 의해 결정되는 시장평균환율제도가 적용

㉡ 매매기준율 : 미화의 매매기준율, 미달러화의 현물환 매매 중 익익영업일 결제 거래에서 형성되는 율을 거래량으로 가중평균하여 산출되는 율(시장평균환율)

㉢ 재정환율 : 기타통화의 미화와의 매매중간율을 시장평균환율로 재정한 환율

㉣ 대고객매매율 : 외국환은행이 고객과 외국환거래를 함에 있어서 적용되는 환율로 기준환율에 대고객매매율차(Spread)를 반영하여 외국환은행장이 결정 고시

㉤ 현찰매매율 : 외화현금을 매매하는 경우 적용하는 환율. 일반적으로 대고객매매율에서 현찰매도율은 최고환율이 되고 현찰매입율은 최저환율이 됨

㉥ 전신환매매율 : 자금의 결제를 전신환을 통해 실행하는 경우 적용하는 환율. 자금의 결제가 1일 이내에 완료되므로 자금결제 기간에 금리 요소가 개입되지 않음

㉦ 여행자수표 매도율 : 여행자수표 판매 시 적용하는 환율로 기준환율에 여행자수표 판매에 따른 수수료율을 가산하여 정해지는 환율

2. 「외국환거래법」에 따른 거주성의 구분

① **거주자** : 대한민국 안에 주소 또는 거소를 둔 개인 및 대한민국 안에 주된 사무소를 둔 법인

② **비거주자** : 거주자 이외의 개인 및 법인

③ 동거가족은 해당 거주자 또는 비거주자 구분에 따라 거주자 또는 비거주자로 구분

거주자	• 대한민국 재외공관 • 국내에 주된 사무소가 있는 단체, 기관, 그 밖에 이에 준하는 조직체 • 다음 중 어느 하나에 해당하는 대한민국 국민 　－ 대한민국 재외공간에서 근무할 목적으로 외국에 파견되어 체재하고 있는 자 　－ 비거주자였던 자로서 입국하여 국내에 3개월 이상 체재하고 있는 자 　－ 그 밖에 영업 양태, 주요 체재지 등을 고려하여 거주자로 판단할 필요성이 인정되는 자로서 기획 　　재정부 장관이 정하는 자 • 다음 어느 하나에 해당하는 외국인 　－ 국내에서 영업활동에 종사하고 있는 자 　－ 6개월 이상 국내에서 체재하고 있는 자
비거주자	• 국내에 있는 외국정부의 공관과 국제기구 • 주한미군 및 이에 준하는 국제연합군 • 외국에 있는 국내법인 등의 영업소 및 그 밖의 사무소 • 외국에 주된 사무소가 있는 단체기관, 그 밖에 이에 준하는 조직체 • 다음의 어느 하나에 해당하는 외국인 　－ 국내에 있는 외국정부 공관 또는 국제기구에서 근무하는 외교관 영사 또는 그 수행원, 사용인 　－ 외국정부 또는 국제기구의 공무로 입국하는 자 　－ 거주자였던 외국인으로서 출국하여 외국에서 3개월 이상 체재 중인 자

적중문제

01 다음 중 외화예금에 대한 설명으로 적절하지 않은 것은?

중요도
●●○

① 환율은 자국통화표시법 및 외국통화표시법으로 표시할 수 있으며, 우리나라 및 대부분의 국가에서는 자국통화표시법으로 환율을 표시한다.

② 대고객매매율은 외국환은행이 고객과 외국환거래를 함에 있어서 적용되는 환율로 기준환율에 대고객매매율차(Spread)를 반영하여 외국환은행장이 결정 고시한다.

③ 대고객매매율에서 현찰매도율은 최저환율이 되고, 현찰매입율은 최고환율이 된다.

④ 재정환율은 기타통화의 미화와의 매매중간율을 시장평균환율로 재정한 환율이다.

⑤ 자국통화표시법은 외국화폐 1단위에 대한 자국화폐의 교환가치를 표시하는 방법이다.

해설

대고객매매율에서 현찰매도율은 최고환율이 되고, 현찰매입율은 최저환율이 된다.

02 다음 중 「외국환거래법」상 거주자에 해당하는 것은?

중요도
●●○

① 외국에 있는 국내법인의 영업소

② 비거주자이었던 자로서 입국하여 국내에 3개월 이상 체재하고 있는 자

③ 주한미군

④ 국내에 있는 외국정부의 공관

⑤ 외국에 주된 사무소가 있는 단체

해설

비거주자였던 자로서 입국하여 국내에 3개월 이상 체재하고 있는 자는 거주자로 구분된다.

23 신용카드

- 신용카드의 종류 및 이용방법, 장단점에 대한 이해
- 신용카드 사고와 부정사용대금의 보상에 대한 이해

1. 신용카드 종류 및 이용방법

(1) 신용카드의 종류

① 넓은 의미에서는 신용카드 이외에도 체크카드, 선불카드, 직불카드 등도 신용카드 범위에 포함

② **신용카드** : 신용카드 가맹점에서 재화나 서비스 구입과 관련한 대금결제를 할 수 있는 증표로 신용카드업자가 발행한 것

(2) 신용카드의 이용

① **신용카드 회원**

개인회원	• 만 18세 이상으로서 심사기준에 따른 결제능력이 있는 실명의 개인 • 미성년자의 경우 법정대리인의 동의에 의해 발급 가능 • 가족회원은 본인회원의 직계혈족과 형제자매로서 본인회원이 지정하고 대금의 지급 및 카드이용에 대한 책임을 본인이 부담할 것을 승낙한 일정 연령 이상인 회원
기업회원	• 사용자 지정카드 : 기업회원이 특정 이용자를 지정하여 해당 임직원의 명의를 카드표면에 기입 • 공용카드 : 임직원이 공동으로 사용할 수 있는 기업 명의의 카드

② **신용카드 연회비**

㉠ 카드회사의 회원관리업무 수행에 따라 발생하는 비용을 보전하기 위해 회원에게 연 1회 부과되는 수수료

㉡ 카드회원을 기준으로 부과되는 기본연회비와 제휴서비스를 받는 카드종류를 기준으로 부과되는 제휴연회비가 있음

㉢ 1인이 다수의 카드를 보유하고 있는 경우 소지한 카드 중 가장 높은 등급의 카드 등급을 기준으로 연회비가 부과

㉣ 카드 등급별로 차이

③ **이용한도** : 회원이 신용카드로 이용할 수 있는 금액의 총한도

초기한도	회원 신규 발행 시 최초로 부여되는 한도
심사한도	회원의 신용도 또는 결제능력심사기준에 의해 부여할 수 있는 최고한도
초과한도	잔여한도를 초과하여 물품을 구매하는 경우 1회에 한해 승인하는 한도
특별한도	경조사, 자동차구입 등 특별한 사유로 일정 기간 동안 일정 금액을 예외적으로 사용할 수 있도록 인정하는 한도

2. 신용카드 이용의 장단점

장 점	• 당장 현금이 없어도 필요한 물품이나 용역 구매 가능 • 현금이나 수표, 어음의 소지 · 분실 · 도난에 따른 불편함을 제거 • 일시불 이용 시 대금지급 기간의 연기효과 • 할부구매를 통해 차입효과 • 카드론, 현금서비스 등 직접적인 신용한도를 이용 • 사용금액에 대해 일정 한도 범위 내에서 소득공제를 받을 수 있음 • 해외여행 시 소지와 이용이 간편하며, 사고에 유연한 대처가 가능 • 거래내역 자료가 투명하게 제공 • 포인트적립, 할인혜택 등 다양한 부가서비스를 받을 수 있음
단 점	• 충동구매의 위험 및 과소비 조장 • 자신의 결제능력 및 상환능력을 초과하여 사용함으로써 신용상태가 악화될 수 있으며, 가계부채 문제를 야기할 수 있음 • 현재의 구매력을 증대시키나 미래의 가처분소득을 감소시킴 • 개인정보 유출의 위험 • 다수의 카드 발급 시 회원의 연회비 부담, 카드회사의 발급비용 등 불필요한 사회적 비용을 증가시킬 수 있음

3. 신용카드 사고와 부정사용대금의 보상

(1) 카드사고와 부정사용대금의 보상

① 분실 및 도난

  ㉠ 분실 및 도난이란 정당한 권한이 없는 제3자가 타인 명의의 카드를 부정하게 취득하여 금품 또는 용역을 제공받는 행위

  ㉡ 회원의 신고시점 이후 발생한 사용대금 및 신고 전 60일 이내에 발생된 카드사용은 전액 보상 가능

② 위 · 변조 및 명의도용

  ㉠ 위 · 변조 : 제3자가 타인의 카드를 위조하거나 기존 카드의 일부 또는 전부를 변경하여 위조 매출을 발생시키는 행위

  ㉡ 명의도용 : 본인 이외의 제3자가 본인 명의나 가공인물의 명의로 관련 서류 등을 위 · 변조하여 타인의 카드를 발급받는 등의 행위

  ㉢ 사고사유가 위 · 변조 및 명의도용인 경우 회원의 고의 또는 중과실인 경우를 제외하고는 모두 카드회사의 책임

(2) 보상하지 않는 부정사용대금

① 회원의 고의로 인한 부정사용

② 카드의 미서명, 관리소홀, 대여, 양도, 담보제공, 불법대출, 제3자 보관 등으로 인한 부정사용의 경우

③ 회원의 가족, 동거인에 의한 부정사용

④ 비밀번호 누설로 인해 발생한 손해

⑤ 부정사용 피해조사 중 허위진술을 하거나 조사에 협조하지 않는 경우

⑥ 분실 · 도난 신고 후 보상신청의 지연으로 카드사의 피해조사 및 부도 반환이 불가능하게 된 경우

⑦ 카드의 분실 · 도난 사실을 인지하고도 즉시 신고하지 않은 경우

01 다음 중 신용카드에 대한 설명으로 적절하지 않은 것은?

중요도
●●●

① 넓은 의미에서는 체크카드, 선불카드, 직불카드 등도 신용카드 범위에 포함된다.

② 미성년자의 경우 법정대리인의 동의에 따라 신용카드 발급이 가능하다.

③ 1인이 다수의 카드를 보유하고 있는 경우 모든 카드에 연회비가 부과된다.

④ 기업회원에게 발급된 카드는 사용자 지정카드 및 공용카드로 구분할 수 있다.

⑤ 개인회원의 경우 심사기준에 따른 결제능력이 있는 실명의 개인에게 신용카드를 발급한다.

해설

1인이 다수의 카드를 보유하고 있는 경우 소지한 카드 중 가장 높은 등급의 카드 등급을 기준으로 연회비가 부과된다.

02 다음 중 신용카드 부정사용대금의 보상에 대한 설명으로 적절하지 않은 것은?

중요도
●●○

① 신용카드 회원의 신고 시점 이후 발생한 사용대금 및 신고 전 30일 이내에 발생된 카드사용은 전액 보상 가능하다.

② 위·변조는 제3자가 타인의 카드를 위조하거나 기존 카드의 일부 또는 전부를 변경하여 위조 매출을 발생시키는 행위이다.

③ 사고사유가 위·변조 및 명의도용인 경우 회원의 고의 또는 중과실인 경우를 제외하고는 모두 카드회사의 책임이다.

④ 비밀번호 누설로 인해 발생한 부정사용대금에 대한 손해는 보상하지 않는다.

⑤ 카드에 서명을 하지 않은 경우, 부정사용대금에 대한 손해는 보상하지 않는다.

해설

신용카드 회원의 신고 시점 이후 발생한 사용대금 및 신고 전 60일 이내에 발생된 카드사용은 전액 보상 가능하다.

핵심 CHECK

보상하지 않는 카드 부정사용대금

- 회원의 고의로 인한 부정사용
- 카드의 미서명, 관리소홀, 대여, 양도, 담보제공, 불법대출, 제3자 보관 등으로 인한 부정사용의 경우
- 회원의 가족, 동거인에 의한 부정사용
- 비밀번호 누설로 인해 발생한 손해
- 부정사용 피해조사 중 허위진술을 하거나 조사에 협조하지 않는 경우
- 분실·도난 신고 후 보상신청의 지연으로 카드사의 피해조사 및 부도 반환이 불가능하게 된 경우
- 카드의 분실·도난 사실을 인지하고도 즉시 신고하지 않은 경우

합격공식
시대에듀

행운이란 100%의 노력 뒤에 남는 것이다.

– 랭스턴 콜먼

CHAPTER
02
금융상품 투자설계 프로세스

출제경향 및 학습전략

- 투자수익률을 계산하는 문제와 투자위험 측정 시 사용하는 상관계수 등의 계산문제가 출제되는 경향을 보입니다.

- 투자설계 프로세스 6단계의 단계별 특성에 대해 세부적으로 묻는 문제가 많이 출제됩니다.

- 투자자의 위험선호 및 효율적 프론티어부터 투자성과 평가까지 전체 프로세스가 어떻게 구성되고 있는지에 대한 파악이 필요합니다.

- CAPM모형의 공식 및 포트폴리오 전략에 대한 정확한 이해가 필요합니다.

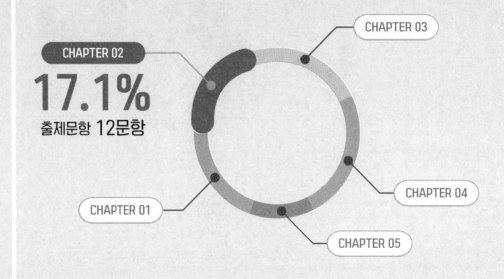

CHAPTER 02
17.1%
출제문항 12문항

CHAPTER 03

CHAPTER 04

CHAPTER 05

CHAPTER 01

핵심테마

01 투자설계 기본개념 정립

출제포인트

- 투자수익률에 대한 이해
- 공분산과 상관계수의 특징에 대한 이해

1. 투자수익률의 종류

① 보유기간수익률(단일기간)

$$보유기간수익률 = \frac{기말투자자산가격 - 기초투자자산가격 + 배당금}{기초투자자산가격}$$

② 다기간 투자수익률의 측정

 ㉠ 산술평균

$$산술평균수익률 = \frac{\sum_{i=1}^{n} 보유기간별수익률}{n}$$

 ㉡ 기하평균

$$기하평균수익률 = \sqrt[n]{(최종투자자산평가액/최초투자자산평가액)} - 1$$
$$(n : 보유기간수)$$

핵심 CHECK

> **산술평균과 기하평균**
> - 산술평균 > 기하평균
> - 산술평균은 각 기간별 수익률을 단순 평균한 것으로 복리 계산을 무시
> - 기하평균은 복리요소를 고려하여 여러 기간에 걸친 투자수익률을 계산하기 때문에 과거 평균적인 수익률과 투자성과를 측정하는 데 적절함

③ 가중평균수익률 : 개별자산의 보유기간별 수익률에 총 포트폴리오에서 차지하는 개별자산의 비중을 곱하여 가중하여 합한 값인 가중평균수익률을 사용

④ 기대수익률

$$기대수익률 = \sum_{i=1}^{n} (확률i \times 예상수익률i) = \sum_{i=1}^{n} (P_i \times R_i)$$
$$(P_i : i \text{ 상황이 발생할 확률}, R_i : i \text{ 상황 발생 시 수익률})$$

2. 투자위험의 측정방법과 종류

① 표준편차

$$\text{표준편차}(\sigma) = \sqrt{\sum (R_i - E(R))^2 \times P_i}$$

㉠ 각 상황별 수익률이 기대수익률의 평균에서 벗어난 편차를 제곱한 값들의 기대값의 제곱근으로 정의
㉡ 투자위험을 측정하는 지표로 수익률의 표준편차를 사용
㉢ 계산방법
  • 투자자산의 기대수익률을 계산
  • 각 시나리오별 투자수익률과 기대수익률 간 편차를 계산
  • 각각의 편차를 제곱하고 확률을 곱한 후 이를 더하여 분산을 계산
  • 분산에 제곱근을 적용하여 표준편차 계산

② 공분산과 상관계수 : 투자포트폴리오에 적용

㉠ 공분산

$$Cov(R_a, R_b) = \sigma_{ab} = \sum_{i=1}^{n} [R_a - E(R_a)] \times [R_b - E(R_b)] \times P_i$$

  • 각 자산의 연도별 수익률과 해당 자산의 수익률 평균의 편차를 구하여 연도별로 곱하여 합산한 후 n − 1로 나눔
  • 공분산이 음수 : 두 자산의 수익률이 반대 방향으로 움직임
  • 공분산이 양수 : 두 자산의 수익률이 같은 방향으로 움직임

㉡ 상관계수

$$\rho_{AB} = \frac{COV_{AB}}{\sigma_A \times \sigma_B}$$

  • A, B 두 자산의 공분산을 각 자산의 수익률의 표준편차로 나눔
  • 공분산을 − 1에서 + 1 사이의 범위로 표현
  • − 1 ≤ 상관계수 ≤ 1
  • + 1일 때 두 개의 자산은 완전한 양의 상관관계, 0인 경우 아무런 관계가 없으며, − 1이면 음의 상관관계로 두 개의 자산은 정반대로 움직임

핵심 CHECK

투자포트폴리오의 위험
• 포트폴리오 전체수익을 나타낼 때는 가중평균수익률 적용
• 포트폴리오의 위험은 개별자산 수익률 표준편차의 가중평균이 아니며, 일반적으로 여러 개의 개별자산들로 포트폴리오를 구성할 경우 포트폴리오의 위험은 개별자산 수익률 표준편차의 가중평균보다 작게 나타남
• 이론적으로 표준편차가 큰 주식들의 조합으로 위험이 전혀 없는 포트폴리오 구성 가능
• 분산효과의 정도는 상관계수에 의해 결정되며, 상관계수가 1보다 작은 경우 분산효과는 항상 발생

01 다음 중 투자수익률에 대한 설명으로 적절하지 않은 것은?

중요도
●●●○

① 보유기간수익률은 단일기간에 대한 성과측정의 도구로서 배당금을 수령한 경우 배당금을 가산한다.

② 산술평균은 각 기간별 수익률을 단순 평균한 것으로 복리 계산을 적용한다.

③ 항상 산술평균이 기하평균보다 크다.

④ 기하평균은 투자성과를 측정하는 데 적합하다.

⑤ 가중평균수익률은 개별자산의 보유기간별 수익률에 총 포트폴리오에서 차지하는 개별자산의 비중을 곱한 후 가중하여 합한 값이다.

해설

② 산술평균은 각 기간별 수익률을 단순 평균한 것으로 복리 계산을 무시한다.

④ 기하평균은 복리요소를 고려하여 여러 기간에 걸친 투자수익률을 계산하기 때문에 과거 평균적인 수익률과 투자성과를 측정하는 데 적합하다.

02 연도별 투자성과가 다음과 같을 경우 산술평균수익률과 기하평균수익률은 각각 얼마인가?

중요도
●●●○

투자자산의 가치는 다음과 같다.

기초 투자금액	1년 후 금액	2년 후 금액	3년 후 금액	4년 후 금액
10,000원	9,000원	13,500원	14,850원	16,335원

	산술평균수익률	기하평균수익률
①	14%	13%
②	15%	13%
③	10%	12%
④	13%	12%
⑤	12%	10%

해설

• 1년 후 수익률 9,000원/10,000원 − 1 = − 10%, 2년 후 수익률 13,500원/9,000원 − 1 = 50%, 3년 후 수익률 14,850원/13,500원 − 1 = 10%, 4년 후 수익률 16,335원/14,850원 − 1 = 10%

• 산술평균수익률

$$= \frac{1년 후 수익률 + 2년 후 수익률 + 3년 후 수익률 + 4년 후 수익률}{4} = \frac{-10\% + 50\% + 10\% + 10\%}{4} = 15.0\%$$

• 기하평균수익률 $= \sqrt[4]{(1 - 10\%)(1 + 50\%)(1 + 10\%)(1 + 10\%)} - 1 = 13\%$

03 주식 A의 추정수익률의 예상치가 다음과 같을 때 주식 A의 기대수익률과 표준편차로 적절한 것은?

_{중요도}
●●●

시장상황	수익률	확 률
불 황	5%	30%
보 통	10%	40%
호 황	15%	30%

	기대수익률	표준편차
①	5%	3.9%
②	10%	3.9%
③	10%	2.9%
④	15%	2.9%
⑤	15%	3.5%

> **해설**
> • 기대수익률
>
> $= \sum_{i=1}^{n}$ (확률i × 예상수익률i) $= \sum_{i=1}^{n} (P_i \times R_i)$ (P_i : i 상황이 발생할 확률, R_i : i 상황 발생 시 수익률)
>
> $= 5\% \times 30\% + 10\% \times 40\% + 15\% \times 30\% = 10\%$
>
> • 분 산
>
> $= \sum$ (예상수익률 − 기대수익률)^2 × 확률
>
> $= (5\% - 10\%)^2 \times 30\% + (10\% - 10\%)^2 \times 40\% + (15\% - 10\%)^2 \times 30\% = 0.15\%$
>
> • 표준편차
>
> $= \sqrt{0.0015} = 0.0387$

04 다음 중 투자위험의 측정방법에 대한 설명으로 적절하지 않은 것은?

_{중요도}
●●●

① 포트폴리오 전체수익을 나타낼 때는 가중평균수익률을 적용한다.

② 일반적으로 여러 개의 개별자산들로 포트폴리오를 구성할 경우 포트폴리오의 위험은 개별자산 수익률 표준편차의 가중평균보다 작게 나타난다.

③ 분산효과의 정도는 상관계수로 표현할 수 있다.

④ 두 자산의 상관계수가 1인 경우에도 두 자산으로 구성한 포트폴리오의 표준편차는 개별자산 수익률 표준편차의 가중평균보다 감소한다.

⑤ 공분산이 음수인 경우 두 자산의 수익률이 반대 방향으로 움직인다.

> **해설**
> ④ 두 자산의 상관계수가 1인 경우 두 자산으로 구성한 포트폴리오의 표준편차는 개별자산 수익률 표준편차의 가중평균과 동일하다. 즉, 상관계수가 1인 두 자산으로 포트폴리오를 구성할 경우 포트폴리오 위험분산 효과는 발생하지 않는다.
> ③ 분산효과의 정도는 상관계수로 표현할 수 있으며, 상관계수는 − 1과 1 사이의 값을 가진다.
> ⑤ 공분산이 양수인 경우 두 자산의 수익률이 같은 방향으로 움직이며, 공분산이 음수인 경우 두 자산의 수익률이 다른 방향으로 움직인다.

05 다음 중 두 자산으로 포트폴리오를 구성할 경우 분산효과가 가장 클 것으로 예상되는 조합은?

중요도
●●●

① 두 자산 A, B 상관계수 − 1
② 두 자산 A, B 상관계수 0
③ 두 자산 A, B 상관계수 − 0.5
④ 두 자산 A, B 상관계수 0.8
⑤ 두 자산 A, B 상관계수 1

해설

두 자산으로 포트폴리오를 구성할 때 상관계수가 − 1인 경우 분산효과가 가장 크게 나타나 포트폴리오의 분산 및 표준편차를 최소로 만들 수 있다.

핵심테마

02

투자설계 프로세스

■ 투자설계 프로세스 6단계 이해

1. 투자설계 6단계 이해

〈투자설계 프로세스 6단계〉

1단계	고객 기본정보 파악, 재무목표, 투자 우선순위, 투자기간 설정	1-3단계 계획 단계 (Plan)
2단계	고객 재무상황 파악 및 경제 · 금융환경 분석	
3단계	자산배분전략을 포함한 투자정책서 작성	
4단계	투자포트폴리오 수립 및 개별상품 선정	4-5단계 실행 단계 (Do)
5단계	투자 실행	
6단계	투자성과 평가 및 수정	6단계 피드백 단계 (See)

(1) 1단계 : 고객정보수집

① **투자의 목적(재무목표와 우선순위) 파악**

 ㉠ FP는 고객의 모호하고 추상적인 요구사항을 현재 경제상황과 고객의 현실적인 여건을 반영하여 구체적인 화폐가치로 재무목표를 설정하는 데 도움을 줌

 ㉡ FP는 고객이 제시하는 재무목표뿐만 아니라 잠재하는 목표까지 고려하여 투자설계에 반영해야 함

② **투자기간 설정**

 ㉠ 투자목적에 따라 투자기간이 달라지며, 투자기간에 따라 자금의 운용방식이 확연히 다름

 ㉡ 투자기간이 길면 위험도가 높은 자산이라도 위험을 낮출 수 있는 장점이 있음

 ㉢ FP는 고객의 투자를 설계할 때 현재 경제 여건 아래에서 얼마의 투자기간을 설정하는 것이 합리적인지 근거를 제시할 수 있어야 함

(2) 2단계 : 고객 재무상황 분석 및 국내외 금융시장과 경제환경 파악

① **고객 재무상황 분석** : 3R분석

자원(Resource), 제약사항(Restraint), 위험 감내수준(Risk Profile) 파악

㉠ 고객이 가진 자원에 대한 파악

> • 유동성 확보 정도
> • 고객의 총 투자자산 규모
> • 기존 투자자산 투자수익률
> • 고객의 현금흐름(소득)
> • 투자자산에 대한 세금

㉡ 투자의 제약사항 파악

> • 유동성에 대한 니즈
> • 특정 자산군에 대한 보유비율 제한
> • 특정 세목에 대한 기피 요구
> • 담보 등으로 인한 거래 제한
> • 원금손실 비율 제한

㉢ 위험 감내도 파악

> • 투자설계는 고객의 위험 감내도에 따라 달라져야 함
> • 고객의 위험 감내도는 지속적으로 변하므로 해당 변화에 대한 파악 필요
> • 위험감내도 : 안정형 → 안정추구형 → 위험중립형 → 적극투자형 → 공격투자형

(3) 3단계 : 자산배분전략을 포함한 투자정책서 작성

① **자산배분** : 고객의 투자자금을 투자 가능한 자산집단에 배분하여 투자포트폴리오를 구축하는 과정

㉠ 자산배분 과정 : 자산군은 크게 현금, 채권, 주식, 부동산으로 구분

㉡ 자산배분전략

- 전략적 자산배분 : 고객의 투자기간 중 재무목표를 달성할 수 있도록 여러 자산군 또는 자산집단에 투자 비율과 최대 및 최소치 등 한계를 결정하는 과정
- 전술적 자산배분 : 전략적 자산배분에서 세웠던 금융 및 경제 변수가 변화함으로써 자산집단의 상대적 가치 변화가 예상되는 경우 시장의 변화 방향을 고려하여 연간, 반기, 분기별로 투자비중을 변경하는 적극적인 투자전략
- 전략적 자산배분에서 정한 자산집단별 비중을 고객과 FP 간 협의에 따라 변경

② **투자정책서의 작성**

> **투자정책서에 포함되는 내용**
> • 간략한 고객정보
> • 투자목표 및 우선순위, 투자기간
> • 위험허용수준 및 기대수익률
> • 경제지표에 대한 가정치
> • 투자의 제약조건
> • 자산배분전략(기존 투자를 고려)
> • 성과평가를 위한 벤치마크 기술

(4) 4단계 : 자산포트폴리오 구성 및 개별상품 선정

① **자산포트폴리오의 구성**

㉠ 포트폴리오 구성을 통해 상관관계가 다른 자산에 분산투자하여 고객들이 감수하고자 하는 위험 수준에서 최고의 수익률을 실현시킬 수 있음

㉡ 투자위험을 관리하는 부분이 중요

㉢ 현금, 채권, 주식, 부동산으로 구분

② **개별상품의 선정**

㉠ 포트폴리오가 구축되면 FP는 포트폴리오에 편입될 개별상품을 선정해야 함

㉡ 안정성, 수익성, 환금성 고려

(5) 5단계 : 투자의 실행

(6) 투자성과 점검 및 리밸런싱

① 고객 요구와 금융환경의 변화를 반영하여 투자포트폴리오의 리밸런싱 필요

② 투자실행 이후 투자성과가 기대만큼 나오지 않은 경우 6개월 또는 1년 내에 투자포트폴리오를 대폭 수정하는 것은 위험

> **리밸런싱 시 고려해야 할 사항**
> • 투자포트폴리오 전체의 성과 측정
> • 투자포트폴리오 내 편입된 개별상품별 성과 측정
> • 실행된 투자전략이 고객의 재무상황에 부합한지 점검
> • 투자실행 이후 고객 재무상황의 현저한 변화 점검
> • 투자전략의 수정 필요 시 수정에 따른 거래비용, 추가적인 투자위험 파악

01 다음 중 투자설계 6단계 중 실행단계에 해당하는 것은?

중요도 ●●●

① 고객정보수집
② 재무상황 분석 및 평가
③ 투자정책서 작성
④ 자산배분전략의 수립
⑤ 모니터링

해설

〈투자설계 프로세스 6단계〉

구 분	내 용	단 계
1단계 : 고객정보수집	재무목표, 우선순위 등 파악 및 투자기간 설정	계획 단계
2단계 : 재무상황 분석 및 평가	제약조건, 위험수용성향 파악	
3단계 : 투자정책서 작성	투자대상 자산집단, 경제변수 결정	
4단계 : 자산배분전략의 수립	전략적 · 전술적 자산배분 결정	실행 단계
5단계 : 투자전략의 실행	상품선택과 자금집행	
6단계 : 모니터링	투자성과 점검 및 투자수정	피드백 단계

02 다음 중 투자설계 6단계 중 2단계에 해당하는 고객 재무상황 분석 중 파악해야 할 요소가 아닌 것은?

중요도 ●●○

① 고객의 유동성 확보 정도
② 고객의 총 투자자산 규모
③ 고객의 특정 세목에 대한 기피 요구
④ 고객의 위험감내도
⑤ 투자의 목적 파악

해설

투자의 목적 파악은 1단계인 고객정보수집 단계에서 수행해야 한다.
고객의 재무상황을 분석하기 위해서는 3R분석을 수행해야 한다(자원, 제약사항, 위험감내수준).

03 다음 중 투자 실행 후 리밸런싱 시 고려해야 할 사항이 아닌 것은?

① 투자포트폴리오 전체의 성과 측정
② 투자포트폴리오 내 편입된 개별상품별 성과 측정
③ 투자 실행 이후 고객 재무상황의 현저한 변화 점검
④ 투자전략 수정 필요 시 수정에 따른 거래비용 파악
⑤ 투자정책서의 기재 사항

해설
투자정책서에 대한 기재는 3단계에 해당한다.

04 다음 중 투자설계 프로세스에 대한 설명으로 적절하지 않은 것은?

① 투자성과에 대한 모니터링은 주기적으로 이루어져야 하지만, 투자 실행 후 투자성과가 기대만큼 나오지 않더라도 6개월 또는 1년 내에 투자포트폴리오를 대폭 수정하는 것은 위험하다.
② 투자정책서에는 투자의 제약조건이 기재된다.
③ 전략적 자산배분은 시장의 변화 방향을 고려하여 연간, 반기, 분기별로 투자비중을 변경하는 적극적 투자전략이다.
④ 자산군은 크게 현금, 채권, 주식, 부동산으로 구분할 수 있다.
⑤ 투자설계는 고객 위험 감내도에 따라 달라져야 한다.

해설
시장의 변화 방향을 고려하여 연간, 반기, 분기별로 투자비중을 변경하는 적극적 투자전략은 전술적 자산배분에 해당한다.

핵심 **CHECK**

전략적 자산배분과 전술적 자산배분
- 전략적 자산배분 : 고객의 투자기간 중 재무목표를 달성할 수 있도록 여러 자산군 또는 자산집단에 투자 비율과 최대 및 최소치 등 한계를 결정하는 과정
- 전술적 자산배분 : 전략적 자산배분에서 세웠던 금융 및 경제 변수가 변화함으로써 자산집단의 상대적 가치 변화가 예상되는 경우 시장의 변화 방향을 고려하여 연간, 반기, 분기별로 투자비중을 변경하는 적극적인 투자전략
- 전략적 자산배분에서 정한 자산집단별 비중을 고객과 FP 간 협의에 따라 변경

투자자의 위험선호 및 효율적 프론티어

출제포인트

■ 투자자의 효용과 효율적 프론티어에 대한 이해

---

1. 투자자의 위험 선호도

(1) 투자자의 효용

① 투자자의 기대효용은 기대수익률이 높을수록, 예상 위험이 작을수록 증가함

② 투자자의 위험에 대한 태도에 따라 위험회피형, 위험중립형, 위험선호형으로 구분

③ 대부분은 위험회피형으로 위험 부담 시 위험에 대한 프리미엄 요구

④ 효용은 수익 증가 시 증가하지만, 한 단위 증가에 따른 효용의 증가폭은 수익 증가 시 점차 감소함

(2) 무차별곡선

① 투자자들의 기대수익과 위험조합 중 투자자에게 동일한 효용을 주는 점들을 연결하여 그은 선

② 위험회피자의 무차별곡선은 양의 기울기를 가지며 원점에 대해 볼록한 형태로 위험이 증가할 때 기대수익도 함께 증가해야 동일한 효용을 유지할 수 있다는 점을 의미

③ 무차별곡선은 위쪽에 위치할수록 더 큰 효용을 가짐

④ 위험회피자 사이에도 위험을 싫어하는 정도에 따라 곡선도 달라짐

2. 효율적 프론티어

(1) 지배원리와 효율적 포트폴리오

① **지배원리** : 위험이 동일한 투자대상들 중에서는 기대수익이 가장 높은 것을 선택하고, 기대수익이 동일한 투자대상들 중에서는 위험이 가장 작은 것을 선택하는 원리

② **효율적 포트폴리오** : 지배원리를 만족하는 포트폴리오

③ 어떤 포트폴리오가 다른 포트폴리오에 지배된다면 해당 포트폴리오는 비효율적이므로 투자자들의 선택 대상에서 제외

④ **최소분산 포트폴리오**

㉠ 두 자산으로 포트폴리오 구성 시 포트폴리오 수익률은 개별자산 수익률을 투자비중으로 가중평균한 것과 동일하며, 포트폴리오 위험은 개별자산 위험을 가중평균한 것보다 작거나 같음

㉡ 분산투자 : 두 자산의 상관관계가 작거나(상관계수가 1 미만) 음(−)이면 수익률의 변동성이 상쇄되어 포트폴리오 위험이 감소

(2) 효율적 프론티어

① 효율적 프론티어상 포트폴리오들은 동일 표준편차에 대해 가장 높은 기대수익률을 제공하거나, 동일한 기대수익률에 대해 표준편차가 가장 낮은 포트폴리오

② 효율적 프론티어 아래에 위치한 포트폴리오들은 효율적 프론티어에 의해 지배되므로 선택될 수 없음

③ 비체계적 위험을 모두 제거하고 가장 안전한 투자안을 서로 연결해 놓은 곡선

④ 위험과 수익은 비례관계에 있으므로 우상향하는 곡선 형태

〈위험자산 간의 효율적 프론티어〉

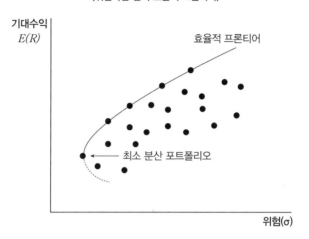

(3) 위험자산의 최적포트폴리오 선택

투자자는 효율적 프론티어와 무차별곡선이 접하는 부분에서 투자자의 효용이 최대가 됨(위험자산의 최적포트폴리오)

〈위험자산의 최적포트폴리오〉

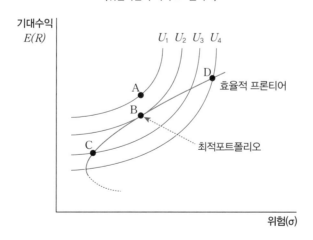

01 다음 중 투자자의 효용과 무차별곡선에 대한 설명으로 적절하지 않은 것은?

중요도
●○○

① 투자자의 효용은 기대수익률이 높을수록, 예상 위험이 작을수록 증가한다.

② 투자자는 대부분 위험회피형으로 투자에 따른 위험을 부담하는 경우 위험에 대한 프리미엄을 요구한다.

③ 무차별곡선에 위치한 점들은 투자자에게 동일한 효용을 주는 점들이다.

④ 무차별곡선은 위쪽에 존재할수록 더 큰 효용을 가진다.

⑤ 위험회피자의 무차별곡선은 동일한 곡선을 가진다.

해설

⑤ 위험회피자 사이에도 위험을 싫어하는 정도에 따라 곡선도 달라진다.

② 투자자의 위험에 대한 태도는 위험회피형, 위험중립형, 위험선호형으로 구분할 수 있으며 투자자의 대부분은 위험회피형으로 구분할 수 있다.

02 다음 중 효율적 프론티어에 대한 설명으로 적절하지 않은 것은?

중요도
●●○

① 효율적 프론티어는 지배원리를 만족하는 포트폴리오이다.

② 두 자산으로 포트폴리오를 구성할 경우 상관계수가 1 이하일 때 수익률의 변동성이 상쇄되어 포트폴리오 위험이 감소된다.

③ 효율적 프론티어상 포트폴리오들은 동일 표준편차에 대해 가장 높은 기대수익률을 제공하거나, 동일한 기대수익률에 대해 표준편차가 가장 낮은 포트폴리오이다.

④ 효율적 프론티어와 무차별곡선이 접하는 부분에서 투자자의 효용이 최대가 된다.

⑤ 어떤 포트폴리오가 다른 포트폴리오에 지배된다면 해당 포트폴리오는 비효율적이다.

해설

두 자산으로 포트폴리오를 구성할 경우 두 자산의 상관관계가 작거나 음(−)인 경우 수익률의 변동성이 상쇄되어 포트폴리오 위험이 감소된다. 단, 두 자산의 상관계수가 1인 경우에는 포트폴리오 위험이 감소하지 않으며, 1 미만인 경우에 포트폴리오 위험이 감소한다.

자본배분선과 최적 위험포트폴리오

출제포인트

- 자본배분선과 최적 위험포트폴리오, 자본시장선에 대한 이해

---

1. 무위험자산과 위험프리미엄

(1) 무위험자산

① 어떤 상황에서도 확정적인 수익이 제공되어 수익률의 변동성이 없는 자산

② 지급불능 위험이 없고 확정 수익을 제공하는 국채를 무위험자산으로 인식

(2) 위험프리미엄

① 위험회피적인 투자자는 위험을 부담하는 대가로 적절한 보상을 요구하며 무위험자산과 같거나 더 큰 효용이 기대될 때 위험자산에 투자

② **위험프리미엄** : 위험에 대한 보상은 위험자산으로부터 기대되는 수익률과 무위험자산으로부터 얻을 수 있는 수익률과의 차이로 측정

> 핵심 CHECK
>
> **위험프리미엄과 투자의사결정**
> 투자자들은 부담하는 위험 대비 위험프리미엄이 적정한지를 평가한 후 투자 의사결정

2. 자본배분선(CAL)과 최적 위험포트폴리오

① 위험자산과 무위험자산 간의 자산배분을 먼저 결정하는 것이 필요

② **포트폴리오의 기대수익률** : 위험자산과 무위험자산의 기대수익률을 가중평균

> 포트폴리오 기대수익률 = 위험자산 비중 × 위험자산 기대수익률 + 무위험자산 비중 × 무위험수익률

③ 무위험자산과 위험자산으로 구성된 포트폴리오는 무위험수익률을 절편으로, 기울기가 $\dfrac{E(R_a) - R_f}{\sigma_a}$ ($E(R_a)$: 위험자산의 기대수익률, R_f : 무위험수익률, σ_a : 위험자산의 표준편차)인 직선 위에 존재

④ **자본배분선(CAL)** : 무위험자산이 포함될 때의 투자기회선

> 핵심 CHECK
>
> **자본배분선과 투자자의 위험성향**
> - 자본배분선상 오른쪽 위로 갈수록 위험자산의 비중 증가, 왼쪽 아래로 갈수록 위험자산의 비중 감소
> - 위험회피 성향이 높을수록 위험자산에 대한 투자비중을 낮출 것이므로 자본배분선상에서 왼쪽에 위치한 포트폴리오를 선택

⑤ 투자자의 위험회피 성향과 관계없이 자본배분선의 기울기가 일정하다는 것은 위험자산과 무위험자산의 투자비중을 어떻게 변경하든지 위험 한 단위에 대한 보상은 항상 일정하다는 의미

⑥ 자본배분선의 기울기가 클수록 더 좋은 투자안

⑦ **자본시장선(CML)** : 자본배분선 중 시장포트폴리오를 위험자산으로 사용하는 것

⑧ 투자자는 위험포트폴리오와 무위험자산을 조합하여 더 나은 위험 보상을 획득할 수 있음

⑨ 투자자는 무위험자산과 최적 위험포트폴리오 간의 자산배분 비율을 결정해야 하며, 이것은 고객의 위험회피 성향에 따라 달라짐

⑩ 위험회피 성향에 관계없이 모든 투자자는 최적 위험포트폴리오를 위험자산으로 이용

〈무위험자산과 위험자산 간의 자본배분선〉

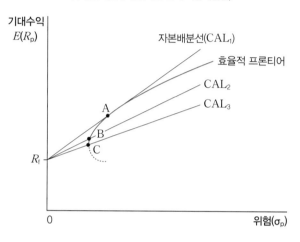

01 다음 중 무위험자산과 위험프리미엄에 대한 설명으로 적절하지 않은 것은?

중요도
●●○

① 일반적으로 국채나 정기예금 등의 위험이 적은 상품을 무위험자산으로 구분한다.

② 위험프리미엄은 무위험수익률에 대한 초과수익을 의미한다.

③ 위험회피적인 투자자는 무위험자산보다 같거나 더 큰 효용이 기대되는 경우에만 위험자산에 투자한다.

④ 무위험자산은 어떤 상황에도 확정적인 수익이 제공되어 수익률의 변동성이 없는 자산을 의미한다.

⑤ 투자안의 위험프리미엄이 발생한다고 판단되면 바로 투자를 집행한다.

해설

투자자들은 부담하는 위험 대비 위험프리미엄이 적정한지를 평가한 후 투자 의사결정을 한다.

02 다음 중 자본배분선과 최적 위험포트폴리오에 대한 설명으로 적절하지 않은 것은?

중요도
●●○

① 자본배분선을 작성하기 위해서는 우선 위험자산과 무위험자산 간의 자산배분을 먼저 결정해야 한다.

② 포트폴리오 기대수익률은 위험자산과 무위험자산의 기대수익률을 가중평균하여 산출한다.

③ 무위험자산과 위험자산으로 구성된 포트폴리오는 무위험수익률을 절편으로 인식한다.

④ 자본배분선상 왼쪽 아래로 갈수록 위험자산의 비중이 증가한다.

⑤ 자본배분선은 무위험자산이 포트폴리오에 포함되었을 때의 투자기회선을 의미한다.

해설

자본배분선상 오른쪽 위로 갈수록 위험자산의 비중이 증가하고, 왼쪽 아래로 갈수록 위험자산의 비중이 감소한다.

핵심 CHECK

자본배분선과 투자자의 위험성향

• 자본배분선상 오른쪽 위로 갈수록 위험자산의 비중 증가, 왼쪽 아래로 갈수록 위험자산의 비중 감소
• 위험회피 성향이 높을수록 위험자산에 대한 투자비중을 낮출 것이므로 자본배분선상에서 왼쪽에 위치한 포트폴리오를 선택

03 다음 중 자본배분선에 대한 설명으로 적절하지 않은 것은?

중요도
●●○

① 자본배분선상에서는 투자자의 위험 한 단위에 대한 보상은 항상 일정하다.

② 자본배분선 중 시장포트폴리오를 위험자산으로 사용하는 것을 자본시장선이라 한다.

③ 투자자는 무위험자산과 최적 위험포트폴리오 간의 자산배분 비율을 결정해야 하며, 이는 투자자별로 고객의 위험회피 정도에 따라 달라진다.

④ 위험회피 성향이 강한 경우 최적 위험포트폴리오를 위험자산으로 이용한다.

⑤ 투자자의 위험회피 성향과 관계없이 자본배분선의 기울기는 항상 일정하며, 자본배분선의 기울기가 더 클수록 더 좋은 투자안이다.

해설

위험회피 성향에 관계없이 모든 투자자는 최적 위험포트폴리오를 위험자산으로 이용한다.

핵심테마
05

단일지표모형

■ 단일지표모형에 대한 이해와 공식 이해

1. 단일지표모형

① 단일지표모형은 모든 개별자산들 간의 공분산을 계산하는 대신 개별자산과 시장의 움직임을 대표하는 단일시장 지표와의 공분산만을 고려한 모형임

② **단일지표모형**

$$R_i = \beta_i R_M + a_i + e_i$$

(R_i : 주식i의 수익률, R_M : 시장지수의 수익률, β_i : 시장수익률에 대한 주식i 수익률의 민감도, a_i : 주식i의 알파계수, e_i : 잔차)

③ $\beta_i R_M$은 시장수익률 변동에 따른 주식i의 수익률의 변동폭을 나타내는 것으로, 주식i가 갖는 체계적 위험을 의미

④ 알파계수는 시장요인이 중립적인 경우, 시장수익률이 0인 경우 얻을 수 있는 주식의 초과수익률을 의미

> **알파계수 및 β**
> • $a > 0$: 주식의 적정가치보다 낮은 가격(저평가)
> • $a < 0$: 주식이 적정가치보다 높은 가격(고평가)
> • $\beta > 1$: 시장움직임보다 크게 움직이는 종목(경기민감주)
> • $\beta < 1$: 시장움직임보다 작게 움직이는 종목(방어주)

⑤ 잔차는 기업고유위험, 비체계적 위험을 의미(두 주식 간의 잔차 공분산은 0)

⑥ 포트폴리오의 체계적 위험을 통제하고자 하는 경우 주식 수는 상관이 없고, 베타를 조정해야 하며, 기업고유위 험은 주식 수를 늘리면 위험의 영향들이 상쇄(기업고유위험은 포트폴리오에 포함된 주식 수를 충분히 늘림으로 써 제거 가능)

⑦ 잘 분산된 포트폴리오를 구성하는 경우 기업고유위험은 제거되고, 체계적 위험만이 남게 되므로 분산투자하는 투자자에게 위험은 체계적 위험을 의미

01 다음 중 단일지표모형과 증권특성선에 대한 설명으로 적절하지 않은 것은?

중요도
●●●

① 단일지표모형은 개별자산과 시장의 움직임을 대표하는 단일시장지표와의 공분산만을 고려한 모형이다.
② 증권특성선은 비체계적 위험인 잔차를 최소화하는 것을 목표로 해야 한다.
③ 포트폴리오의 체계적 위험을 통제하고자 하는 경우 편입하는 주식 수를 늘려야 한다.
④ 잘 분산된 포트폴리오를 구성하는 경우 기업고유위험은 제거할 수 있다.
⑤ 잔차 간의 공분산은 0으로 서로 독립적이다.

해설

포트폴리오의 체계적 위험을 통제하고자 하는 경우 주식 수는 상관이 없고, 베타를 조정해야 하며, 기업고유위험은 주식 수를 늘리면 위험의 영향들이 상쇄된다.

02 다음 중 알파계수 및 베타에 대한 내용으로 적절한 설명을 모두 고르면?

중요도
●●●

> ㄱ. 알파계수는 시장수익률이 0인 경우 얻을 수 있는 주식의 초과수익률이다.
> ㄴ. 알파계수가 0보다 큰 경우 현재 주식은 고평가되어 있다.
> ㄷ. 베타가 1보다 큰 경우 시장움직임보다 작게 움직이는 종목이다.
> ㄹ. 베타가 1인 경우 시장포트폴리오와 동일하게 변동한다.

① ㄱ, ㄴ   ② ㄱ, ㄷ
③ ㄱ, ㄹ   ④ ㄴ, ㄷ
⑤ ㄷ, ㄹ

해설

알파계수 및 β
• 알파계수 : 시장요인이 중립적인 경우, 즉 시장수익률이 0인 경우 얻을 수 있는 주식의 초과수익률(y절편)
• β : 시장포트폴리오 수익률 변동에 대한 개별증권 수익률의 민감도(기울기)

> **알파계수 및 β**
> • α > 0 : 주식의 적정가치보다 낮은 가격(저평가)
> • α < 0 : 주식이 적정가치보다 높은 가격(고평가)
> • β > 1 : 시장움직임보다 크게 움직이는 종목(경기민감주)
> • β < 1 : 시장움직임보다 작게 움직이는 종목(방어주)

따라서, 정답은 ㄱ, ㄹ이다.

핵심테마 06 자본자산가격결정모형(CAPM)

출제포인트

- 자본자산가격결정모형과 자본시장선의 이해
- 증권시장선의 이해

1. 자본자산가격결정모형(CAPM)의 가정 및 자본시장선(CML)

(1) 자본자산가격결정모형(CAPM)

① **CAPM** : 자본시장이 균형 상태를 이룰 때 위험이 존재하는 자산의 적정가격 수준(또는 균형수익률)을 도출해내는 모형

② **균형상태** : 자본시장에서 거래되는 자산의 수요와 공급이 일치하도록 시장가격이 형성된 상태

③ **CAPM의 기본가정**

- 투자자는 기대수익과 분산기준에 의해 포트폴리오를 선택한다.
- 미래증권수익률의 확률분포에 대한 동질적인 기대를 한다.
- 투자자는 가격순응자로 정보흐름에 마찰이 없고 거래비용과 세금이 없는 완전시장을 의미한다.
- 무위험자산이 존재하며 차입이나 대출이 가능하다.
- 수요와 공급이 균형상태에 있는 시장이다.
- 단일투자기간을 의미한다.
- 기간 동안 인플레이션과 금리는 변화가 없다.

(2) 자본시장선(CML)

$$E(R_p) = R_f + \frac{[E(R_M) - R_f]}{\sigma_M} \sigma_p$$

($E(R_p)$: 포트폴리오의 기대수익률, $E(R_M)$: 시장포트폴리오의 기대수익률, R_f : 무위험수익률,
σ_p : 포트폴리오의 표준편차, σ_M : 시장포트폴리오의 표준편차)

① **자본시장선(CML)** : 시장포트폴리오를 위험자산으로 사용한 자본배분선을 의미

② **시장포트폴리오** : 모든 위험자산으로 구성된 포트폴리오로, 완전히 분산투자된 포트폴리오

③ CAPM 가정하에 모든 투자자는 동일한 위험자산 포트폴리오를 보유

④ 모든 투자자는 시장포트폴리오를 최적 위험포트폴리오로 보유

⑤ 기울기는 위험 1단위에 대한 위험보상의 정도를 나타내는 위험보상비율

⑥ **자본시장선상의 포트폴리오** : 위험자산만으로 구성된 효율적 프론티어를 지배하는 가장 효율적인 포트폴리오

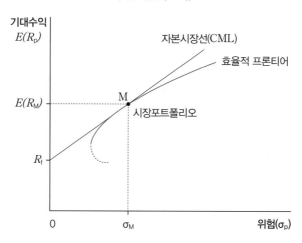
〈자본시장선(CML)〉

2. 증권시장선(SML)

(1) 증권시장선과 자본시장선

① 자본시장선은 무위험자산과 완전히 분산투자된 시장포트폴리오를 이용한 효율적 포트폴리오의 기대수익률과 위험과의 선형관계를 나타낸 것으로, 비효율적 포트폴리오나 개별자산의 기대수익률과 위험과의 관계는 설명하지 못함

② **증권시장선** : 비효율적인 포트폴리오나 개별자산까지 포함된 모든 투자자산의 기대수익률과 위험과의 관계를 설명할 수 있음, 개별증권의 기대수익률과 체계적 위험과의 관계를 나타내는 선

$$E(R_i) = R_f + \beta_i [E(R_M) - R_f]$$
$$(\beta_i [E(R_M) - R_f] : 개별증권i의 위험프리미엄)$$

③ 위험프리미엄 대 베타의 비율은 시장포트폴리오 내에서 일정하게 유지되어야 함

$$\frac{위험프리미엄}{위험} = \frac{E(R_M) - R_f}{\beta_M} = \frac{E(R_i) - R_f}{\beta_i}$$

$(E(R_i) : 개별증권i의 기대수익률, E(R_i) - R_f : 개별증권i의 위험프리미엄,$
$E(R_M) - R_f : 시장포트폴리오의 위험프리미엄, \beta_i : 개별증권i의 베타계수)$

④ SML은 투자자에게 보상해주는 요구수익률을 제공

⑤ CAPM이 성립하는 경우 시장균형 상태에서 모든 증권은 SML선상에 위치

⑥ SML선보다 아래에 위치한 자산은 고평가된 자산, SML선 위쪽에 표시한 자산은 저평가된 자산

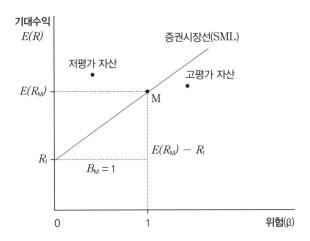

〈증권시장선(SML)〉

SML선
SML선보다 아래에 위치한 자산은 고평가된 자산, SML선 위쪽에 표시한 자산은 저평가된 자산을 의미

(2) CML과 SML

① 자본시장선(CML)은 무위험자산과 시장포트폴리오로 구성된 최적 포트폴리오의 기대수익률과 총위험(표준편차)과의 관계를 나타내는 모형
② 증권시장선(SML)은 모든 자산의 기대수익률과 체계적 위험과의 관계를 나타내는 모형
③ 시장균형하에서 완전히 분산된 시장포트폴리오에 투자함으로써 얻게 되는 최적 포트폴리오는 CML상에 표시되며, 시장포트폴리오를 편입한 최적 포트폴리오는 비체계적 위험이 완전히 제거되고 체계적 위험만 남아 CML과 SML이 동일
④ 효율적이지 못한 포트폴리오나 개별자산의 경우 CML이 성립하지 않고 CML 아래에 위치하는 SML상에 표시

(3) CAPM의 의의와 한계

① 완전자본시장과 모든 투자자가 동질적 예상을 갖는다는 등의 비현실적 가정에 바탕을 두고 있다는 문제점 존재
② 베타값이 불안정한 것도 중요한 문제점으로 지적

적중문제

01 다음 중 자본자산가격결정모형(CAPM)에 대한 설명으로 적절하지 않은 것은?

중요도
●●●

① CAPM은 자본시장이 균형상태를 이룰 때 위험이 존재하는 자산의 적정가격 수준을 도출해내는 모형이다.

② 시장포트폴리오는 모든 위험자산으로 구성된 포트폴리오이다.

③ 시장포트폴리오는 완전히 분산 투자된 포트폴리오를 의미한다.

④ CAPM의 가정하에서는 모든 투자자는 동일한 위험자산 포트폴리오를 보유한다.

⑤ 자본시장선의 기울기는 위험 1단위에 대한 위험보상의 정도를 나타내는 위험보상비율로 위험프리미엄을 시장포트폴리오의 분산으로 나누어 산출한다.

[해설]
자본시장선의 기울기는 위험 1단위에 대한 위험보상의 정도를 나타내는 위험보상비율로 위험프리미엄을 시장포트폴리오의 표준편차로 나누어 산출한다.

02 다음 중 증권시장선(SML)과 자본시장선(CML)에 대한 설명으로 적절하지 않은 것은?

중요도
●●○

① 자본시장선은 비효율적 포트폴리오나 개별자산의 기대수익률과 위험과의 관계를 설명할 수는 없다.

② 증권시장선은 개별증권의 기대수익률과 체계적 위험과의 관계를 나타내는 선이다.

③ 시장균형하에서의 시장포트폴리오를 편입한 최적 포트폴리오는 비체계적 위험이 완전 제거되어 체계적 위험만 남아 CML과 SML이 동일하다.

④ 비효율적인 포트폴리오나 개별자산의 경우 CML선상에 존재할 수 없고 CML 위에 위치하는 SML상에 표시한다.

⑤ 시장포트폴리오 내에서는 위험프리미엄 대 베타의 비율은 일정하게 유지되어야 한다.

[해설]
④ 비효율적인 포트폴리오나 개별자산의 경우 CML선상에 존재할 수 없고 CML 아래에 위치하는 SML상에 표시한다.
⑤ 시장포트폴리오 내에서는 위험프리미엄 대 베타의 비율은 일정하게 유지되어야 한다.

$$\frac{위험프리미엄}{위험} = \frac{E(R_M) - R_f}{\beta_M} = \frac{E(R_i) - R_f}{\beta_i}$$

03 다음 중 증권시장선(SML)에 대한 설명으로 적절하지 않은 것은?

중요도
●●○

① CAPM이 성립하는 경우 시장 균형상태에서 모든 증권은 SML선상에 위치한다.

② SML선보다 위쪽에 표시한 자산을 매입하는 경우 매매차익을 얻을 수 있다.

③ SML선보다 아래에 위치한 자산은 저평가된 것으로 평가할 수 있다.

④ SML선은 투자자에게 보상해주는 요구수익률을 제공한다.

⑤ SML의 위험프리미엄은 시장포트폴리오의 기대수익률에서 무위험자산의 수익률을 차감하여 계산한다.

[해설]

③ SML선보다 아래에 위치한 자산은 고평가된 것으로 평가할 수 있다.

⑤ SML 공식 : $E(R_i) = R_f + \beta_i[E(R_M) - R_f]$으로 시장포트폴리오의 기대수익률에서 무위험자산의 수익률을 차감하여 계산한다.

04 다음 중 CAPM에 대한 설명으로 적절하지 않은 것은?

중요도
●●○

① CAPM은 완전자본시장과 모든 투자자가 동질적 예상을 갖는다는 등의 비현실적 가정에 바탕을 두고 있다.

② CAPM상 투자자는 기대수익과 분산기준에 의해 포트폴리오를 선택한다.

③ CAPM상 무위험자산이 존재하며, 일반투자자들은 차입은 가능하나 대출은 불가능하다.

④ CAPM상 베타값이 불안정한 것도 약점으로 지적된다.

⑤ CAPM은 수요와 공급이 균형상태에 있는 시장을 의미한다.

[해설]

CAPM상 무위험자산이 존재하며, 일반투자자들은 차입 및 대출이 가능하다.

핵심테마

07 차익거래가격결정모형

- CAPM과 차익거래가격결정모형의 비교

1. 차익거래가격결정이론(APT)

(1) 차익거래

① **차익거래** : 동일한 자산이 서로 다른 가격으로 거래될 경우, 싼 것을 매입하고 비싼 것을 공매함으로써 투자자금과 위험부담 없이 수익을 얻는 것

② 투자자는 차익거래 행위를 통해 저평가된 자산의 가격은 오르고 고평가된 자산의 가격은 내려가는 조정 과정을 거쳐 위험이 동일한 두 자산의 기대수익률이 같아지는 상태에 이름

③ 차익거래가 발생하지 않는 상태를 균형 상태, 이때의 가격을 균형수익률이라고 하며, 시장균형 상태에서는 차익거래 기회가 존재할 수 없음

(2) 단일요인 APT

① 위험이 동일한 포트폴리오인데 기대수익률이 다르면 차익거래 기회가 발생하게 되므로, 시장균형 상태에서는 동일한 위험을 갖는 잘 분산된 포트폴리오는 동일한 기대수익률을 가져야 하며, 시장균형 상태에서는 위험 1단위당 보상이 동일해야 함

② **차익거래 기회가 존재하지 않는 균형 상태**

$$\frac{E(R_p) - R_f}{\beta_p} = \frac{E(R_q) - R_f}{\beta_q} = \lambda$$

(β : 공통요인에 대한 포트폴리오의 체계적 위험, λ : 위험보상비율 1단위에 대한 위험프리미엄)

③ **잘 분산투자된 임의의 포트폴리오 P의 기대수익률**

$$E(R_p) = R_f + \beta_p\lambda$$

(β_p : 공통요인에 대한 포트폴리오 P의 체계적 위험, λ : 위험보상비율 1단위에 대한 위험프리미엄)

④ **시장 균형 상태에서의 개별증권 기대수익률**

$$E(R_i) = R_f + \beta_i\lambda$$

(3) 다요인 APT

① 단일요인 APT 식을 k개의 요인을 갖는 식으로 확장 시

$$E(R_i) = R_f + \beta_{i1}\lambda + \beta_i\lambda_2 + \cdots + \beta_{ik}\lambda_k$$
(β_{ik} : 주식i의 공통요인k에 대한 민감도, λ_k : 주식i의 공통요인k에 대한 위험프리미엄)

② 차익거래가 발생하지 않는 균형상태에서 자산수익률이 다요인모형에 따라 형성된다고 가정할 경우 시장균형 상태에서 자산의 선형함수로 표시

(4) CAPM과 APT

구 분	CAPM	APT
설명요인	하나(체계적 위험의 원천이 하나)	다수(체계적 위험의 원천이 다수)
시장포트폴리오	시장포트폴리오를 전제하므로 비현실적인 많은 가정 필요	시장포트폴리오에 의존하지 않아 일반적인 모형
모든 자산에 적용	모든 자산(포트폴리오)에 적용 가능	잘 분산된 포트폴리오에만 적용 가능
자산의 기대수익률	자산의 기대수익률은 공통요인에 대한 체계적 위험과 선형관계	

01 다음 중 차익거래가격결정이론(APT)에 대한 설명으로 적절하지 않은 것은?

중요도
●●○

① 차익거래가격결정모형은 위험이 잘 분산된 포트폴리오에 기초하여 모형을 설명한다.

② 위험이 동일한 포트폴리오인데 기대수익률이 다른 경우 차익거래 기회가 발생한다고 보고 있다.

③ 위험보상비율(λ)은 시장균형 상태에서 총위험 1단위를 부담하는 대가로 얻을 수 있는 위험프리미엄으로 잘 분산된 모든 포트폴리오에 대해 동일하다.

④ 차익거래 행위를 통해 저평가된 자산의 가격은 오르고 고평가된 자산의 가격은 내려가는 조정과정을 거쳐 장기적으로는 위험이 동일한 자산들의 기대수익률은 같아지게 된다.

⑤ 시장균형 상태에서는 위험 1단위당 보상이 동일해야 한다.

[해설]

위험보상비율(λ)은 시장균형 상태에서 체계적 위험 1단위를 부담하는 대가로 얻을 수 있는 위험프리미엄으로 잘 분산된 모든 포트폴리오에 대해 동일하다.

02 다음 중 CAPM모형과 APT모형을 비교한 설명으로 적절하지 않은 것은?

중요도
●●○

① CAPM모형과 APT모형은 모든 자산에 적용 가능하다는 공통점이 있다.

② CAPM모형은 체계적 위험의 원천을 하나로 보고 있지만, APT모형은 체계적 위험의 원천을 다수로 보고 있다.

③ CAPM모형은 시장포트폴리오에 의존하므로 비현실적인 가정이 많이 필요하다.

④ APT모형은 시장포트폴리오에 의존하지 않아 CAPM모형보다 일반적인 모형이다.

⑤ CAPM모형과 APT모형 모두 자산의 기대수익률은 공통요인에 대한 체계적 위험과 선형관계에 있다고 설명한다.

[해설]

CAPM모형은 모든 자산에 적용 가능하지만, APT모형은 잘 분산된 포트폴리오에만 적용 가능하다.

핵심테마

08 포트폴리오 전략

출제포인트

■ 포트폴리오의 소극적 전략과 적극적 전략의 종류 및 차이에 대한 숙지

1. 포트폴리오 전략의 의의 및 종류

① **포트폴리오 전략** : 장기 재무목표 및 투자관리 정책하에 경기를 예측하여 수익률을 극대화하고 위험을 최소화할 수 있도록 자산을 적절히 배분하고 위험보상비율 등을 감안하여 가장 우수한 증권을 선정하여 투자하는 활동
② **적극적 전략** : 시장 평균을 초과하는 수익률 추구
③ **소극적 전략** : 시장 평균 수익률과 위험 추구

2. 소극적 전략

(1) 소극적 전략의 의의

① **소극적 전략을 선택하는 투자자**

㉠ 시장이 효율적인 것으로 판단
㉡ 현재의 자산가격에는 이미 모든 정보가 반영되어 있으므로 시장 평균보다 나은 성과를 올릴 수 없다고 판단
㉢ 소극적 투자전략에 의해 충분히 분산된 포트폴리오 보유 시 적극적 투자자의 이익을 일정 부분 공유 가능하다고 판단
㉣ 적극적 투자자 전체의 수익률 평균은 시장수익률과 동일하여 초과수익을 추구하는 것은 무의미한 행위로 판단
㉤ 경쟁이 심해질수록 시장은 더욱 효율적이 되고 소극적 전략이 효과적임

(2) 소극적 전략의 종류

단순 매입보유전략	• 증권이나 포트폴리오를 고르는 노력 없이 무작위로 증권이나 포트폴리오를 매입하여 보유하는 전략 • 많은 증권이나 포트폴리오를 편입함으로써 분산투자 효과를 얻을 수 있으며, 시장 평균적인 기대수익률을 얻을 수 있음 • 분산투자 효과로 인해 기업고유위험이 점차 감소하고 투자자는 시장위험만을 부담
인덱스전략	• 벤치마크 지수(KOSPI, KOSPI200 등)를 추종하는 펀드와 유사한 투자성과를 얻을 수 있도록 구성된 펀드 • 특정 종목 분석이 필요 없고 상대적으로 저렴한 비용으로 투자 가능하며 분산투자 효과를 얻을 수 있음

3. 적극적 전략

(1) 적극적 전략의 의의

① 적극적 전략을 추구하는 투자자

  ㉠ 시장예측이나 증권선택을 통해 시장 평균을 초과하는 수익률의 획득이 가능하다고 판단

  ㉡ 시장에는 비효율성이 존재하며, 가격불균형에 의한 추가 수익의 기회가 존재한다고 판단

  ㉢ 실제로 1월 효과, 기업규모효과, 소외기업효과, 과잉반응 등 시장균형을 벗어나는 현상 발생

(2) 적극적 전략의 종류

시장예측전략	시장예측을 통해 우월한 수익을 줄 수 있다고 판단되는 자산군에 대해 선제적으로 포트폴리오 내 비중 ↑ (반대인 경우 비중 ↓)
증권선택전략	• 시장예측 외에 증권선택을 이용하여 시장 평균 이상의 초과수익 목표 • 시장에서 적정가치 대비 가격이 낮게 형성된 자산을 선택하여 시장 평균 이상의 수익을 추구

> **핵심 CHECK**
>
> 소극적 전략과 적극적 전략
>
> | | | |
> |---|---|---|
> | 소극적 전략 | 단순매입보유전략 | 무작위로 증권 또는 포트폴리오를 매입하여 장기간 보유 |
> | | 인덱스전략 | • 목표지수인 인덱스를 선정하여 지수와 동일한 수익률을 올릴 수 있도록 운용하는 전략
• 장점 : 효율적 분산화, 증권매매에 따르는 비용절감과 저렴한 운용비용, 투자자 스스로에 의한 운용 가능 |
> | 적극적 전략 | 시장예측전략 | 주식시장의 상승과 하락을 예측 |
> | | 증권선택전략 | 시장에서 저평가된 자산을 선택하여 수익 추구 |

01 다음 중 소극적 전략과 적극적 전략에 대한 설명으로 적절하지 않은 것은?

중요도
●●●

① 소극적 전략을 선택하는 투자자는 현재 시장이 효율적인 것으로 판단한다.

② 소극적 전략을 선택하는 투자자는 기대수익률 관점에서 시장 평균보다 나은 성과를 거둘 수 없을 것으로 판단한다.

③ 경쟁이 심해질수록 시장은 비효율적이 되어 소극적 전략을 선택하는 투자자는 감소하게 된다.

④ 적극적 전략을 선택하는 투자자는 시장에는 비효율성이 존재하며 가격불균형에 의한 추가 수익의 기회가 존재한다고 판단한다.

⑤ 적극적 전략을 뒷받침하는 증거로 1월 효과, 기업규모효과, 소외기업효과, 과잉반응 등을 들 수 있다.

[해설]

경쟁이 심해질수록 시장은 점차 효율적이 되어 소극적 전략이 효과적이므로 소극적 전략을 선택하는 투자자는 증가하게 된다.

02 다음 중 소극적 전략에 대한 설명으로 적절하지 않은 것은?

중요도
●●○

① 단순매입보유전략 – 증권이나 포트폴리오를 고르는 노력 없이 무작위로 증권이나 포트폴리오를 매입하여 보유하는 전략

② 단순매입보유전략 – 많은 증권이나 포트폴리오를 편입함으로써 분산투자 효과 발생

③ 단순매입보유전략 – 분산투자 효과로 인해 투자자는 점차 시장위험만을 부담

④ 인덱스전략 – 벤치마크 지수를 추종하는 펀드와 유사한 투자성과를 얻을 수 있도록 구성된 펀드

⑤ 인덱스전략 – 특정 종목 분석에 상대적으로 시간과 비용이 많이 소모

[해설]

인덱스전략은 벤치마크지수(KOSPI, KOSPI200)를 추종하는 펀드와 유사한 투자성과를 얻을 수 있도록 구성된 펀드로 특정 종목 분석이 필요가 없어 상대적으로 저렴한 비용으로 투자가 가능하며 분산투자 효과를 얻을 수 있다.

핵심테마
09 투자전략

■ 투자전략 매트릭스에 대한 이해 및 각 사분면별 투자전략 숙지

1. 투자관 및 투자전략 매트릭스

〈투자관 및 투자전략 매트릭스〉

(1) 제1사분면 투자전략

① 시장이 매우 효율적이어서 증권의 시장가격이 이미 모든 정보를 반영하고 있어 시장예측과 증권선택의 기술적 가치가 있다고 믿지 않으며, 시장 초과 수익률을 기대하지 않음

② 특정 자산군의 장기 성장을 통해서만 수익을 기대

③ 중요도는 낮으나 성취도가 높아 현재 상황에 대한 유지가 필요(소극적 자산배분과 소극적 증권선택)

핵심 CHECK

소극적 전략과 소극적 증권선택
• 모든 전략의 출발점이 되며 다른 전략들의 우수성을 검증하는 벤치마크 포트폴리오 역할
• 처음 구성한 포트폴리오 비중 유지가 중요하여 시장가격 변화로 처음 설정한 자산군별 투자비중 이탈 시 전략적 자산배분 기준에 따라 포트폴리오 재조정 필요(기계적 조정)

(2) 제2사분면 투자전략

① 시장예측을 통한 선제적인 자산배분 활동이 성공하기는 어렵지만, 각 자산군 내 상대적으로 우수한 증권을 선택하여 시장 평균 초과 수익을 내는 것은 가능하다고 판단

② 단기적으로는 어떤 자산군이 가장 좋은 수익률을 줄지는 알 수 없으나, 각 자산군 내에서 가장 좋은 수익을 줄 수 있는 우수한 증권은 선택 가능하다고 판단

③ 자산군별로 적절히 분산된 포트폴리오 구성

④ 시장포트폴리오는 매입하지 않으며, 투자경험이 많은 투자자들과 투자전문가들이 주로 해당

⑤ 중요도와 성취도가 높아 현재 상황에 대한 유지 및 지속적인 강화가 필요(소극적 자산배분과 적극적 증권선택)

> **핵심 CHECK**
>
> **소극적 전략과 적극적 증권선택**
> - 시장 전망에 관계없이 장기적인 자산배분을 유지하되 자산군별로 주어진 투자비중하에서 적극적인 증권선택이나 교체 활동을 통해 초과수익 추구
> - 시장포트폴리오에는 투자하지 않으며 저평가된 것으로 판단되는 증권을 선택하여 선별적으로 투자
> - 효율적인 시장에서는 초과수익을 얻기 어렵지만 비효율성이 존재하는 시장에서는 효과

(3) 제3사분면 투자선택

① 시장예측을 통해 선제적으로 자산을 재배분하거나 적절한 매수, 매도 시점을 선택하는 데는 성공할 수 있으나 지속적인 초과수익은 어렵다고 판단

② 저평가 종목을 선정하더라도 시장 하락 시 수익을 내기 어렵다고 판단

③ 시장 예측을 위해 노력하며 인덱스펀드 활용

④ 중요도와 성취도가 모두 낮아 점진적으로 개선이 필요

> **핵심 CHECK**
>
> **소극적 전략과 소극적 증권선택**
> - 개별자산군에 대해서는 인덱스 전략을 사용, 시장예측에 따라 자산배분을 중단기적으로 변화시키는 전략
> - 시장 지수를 추종하는 인덱스펀드를 활용
> - 전략 실패 시 제2사분면 전략 대비 장기적인 재무목표를 달성하지 못할 가능성이 커지며 노후자금 마련처럼 실패가 용인되기 어려운 재무목표에서 이 전략을 사용하는 것은 부적절

(4) 제4사분면 투자전략

① 단기적으로 유망한 자산군을 선택할 수 있으며, 해당 자산군 내에서 상대적으로 우수한 수익을 얻을 수 있는 증권을 선택할 수 있다고 믿음

② 분산투자에는 관심이 없으며 특정 증권 및 자산군에 집중 투자

③ 수익의 극대화에만 관심이 있고 위험관리에는 관심이 없음

④ 성과향상을 위해 집중투자가 필요한 영역(적극적 자산배분과 적극적 증권선택)

> **핵심 CHECK**
>
> **적극적 전략과 적극적 증권선택**
> - 시장예측에 따라 자산배분 비중을 적극적으로 변화시켜 나가며 자산군 내에서도 적극적인 증권선택 활동을 병행하는 전략
> - 일시적으로는 성공할 수 있으나 장기간 지속되기는 어려움
> - 분산 투자 효과를 얻을 수 없음

01 다음 중 각 사분면별 투자전략으로 적절하지 않은 것은?

중요도
●○○

① 제1사분면 – 제1사분면에 투자하는 투자자는 시장이 매우 효율적이어서 증권의 시장가격이 이미 모든 정보를 반영하고 있어 시장예측과 증권선택의 기술적 가치가 있다고 믿지 않으며, 시장 초과 수익률을 기대하지 않는다.

② 제1사분면 – 중요도는 낮으나 성취도가 높아 현재 상황에 대한 유지 및 지속적인 강화가 필요하다.

③ 제2사분면 – 시장포트폴리오는 매입하지 않으며, 투자경험이 많은 투자자들과 투자전문가들이 주로 해당 사분면에 위치한다.

④ 제3사분면 – 제3사분면에 위치한 투자자는 저평가 종목을 선정하더라도 시장 하락 시 수익을 내기 어렵다고 판단한다.

⑤ 제4사분면 – 제4사분면에 위치한 투자자는 분산투자에는 관심이 없으며 특정 증권 및 자산군에 집중 투자한다.

> **해설**
> 제1사분면 – 중요도는 낮으나 성취도가 높아 현재 상황에 대한 유지가 필요하다. 현재 상황에 대한 유지 및 지속적인 강화가 필요한 투자자는 제2사분면에 위치한 투자자이다.

02 다음 중 제3사분면에 위치한 투자자가 투자할 것으로 예상되는 상품은?

중요도
●●○

① 인덱스펀드

② 저평가되었다고 판단되는 개별자산

③ 자산군별로 적절히 분산된 포트폴리오

④ 특정자산군별로 비중에 따라 설정된 포트폴리오

⑤ 시장포트폴리오

> **해설**
> 제3사분면에 위치한 투자자는 시장예측을 통해 선제적으로 자산을 재배분하거나 적절한 매수, 매도 시점을 선택하는 데는 성공할 수 있으나 지속적인 초과수익은 어렵다고 판단한다. 또한 저평가 종목을 선정하더라도 시장 하락 시 수익을 내기 어렵다고 판단하며 시장 예측을 위해 노력한다. 제3사분면에 위치한 투자자는 시장 예측을 중요시하므로 시장 지수를 추종하는 인덱스펀드를 활용한다.

핵심테마

10 자산배분전략

■ 전략적 자산배분과 전술적 자산배분에 대한 이해

1. 전략적 자산배분

(1) 전략적 자산배분의 의의

① 고객의 재무목표를 달성하기 위해 장기적 관점에서 최적의 자산배분을 이루는 것

② 자산관리사가 지켜야 할 기준

③ 장기적인 투자자가 유지할 자산배분 비중을 결정하는 것과 함께 중단기적으로 실행할 수 있는 투자비중의 전술적인 변화폭을 결정하는 것까지 포함

(2) 전략적 자산배분 시 고려사항

① **고객의 위험회피 성향과 각종 제약사항**

　㉠ 투자자의 위험회피 성향, 투자자의 재무목표와 투자기간, 자산규모, 소득, 투자 이해도, 나이, 가족사항 등 기타 사항 고려

　㉡ 해당 내용은 투자정책서에 명시되어야 함

　㉢ 기본적인 전제 사항에 변화가 생기지 않는 한 전략적 자산배분은 유지되어야 함

② **전술적 변화폭의 설정**

　㉠ 시장예측전략에 대한 고객의 투자관이 우선적으로 고려되어야 함

　㉡ 제1, 2사분면의 투자관을 갖고 있으면 전술적 변화폭을 설정할 수 없음

③ **전략적 자산배분의 조정**

　㉠ 최초 자산배분 시 실행한 포트폴리오를 목표 기간까지 그대로 유지하는 것이 아닌 편입 자산의 가격 변화에 따른 투자비중 변화를 반영하여 주기적으로 자산배분 비중을 조정해주어야 함

　㉡ 주기적 조정을 통해 고점 매도, 저점 매수 전략을 실행하는 효과를 얻을 수 있음

2. 전술적 자산배분

(1) 전술적 자산배분의 의의

① 자산들의 가격이 시장 상황에 따라 일시적으로 균형을 이탈하여 저평가되거나 고평가될 때 이러한 상황을 활용하여 투자성과를 높이고자 중단기적으로 자산배분 비중을 변경

② 고객의 재무목표 달성을 위해 수립한 전략적 자산배분의 효율성을 높이기 위해 전략적 자산배분에서 결정한 전술적인 변화폭을 중단기적으로 실행

③ 장기적인 자산배분 원칙을 훼손하지 않는 제한된 범위 내에서 수행

(2) 전술적 자산배분의 실행 근거

① 자산가격이 단기적으로는 내재가치를 벗어나더라도 장기적으로는 내재가치에 수렴한다는 것을 전제로 실행

② **기술적 분석** : 주가가 점진적으로 내재가치에 접근한다고 믿으며, 이 과정에서 추가 수익을 얻으려고 함

③ **전술적 자산배분 실행 주기** : 중장기적 추세의 변화를 근거로 하는 것이 적절

핵심 CHECK

전략적 자산배분과 전술적 자산배분

전략적 자산배분	• 투자목적을 달성하기 위해 장기적인 포트폴리오의 자산구성을 결정 • 장기적 자산구성 비율과 중기적으로 개별자산이 취할 수 있는 투자비율의 한계를 결정 • 개인의 기본적 성향이나 여러 변수들에 대한 기초적 가정이 크게 변하지 않는 한 처음 수립되었던 자산구성을 변경하지 않는 매우 장기적 의사결정
전술적 자산배분	• 시장의 변화 방향을 예상하여 사전에 자산구성을 변동시켜 나가는 전략 • 저평가된 자산을 매수하고 고평가된 자산을 매도하여 투자 수익률을 높이고자 하는 전략 • 전술적 자산배분전략은 전략적 자산배분전략 속에서 실행

---

3. 정액분할투자전략

(1) 정액분할투자법의 의의

① 일정 기간 동안 정해진 금액을 계속적으로 투자하는 방법

② 전략적 및 전술적 자산배분과 다른 별개 전략이 아닌 실행상 문제점을 보완해주는 전략

③ 자산배분전략 하에서의 투자시점 선정 부담을 완화시킴

(2) 정액분할투자의 장점과 단점

장 점	• 쉽고 체계적인 투자방법으로 특별한 지식이나 시스템을 필요로 하지 않음 • 소액으로도 투자가 가능하여 목돈이 필요하지 않음 • 목돈 마련 용도로 적합하며 자녀교육자금, 은퇴준비자금처럼 장기간 투자가 필요한 경우 적합 • 자금을 일시에 투자하는 것이 아닌 투자시점을 분산함으로써 일시투자에 따른 마켓타이밍 위험을 줄여줌 • 가격이 쌀 때 좀 더 많은 수량을 매수하고 가격이 비쌀 때 적은 수량을 매수하는 효과가 있으므로 평균 매입단가를 낮추는 효과가 있음 • 비이성적인 자산의 매수 및 매도 방지
단 점	• 투자하는 시점의 위험은 감소시켜 주지만 투자를 회수하는 시점의 가격하락 위험은 줄여주지 못하며 매도 시 가격이 평균매입단가보다 낮으면 손실이 발생 • 적정 투자기간에 대한 기준을 제시하지 않음 • 자산가격의 적정성에 대한 기준을 제공할 수 없음 • 전술적 자산배분과 상충되는 상황이 발생할 수 있음 • 위험이 줄어드는 만큼 기대수익 또한 낮아짐

01 다음 중 전략적 자산배분에 대한 설명으로 적절하지 않은 것은?

중요도
●●○

① 전략적 자산배분은 고객의 재무목표를 달성하기 위해 장기적인 관점에서 최적의 자산배분을 이루는 것을 의미한다.

② 전략적 자산배분은 자산관리자가 지켜야 할 기준이 될 수 있다.

③ 전략적 자산배분 시 투자자의 위험회피 성향, 투자자의 재무목표와 투자기간, 자산규모, 소득, 투자 이해도, 나이, 가족사항 등 기타 사항이 고려되어야 한다.

④ 전략적 자산배분 기준은 지속적으로 변화되어야 한다.

⑤ 고객의 위험회피 성향과 각종 제약사항 등은 모두 투자정책서에 명시되어야 한다.

[해설]

전략적 자산배분 기준은 기본적인 전제조건이 변화하지 않는 한 지속적으로 유지되어야 한다.

> 핵심 CHECK
>
> 전략적 자산배분
> - 고객의 재무목표를 달성하기 위해 장기적 관점에서 최적의 자산배분을 이루는 것
> - 자산관리자가 지켜야 할 기준
> - 장기적인 투자자가 유지할 자산배분 비중을 결정하는 것과 함께 중단기적으로 실행할 수 있는 투자비중의 전술적인 변화폭을 결정하는 것까지 포함

02 다음 중 전술적 자산배분에 대한 설명으로 적절하지 않은 것은?

중요도
●●○

① 전술적 자산배분은 자산들의 가격이 시장 상황에 따라 일시적으로 균형을 이탈하여 저평가되거나 고평가될 때 이러한 상황을 활용하여 투자성과를 높이고자 중단기적으로 자산배분 비중을 변경하는 것이다.

② 전술적 자산배분은 전략적 자산배분에서 결정한 전술적인 변화폭을 중단기적으로 실행하는 것이다.

③ 장기적인 자산배분 원칙을 훼손하지 않는 범위 내에서 수행되어야 한다.

④ 전술적 자산배분은 기본적 분석을 전제로 실행한다.

⑤ 전술적 자산배분의 실행 주기는 중장기적 추세 변화를 근거로 하는 것이 적절하다.

[해설]

전술적 자산배분은 주가가 점진적으로 내재가치에 접근한다고 믿으며, 이 과정에서 추가적인 수익을 추구하는 기술적 분석을 전제로 실행한다.

03 다음 중 정액분할투자전략에 대한 설명으로 적절하지 않은 것은?

중요도
●○○

① 정액분할투자전략은 특별한 지식이나 시스템을 필요로 하지 않으며 소액으로도 투자가 가능한 장점이 있다.

② 정액분할투자전략은 일정 기간 동안 정해진 금액을 계속적으로 투자하는 방법이다.

③ 정액분할투자전략은 전략적 및 전술적 자산배분을 보완해주는 전략이다.

④ 정액분할투자전략을 통해 자산배분전략 하에서 투자시점 선정 부담을 완화할 수 있다.

⑤ 정액분할투자전략을 통해 투자 및 회수 시점의 가격 하락 위험을 감소시킬 수 있다.

해설

정액분할투자전략을 통해 투자시점의 위험은 감소시킬 수 있지만 투자 회수 시점의 가격 하락 위험은 줄여주지 못하며, 매도 시 가격이 평균매입단가보다 낮은 경우 손실이 발생할 수 있다.

핵심테마
11 투자성과 평가

- 투자성과 평가의 목적 및 평가 시 고려요소 이해
- 투자성과 수익률의 계산에 대한 숙지

1. 투자성과 평가의 목적 및 평가 시 고려요소

(1) 투자성과 평가의 목적

① 전략적인 자산배분의 일관성 유지

② 경제환경의 변화를 적극적으로 반영하고 효과를 평가

③ 투자포트폴리오에 최종 편입되어 있는 금융상품의 개별적인 평가 및 피드백 목적

④ 고객 재무상황의 변화를 반영

(2) 투자성과 평가 시 고려요소

① **회계처리** : 모든 금융상품은 시가평가를 원칙으로 하며, 시가를 얻기 어려운 경우 공정시장가치로 평가함

② **벤치마크**

ⓙ 성과 평가의 기준점

ⓛ 투자위험과 기대수익의 조합에 따라 자산집단이나 개별상품별로 정해질 수 있음

ⓒ 벤치마크는 투자설계의 전체 단계에서 사용

> **벤치마크의 적용**
> • 계획 단계 : 자산배분전략의 기초자료로 활용
> • 투자실행 단계 : 상품 선택을 위한 기초자료로 활용
> • 성과평가 단계 : 투자포트폴리오 및 각 개별 투자상품의 운용 능력을 평가하는 자료로 활용

2. 투자수익률의 계산

(1) 금액가중수익률

① 자금의 유출입을 고려하여 투자포트폴리오의 가치가 얼마나 증감하였는지를 계산

② 투자기간 중 현금유입에서 현금유출을 차감한 순현금흐름을 할인하여 0으로 만드는 내부수익률이 금액가중수익률이 됨(내부수익률법 : IRR)

③ 매일 수익률을 계산하지 않아도 일정 기간 수익률을 쉽게 계산 가능

> **금액가중수익률의 단점**
> • 매일 변화하는 시장가격을 반영하여 산출하기 어려움
> • 자금의 규모나 신규 자금의 유출입 시기에 의해 수익률이 왜곡
> • 하나가 아닌 여러 개의 수익률이 도출될 수 있음

(2) 시간가중수익률

① 금액가중수익률의 단점인 투자기간 중 현금 유출입으로 인한 수익률 왜곡 현상을 수정하여 수익률을 정확하게 계산할 수 있음

② 현금의 유출입이 발생할 때마다 수익률을 계산하여 각 구간별 수익률을 기하학적으로 연결하여 투자기간 중 총수익률을 계산

③ 시간가중수익률은 매일 산출되므로 현금의 유출입이 매일 발생하는 펀드 등의 간접투자상품에 적용할 수 있음

적중문제

01 다음 중 투자성과 평가에 대한 설명으로 적절하지 않은 것은?

중요도
●○○

① 모든 금융상품은 시가평가를 원칙으로 하며, 시가를 얻기 어려운 경우 공정시장가치로 평가한다.

② 벤치마크는 투자위험과 기대수익의 조합에 따라 자산집단이나 개별상품별로 정해질 수 있다.

③ 벤치마크는 투자설계 중 계획 단계에서 적용한다.

④ 벤치마크는 성과평가의 기준점이 된다.

⑤ 전략적인 자산배분의 일관성 유지가 투자성과 평가의 목적이 된다.

해설

벤치마크는 투자설계 중 전체 단계에서 사용한다.

---

02 다음 중 투자수익률에 대한 설명으로 적절하지 않은 것은?

중요도
●●○

① 투자기간 중 현금유입에서 현금유출을 차감한 순현금흐름을 할인하여 0으로 만드는 내부수익률이 금액가중수익률이 된다.

② 금액가중수익률은 매일 수익률을 계산하지 않아도 일정 기간 수익률을 쉽게 계산할 수 있다.

③ 금액가중수익률은 매일 변화하는 시장가격을 반영하여 수익률을 산출할 수 있는 장점이 있다.

④ 시간가중수익률은 금액가중수익률의 단점인 투자기간 중 현금 유출입으로 인한 수익률 왜곡 현상을 수정하여 수익률을 정확하게 계산할 수 있다.

⑤ 시간가중수익률은 현금의 유입이 발생할 때마다 수익률을 계산하여 각 구간별 수익률을 기하학적으로 연결하여 투자기간 중 총수익률을 계산한다.

해설

금액가중수익률은 매일 변화하는 시장가격을 반영하여 수익률을 산출하기 어려운 단점이 있다. 매일 수익률이 산출되는 수익률은 시간가중수익률로 시간가중수익률은 현금의 유출입이 매일 발생하는 펀드 등의 간접투자 상품에 적용할 수 있다.

03 투자자 A씨는 A주식을 1월 초 20,000원에 매입 후 1기 말에 2,000원의 배당금을 수령하였다. 2기 초에는 해당 주식을 시장가치인 24,000원에 추가로 매입하여 2기 말에 다시 2,000원의 배당금을 수령하였으며, 주당 28,000원에 매도하였다면, 시간가중수익률은 얼마인가?

중요도
●●○

① 25.00%

② 27.47%

③ 30.00%

④ 25.47%

⑤ 26.47%

해설

• 1기간 수익률 = (24,000원 − 20,000원 + 2,000원) / 20,000원 = 30%
• 2기간 수익률 = (28,000원 − 24,000원 + 2,000원) / 24,000원 = 25%

• 시간가중수익률 = $\sqrt{(1 + 30\%)(1 + 25\%)} - 1 = 27.47\%$

핵심테마

12 위험을 반영한 투자성과 평가

출제포인트

▪ 투자성과 평가지표별 공식에 대한 의의 및 공식 숙지

1. 투자성과 평가지표

(1) 샤프지수

$$S_p = \frac{\overline{R_p} - \overline{R_B}}{\sigma_p}$$

($\overline{R_p}$: 포트폴리오의 평균수익률, $\overline{R_B}$: 기준포트폴리오의 평균수익률, σ_p : 펀드수익률의 표준편차)

① 투자포트폴리오 총위험 1단위에 대한 초과수익의 정도
② 1단위의 위험을 부담하는 대신 얻은 실현된 위험프리미엄, 즉 초과수익이 얼마인가를 측정하는 지표로 값이 클수록 투자성과가 우수하다고 평가
③ 동일한 유형의 펀드 간 샤프지수를 비교해야 하며, 동일 운용기간을 대상으로 샤프지수를 비교
④ 샤프지수가 높은 펀드는 투자위험(표준편차)을 감수하면서도 높은 초과수익률이 발생하기 때문에 펀드 성과 또한 높게 나타날 가능성이 커짐

(2) 트레이너지수

$$T_p = \frac{\overline{R_p} - \overline{R_f}}{\beta_p}$$

($\overline{R_p}$: 포트폴리오의 평균수익률, $\overline{R_f}$: 무위험이자율의 평균, β_p : 포트폴리오 수익률의 베타)

① 투자포트폴리오 체계적 위험 1단위당 무위험 초과수익률을 나타내는 지표
② 체계적 위험인 베타 1단위를 부담할 때 초과수익이 얼마인지를 구하는 지표로 값이 클수록 투자성과가 우수하다고 평가
③ 트레이너지수가 높을수록 동일한 베타계수에 대해 수익률이 높음을 나타내므로 펀드 성과가 좋은 것으로 평가

(3) 젠센의 알파

$$R_p - R_f = a_p + \beta_p[R_B - R_f]$$
(R_p : 펀드수익률, R_f : 무위험수익률)

① 투자포트폴리오의 수익률이 균형 상태에서의 수익률보다 얼마나 높은지를 나타내는 지표
② 투자포트폴리오의 총 성과에서 시장예측 능력으로 인한 부분을 차감하는 경우 증권선택 능력만을 평가(젠센의 알파)
③ 뮤추얼펀드를 맡아서 운용하는 개별 펀드매니저의 증권선택 능력을 측정할 때 유용
④ 값이 클수록 성공적인 투자성과를 의미

01 샤프지수로 판단할 경우 다음 중 어느 펀드를 선택해야 하는가? (종합주가지수상승률은 25%이며 무위험자산
중요도 의 수익률은 5%이다)
●●●

펀 드	수익률(%)	표준편차	베 타
가	10%	0.1	0.6
나	20%	0.1	0.8
다	30%	0.3	1.2
라	40%	0.3	1.5
마	50%	0.5	2.0

① 가   ② 나

③ 다   ④ 라

⑤ 마

해설

가 : $\dfrac{10\% - 5\%}{0.1} = 0.5$

나 : $\dfrac{20\% - 5\%}{0.1} = 1.5$

다 : $\dfrac{30\% - 5\%}{0.3} = 0.83$

라 : $\dfrac{40\% - 5\%}{0.3} = 1.17$

마 : $\dfrac{50\% - 5\%}{0.5} = 0.9$

따라서, 샤프지수로 측정할 경우 나 펀드를 선택해야 한다.

02 다음 중 투자성과 평가지표에 대한 설명으로 적절하지 않은 것은?
중요도
●●○ ① 샤프지수는 투자포트폴리오 총위험 1단위에 대한 초과수익의 정도를 의미한다.

② 샤프지수는 펀드 간 운용기간이 다르더라도 비교할 수 있는 장점이 있다.

③ 트레이너지수는 투자포트폴리오의 체계적 위험 1단위당 무위험초과수익률을 나타낸다.

④ 젠센의 알파는 투자포트폴리오의 수익률이 균형 상태에서의 수익률보다 얼마나 높은지를 나타내는 지표이다.

⑤ 젠센의 알파는 뮤추얼펀드의 개별 펀드매니저의 성과를 측정할 때 유용하다.

해설
샤프지수는 펀드 간 운용기간이 동일해야 샤프지수를 비교할 수 있다.

자산배분전략의 성과 평가 및 리밸런싱

출제포인트

- 전략적 자산배분, 전술적 자산배분에 의한 수익률 공식에 대한 숙지

---

1. 전략적 자산배분, 전술적 자산배분에 의한 수익률

(1) 전략적 자산배분에 의한 수익률

① 고객과 FP 간 합의된 자산군별 배분비율에 자산군별 비교대상지수를 곱하여 산출

② 전략적 자산배분 수익률 = 전략적 자산배분의 배분비율 × 해당 자산군의 비교대상지수 수익률

(2) 전술적 자산배분에 의한 수익률

① 전술적 자산배분 수익률 = 전술적 자산배분의 배분비율 × 해당 자산군의 비교대상지수 수익률

(3) 실행 포트폴리오의 수익률

① 실행 포트폴리오 수익률 = 전술적 자산배분의 배분비율(= 실제 실행된 배분비율) × 해당 자산군의 실제 수익률

② 실행 포트폴리오는 자산배분의 권한이 없어 실행 능력인 금융상품 선택 능력을 측정할 수 있음

적중문제

01
중요도
●●○

펀드매니저 B씨는 최근 주식이 상승할 것으로 기대하여 투자자A의 포트폴리오의 전술적 자산구성상 주식비중을 40%에서 50%로 상승시켰다. 전략적 자산구성상 주식의 비중은 40%이며, 벤치마크 수익률은 30%, 실제 A포트폴리오의 주식 수익률은 25%일 때, 전략적 자산배분 수익률은?

① 10%
② 11%
③ 12%
④ 7.5%
⑤ 15%

해설

전략적 자산배분 수익률은 고객과 FP 간 합의된 자산군별 배분비율에 자산군별 비교대상지수를 곱하여 산출하며 식은 다음과 같다.

전략적 자산배분 수익률 = 전략적 자산배분의 자산배분비율 × 해당 자산군의 비교대상지수 수익률
= 40% × 30% = 12%

정답 01 ③

CHAPTER
03
주식투자

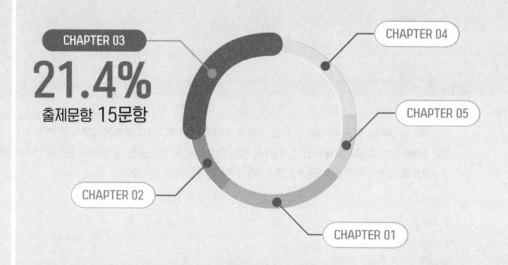

CHAPTER 03
21.4%
출제문항 15문항

CHAPTER 04

CHAPTER 05

CHAPTER 01

CHAPTER 02

핵심테마

01 주식투자의 의의 및 주식가격의 결정

출제포인트

- 주식투자의 의의에 대한 이해
- 주식가격 결정 방법에 대한 숙지

1. 주식투자의 의의에 대한 이해

(1) 주식의 개념

① **주식투자** : 주식을 매수해서 일정 기간이 지난 후 되팔아 이익을 남기는 것을 목적으로 하는 행위

② **증권** : 재산적인 권리로 화폐증권, 상품증권, 자본증권으로 분류할 수 있음

(2) 주식투자의 수익요인

구 분	내 용
시세차익	기대 이상의 높은 수익률을 제한 없이 얻을 수 있는 수익률
배당수익	결산이 끝난 후 이익의 일정 부분을 주주에게 나누어 주는 것
유 · 무상수익	• 상장사가 증자하는 경우 증자에 참여할 권리가 있어 시장이 호조세일 때 증자에 참여해 수익을 얻을 수 있음 • 일반적으로 무상증자의 경우 유상증자보다 수익이 날 확률이 훨씬 높은 경향을 보임
세제상 혜택	매매차익에 대한 비과세

2. 주식가격의 결정 방법

(1) 주가형성의 결정요인

구 분		내 용
기업 내적 요인	양적 요인	수익가치, 자산가치, 성장성, 배당성향, 재무제표에 관한 사항
	질적 요인	경영자의 자질, 노사관계, 연구개발 능력, 기술수준, 주주현황
기업 외적 요인	시장 내적 요인	수급관계, 기관투자자의 동향, 시장규제, 투자자의 심리동향, 제도적 요인 등
	시장 외적 요인	경기변동, 물가와 이자율, 환율, 정치 · 사회적 변화 등

01 다음 중 주식투자의 수익요인으로 적절하지 않은 것은?

중요도
●●○

① 시세차익

② 배당수익

③ 유상증자로 인한 수익

④ 차익거래로 인한 수익

⑤ 세제상 혜택

해설

주식투자의 수익요건은 시세차익, 배당수익, 유·무상수익, 세제상 혜택을 들 수 있다.

02 다음 중 주식가격 결정요인에 대한 설명으로 적절하지 않은 것은?

중요도
●●●

① 기업의 내적 요인은 양적 요인과 질적 요인으로 나눌 수 있다.

② 기업의 외적 요인은 시장 내적 요인과 시장 외적 요인으로 구분할 수 있다.

③ 수익가치, 자산가치, 성장성, 배당성향 등은 기업 내적 요인으로 분류할 수 있다.

④ 경기변동, 물가와 이자율 등은 시장 외적 요인이다.

⑤ 기업 내적 요인 중 질적 요인은 수량화하기 어려운 항목으로 수급관계, 기관투자자의 동향, 투자자의 심리동향 등을 들 수 있다.

해설

기업 내적 요인 중 질적 요인은 수량화하기 어려운 항목으로 경영자의 자질, 노사관계, 연구개발 능력, 기술수준, 주주현황 등의 요인이 있다.

핵심테마
02 주식투자 접근방법

- 개별자산과 주식포트폴리오의 투자 접근방법에 대한 이해

---

1. 개별자산 접근방법

① 개별주식에 대해 독립적으로 분석하는 방법(증권분석)

② **기본적 분석**

ㄱ 해당 기업의 주가가 장기적으로 기업의 내재가치를 반영한다는 전제하에 기업의 내재가치를 분석하는 방법

ㄴ 내재가치 결정요인 : 기업의 수익가치, 자산가치, 성장성, 배당성향, 재무제표에 관한 사항, 경영진의 경영능력이나 기술수준 등의 해당 기업의 내용 및 산업의 경쟁구도, 경제상황

ㄷ 내재가치와 시장가격을 비교하여 내재가치 < 시장가치인 경우 매도, 내재가치 > 시장가치인 경우 매수 고려

ㄹ 경제 분석, 산업 분석, 기업 분석으로 이어지는 환경적 분석과 재무제표를 중심으로 기업의 재무상태와 경영성과를 평가하는 재무적 분석 포함

③ **기술적 분석**

ㄱ 과거의 증권가격 및 거래량의 추세와 변동 패턴에 관한 역사적 정보를 이용하여 미래 증권 가격의 움직임을 예측하는 분석 기법

ㄴ 과거의 주가, 거래량과 같은 시장자료를 나타내는 차트에 의존

ㄷ 과거 주가 차트를 분석하여 패턴과 추세를 통해 매매시점을 포착하는 것이 목적

---

2. 포트폴리오 접근방법

① 두 개 이상의 복수증권과 결합관계에서 투자가치를 평가하고 선택하는 방법

② 가장 바람직한 증권들의 결합을 찾으며, 투자위험을 관리하는 것이 주 목적

③ 일정 기대수익에서 투자위험 최소화를 할 수 있는 효율적인 분산투자 방법을 찾는 것을 추구

01 다음 중 기본적 분석과 기술적 분석에 대한 설명으로 적절하지 않은 것은?

중요도
●●○
① 기본적 분석은 해당 기업의 주가가 장기적으로 기업의 내재가치를 반영한다는 전제하에 기업의 내재가치를 분석하는 방법이다.
② 기본적 분석을 수행하여 기업의 내재가치가 시장가치보다 작은 경우 매도한다.
③ 기술적 분석은 과거의 주가, 거래량과 같은 시장자료를 나타내는 차트에 의존한다.
④ 기술적 분석의 목표는 과거 주가 차트를 분석하여 패턴과 추세를 통해 매매시점을 포착하는 것이 목적이다.
⑤ 재무적 분석은 기술적 분석에 포함된다.

[해설]
기본적 분석은 경제 분석, 산업 분석, 기업 분석으로 이어지는 환경적 분석과 재무제표를 중심으로 기업의 재무상태와 경영성과를 평가하는 재무적 분석을 포함한다. 기술적 분석은 과거의 증권가격 및 거래량의 추세와 변동 패턴에 관한 역사적 정보를 이용하여 미래 증권 가격의 움직임을 예측하는 분석 기법이다.

핵심테마
03 주식시장의 개요 및 구조

출제포인트

- 주식시장의 의의 및 주식시장의 기능에 대한 이해
- 주식시장의 발행시장과 유통시장에 대한 이해

1. 주식시장의 개요

(1) 주식시장의 의의

① 자금을 필요로 하는 자금의 수요자가 주식과 채권 등의 유가증권으로 자금을 조달하는 직접금융시장

② 유가증권을 발행하여 투자자가 취득하기까지의 과정뿐만 아니라 투자자 상호간 유통되는 과정을 총괄하는 시장

(2) 주식시장의 구조

증권시장은 발행시장과 유통시장으로 구분

(3) 주식시장의 주요 기능

구 분	내 용
기업에 대한 자금조달	• 대중의 영세 유휴자금을 널리 모집하여 이것을 안정적 산업자금으로 조달 • 기업에 대해서 자금 조달원이 되며, 동시에 유동성 자금을 산업자본화함
투자수단 제공	투자자들은 실물자산(부동산 등)보다는 금융자산을 선호
소득의 재분배	주식 분산을 통한 주식소유의 대중화로 소득의 재분배
정부의 재정금융정책 제공	정부는 증권시장을 통해 공개시장조작 등 금융정책을 수행
자금의 효율적 배분 촉진	주가는 장기적으로 기업의 수익성을 반영하므로 주가변동에 따라 투자자금이 생산성이 낮은 기업에서 생산성이 높은 기업으로 이동

2. 주식의 발행시장

(1) 주식 발행시장의 정의 및 기능

① **주식 발행시장의 정의** : 자금의 수요자인 발행 주체가 주식을 새로 발행하거나 특정인이 보유하고 있는 주식을 자금의 공급자인 가계나 금융기관 등 투자자에게 매각함으로써 증권시장에 새로운 주식을 공급하고 자금을 조달하는 추상적 시장임. 주식의 공급자인 기업과 수요자인 투자자들 간 최초로 주식의 거래가 이루어진다는 측면에서 1차 시장이라 함

② 주식 발행시장의 구성

발행자	자금의 수요자
발행기관	증권발행 시의 위험을 부담하고 사무 절차를 주도하여 자금의 수요자와 공급자를 연결
투자자	자금의 공급자

③ 주식 발행시장의 주요 기능

구 분	내 용
자금조달 기능	자금의 수요자 측면에서 볼 때 다수 투자자로부터 거액의 장기자금을 조달하여 기업 자본의 대규모화를 가능하게 함
자본의 효율성 제고	분산되어 있는 공급자들의 자금을 증권을 매개로 한곳으로 집중시켜 자본의 효율성을 제고하는 역할 수행
금융정책의 수단	정부가 발행시장에서 공개시장조작을 통해 통화를 조절함으로써 금리와 물가의 안정을 기할 수 있음
투자수단	투자자들에게 주식이나 채권 등을 매입함으로써 시세차익이나 배당 또는 이자를 제공받을 수 있는 기회 제공

3. 주식의 유통시장

(1) 주식 유통시장의 정의 및 기능

① 주식 유통시장의 정의 : 이미 발행된 증권이 투자자들 사이에 거래되는 시장을 말하며, 이미 발행된 증권에 대한 거래가 진행되는 곳이므로 2차 시장이라고도 함

② 주식 유통시장의 주요 기능

구 분	내 용
환금성 제공	기발행된 증권의 시장성과 유통성을 높여 일반투자자의 투자를 촉진시켜 환금성을 높임
공정가격의 제공	유통시장에서는 다수의 투자자가 자유경쟁매매로 경합하여 시장가격이 형성
가격결정의 지표	유통시장에서 형성된 가격은 향후 발행될 증권가격을 결정하는 기준이 됨
유가증권 담보력 제고	시장성과 유통성이 높아 유가증권의 담보력을 제고하는 역할을 수행

(2) 장내시장과 장외시장

장내시장	구체적이고 조직화된 거래소 시장으로 한국거래소가 개설 및 운영(예) 유가증권시장과 코스닥시장)
장외시장	거래소 이외에서 증권거래가 이루어지는 곳이며, 증권회사의 창구 등에서 거래되는 것을 포함하여 금융투자협회가 개설 및 운영하는 프리보드 시장 포함

01 다음 중 주식의 발행시장과 유통시장에 대한 설명으로 적절하지 않은 것은?

중요도 ●●○

① 주식 발행시장은 주식의 공급자인 기업과 수요자인 투자자들 간 최초로 주식의 거래가 이루어지므로 1차 시장이라 한다.
② 주식 발행시장을 통해 주식의 환금성을 높일 수 있다.
③ 주식 유통시장은 한국거래소로 대표되는 거래소 시장과 장외시장으로 구분할 수 있다.
④ 주식 발행시장은 발행자, 발행기관, 투자자로 구성된다.
⑤ 주식 유통시장은 이미 발행된 증권이 투자자들 사이에 거래되는 시장으로 추상적인 시장이다.

해설

주식 유통시장의 기능은 환금성 제공, 공정가격의 제공, 가격결정의 지표, 유가증권 담보력 제고 등을 들 수 있다. 따라서, 주식의 환금성을 제공하는 것은 발행시장의 기능이다.

핵심 CHECK

주식의 발행시장과 유통시장 기능
• 발행시장의 기능 : 기업에 대한 자금조달, 투자자들에게 투자수단 제공, 소득의 재분배, 정부의 재정금융정책 제공, 자금의 효율적 배분 촉진
• 유통시장의 기능 : 환금성 제공, 공정가격의 제공, 가격결정의 지표, 유가증권 담보력 제고

핵심테마

04 주가지수와 시장지표

- 주가지수의 의의에 대한 이해
- 각 주가지수별 특징 숙지

1. 주가지수의 의의

(1) 주가지수

① **주가지수** : 주가의 전반적인 움직임을 나타내는 대표적 지표로 주식시장 전체의 가격수준을 지수화하여 나타내는 지표

② 미래 경제상황에 대한 전망을 반영하므로 경기변동의 선행지표로 이용

(2) 주가지수 계산방법

① **주가평균식 주가지수**

㉠ 대상종목의 주가합계를 종목수로 나누어 산출하는 단순주가평균

㉡ 다우존스산업지수, Nikkei225지수

② **시가총액식 주가지수**

㉠ 일정시점의 시가총액과 현재시점의 시가총액을 대비하여 현재의 주가수준을 판단

㉡ 우리나라 대부분의 주가지수

㉢ 시가총액식 주가지수 = (비교시점의 시가총액/기준시점의 시가총액) × 100

㉣ 장점 : 시장 전체의 움직임을 잘 포착함

㉤ 단점 : 자본금 규모가 큰 종목의 영향이 상대적으로 커서 시장이 왜곡될 수 있는 단점 존재

2. 주가지수의 종류

(1) KOSPI

처음에는 다우존스식* 주가지수 산출방법으로 주가지수를 표현하다가 문제점이 계속 노출되어 시가총액식 주가지수로 전환하여 산출 및 발표

*다우존스식 : 주가지수를 구성하는 상장종목 중 일부 우량주만을 선정하여 산출

(2) KRX100

① 대표종목으로 구성된 새로운 통합주가지수

② 지수의 구성종목은 100개이고 기준시점은 2001년 1월 2일, 이 시점의 지수를 1000포인트로 하여 산출

(3) KOSPI200

① 거래소에 상장된 종목 중 거래가 활발하여 시가총액이 일정 규모 이상인 200개 이상의 종목으로 구성된 지수

② 산정기준으로는 유동성, 시장대표성, 업종대표성을 고려하여 산정

(4) 코스닥 스타지수

① 코스닥시장에 상장된 종목 중 시장대표성, 유동성, 재무요건을 감안하여 선정

② 우량종목 30종목을 구성종목으로 함

(5) 다우존스 산업평균지수

가장 오래되고 널리 사용되는 인덱스로 편입된 종목은 산업의 대표기업 30개로 구성

(6) 나스닥지수

① 기술주와 성장주의 성과를 측정하는 지수로 사용

② Non – US도 포함

(7) S&P500

① NYSE와 NASDAQ에서 거래되는 500개의 우량기업을 포함하는 지수

② 실제 거래 가능한 유동주식들만 지수 산정에 포함

(8) NiKKEI225

① 니케이신문이 TSE 1부 시장에 상장된 주식들 중 선택한 225개 종목의 시장가격을 평균하여 산출한 지수

② 엔화로 표시

01 다음 중 주가지수에 대한 설명으로 적절하지 않은 것은?

중요도
●●○

① 주가평균식 주가지수는 대상종목의 주가합계를 종목 수로 나누어 산출하는 단순주가평균으로 우리나라 대부분의 주가지수로 적용된다.
② 시가총액식 주가지수는 일정시점의 시가총액과 현재시점의 시가총액을 대비하여 현재의 주가수준을 판단한다.
③ 시가총액식 주가지수는 시장 전체의 움직임을 잘 반영할 수 있다.
④ 시가총액식 주가지수는 자본금 규모가 큰 종목의 영향이 상대적으로 많이 반영되어 시장이 왜곡될 수 있는 단점이 존재한다.
⑤ 주가지수는 미래 경제상황에 대한 전망을 반영하므로 경기변동의 선행지표로 이용된다.

> 해설
>
> 주가평균식 주가지수는 대표적으로 다우존스산업지수, Nikkei225지수에 대표적으로 적용되며, 우리나라 대부분의 주가지수는 시가총액식 주가지수로 계산한다.

02 다음 중 우리나라 주가지수에 대한 설명으로 적절하지 않은 것은?

중요도
●○○

① KRX100의 경우 거래소의 대표종목 100개로 구성된 통합주가지수이다.
② KOSPI200은 거래소에 상장된 종목 중 거래가 활발하여 시가총액이 일정 규모 이상인 200개 이상의 종목으로 구성된 지수이다.
③ KOSPI200은 유동성, 시장대표성, 시가총액을 고려하여 산정한다.
④ 코스닥 스타지수는 시장대표성, 유동성, 재무요건을 감안하여 산정한다.
⑤ 코스닥 스타지수는 코스닥 시장의 우량종목 30종목으로 구성한다.

> 해설
>
> KOSPI200은 유동성, 시장대표성, 업종대표성을 고려하여 산출한다.

핵심테마

05 기본적 분석

출제포인트

■ 기본적 분석의 의의 및 목적에 대한 이해

1. 기본적 분석의 개요

(1) 기본적 분석의 목적

① 주가에 영향을 미치는 경제, 산업, 기업 등 제반 요인을 분석하여 이를 바탕으로 기업의 내재가치를 구하고 시장 가격과 비교하여 투자 여부를 결정하는 방법

② 시장가치보다 과대 혹은 과소 평가된 주식을 찾는 일

(2) 기본적 분석의 방법

① 기업 → 산업 → 경제(Bottom − up) : 미시방식

② 경제 → 산업 → 기업(Top − down) : 거시방식

③ 일반적으로는 거시방식이 많이 사용

  ㉠ 각 투자자산에 대한 자산배분을 결정하기 위해 경제 변수가 분석 대상

  ㉡ 그 다음으로 주식 투자 결정 시 어떤 섹터가 유망하고 과소 혹은 과대 평가가 되었는지 판단하기 위해 산업분석이 필요

  ㉢ 업계 내의 경쟁력, 기술수준, 수익가치, 자산가치 등을 토대로 기업 분석

01 다음 중 기본적 분석에 대한 설명으로 적절하지 않은 것은?

① 기본적 분석은 주로 기업 → 산업 → 경제 순으로 분석하는 미시적 방식으로 주로 분석한다.

② 기본적 분석은 주가에 영향을 미치는 경제, 산업, 기업 등 제반 요인을 분석하여 이를 바탕으로 기업의 내재가치를 구하고 시장가격과 비교하여 투자 여부를 결정하는 방법이다.

③ 산업분석 시 어떤 섹터가 유망한지 판단하는 것이 목표이다.

④ 기업 분석은 업계 내의 경쟁력, 기술수준, 수익가치, 자산가치 등을 고려하여 기업 분석을 수행한다.

⑤ 기본적 분석은 시장가치보다 과대 혹은 과소 평가된 주식을 찾는 것이 목표이다.

해설

기본적 분석은 주로 거시적 방식으로 주로 분석한다.

핵심 CHECK

기본적 분석의 미시방식과 거시방식

- 기업 → 산업 → 경제(Bottom – up) : 미시방식
- 경제 → 산업 → 기업(Top – down) : 거시방식

핵심테마
06

경제 분석

출제포인트

- 경기변동의 특징에 대한 이해
- 경기변동과 주가의 관계 이해

1. 경기변동

(1) 경기변동의 정의

주요 경제변수들이 일정 기간을 주기로 경제변수의 장기추세선을 중심으로 상하운동을 하며 변화하는 현상

〈경기변동의 4단계〉

구 분	내 용
침체기	신규투자활동 및 소비와 투자가 위축되어 실업률 및 재고율이 높으며, 주가도 크게 하락
회복기	생산활동이 활발해지고 고용이 증가해 소득 증가를 가져오며, 소득 증가는 다시 총수요 증가를 가져와 소비의 점진적 확대가 나타남
활황기	생산과 판매량이 증가하고 고용 및 소비의 확대가 최고조에 달하며, 인플레이션이 상승하고 주식시장도 활황
후퇴기	호황기에 확대되었던 모든 경제활동이 주춤하는 시기로 소비, 투자, 고용, 소득, 기업이익이 감소하며, 도산 기업들이 증가

핵심 CHECK

주가와 경기변동
주가는 경기변동에 선행하여 움직이는 특성이 있음

(2) 경기변동의 특징

① 각 순환과정의 주기와 진폭이 서로 다르게 나타나며 한 주기 내에서도 확장기와 수축기의 길이가 다르게 나타남
② 개별 경제활동은 동시에 동일방향으로 변동하는 것이 아닌 상당한 시차를 두고 그 영향이 다음 단계로 파급됨
③ 경기가 확장에서 수축, 또는 수축에서 확장국면으로 반전 시 경제는 일정 방향으로 누적 확대현상을 띰

2. 경제변수와 주가와의 관계

(1) 경제성장률과 주가

① 경제성장률과 주가는 단기적으로는 괴리가 있으나 장기적으로는 비교적 안정적인 관계를 유지하고 있음
② 주가는 경제성장률에 선행하여 움직이는 특징 있음

(2) 통화량과 주가

단기적	통화량 증가 시 명목금리 하락에 따른 자산대체 효과로 대체자산인 주식에 대한 수요가 증가하고 기업의 조달비용 하락 등으로 수익성 개선이 이루어져 주가가 상승할 가능성이 높음
장기적	통화량 증가 시 물가와 명목금리 상승으로 할인율이 상승하여 기업이익이 감소하여 실질소득이 감소함에 따라 주가 하락 요인으로 작용

(3) 물가와 주가

완만하게 장기적으로 상승	기업의 투자의욕을 제고시키고 자산가치가 상승하여 주가에 긍정적으로 작용
급격히 상승	소비자의 실질구매력이 감소하고 기업매출이 감소하여 기업수익이 악화됨

(4) 이자율과 주가

① 이자율과 주가는 역의 상관관계
② 이자율이 상승하면 주가는 내리고 반대로 이자율이 하락하면 주가는 상승

(5) 환율과 주가

① 환율 상승은 주식시장에 긍정적, 환율 하락은 주식시장에 부정적으로 작용
② 환율 상승 시 수출경쟁력을 높여 수익성이 개선되는 반면, 환율 하락 시 수출기업의 수익성 감소(수입의존도가 높은 나라나 수입비중이 높은 개별 기업의 경우 정반대 현상 발생)

(6) 원자재와 주가

우리나라와 같이 자원의 대부분을 수입해야 하는 나라는 원자재 가격과 주가가 역의 관계

핵심 CHECK

경제변수와 방향

경제변수와 방향		주가 방향
물 가	상승	하락
	하락	상승
금 리	상승	하락
	하락	상승
국제수지	상승	상승
	하락	하락
환 율	상승	상승
	하락	하락
원부자재가격	상승	하락
	하락	상승

01 다음 중 경기변동의 네 국면에 대한 설명으로 적절하지 않은 것은?

중요도
●●○

① 침체기에는 신규 투자활동 및 소비와 투자가 위축되며, 주가도 하락한다.

② 회복기에는 생산활동이 활발해지고 고용이 증가한다.

③ 활황기에는 생산과 판매량이 증가하며 주식 시장도 활황을 띈다.

④ 후퇴기에는 소비, 투자, 고용, 소득, 기업이익이 감소한다.

⑤ 주가는 경기변동 후에 이어서 발생하는 후행적 특성이 있다.

해설

주가는 경기변동에 선행하여 움직이는 특성이 있다.

02 다음 중 경기변동과 경제변수, 주가에 대한 설명으로 적절하지 않은 것은?

중요도
●●○

① 경기변동은 한 주기 내에서도 확장기와 수축기의 길이가 다르게 나타난다.

② 개별 경제활동은 동시에 동일방향으로 변동하는 것이 아닌 상당한 시차를 두고 그 영향이 다음 단계로 파급 된다.

③ 경기변동은 주요 경제변수들이 일정 기간을 주기로 경제변수의 장기추세선을 중심으로 상하운동을 하며 변화 하는 현상이다.

④ 주가는 일반적으로 활황기에 가장 높게 형성된다.

⑤ 주가는 경제성장률에 후행하여 움직이는 특징이 있다.

해설

주가는 경제성장률에 선행하여 움직이는 특징이 있다.

03 다음 중 경제변수와 주가와의 관계로 적절하지 않은 것은?

중요도
●●●

① 물가가 하락하는 경우 주가는 하락한다.

② 금리가 상승하는 경우 주가는 하락한다.

③ 국제수지가 상승하는 경우 주가는 상승한다.

④ 환율이 상승하는 경우 주가는 상승한다.

⑤ 원부자재가격이 상승하는 경우 주가는 하락한다.

해설

물가가 하락하는 경우 주가는 상승한다. 즉, 물가와 주가 방향은 반대이다.

핵심테마

07 산업의 경쟁구조 분석

출제포인트

■ 산업의 경쟁구조 분석에 대한 이해(마이클 포터의 산업구조분석 모형)

1. 산업분석의 의의

① 개별 산업 또는 관련 산업에 중요한 영향을 미치는 요인들을 연구 및 분석하는 것

② 경제여건 변화에 따른 산업의 변화가 개별 기업에 미치는 영향을 파악하여 투자 판단의 근거로 삼는 것을 목적

③ 산업분석은 산업 간 분석과 산업 내 분석으로 나눌 수 있음

2. 산업의 경쟁구조 분석

〈마이클 포터의 산업구조분석 모형〉

구 분	내 용
진입장벽	• 기존 기업들이 신규진입 기업에 비해 가지는 우위 • 새로운 사업을 시작하는 데 소요되는 투입자본, 규모의 경제효과로 인한 기존 기업의 원가 우위, 기존 기업의 유통경로상의 우위, 시장 내 소비자 인지도, 전환비용 • 진입장벽이 높은 경우 : 규모의 경제효과가 잘 나타나고, 제품차별화가 잘 이루어지며, 진출에 따른 소요자본이 막대한 경우, 기존 판매망이 견고하거나 정부 규제가 많은 경우 등
산업 내 경쟁 정도	• 경쟁이 치열한 시장은 매력이 적은 시장 • 경쟁이 치열한 경우 : 시장 내에 다수의 경쟁기업이 진출, 라이프사이클이 안정기에 있거나 쇠퇴기에 접어든 경우, 제품공급물량이 포화, 철수장벽이 높은 경우 등
대체품의 위협	• 대체재가 많을수록 기업들이 자신의 제품이나 서비스에 높은 가격을 받을 수 있는 가능성은 감소 • 낮은 가격과 높은 수준의 성능, 고객의 전환비용 최소화
구매자의 교섭력	• 구매자가 점차 강력한 교섭력을 가지게 되는 시장은 비매력적이며, 제품차별화가 심할수록 구매자는 가격에 대해 민감해하지 않음 • 구매자들이 조직화될 때, 제품정보에 대해 많이 알고 있을 때, 제품이 비차별적일 때, 구매자의 전환비용이 낮을 때, 구매자들이 낮은 이윤 때문에 가격에 민감할 때, 구매자의 후방통합 가능성이 있을 때
공급자의 교섭력	• 공급자는 제품가격의 인상이나 서비스의 질 하락 등으로 위협하며, 교섭력을 강화함 • 공급자가 소수이거나 조직화될 때, 대체품이 거의 없을 때, 공급되는 제품이 중요한 투입요소일 경우, 공급자를 변경하는 데 소요되는 전환 비용이 높은 경우, 공급자의 전방통합 가능성이 높은 경우

핵심 CHECK

마이클 포터의 산업구조분석 모형

진입장벽, 산업 내 경쟁 정도, 대체품의 위협, 구매자의 교섭력, 공급자의 교섭력

01 다음 중 마이클 포터의 산업구조분석에 대한 설명으로 적절하지 않은 것은?

중요도
●●●
① 진입장벽이 높은 경우 기존 기업들은 신규진입 기업에 비해 우위를 가진다.

② 시장 내 다수의 경쟁기업이 진출해 있거나 라이프사이클이 안정기에 접어든 경우 일반적으로 산업 내 경쟁이 약하다고 할 수 있다.

③ 대체재가 많을수록 기업들이 자신의 제품이나 서비스에 높은 가격을 받을 수 있는 가능성은 감소한다.

④ 제품이 비차별적인 경우 구매자의 교섭력은 강하다고 할 수 있다.

⑤ 공급자의 전방통합 가능성이 높은 경우 공급자의 교섭력은 강하다고 할 수 있다.

해설

시장 내 다수의 경쟁기업이 진출해 있거나 라이프사이클이 안정기에 접어든 경우 일반적으로는 산업 내 경쟁이 강하다고 할 수 있다.

핵심테마

08 제품수명주기 분석

■ 제품수명주기 분석에 대한 이해

1. 제품수명주기 분석

〈제품수명주기상 단계별 특징〉

구 분	특 징	기업수익성	경영위험
도입기	• 신제품 출하 • 매출 저조 • 광고비용 과다 • 제품을 개발하여 시장에 판매하는 단계로 이익은 없거나 매우 낮게 형성	손실 또는 낮은 수익성	높음
성장기	• 시장규모 증대 • 매출 증가 • 자금조달 능력 중요 • 수요가 급격히 증가하여 기업의 매출액이 증가	높음	낮음
성숙기	• 시장수요의 포화상태 • 기업 간 경쟁 확대 • 상품 단위별 이익은 최고조 • 수익이나 판매성장이 둔화	증가	증가하기 시작
쇠퇴기	• 구매자 외면에 의한 수요 감소 • 대체품 출현 • 시장에서 제품이 판매되지 않거나 점차 하락	손실 또는 낮은 수준	높음

핵심 CHECK

제품수명주기분석

도입기, 성장기, 성숙기, 쇠퇴기로 구분

01 다음 중 제품수명주기 분석에 대한 설명으로 적절하지 않은 것은?

중요도
●●●
① 도입기의 경우 매출은 저조하다.

② 성장기의 경우 시장규모는 증대되며 기업의 수익성은 높다.

③ 성장기의 경우 기업 간 경쟁이 확대되는 시기이다.

④ 성숙기의 경우 기업수익성은 증가하지만 가격경쟁 역시 체감적으로 증가한다.

⑤ 쇠퇴기의 경우 경영위험은 높다고 할 수 있다.

해설

성장기의 경우 자금조달 능력이 중요하다. 기업 간 경쟁이 확대되는 시기는 성숙기이다.

02 다음 중 제품수명주기별로 설명이 적절히 연결되지 않은 것은?

중요도
●●●
① 도입기 – 경영위험 높음

② 도입기 – 광고비용 과다

③ 성장기 – 수요가 급격히 증가하며 기업의 매출액이 증가

④ 성숙기 – 경영위험 낮음

⑤ 쇠퇴기 – 기업수익성 낮음

해설

성숙기의 경우 경영위험은 증가하기 시작한다.

핵심테마
09 기업 분석

- 기업 분석의 의의와 질적 분석의 요소
- 기업 분석 – 재무비율 분석에 대한 숙지

1. 기업 분석의 의의 및 질적 분석

(1) 기업 분석

질적 분석	계량화가 곤란한 기업 요인들을 분석
양적 분석	기업이 공시한 재무제표를 중심으로 한 분석

(2) 질적 분석

질적 분석의 요소 : 회사의 연혁, 경영자의 능력 분석, 회사의 사업내용 분석, 업계에서의 위치 분석, 노사관계 분석 등

2. 양적 분석

(1) 수익성 비율

① 장기적인 기업의 지불능력과 재무적 안정성과도 연관
② 투자자들이 가장 관심을 갖는 비율

재무비율	계산방법	내 용
총자본이익률 (ROI ; Return On Investment)	당기순이익/총자본 × 100(%)	자본이 효율적으로 운영되고 있는지를 측정하는 것
자기자본이익률 (ROE ; Return On Equity)	당기순이익/자기자본 × 100(%)	자기자본에 대한 순이익의 비율로 주주지분의 수익성을 의미
납입자본이익률	당기순이익/납입자본 × 100(%)	납입자본에 대한 수익성
매출액순이익률	당기순이익/매출액 × 100(%)	기업의 매출액과 당기순이익의 비율

(2) 안정성 비율

① 부채와 자기자본과의 관계를 나타내는 비율로 부채조달 능력과 장기적인 부채지급 능력을 보여줌

② 안정성을 지니고 있는 경우 부채를 상환하는 데 어려움이 없으며 경기변동 등에 적절히 대처할 수 있는 능력이 있음

재무비율	계산방법	내용
부채비율	타인자본/자기자본 × 100(%)	타인자본을 자기자본으로 나눈 비율
고정비율	고정자산/자기자본 × 100(%)	자기자본이 고정자산에 어느 정도 투입되었는지를 알아보기 위한 비율로 자본 사용의 적절성을 평가하기 위한 비율
이자보상비율	영업이익/이자비용 × 100(%)	기업의 영업이익이 지급해야 할 이자비용의 몇 배에 해당하는가를 나타내는 비율로 이자보상비율은 높을수록 좋음

(3) 활동성 비율

① 기업자산의 활용 정도

② 손익계산서의 매출액을 재무상태표에 있는 각 자산의 항목들로 나누어서 계산

재무비율	계산방법	내용
총자산회전율	매출액/총자산(평균잔액)	매출활동을 하는 데 보유자산을 몇 번이나 활용하였는가를 측정
고정자산회전율	매출액/고정자산(평균잔액)	고정자산을 잘 활용하였는가를 측정
재고자산회전율	매출액/재고자산(평균잔액)	재고자산이 매출채권이나 현금으로 전환되는 속도
매출채권 회수기간	매출채권/1일 평균매출액	• 매출채권회수기간은 매출채권 발생으로부터 현금회수까지 걸리는 평균기간 • 매출채권회전율 = 매출액/매출채권(평잔)

(4) 성장성 비율

① 일정 기간 기업의 매출규모, 자산규모, 경영성과 등 항목에 대한 증감률

② 기업 자체를 비교하는 방법과 산업 평균에 비해 자산의 규모가 어느 정도인지를 비교하는 방법

재무비율	계산방법	내용
매출액증가율	(당기매출액/전기매출 − 1) × 100(%)	매출액의 성장 정도를 통해 기업의 양적 성장을 판단
총자산증가율	(당기말 총자산/전기말 총자산 − 1) × 100(%)	전체적인 성장규모를 측정
영업이익증가율	(당기영업이익/전기영업이익 − 1) × 100(%)	전년도 영업실적 대비 당해연도 영업이익증가율

(5) 유동성 비율

① 기업의 단기채무에 대한 지불능력

재무비율	계산방법	내용
유동비율	유동자산/유동부채 × 100(%)	유동부채를 유동자산으로 충당할 수 있는 능력을 측정
당좌비율	당좌자산/유동부채 × 100(%)	당좌자산만으로 단기부채를 충당할 수 있는 정도를 나타내며 유동비율의 보조지표로 활용

01 다음 중 재무비율 분석에 대한 설명으로 적절하지 않은 것은?

중요도
●●●

① 재무비율 분석은 크게 수익성, 안정성, 활동성, 성장성, 유동성으로 구분할 수 있다.

② 성장성은 일정 기간 동안 기업의 매출규모, 자산규모, 경영성과 등 항목에 대한 증감율을 분석하는 것이다.

③ 수익성은 장기적인 기업의 지불능력과 재무적 안전성과도 연관이 있다.

④ 유동성을 가지고 있는 경우 부채를 상환하는 데 어려움이 없으며 경기변동 등에 적절히 대처할 수 있는 능력이 있다고 할 수 있다.

⑤ 안정성은 장기적인 부채의 지급능력을 보여준다.

해설

유동성은 기업의 단기채무에 대한 지불능력을 의미한다.

02 다음 중 활동성 비율로 볼 수 없는 것은?

중요도
●●○

① 매출액증가율

② 총자산회전율

③ 고정자산회전율

④ 재고자산회전율

⑤ 매출채권회수기간

해설

매출액증가율은 성장성 비율이다.

03 다음 자료 안의 경영성과를 분석하는 활동성 비율을 계산할 때 공통적으로 반영하는 항목은?

중요도
●●○

> 매출액순이익률, 매출채권회전율, 매출액증가율, 고정자산회전율

① 매출액   ② 재고자산
③ 총자산   ④ 매출채권
⑤ 매출원가

해설

해당 부분에 모두 포함되는 항목은 매출액이다.
- 매출액순이익률 = 당기순이익/매출액 × 100
- 매출채권회전율 = 매출액/매출채권(평균잔액)
- 매출액증가율 = (당기매출액/전기매출 − 1) × 100(%)
- 고정자산회전율 = 매출액/고정자산

04 다음 자료를 바탕으로 유동비율을 계산하면 얼마인가?

중요도
●●○

> - 유동자산 : 1,000,000
> - 당좌자산 : 500,000
> - 재고자산 : 300,000
> - 현금 및 현금성자산 : 200,000
> - 부채총액 : 4,000,000
> - 유동부채 : 800,000

① 1.25   ② 0.63
③ 1   ④ 0.25
⑤ 2

해설

유동비율은 유동부채를 유동자산으로 충당할 수 있는 능력을 측정하는 것으로 유동자산/유동부채 × 100으로 계산한다. 따라서 유동비율은 1,000,000/800,000 × 100 = 1.25이다.

핵심테마

10 시장가치비율 분석

- 각종 비율의 계산 방식 암기

1. 시장가치비율

(1) 주가수익비율(PER)

① 주가수익비율 = 주가/주당순이익(배)

② 주당이익의 창출능력에 비해 주가가 높은지 낮은지를 판단하는 기준

③ PER이 동종업종 대비 또는 과거 평균 대비 낮을 때 저평가된 것으로 판단할 수 있으나 효율적 시장에서는 성장성이 그만큼 낮은 것으로 해석할 수도 있음

(2) 주가순자산비율(PBR)

① 주가순자산비율 = 주가/주당순자산(배)

② **시장가치 대 장부가치 비율** : 주가는 시장에서 가치가 결정되고 주당순자산은 재무상태표에 나와 있는 순자산을 발행주식수로 나누어 계산한 것으로 분모는 장부가치를, 분자는 시장가치를 적용

③ 주가가 순자산가치보다 낮을 경우 저평가되었다고 판단

(3) 주가현금흐름비율(PCR)

① 주가현금비율 = 주가/주당현금흐름

② 기업의 경영성과와 자금조달 능력 표현

(4) 주가매출액비율(PSR)

① **주가매출액비율** : 주가/주당매출액(배)

② 영업성과에 대한 객관적인 자료를 제공하므로 PER의 단점(순이익이 나지 않는 경우나 손익이 극단적으로 치우칠 때는 분석이 어려움)을 보완

(5) 토빈의 q

① 토빈의 q = 자산의 시장가치/추정대체비율

② 기업자산의 시장가치와 현 시점에서 자산을 재구입할 경우 소요되는 대체원가와의 관계

③ 토빈의 q비율이 1보다 크면 자본설비가 그 자산을 대체하는 데 드는 비용보다 더 큰 가치를 지니고 있음

④ 토빈의 q비율이 1보다 작은 경우 시장가치가 대체비용에 비해 저렴하게 평가되어 있으므로 M&A의 대상이 되기도 함

(6) 배당수익률

① 배당수익률 = 1주당배당금/주가(%)

② 주식 1주를 보유함으로써 얼마의 현금배당을 받을 수 있는지를 보고자 하는 것

01 다음 중 시장가치비율에 대한 설명으로 적절하지 않은 것은?

중요도
●●●

① PER을 산출할 때 동종업종 대비 낮게 산출된 경우 저평가된 것으로 판단할 수 있다.

② PBR을 산출할 때 주가가 순자산가치보다 낮을 경우 저평가된 것으로 판단할 수 있다.

③ PSR은 영업성과에 대한 객관적인 자료를 제공하므로 PER의 단점을 보완할 수 있다.

④ 토빈의 q비율이 1보다 작으면 자본설비를 신규로 취득하는 것보다 해당 기업의 주식을 취득하는 것이 이득일 수 있다.

⑤ 주가현금비율은 기업의 경영성과와 자금조달 능력을 표현하는 지표로 주당현금흐름을 주가로 나누어 산출한다.

해설

주가현금비율(PCR)은 주가를 주당현금흐름으로 나누어 산출한다.

02 다음 중 시장가치비율에 대한 설명으로 적절하지 않은 것은?

중요도
●●○

① 배당수익률은 1주당 배당금을 주가로 나누어 산출한다.

② 토빈의 q비율이 1보다 크면 M&A의 대상이 되기도 한다.

③ PBR이 동종업종 대비 낮게 산출된 경우 저평가되었다고 판단할 수 있다.

④ PSR은 주가를 1주당 매출액으로 나누어 계산한다.

⑤ 배당수익률은 주식 1주를 보유함으로써 얼마의 현금배당을 받을 수 있는지를 분석하는 것이다.

해설

토빈의 q비율이 1보다 작은 경우 시장가치가 대체비용에 비해 저렴하게 평가되어 있으므로 M&A의 대상이 될 수 있다.

핵심테마

11 보통주평가모형

■ 배당평가모형과 이익평가모형에 대한 이해

1. 배당평가모형

(1) 제로성장배당모형 : 기업이 성장 없이 현상유지만 하는 경우로 매년 일정한 금액의 배당 발생

$$P_0 = \frac{D}{k}$$

(P : 주가, D : 배당금, k : 요구수익률)

(2) 정률성장배당모형

$$P_0 = \frac{D_1}{k-g} = \frac{D_0(1+g)}{k-g}$$

(P : 주가, D : 배당금, k : 요구수익률, g : 배당성장률)

① **정률성장배당모형 가정**
  ㉠ 매 기간 이익과 배당이 g%만큼 일정하게 성장
  ㉡ 요구수익률이 일정하고 성장률보다 큼
  ㉢ 유보율, 배당성향이 일정
  ㉣ 필요자금은 내부자금만으로 조달
  ㉤ 재투자수익률 ROE가 일정
② **정률성장배당모형 결과**
  ㉠ 배당(D_1)이 클수록 주가는 상승
  ㉡ 요구수익률(k)이 클수록 주가는 하락
  ㉢ 배당성장률(g)이 클수록 주가는 상승

(3) 고속성장배당모형

① 매 기간 배당이 일정하게 성장하는 것이 아닌 더 빠르게 고속성장을 하는 경우
② 일정기간 동안 초과성장이 존재하는 경우(k < g) 주식의 가격이 무한대로 커지기 때문에 정률성장배당모형을 적용할 수 없음

2. 이익평가모형

$$P_0 = \frac{E}{k_e} = \sum_{t=1}^{\infty} \frac{E_t}{(1+k_e)^t}$$

(E : 매 기의 평균적인 이익 흐름, k_e : 요구수익률)

① 주식으로부터 발생하는 미래의 주당이익을 할인율로 할인한 주식의 가치
② 배당 + 사내유보금 반영한 주당순이익(EPS) 활용
③ 배당흐름과 이익흐름의 할인율이 다르고 매 기의 EPS 수준이 일정한 것으로 가정

적중문제

01 다음 중 정률성장배당모형의 가정으로 적절하지 않은 것은?

중요도
●●○
① 매 기간 이익과 배당이 g%만큼 일정하게 성장한다.
② 요구수익률이 일정하고 성장률이 요구수익률보다 크다.
③ 유보율과 배당성향은 일정하다.
④ 필요자금은 내부자금만으로 조달한다.
⑤ 재투자수익률(ROE)은 일정하다.

해설
요구수익률이 일정하고 성장률보다 크다.

02 다음 중 배당평가모형에 대한 설명으로 적절하지 않은 것은?

중요도
●●○
① 기업이 성장 없이 현상유지만 하여 매년 일정한 금액의 배당이 발생하는 것으로 가정하는 경우, 배당금을 요구수익률로 나누어 산출한다.
② 정률성장배당모형은 배당이 클수록 주가는 상승한다.
③ 정률성장배당모형은 요구수익률이 클수록 주가는 하락한다.
④ 고속성장배당모형은 여러 단계의 성장변화를 감안하여 평가하는 모형이다.
⑤ 정률성장배당모형은 배당성장률이 클수록 주가는 하락한다.

해설
정률성장배당모형은 배당성장률이 클수록 주가는 상승한다.

03 (주)A기업의 작년도 배당은 주당 500원이었다. 배당성장률은 5%, 주주의 요구수익률이 7%인 경우 정률성장

중요도
●●○
배당모형에 따른 (주)A기업의 주식 가치로 옳은 것은?

① 26,250

② 27,500

③ 25,000

④ 30,000

⑤ 32,250

해설

- 주식 가치 $= \dfrac{D_1}{k-g} = \dfrac{D_0(1+g)}{k-g} = \dfrac{500 \times (1+0.05)}{0.07-0.05} = 26,250$

04 다음 중 이익평가모형에 대한 설명으로 적절하지 않은 것은?

중요도
●○○
① 주식으로부터 예상되는 미래 주당이익을 적절한 할인율로 할인하여 주식의 가치를 평가한다.

② 배당과 사내유보금을 반영한 주당순이익을 활용한다.

③ 배당흐름과 이익흐름의 할인율이 다르며, 매 기의 EPS 수준이 일정한 것으로 가정한다.

④ 배당을 전혀 하지 않는 기업의 주식을 평가하는 경우 가치평가를 할 수 있는 방법이다.

⑤ 매 기 말의 이익흐름을 요구수익률로 나누어 산출한다.

해설

- 매 기의 평균적인 이익흐름을 요구수익률로 나누어 산출한다.

- $P_0 = \dfrac{E}{k_e} = \displaystyle\sum_{t=1}^{\infty} \dfrac{E_t}{(1+k_e)^t}$ (E : 매 기의 평균적인 이익흐름, k_e : 요구수익률)

12 PER 평가모형

- PER 평가모형의 의의 및 유용성, 문제점 이해

1. PER 평가모형의 이해

(1) PER의 의의

① PER = 주가/주당순이익(EPS)

② 주가를 주당순이익으로 나눈 값으로, 주가가 주당이익의 몇 배인가를 나타냄

③ 기업의 단위당 수익률에 대한 상대적 주가 수준을 나타낸 것으로 주식의 내재가치를 추정

④ 기업 수익력의 성장성, 위험, 회계처리방법 등 질적인 측면이 총체적으로 반영된 지표로 그 증권에 대한 투자자의 신뢰를 나타낸 것으로도 해석

⑤ 시장 가격이 상대적으로 과대 또는 과소평가되었는지를 판단하는 지표로 활용

⑥ 기업이 벌어들이고 있는 한 단위의 이익에 대해 증권시장의 투자자들이 얼마의 대가를 지불하고 있는가를 의미

(2) PER의 결정요인

$$\frac{P_0}{E_0} = \frac{D_0(1+g)}{k-g} \ (P_0 = 주가, \ E_0 = 주당순이익, \ D_0 = 배당성향, \ g : 이익성장률, \ k : 기대수익률)$$

다른 조건이 동일한 경우,
- 기대되는 배당성향이 ↑ → PER ↑
- 기대되는 이익성장률이 ↑ → PER ↑
- 기대수익률 ↑ → PER ↓

(3) PER의 유용성

① 이익의 크기가 비슷한 다른 기업의 주가수준을 비교하는 데 유용한 정보를 제공

② 배당에 대한 정보 없이 무배당주식의 평가에도 적용 가능

③ PER 구성요소들에 대한 예측이 배당평가모형 등의 구성요소에 비해 상대적으로 용이

(4) PER의 문제점

① PER을 구성하는 요소들의 시점, 회계처리 방법, 우발적 손익, 경상이익 및 특별이익 등의 적용 등으로 비교가 어려울 수 있음

② 배당할인모형과는 달리 이론적 근거가 명확하지 않음

③ 이익과 발행주식수를 어떤 기준으로 하느냐에 따라 PER의 크기가 달라짐

④ 주당순이익이 음수일 경우 PER을 적용하기 어려움

01 다음 중 PER 평가모형에 대한 설명으로 적절하지 않은 것은?

중요도
●●●

① PER은 주가를 주당순이익으로 나눈 값으로 주가가 주당이익의 몇 배인가를 의미한다.

② PER은 성장성, 위험, 회계처리방법 등 질적 측면이 총체적으로 반영되어 있다.

③ PER은 그 증권에 대한 투자자의 신뢰를 나타낸 것으로도 해석할 수 있다.

④ PER은 시장 가격이 상대적으로 과대 또는 과소평가되었는지를 판단하는 지표로 활용될 수 있다.

⑤ PER은 기업의 단위당 수익률에 대한 절대적 주가 수준을 나타낸 것으로 주식의 내재가치를 추정한다.

해설
PER은 기업의 단위당 수익률에 대한 상대적 주가 수준을 나타낸 것으로 주식의 내재가치를 추정한다.

02 다음 중 PER 평가모형에 대한 설명으로 적절하지 않은 것은?

중요도
●●●

① 다른 조건이 동일한 경우 이익성장률이 커지면 PER은 커진다.

② 다른 조건이 동일한 경우 배당성향이 커지면 PER은 커진다.

③ 다른 조건이 동일한 경우 기대수익률이 커지면 PER은 작아진다.

④ PER평가모형은 이익의 크기가 비슷한 다른 기업들의 주가 수준을 비교하는 데 유용한 정보를 제공한다.

⑤ 배당할인모형과는 달리 이론적 근거가 명확하다.

해설
배당할인모형과는 달리 PER 평가모형은 이론적 근거가 빈약하다.

03 다음 중 PER의 유용성과 한계점에 대한 설명으로 적절하지 않은 것은?

중요도
●●○

① PER은 배당을 지급하지 않는 무배당주식의 평가에도 적용이 가능하다.

② PER 구성요소에 대한 예측이 배당평가모형 등의 구성요소에 비해 상대적으로 어려운 것이 한계이다.

③ 이익과 발행주식수를 어떤 기준으로 하느냐에 따라 PER의 크기가 달라진다.

④ 주당순이익이 음수일 경우 PER을 적용하기 어렵다.

⑤ 주당순이익 수준이 적은 경우 PER의 변동성은 커질 수 있다.

해설

PER 구성요소에 대한 예측이 배당평가모형 등의 구성요소에 비해 상대적으로 용이하다.

04 다음 중 A기업의 PER을 계산하면 얼마인가? (단, 소수점 첫째자리에서 반올림한다)

중요도
●●○

- 배당성향 : 40%
- 이익성장률 : 10%
- 투자자의 요구수익률 : 15%

① 10배   ② 9배

③ 8배   ④ 7배

⑤ 6배

해설

$$\cdot PER = \frac{D_0(1+g)}{k-g} = \frac{0.4(1+0.1)}{0.15-0.1} = 9배$$

13 PBR 평가모형 및 기타 평가모형

- PBR 평가모형의 의의 및 유용성, 문제점 이해
- PSR 평가모형, EV/EBITDA 평가모형의 의의 및 유용성, 문제점 이해

1. PBR 평가모형

(1) PBR의 의의

① PBR = 주가/주당순자산(BPS), BPS = 순자산/발행주식수

② 주가를 주당순자산 혹은 주당 시장가격을 주당 장부가치로 나눈 비율

(2) PBR이 1보다 크거나 작은 이유

① 분자(현재의 주가, 즉 시가) 및 분모(역사적 취득원가)의 시간성에서 차이가 남

② 분자의 주가는 기업을 총체적으로 반영한 데 반해 분모의 BPS는 수많은 개별자산과 부채의 단순한 합에 불과

③ 자산과 부채의 인식기준에 대한 차이

(3) PBR의 유용성과 한계점

① 유용성

㉠ PBR은 자산가치에 대한 평가뿐만 아니라 수익가치에 대한 포괄적인 정보가 반영

㉡ PBR에 적용되는 회계정보는 재무상태표에서 쉽게 구할 수 있고, (−)의 EPS기업에도 적용 가능함

② 한계점

㉠ 미래의 수익발생능력을 반영하지 못하므로 계속기업을 전제로 한 평가기준이 되지 못함

㉡ 자산가치가 개별자산의 단순 합계에 지나지 않으므로 기업의 원천적 수익력을 평가할 수 없음

㉢ 주당순자산 추정에서 인적 자본과 같은 항목이 제외되고, 역사적 취득원가 기준의 회계처리 문제로 인플레이션 상황에서 시장가치와 장부가치의 괴리가 클 수 있음

2. PSR 평가모형

① PSR = 주가/주당매출액(SPS), SPS = 매출액/발행주식수

② 분모의 매출액 측정에 있어서 회계처리방법의 왜곡 가능성이 상대적으로 적으며, 적자가 난 기업에도 적용 가능하다는 장점이 있음

3. EV/EBITDA 평가모형

   ① EV/EBITDA = 기업가치/이자, 세금, 감가상각비 차감전 이익

         ⊙ EV : 시가총액 + 순차입금(총차입금 − 현금 및 투자유가증권)

         ⓒ EBITDA : 이자비용, 법인세비용, 유무형자산 감가상각 차감 전 순이익

   ② 해당 기업의 내재가치와 기업가치를 비교하는 투자지표로 사용

   ③ 투자원금의 회수 개념으로도 적용 가능

   ④ EBITDA상으로 부(−)의 기업이 없다는 점과 감가상각방법 등의 회계처리방법과 영업외적 요인에 의해 별로 영향을 받지 않는다는 이점이 있음

   ⑤ 운전자본이 증가할 경우 현금흐름이 과대 계상될 수 있으며, 자본적 지출액과 감가상각비의 크기가 동일하지 않을 경우 현금흐름 정보가 왜곡될 수 있는 단점이 있음

적중문제

01 다음 중 PBR 평가모형에 대한 설명으로 적절하지 않은 것은?

중요도
●●●

   ① PBR은 주가를 주당순자산으로 나눈 값을 의미한다.

   ② 자산과 부채의 인식기준 차이로 인해 PBR이 1과 차이가 발생할 수 있다.

   ③ PBR은 자산가치에 대한 평가뿐만 아니라 수익가치에 대한 포괄적인 정보가 반영되어 있다.

   ④ PBR모형에 적용되는 정보는 쉽게 구할 수 없는 한계가 존재한다.

   ⑤ PER모형과 달리 (−)의 EPS기업에도 적용 가능하다.

> 해설
>
> PBR모형에 적용되는 회계정보는 재무상태표에서 쉽게 구할 수 있어 적용의 편의성이 존재한다.

02 중요도 ●●● 다음 자료를 바탕으로 (주)원진의 PBR을 계산하면 얼마인가?

- 매출액 : 1,000,000원
- 매출액순이익률 : 5%
- PER : 20배
- 총자산 : 1,200,000원
- 부채비율 : 150%

① 2.08

② 1.64

③ 1.5

④ 2

⑤ 1

- $PBR = 매출액순이익률 \times \left(\dfrac{매출액}{총자산}\right) \times \left(\dfrac{총자산}{자기자본}\right) \times PER = 5\% \times \left(\dfrac{1,000,000}{1,200,000}\right) \times \left(\dfrac{1,200,000}{480,000}\right) \times 20 = 2.08$

*부채비율이 150%이므로 부채와 자기자본의 비율은 3:2로 총자산 1,200,000원 대비 자기자본은 480,000원이다.

03 중요도 ●●○ 다음 중 EV/EBITDA에 대한 설명으로 적절하지 않은 것은?

① EV/EBITDA는 기업가치를 이자, 세금, 감가상각비 차감전 이익으로 나누어 산출한다.

② EV는 시가총액과 순차입금을 합하여 산출한다.

③ 감가상각방법 등의 회계처리방법에 많은 영향을 받는다는 단점이 존재한다.

④ EV/EBITDA 모형은 투자원금의 회수 개념으로도 적용 가능하다.

⑤ EBITDA는 EPS에 비해 상대적으로 (−)인 기업의 비중이 적어 더 많은 기업에 적용할 수 있는 장점이 존재한다.

해설

EV/EBITDA 모형은 감가상각비를 영업이익에 가산함으로써 감가상각방법에 따른 회계처리 영향을 받지 않는다는 장점이 존재한다.

핵심테마
14 주식포트폴리오 운용계획

출제포인트

■ 주식포트폴리오 운용계획에 대한 이해

1. 통합적 투자관리

(1) 통합적 투자관리의 체계

① **행위의 관리기본** : 투자계획 − 실행단계 − 평가단계로 구분
② **투자계획** : 투자분석에 앞서 투자목표를 명확하게 설정해 나중에 투자목적을 얼마만큼 달성했는지 평가의 근거를 마련해야 함
③ **실행단계**
    ㉠ 분석된 자료를 바탕으로 적절한 자산배분이 이루어져야 함(전체 투자금액 중 주식, 채권 혹은 다른 자산에 각기 얼마만큼 배분할지를 결정)
    ㉡ 투자종목 선정 : 소극적 투자관리와 적극적 투자관리로 구분
④ **평가단계**
    ㉠ 계획하고 실행했던 투자행위에 대해 피드백이나 평가를 실시해야 함
    ㉡ 필요한 포트폴리오를 수정하거나 잘못된 예측으로 포트폴리오 변경요인이 생겼을 경우 올바른 방향으로 개선하는 작업을 포함

(2) 투자목표의 설정

① **투자목표 설정 시 추구방향**

- 손실위험을 최소화하고자 하는 원금보전 목표
- 투자위험을 부담하더라도 투자수익을 높이고자 하는 시세차익 목표
- 이자나 배당 등 정액소득을 높이고자 하는 경상수익 목표
- 시세차익과 경상수익 목표를 혼합한 총투자수익 목표

② **투자목표 설정**

- 이자소득형 : 이자나 배당 등의 정액소득을 높이는 방향에서 투자위험을 최소화하는 것이 목표
- 안정형 : 정액소득 확보에 주력하지만, 약간의 시세차익도 획득하는 것이 목표
- 안정성장형 : 정액소득 확보와 시세차익 획득 둘 다 목표
- 공격형 : 위험부담이 있더라도 투자수익을 극대화하는 것이 목표

(3) 투자계획서의 작성

① 투자계획단계에서 계획 내용을 문서화하는 작업은 중요

② 투자수익 목표와 투자위험 성향 등 투자자의 성향 파악 후 체계적이고 일관된 투자관리를 위해 자산배분, 포트폴리오 구성방안 등의 내용이 포함

③ **투자계획서에 포함되어야 하는 사항**

구 분	내 용
투자목표	투자자의 재무현황과 위험성향 등을 근간으로 한 목표수익과 위험관리 방향을 제시
투자분석	경제분석과 전망에 기초하여 계획하고 있는 투자기간 동안 주요 투자자산의 기대수익률과 위험의 계량적 추정치를 도출하고 제시
자본시장의 가정	주식, 채권, 현금, 부동산 등으로 구분하여 과거 수익률의 수준과 향후 각 투자대상의 일정 기간 대의 평균 기대수익률, 위험, 공분산의 수준, 인플레이션을 감안한 경우의 추정치를 나타냄
자산배분과 종목선정	• 제시한 투자목표와 일치하는 자산배분안을 제시 • 자산배분안이 결정되면 적절한 투자관리방법을 선택해 주식들의 특징에 따라 종목선정기준을 마련하여 종목을 선정
사후통제	사후적인 포트폴리오 수정과 투자성과 평정

2. 주식포트폴리오 구성 및 실행

(1) 주식포트폴리오의 구성 및 종목선정(액티브 운용에 적용되는 프로세스)

① 주식포트폴리오의 구성

> **주식포트폴리오 선정 프로세스**
> 투자 유니버스(투자 가능 종목군) 선정 → 모델 포트폴리오 구성(투자자의 목적과 그에 부합하는 운용스타일에 근거하여 제시된 벤치마크를 추종할 수 있도록 최적의 포트폴리오를 구성하는 것) → 실제 포트폴리오 구성(모델 포트폴리오를 바탕으로 시장 상황을 고려한 실제 포트폴리오를 구성) → 포트폴리오 실행

② 주식포트폴리오의 종목선정 방법

    ⊙ 종목선정의 경우 주식포트폴리오의 성격을 충분히 반영할 수 있는 종목이어야 하고 주어진 벤치마크를 추종할 수 있는 종목이어야 함

    ⓒ 주식의 유동성이 주식포트폴리오로의 편입과 편출에 용이할 정도로 충분해야 함

    ⓒ 최종적인 종목선정은 개별종목에 대한 분석을 통해 저평가된 종목을 선정하는 상향식 방법이 일반적이나 거시경제적 접근방식을 감안한 하향식 방법을 이용

01 다음 중 투자관리에 대한 설명으로 적절하지 않은 것은?

중요도
●●○

① 투자관리의 체계는 투자계획 – 실행단계 – 평가단계로 구분할 수 있다.

② 평가단계에서는 계획하고 실행했던 투자행위에 대해 피드백이나 평가를 실시해야 한다.

③ 실행단계에서는 분석된 자료를 바탕으로 투자자산 간 적절한 배분이 이루어져야 한다.

④ 평가단계에서는 평가만을 수행하며 변경요인 발생 시 개선하는 작업은 따로 수행한다.

⑤ 투자종목을 선정할 때는 소극적 투자관리와 적극적 투자관리로 구분할 수 있다.

해설

평가단계에서는 필요한 포트폴리오를 수정하거나 잘못된 예측으로 포트폴리오 변경요인이 생겼을 경우 올바른 방향으로 개선하는 작업을 포함한다.

02 다음 중 주식포트폴리오 운용계획 과정에서 투자목표 설정 시 적절한 추구방향이 아닌 것은?

중요도
●●○

① 원금보전

② 시세차익

③ 원리금 확보

④ 경상수익

⑤ 총투자수익

해설

주식포트폴리오 운용 시 적절한 투자목표는 원금보전, 시세차익, 경상수익, 총투자수익 목표 등을 들 수 있다.

03 다음 중 투자계획서에 포함되어야 하는 사항으로 적절하지 않은 것은?

중요도
●●○

① 투자목표
② 투자분석
③ 차익거래 기회
④ 자산배분과 종목선정
⑤ 사후통제

해설

투자계획서에 포함되어야 하는 사항에는 투자목표, 투자분석, 자본시장의 가정, 자산배분과 종목선정, 사후통제가 있다.

04 다음 중 주식포트폴리오 구성 과정으로 적절한 것은?

중요도
●●○

| ㄱ. 투자 유니버스 선정 | ㄴ. 모델 포트폴리오 구성 |
| ㄷ. 포트폴리오 실행 | ㄹ. 실제 포트폴리오 구성 |

① ㄱ — ㄴ — ㄹ — ㄷ
② ㄱ — ㄹ — ㄴ — ㄷ
③ ㄴ — ㄱ — ㄹ — ㄷ
④ ㄴ — ㄹ — ㄱ — ㄷ
⑤ ㄹ — ㄱ — ㄴ — ㄷ

해설

주식포트폴리오의 구성 및 종목선정은 액티브 운용에 적용되는 프로세스이다. 프로세스 순서는 다음과 같다.

주식포트폴리오 선정 프로세스
투자 유니버스(투자 가능 종목군) 선정 → 모델 포트폴리오 구성(투자자의 목적과 그에 부합하는 운용스타일에 근거하여 제시된 벤치마크를 추종할 수 있도록 최적의 포트폴리오를 구성하는 것) → 실제 포트폴리오 구성(모델 포트폴리오를 바탕으로 시장 상황을 고려한 실제 포트폴리오를 구성) → 포트폴리오 실행

주식포트폴리오 성과 평정

■ 주식포트폴리오 성과 평정에 대한 이해

1. 주식포트폴리오 성과 평정

(1) 포트폴리오 수정

① 포트폴리오를 구성한 후 실제 투자활동에서 예측과 다른 결과가 나왔거나 투자환경의 변화로 기존 포트폴리오를 변경해야만 할 때, 보다 성과가 좋을 것으로 기대되는 포트폴리오를 새로 구성하는 것

② **예측과 다른 결과나 투자환경의 변화** : 기업이익과 배당에 영향을 주는 기업성과의 변화

③ **포트폴리오 수정 방법**

    ㉠ 리밸런싱 : 상황변화 발생 시 구성종목의 상대가격 변동에 따른 투자비율 변화를 원래대로 환원하는 방법

    ㉡ 업그레이딩

      • 투자환경이 변화함에 따라 기대수익과 위험도 변화하기 때문에 주식의 매수 및 매도를 통해 포트폴리오를 재구성하는 방법

      • 위험에 비해 상대적으로 높은 기대수익을 원하거나 기대수익에 비해 상대적으로 낮은 위험을 부담하도록 포트폴리오를 수정하는 것

      • 주로 손실을 크게 가져다주는 주식을 찾아 그 종목들을 포트폴리오에서 제거하는 방법이 사용됨

(2) 포트폴리오 운용수익률 측정

① **내부수익률** : 현금유출액의 현재가치와 현금유입액의 현재가치를 일치시켜 주는 할인율

② **산술평균수익률** : 기간별 단일기간수익률을 모두 합한 후 이를 기간 수로 나누어 계산하며, 시간가중평균수익률이라고도 함

③ **기하평균수익률** : 중도 현금흐름이 재투자되어 증식되는 것을 감안하여 평균수익률을 계산한 것이며, 산술평균수익률보다 합리적임

2. 투자성과를 고려한 성과평가

(1) 샤프지수

> 샤프지수 = (포트폴리오 수익률 – 무위험채권 이자율(CD금리)) / 포트폴리오 수익률의 표준편차

① 한 단위의 위험자산에 투자해서 얻은 초과수익의 정도를 나타내는 지표
② 전체 위험을 고려하는 표준편차를 사용하고 최소 1개월 이상의 수익률 데이터가 필요
③ 값이 높을수록 펀드의 수익률이 우수하다는 것을 보여줌

(2) 트레이너지수

> 트레이너지수 = (포트폴리오 수익률 – CD금리) / 포트폴리오 수익률의 베타계수

① 시장 민감도를 나타내는 베타지수로 초과수익률을 나눈 것
② 트레이너지수가 높을수록 펀드 성과가 높은 것으로 평가
③ 펀드에 대한 수익을 측정할 때 위험을 감안하는 방법으로 펀드의 베타계수 한 단위당 무위험 초과수익률을 나타내는 지표

(3) 젠센지수

> 젠센지수 = (펀드의 실현수익률 – 무위험 이자율) – 포트폴리오 p의 베타 × (시장수익률 – 무위험 이자율)

① 포트폴리오의 실제수익률이 시장균형을 가정한 경우의 수익률보다 얼마나 높은지를 나타내는 지표, 펀드의 수익률에서 시장균형하에서의 기대수익률을 차감한 값
② 젠센지수 값이 높을수록 펀드의 성과가 우수함을 나타내며, 마이너스를 나타내면 시장수익률보다 못함을, 0을 나타내면 특정 펀드에 대한 정확한 분석이 이루어졌음을 의미

(4) 정보비율

> 정보비율 = 초과수익률 / 비체계적 위험이 측정된 잔차표준편차

① 초과수익률을 추적 오차로 나눈 값이며, 펀드매니저의 능력을 측정할 수 있는 지표
② 높은 정보비율은 펀드매니저의 투자기법이 좋다는 것을 의미하지만, 어느 수준의 값이 높은 수준인가에 대해서는 이론적 근거가 없음
③ 미국에서는 정보비율 0.5 이상일 경우 우수, 0.75 이상일 경우 매우 우수, 1.0 이상일 경우 탁월로 평가됨

01 다음 중 포트폴리오 성과 평정에 대한 설명으로 적절하지 않은 것은?

중요도
●●●

① 포트폴리오 수정이란 포트폴리오를 구성한 후 실제 투자활동에서 예측과 다른 결과가 나왔거나 투자환경의 변화로 기존 포트폴리오를 변경해야만 할 때, 보다 성과가 좋을 것으로 기대되는 포트폴리오를 새로 구성하는 것이다.

② 리밸런싱이란 상황변화 발생 시 구성종목의 상대가격 변동에 따른 투자비율 변화를 원래대로 환원하는 방법이다.

③ 업그레이딩은 상대적으로 기대수익이 높은 종목을 찾아 포트폴리오에 편입하는 방법이 주로 사용된다.

④ 포트폴리오의 운용수익률을 측정할 때 사용하는 내부수익률은 현금유출액의 현재가치와 현금유입액의 현재가치를 일치시켜 주는 할인율이다.

⑤ 기하평균수익률은 중도 현금흐름이 재투자되어 증식되는 것을 감안하여 평균수익률을 계산한 것으로 산술평균수익률보다 합리적이다.

> **해설**
>
> 업그레이딩은 투자환경이 변화함에 따라 기대수익과 위험도 변화하기 때문에 주식의 매수 및 매도를 통해 포트폴리오를 재구성하는 방법이다. 주로 손실을 크게 가져다주는 주식을 찾아 그 종목들을 포트폴리오에서 제거하는 방법을 사용한다.

02 다음 중 성과평가 방법에 대한 설명으로 적절하지 않은 것은?

중요도
●●○

① 샤프지수는 최소 1개월 이상의 수익률 데이터가 필요하다.

② 샤프지수는 전체 위험을 고려하는 표준편차를 적용한다.

③ 트레이너지수는 펀드의 베타계수 한 단위당 무위험 초과수익률을 나타내며 트레이너지수가 낮을수록 펀드 성과가 높은 것으로 평가한다.

④ 젠센지수가 마이너스라는 의미는 시장수익률보다 못한 성과를 거두었다는 것을 의미한다.

⑤ 정보지수는 초과수익률을 추적오차로 나눈 값으로 펀드매니저의 능력을 알 수 있다.

> **해설**
>
> 트레이너지수는 포트폴리오 수익률에서 무위험수익률(CD금리)을 차감한 후 포트폴리오 수익률의 베타계수로 나누어 산출하며, 트레이너지수가 높을수록 펀드 성과가 높은 것으로 평가한다.

핵심테마 16

소극적 투자전략과 적극적 투자전략

- 소극적 투자전략에 대한 이해
- 적극적 투자전략에 대한 이해

1. 소극적 투자전략

(1) 소극적 투자전략의 의의

① 증권시장이 효율적이라는 것을 전제로 초과수익을 얻는 것이 사실상 힘들기 때문에 시장 전체의 평균 수익을 얻거나 투자위험의 감소를 목표로 하는 투자전략

② 특별한 정보수집 활동을 하지 않으므로 정보비용이 극소화되며, 매매 빈도도 극히 제한되어 거래비용도 최소화

(2) 소극적 투자전략의 종류

구 분	내 용
단순 매수 · 보유전략	• 무작위로 선택한 주식을 매입해 보유하는 전략 • 특정 종목이나 포트폴리오를 선택하고자 의도적인 노력을 하지 않음 • 종목의 수가 증가함에 따라 분산투자의 효과가 나타나 주식시장 평균의 기대수익률을 얻을 수 있음 • 포트폴리오 구성 종목이 많아지면 분산효과로 체계적 위험만을 부담하게 되는 장점이 있지만 종목 수 증가에 따라 거래비용이 증가
인덱스펀드 전략	• 인덱스펀드에 가입하면 지수 산정에 포함되는 주식을 모두 산 것과 같은 효과 • 상장지수펀드도 소극적인 투자관리의 한 방법으로 효과는 비슷하면서 비용은 오히려 적게 들 수 있으므로 효율적임(ETF는 인덱스펀드와 비교하여 여러 가지 면에서 유리)
평균(적립식)투자법	• 주가의 등락에 관계 없이 정기적으로 일정 금액의 주식을 계속 투자하는 방법 • 일반적으로는 단기보다는 장기에 효과

2. 적극적 투자전략

(1) 적극적 투자전략의 의의

① 시장의 평균수익률을 초과한 수익률을 얻기 위함

② 시장이 비효율적이어서 주식의 내재가치와 시장가치 사이에 간극이 존재하므로 과소평가된 주식을 매수하고 과대평가된 주식을 매도함으로써 초과이익을 획득할 수 있다는 가정

③ **시장투자적기포착** : 초과수익률을 극대화하기 위해 자산배분의 유리한 시점을 발견

④ 포뮬라 플랜(비율계획법)

ⓐ 일정한 규칙에 따라 기계적으로 자산을 배분

ⓑ 최소한의 위험부담과 함께 경기변동에 탄력적으로 대응

구 분	내 용
불변금액법	• 투자포트폴리오를 주식과 채권으로 한정 시 위험자산인 주식투자금액을 일정하게 유지 • 주식에 대한 일정 금액을 정하는 것이 임의적이며, 빈번한 거래로 거래비용이 많이 들 수 있음
불변비율법	• 투자포트폴리오를 주식과 채권으로 한정 시 주식과 채권의 투자 비율을 일정하게 유지 • 일정 비율을 정하는 것이 임의적이며, 빈번한 거래로 거래비용이 많이 들 수 있음
변동비율법	포트폴리오 구성자산 간의 비율을 일정하게 정하지 않고 시장의 상황에 맞게 조절

(2) 종목선정

① **내재가치 추정** : 내재가치와 시장가치의 분석을 통해 저평가된 종목을 선택

② **베타계수 이용**

ⓐ 베타계수와 상관성이 높은 종목과 낮은 종목이 시장의 강세와 약세 시 변동성이 달라지는 것을 이용하여 초과이익을 추구

ⓑ 강세시장에서는 베타계수가 높은 종목군을 선정, 약세시장에서는 베타계수가 낮은 종목군을 선정하여 포트폴리오에 포함

(3) 시장의 이례적 현상을 이용한 투자전략

① 초과수익을 암시하는 이례적인 현상

② 기업규모 효과, 저PER 효과, 저PBR 효과, 소외기업 효과, 상대적 강도, 1월 효과, 주말 효과, 예상외이익 효과, 주식분할 효과 등

(4) 운용스타일에 따른 전략

① **가치투자스타일**

ⓐ 해당 종목의 미래성장성보다는 현재의 시장가치를 중요하게 생각하며, 내재가치에 비해 시장가치가 현격히 저평가되어 있는 경우 매수

ⓑ 저PER 효과, 역행투자, 고배당수익률 투자방식

② **성장투자스타일**

ⓐ 현재의 수익이나 자산가치보다 미래의 수익이나 성장성에 관심

ⓑ 투자자는 성장률이 높은 기업에 대해 시장의 평균 PER보다 높은 가격을 지불

③ **혼합투자스타일**

ⓐ 가치투자와 성장투자를 절충

ⓑ 시장 전체의 평균적인 특성

④ **시가총액 스타일** : 시가총액 기준으로 포트폴리오 구성(대형, 중형, 소형으로 구분)

01 다음 중 소극적 투자전략에 대한 설명으로 적절하지 않은 것은?

중요도
●●●

① 증권시장이 효율적이라는 것을 전제로 하고 있다.

② 소극적 투자전략에는 단순매수 · 보유전략, 인덱스펀드 전략, 평균투자법 등이 있다.

③ 소극적 투자전략은 정보비용이 극소화되는 장점이 있지만 상대적으로 거래비용이 증가하는 단점이 존재한다.

④ 단순매수보유전략은 무작위로 선택한 주식을 매입해 보유하는 전략이다.

⑤ 인덱스펀드 전략을 구사할 경우 지수 산정에 포함되는 모든 주식을 산 것과 같은 효과를 얻을 수 있다.

해설

소극적 투자전략을 구사할 경우 특별한 정보수집 활동을 하지 않으므로 정보비용이 극소화되며 매매 빈도도 극히 제한되어 거래비용도 최소화된다.

02 다음 중 적극적 투자전략에 대한 설명으로 적절하지 않은 것은?

중요도
●●●

① 적극적 투자전략은 증권시장이 비효율적이며, 시장의 평균수익률을 초과하여 수익률을 얻을 수 있다는 것을 전제로 하고 있다.

② 적극적 투자전략 하에서 강세시장으로 예상되는 경우 베타계수가 낮은 종목군을 선정한다.

③ 불변비율법을 구사할 경우 일정 비율을 유지하기 위한 빈번한 거래로 거래비용이 많이 들 수 있다.

④ 적극적 투자전략은 시장투자의 적기를 포착하는 것이 목표이다.

⑤ 시장의 이례적 현상 발생 시 초과수익을 얻을 수 있으며 대표적인 이례적 현상은 기업규모 효과, 저PER 효과, 저PBR 효과, 소외기업 효과, 상대적 강도, 1월 효과, 주말 효과, 예상외이익 효과, 주식분할 효과 등이 있다.

해설

적극적 투자전략 하에서 강세시장으로 예상되는 경우에는 시장 호황 영향을 더 받기 위해 베타계수가 높은 종목군을 선정해야 한다.

출제경향 및 학습전략

● 금리 및 채권가격이 변동하는 요인에 대한 이해가 필요합니다.

● 채권의 듀레이션 및 볼록성에 대한 정확한 이해가 필요합니다.

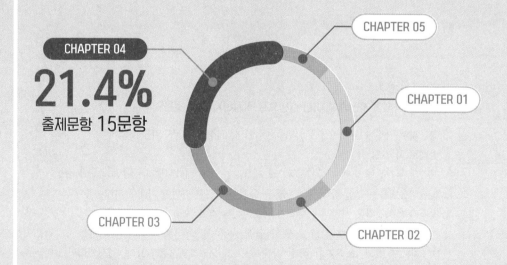

CHAPTER 05

CHAPTER 04

21.4%
출제문항 15문항

CHAPTER 01

CHAPTER 03

CHAPTER 02

핵심테마

01 금리의 이해

출제포인트

- 금리의 종류 및 특징에 대한 이해

1. 금 리

(1) 명목이자율과 실질이자율

① **명목이자율** : 물가상승률을 반영하지 않는 이자율

② **실질이자율** : 물가상승률을 고려하여 이자의 실질적인 가치를 반영하는 이자율

> 실질이자율 = (1 + 명목이자율) ÷ (1 + 물가상승률) − 1

(2) 단리수익률과 복리수익률

① **단리수익률** : 일정 기간이 지나는 동안 원금에 대해서만 일정 비율만큼 수익이 더해지는 방식

② **복리수익률** : 일정 기간 경과하며 발생한 이자가 원금과 함께 재투자되어 추가적인 수익이 창출되는 방식

(3) 기간수익률과 연환산수익률

① **기간수익률** : 자금을 빌려주거나 빌린 기간 동안 발생한 이자의 단순합계와 원금의 비율

② **연환산수익률** : 이자를 1년 단위 실효이자율로 환산한 금액과 원금과의 비율

(4) 표면금리와 실효금리

① **표면금리** : 채권의 액면가에 대한 연간 이자지급률을 채권 표면에 표시한 것

② **실효금리** : 실제로 부담하는 금리

(5) 정책금리와 시장금리

① **정책금리** : 인위적으로 결정된, 모든 금리의 기준이 되는 초단기금리

② **시장금리** : 자금시장에서 수요와 공급에 따라 결정되는 금리

> **RP 금리**
> 형식적으로는 나중에 이자를 붙여 되사주는 조건으로 채권을 매각하는 것이며, 실질적으로는 보유 중인 채권을 담보로 자금을 빌리는 단기금융거래임

(6) 채권의 유통수익률과 만기수익률

만기수익률 : 채권의 유통수익률이며 연복리수익률을 기준으로 하여 채권의 만기 전에 발생하는 모든 현금흐름이 같은 수익률로 재투자되는 것을 전제

01 다음 중 금리에 대한 설명으로 적절하지 않은 것은?

중요도
●●○

① 실질이자율은 물가상승률을 고려하여 이자의 실질적인 가치를 반영하는 이자율이다.

② 단리수익률은 일정 기간이 지나는 동안 원금에 대해서만 일정 비율만큼 수익이 더해지는 방식이다.

③ 표면금리는 채권의 액면가에 대한 연간 이자지급률을 채권 표면에 표시한 금리이다.

④ 정책금리는 인위적으로 결정된 금리로 모든 금리의 기준이 되는 초단기금리이다.

⑤ 만기수익률은 채권의 만기 전에 발생하는 모든 현금흐름이 해당 현금흐름의 발생 시점의 수익률로 재투자되는 것을 전제로 한다.

해설

만기수익률은 채권의 유통수익률이며 연복리수익률을 기준으로 하여 채권의 만기 전에 발생하는 모든 현금흐름이 같은 수익률로(채권 발행시점) 재투자되는 것을 전제한다.

핵심테마
02 채권금리 변동 요인

출제포인트

■ 금리 변동 요인이 금리에 미치는 영향 이해

1. 금리에 영향을 주는 주요 경제변수

(1) 국내 경기

① 국내 경기의 향방은 금리에 가장 큰 영향을 미치는 변수임

② 시장에서 가장 중요하게 여기는 경제지표로는 GDP, 산업생산지수, 실업률, 전경련BSI, 통계청 등이 있음

> **핵심 CHECK**
>
> **경기 상승 및 경기 하락**
> - 경기 상승 → 소비 · 생산 증가 → 자금수요 증가(저축 감소, 대출 · 투자 증가) → 금리 상승
> - 경기 하락 → 소비 · 생산 감소 → 자금수요 감소(저축 증가, 대출 · 투자 감소) → 금리 하락

(2) 물 가

① 물가가 많이 오르면 한국은행은 물가를 안정시키기 위해 기준금리를 올려 시중자금을 흡수함

② 소비자물가지수, 생산자물가지수, 수출입물가지수 등이 있음

> **핵심 CHECK**
>
> **물가에 대한 예측**
> - 물가가 많이 오를 것으로 예측 → 사람들이 돈을 빌려 공산품이나 부동산 등의 재화를 생산하거나 매입 → 돈에 대한 수요 증가 → 시중금리 상승
> - 물가가 많이 오르지 않을 것으로 예측 → 돈의 수요는 많이 늘지 않음 → 시중금리 안정

(3) 재정정책

① 재정정책 시 세금보다 더 큰 돈을 지출해야 하므로 국채 발행

② 경기부양 재정정책은 채권시장 수급에 영향을 주어 채권금리를 상승시킴

(4) 통화정책

① 한국은행에서 자금을 흡수하는 정책을 실행할 경우 시장금리는 상승 압력

② 통안채 발행규모 역시 채권시장 수급에 영향

01 다음 중 채권금리 변동 요인에 대한 설명으로 적절하지 않은 것은?

중요도
●●●

① 경기 상승이 예상되는 경우 금리는 하락한다.

② 국내 경기는 금리에 가장 큰 영향을 미치는 변수이다.

③ 물가가 많이 오를 것으로 예측하는 경우 돈의 수요가 증가하여 시중금리가 상승한다.

④ 확장 재정정책 시행 시 정부에서는 국채를 발행해야 하며, 따라서 채권시장 수급에 영향을 주어 채권금리를 상승시킨다.

⑤ 한국은행에서 자금을 흡수하는 정책을 실행할 경우 시장금리는 상승 압력을 받는다.

해설

경기 상승이 예상되는 경우 금리는 상승한다.

요 인	금리 영향
경기 상승	금리 상승
물가 상승	금리 상승
확장 재정정책	금리 상승
시중자금 부족	금리 상승

핵심테마
03 주식과 채권의 비교

출제포인트

■ 주식과 채권의 비교에 대한 이해

1. 주식과 비교한 채권의 특징

① **채권** : 발행자들이 자금을 조달하기 위해 발행하는 채무증서의 성격을 지닌 유가증권
② 원리금의 현금흐름 스케줄이 미리 정해진다는 점과 만기가 도래하면 소멸된다는 점이 주식과 구분되는 채권의 주요 특성

〈주식과 채권의 비교〉

특 성	주 식	채 권
자본형태	자기자본	타인자본
소유자	주 주	채권자
발행주체	주식회사	정부, 공공기관, 특수법인, 주식회사
상환 여부	없음(불상환)	정해진 만기 시 상환
주요권리	의결권, 경영참가권, 이익배당금 등	원리금상환청구권
의결권	있 음	없 음

적중문제

01 다음 중 주식과 채권을 비교한 것으로 적절하지 않은 것은?

중요도
●●○
① 주식은 자기자본이며, 채권은 타인자본 형태이다.
② 주식의 발행주체는 주식회사이고, 채권의 발행주체는 정부, 공공기관, 특수법인, 주식회사이다.
③ 주식은 일반적으로 상환하지 않지만 채권의 경우 정해진 만기가 도래할 경우 상환해야 한다.
④ 일반적으로 채권에 투자하는 투자자는 해당 기업의 가치상승에 관심을 가진다.
⑤ 일반적으로 주식은 의결권이 있지만, 채권은 의결권을 보유하지 않는다.

해설
일반적으로 채권에 투자하는 투자자는 해당 기업의 가치상승보다는 원리금 상환에 관심을 가진다.

핵심테마

04

발행조건별 채권의 종류 – 발행주체

출제포인트

■ 발행주체에 따른 채권의 분류에 대한 이해

1. 발행주체에 따른 채권의 종류

구 분	내 용
국 채	• 국채는 재정을 위해 정부가 정책 자금을 원활하게 하기 위해 발행하는 채권 • 정부가 국회 결의를 받아 발행한 채권으로 정부가 원리금 지급을 보장하므로 신용도가 가장 높은 무위험채권으로 간주
지방채	• 지방채는 지방자치단체가 지방재정의 운영과 공공의 목적을 위해 발행한 채권 • 지방자치단체가 발행한 채권으로 최고 수준의 신용도를 보유
특수채	• 예금보험공사, 주택공사, 토지공사, 한전 등 특별법에 의해 설립된 법인이 발행하는 채권으로 대부분 공사에서 발행하므로 공사채라고도 함 • 공사채의 경우 국가의 보증 또는 신용보강을 수반하고 있으므로 최고등급인 AAA를 부여받음
금융채	• 금융기관들이 발행하는 채권 • 금융기관의 신용도에 따라 신용등급을 부여받음
회사채	• 상법상의 주식회사가 발행하는 채권 • 회사의 채무이행 능력에 따라 AAA부터 D까지의 신용등급을 부여받음

핵심 CHECK

통안채(통안증권, 통화안정증권)
• 한국은행이 시중의 통화량을 조절하기 위해 발행하는 채권
• 시중의 유동성을 흡수하기 위해 통안채 발행량을 만기량보다 많게 하고, 유동성을 공급하기 위해서는 통안채 발행량을 줄여 만기량보다 적게 함
• 금융채에 포함되지만 국채와 함께 신용등급이 부여되지 않는 무위험채권으로 분류
• 2년 이하 만기에 한해 발행

01 다음 중 발행주체에 따른 채권의 종류에 대한 설명으로 적절하지 않은 것은?

●●●

① 국채는 국회 결의를 받아 발행한 채권으로 정부가 원리금 지급을 보장한다.

② 지방채는 지방자치단체가 지방재정의 운영과 공공의 목적을 위해 발행한 채권으로 국채와 마찬가지로 최고 수준의 신용도를 보유한다.

③ 특수채는 국가의 보증 또는 신용보강을 수반하므로 신용도 측면에서 최고등급인 AAA를 부여받는다.

④ 금융채는 금융기관들이 발행하는 채권으로 신용도 측면에서 최고등급인 AAA를 부여받는다.

⑤ 회사채는 상법상의 주식회사가 발행하는 채권으로 회사의 채무이행 능력에 따라 D부터 AAA까지의 신용등급을 부여받는다.

해설

금융채는 금융기관들이 발행하는 채권으로 금융기관의 신용도에 따라 신용등급을 부여받는다.

02 다음 중 발행주체에 따른 채권의 종류에 대한 설명으로 적절하지 않은 것은?

중요도
●●●

① 국채는 무위험채권으로 간주되기도 한다.

② 특수채는 특별법에 의해 설립된 법인이 발행하는 채권이다.

③ 통안채는 한국은행이 시중 통화량을 조절하기 위해 발행하는 채권이다.

④ 일반적으로 통안채는 무위험채권으로 분류된다.

⑤ 콜옵션부채권 발행자는 발행 후 채권금리수준이 상승했을 때 채권해지옵션을 행사한다.

해설

콜옵션부채권의 발행자는 발행 후 채권금리수준이 하락했을 때 채권해지옵션 행사 후 낮아진 금리로 채권의 재발행을 시도한다.

핵심테마 05 발행조건별 채권의 종류 - 이자지급방식 및 잔존만기

출제포인트

- 이자지급방식별 채권의 분류에 대한 이해
- 잔존만기별 채권의 분류에 대한 이해

1. 이자지급방식과 잔존만기

(1) 이자지급방식별 채권 분류

구 분	내 용
이표채	• 액면가로 채권을 발행하고 이자를 3개월, 6개월 등 일정 기간마다 지불하며, 만기에 원금을 상환하는 채권 • 채권의 권면에 이표가 붙어 있어 이자지급일에 일정 이자를 받음 • 이자 주기가 짧은 이표채의 실효수익률이 연 이표채의 실효수익률보다 높음
할인채	• 이자가 함께 지급되지는 않지만 이자 상당액을 미리 액면가에서 차감하여 발행가격이 액면가격보다 낮은 채권 • 발행가격과 액면가격의 차액이 이자
복리채	• 중간에 이자를 지급하지 않고 발행이율만큼 복리로 재투자된 후 만기일에 원금과 재투자된 이자를 함께 상환받는 채권 • 국민주택채권과 지역채들이 대표적인 복리채이며, 은행후순위채와 같이 일부 장기 금융채 및 특수채의 경우에도 복리채로 발행

(2) 잔존만기별 채권 분류

① 일반적으로 잔존만기가 2년 이하인 채권을 단기채, 2년에서 7년 잔존만기 채권을 중기채, 7년을 초과하는 채권을 장기채로 구분

② 영국에서는 만기가 없이 일정한 이자액을 지급하는 영구채도 있음

핵심 CHECK

수의상환사채 VS 수의상환청구채권

수의상환사채 (Callable Bond)	• 만기상환일 이전 발행자가 원금을 임의로 상환 가능 • 금리 하락 시 옵션 행사
수의상환청구채권 (Putable Bond)	• 만기상환일 이전 채권의 보유자가 발행자에게 원금의 상환을 요구할 수 있는 채권 • 금리 상승 시 옵션 행사

01 다음 중 이자지급방식에 따른 채권의 종류에 대한 설명으로 적절하지 않은 것은?

중요도
●○○

① 이표채는 채권의 권면에 이표가 붙어 있어 이자지급일에 일정 이자를 받는 채권이다.

② 할인채는 만기에 액면금액을 지급하는 것이 특징이다.

③ 복리채 보유자는 만기 이전에 복리로 재투자된 이자를 지급받는다.

④ 국민주택채권과 지역채들은 대표적인 복리채이다.

⑤ 할인채의 발행가격과 액면가격의 차액이 이자이다.

해설

복리채 보유자는 중간에 이자를 지급받지 않으며, 발행이율만큼 복리로 재투자된 후 만기일에 원금과 재투자된 이자를 함께 상환받게 된다.

출제포인트

▪ 채권의 금리와 채권가격 간의 관계에 대한 이해

1. 채권금리와 채권가격의 관계

(1) 채권금리와 채권가격

① 채권금리와 채권가격은 반대 방향으로 움직임

② 같은 금리의 변동이라도 금리가 상승할 때의 가격 하락폭보다 금리가 하락할 때의 가격 상승폭이 더 커짐

③ 금리가 상승할 때의 가격 하락폭은 체감하며 금리가 하락할 때의 가격 상승폭은 체증함

(2) 말킬의 채권가격 정리

① 채권가격은 채권 수익률과 반대방향으로 움직인다.

② 채권의 잔존기간이 길수록 동일한 수익률 변동에 대한 가격 변동률은 커진다.

③ 채권의 잔존기간이 길어짐으로써 발생하는 가격 변동률은 체감한다.

④ 동일한 크기의 수익률 변동 발생 시, 수익률 하락으로 인한 가격 상승폭은 수익률 상승으로 인한 가격 하락폭보다 크다.

⑤ 표면이율이 높을수록 동일한 크기의 수익률 변동에 대한 가격 변동률은 작아진다.

적중문제

01 다음 중 말킬의 채권가격 정리에 대한 설명으로 적절하지 않은 것은?

중요도
●●●

① 채권가격은 채권 수익률과 반대방향으로 움직인다.

② 채권의 잔존기간이 길어질수록 동일한 수익률 변동에 대한 가격 변동률은 작아진다.

③ 채권의 잔존기간이 길어짐으로써 발생하는 가격 변동률은 체감한다.

④ 동일한 크기의 수익률 변동 발생 시, 수익률 하락으로 인한 가격 상승폭은 수익률 상승으로 인한 가격 하락폭보다 크다.

⑤ 표면이율이 높을수록 동일한 크기의 수익률 변동에 대한 가격 변동률은 작아진다.

해설

채권의 잔존기간이 길어질수록 동일한 수익률 변동에 대한 가격 변동률은 커진다.

정답 01 ②

핵심테마

07 채권의 듀레이션과 볼록성

■ 채권의 듀레이션, 수정듀레이션에 대한 이해 및 계산문제 풀이방법 이해
■ 채권의 볼록성에 대한 개념 및 계산문제 풀이방법 이해

1. 채권의 듀레이션과 수정듀레이션

(1) 듀레이션

$$\text{듀레이션} = \frac{-dP}{dr} \times \frac{1+r}{P}$$

(dP : 채권가격의 변화, dr : 채권의 만기수익률 변화, P : 채권의 가격, r : 채권의 만기수익률)

① 현재가치를 기준으로 채권에 투자한 원금을 회수하는 데 걸리는 시간

② 듀레이션은 만기의 개념에 채권의 현금흐름까지 반영하고 있으므로 만기 이외의 다른 특성들을 종합하여 채권 간 비교가 가능

③ 금리 등락에 따른 가격 변동성이며 가격 위험도이므로 채권 또는 채권포트폴리오의 시장위험을 측정하는 지표가 됨

④ 듀레이션의 특징

   ㉠ 채권의 만기가 길어질수록 듀레이션 증가

   ㉡ 채권의 수익률이 높아지면 듀레이션 감소

   ㉢ 표면금리가 높아지면 듀레이션 감소

   ㉣ 이자 지급 빈도가 증가할수록 듀레이션 감소

(2) 수정듀레이션

- $\frac{\triangle P}{P}$(채권가격변동률) $= \frac{-Duration}{1+r} \times \triangle r$ (시장만기수익률 변동폭)

- 수정듀레이션$(D_M) = \frac{Duration}{1+r}$

- $\frac{\triangle P}{P}$(채권가격변동률) $= -D_M \times \triangle r$

① 금리 등락에 따른 가격 변동성을 듀레이션보다 더 정확히 측정하기 위해 등장

② **수정듀레이션** : 수익률 1% 포인트가 변화할 때의 가격 변동률의 추정치

③ 수정듀레이션 = 맥컬레이듀레이션 ÷ (1 + 채권수익률)

2. 채권의 컨벡시티(볼록성)

$$\cdot \triangle P = \frac{1}{2} \times P \times Convexity \times (\triangle r)^2$$

• 채권가격변동 = 듀레이션변동 + 볼록성변동

① 볼록성

　㉠ 채권가격 − 수익률 곡선 기울기의 변화를 의미

　㉡ 채권의 가격과 만기수익률은 원점에 대해 볼록한 비선형성을 가지며, 듀레이션에 의해 설명될 수 없는 가격
변동이 볼록성에 의한 가격임

② 수익률 상승 시 듀레이션에 의해 측정한 가격의 하락폭을 축소시키고, 수익률 하락 시에는 듀레이션에 근거해
추정한 가격의 상승폭을 확대

핵심 CHECK

볼록성의 특징
• 만기수익률과 채권 잔존기간이 일정한 경우 표면이율이 낮아질수록 볼록성은 커짐
• 만기수익률과 표면이율이 일정한 경우 잔존기간이 길어질수록 볼록성은 커짐
• 표면이자율과 채권 잔존기간이 일정한 경우 만기수익률의 수준이 낮을수록 볼록성은 커짐

적중문제

01 다음 중 듀레이션에 대한 설명으로 적절하지 않은 것은?

중요도
●●●
① 듀레이션은 현재가치를 기준으로 채권에 투자한 원금을 회수하는 데 걸리는 시간을 의미한다.
② 채권의 만기가 길어질수록 듀레이션은 증가한다.
③ 채권의 수익률이 높아지면 듀레이션은 증가한다.
④ 표면금리가 높아지면 듀레이션은 감소한다.
⑤ 이자지급빈도가 증가할수록 듀레이션은 감소한다.

해설
채권의 수익률이 높아지면 듀레이션은 감소한다.

02 채권의 정보가 다음과 같을 때 채권의 수정듀레이션으로 적절한 것은?

중요도
●●●

> • 듀레이션 : 3.4년
> • 채권수익률 : 12%
> • 표면이자율 : 8%

① 3.04

② 3.24

③ 3.54

④ 2.94

⑤ 2.84

해설

• 수정듀레이션 $= \dfrac{듀레이션}{(1 + 채권수익률)} = \dfrac{3.4}{(1 + 0.12)} = 3.04$

핵심 **CHECK**

수정듀레이션

• 수정듀레이션 : 수익률 1% 포인트가 변화할 때의 가격 변동률의 추정치
• 수정듀레이션 = 맥컬레이듀레이션 ÷ (1 + 채권수익률)

03 채권의 정보가 다음과 같을 때 채권가격변동률로 적절한 것은?

중요도
●●○

> • 듀레이션 : 2.3년
> • 채권수익률 : 8%
> • 시장만기수익률 변동폭 : 0.05
> • 표면이자율 : 5%

① −0.11

② 0.11

③ −0.1

④ 0.1

⑤ 0.15

해설

• $\dfrac{\triangle P}{P}$ (채권가격변동률) $= -D_{\mathrm{M}} \times \triangle r$ (시장만기수익률 변동폭) $= \dfrac{-2.3}{(1 + 8\%)} \times 0.05 = -0.11$

04 다음 중 채권의 볼록성에 대한 설명으로 적절하지 않은 것은?

중요도
●●○
① 볼록성은 채권가격과 수익률 곡선 기울기의 변화를 의미한다.

② 채권의 가격과 만기수익률은 원점에 대해 볼록한 비선형성을 가진다.

③ 만기수익률과 채권 잔존기간이 일정한 경우 표면이율이 낮아질수록 볼록성은 커진다.

④ 만기수익률과 표면이율이 일정한 경우 잔존기간이 길어질수록 볼록성은 커진다.

⑤ 표면이자율과 채권 잔존기간이 일정한 경우 만기수익률의 수준이 낮을수록 볼록성은 작아진다.

해설

표면이자율과 채권 잔존기간이 일정한 경우 만기수익률의 수준이 낮을수록 볼록성은 커진다.

05 투자자 김씨는 1,000,000원으로 3년 만기 10%의 채권을 매입하였다. 볼록성은 200이며, 매입 후 3년 만기

중요도
●●○
채권금리가 8%로 하락한다면 채권의 가치는 얼마인가?

① 1,000,000

② 1,040,000

③ 960,000

④ 1,100,000

⑤ 1,080,000

해설

- $\triangle P = \dfrac{1}{2} \times P \times Convexity \times (\triangle r)^2$

- $\triangle P = \dfrac{1}{2} \times 1,000,000 \times 200 \times (-2\%)^2 = 40,000$

- 채권금리가 하락했으므로 해당 변동액만큼 채권의 가치는 기존 1,000,000원에서 40,000원만큼 상승하여 1,040,000원이 된다.

핵심테마

08 수익률곡선의 이해

출제포인트

■ 수익률곡선의 유형과 관련 이론들에 대한 이해

1. 수익률곡선

① **우상향 수익률곡선의 이유** : 유동성선호이론

ㄱ 투자자들이 유동성을 선호

ㄴ 만기가 긴 채권일수록 프리미엄을 요구

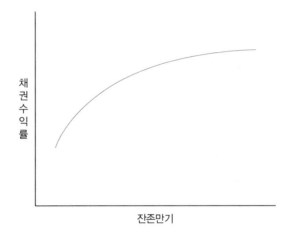

〈일반적 수익률곡선〉

채권수익률 / 잔존만기

② **우상향하지 않는 수익률곡선의 이유** : 시장분할이론

ㄱ 만기가 다른 채권 간 여러 제도적 요인과 투자자들의 성향에 따라 시장이 분리

ㄴ 분리된 각각의 시장 안에서의 수급에 따라 각각 금리가 형성

③ **경제주체의 기대설** : 경제주체들이 미래의 단기이자율이 현재와 같을 것으로 예상한다면 수익률곡선은 수평, 현재의 단기이자율 이상으로 상승할 것으로 예상한다면 우상향

〈변형된 수익률곡선〉

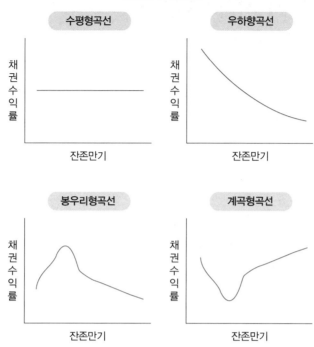

수평형곡선

채권수익률

잔존만기

우하향곡선

채권수익률

잔존만기

봉우리형곡선

채권수익률

잔존만기

계곡형곡선

채권수익률

잔존만기

적중문제

01 다음 중 수익률곡선에 대한 설명으로 적절하지 않은 것은?

중요도
●●○

① 수익률곡선은 일반적으로 우상향의 모습을 나타낸다.

② 유동성선호이론에서는 투자자들이 유동성을 선호하며, 만기가 긴 채권일수록 프리미엄을 요구함에 따라 수익률곡선이 우상향의 모습을 나타낸다고 설명한다.

③ 시장분할이론은 만기가 다른 채권 간에는 여러 제도적 요인과 투자자들의 성향에 따라 시장이 분리되어 있다고 보았다.

④ 경제주체들이 미래의 단기이자율이 현재와 같을 것으로 예상한다면 수익률곡선은 우상향의 모양을 나타낸다.

⑤ 우상향하지 않는 수익률곡선은 시장분할이론으로 설명할 수 있다.

[해설]

경제주체들이 미래의 단기이자율이 현재와 같을 것으로 예상한다면 수익률곡선은 수평 모양을 나타낸다.

핵심테마 09 채권 신용등급과 스프레드

출제포인트

- 채권의 신용등급, 기업어음의 신용등급의 구간별 개략적인 이해

1. 채권의 신용등급

특수채, 금융채, 회사채의 신용등급 분류

등 급			원리금 지급능력
투자등급	AAA	A1	원리금 지급능력이 최고 수준
	AA		원리금 지급능력이 우수
	A	A2	우수하나 장래 경제여건 및 환경변화에 영향받을 수 있음
	BBB	A3	양호하나 경제여건 및 환경 악화 시 지급능력 저하 가능성 있음
투기등급	BB	B	원리금 지급능력에 당면한 문제는 없지만 장래는 보장하기 어려움
	B		원리금 지급능력이 부족하여 투기적임
	CCC	C	원리금 지급이 현재에도 불확실함
	CC		채무불이행 위험이 더 커짐
	C		채무불이행 위험이 아주 높음
	D		원리금 지급 불능

※ AA등급부터 CCC등급까지는 등급의 상대적 우열에 따라 +, − 기호가 추가

2. 기업어음의 신용등급

등 급		내 용	상응하는 회사채 등급
투자등급	A1	원리금 상환능력 최상	AA ~ AAA
	A2	원리금 상환능력 우수	A
	A3	원리금 상환능력 양호	BBB
투기등급	B	상환능력은 있으나 단기적 여건 변화에 따라 안정성에 불안요인 존재	B ~ BB
	C	상환능력에 문제	C ~ CCC
D		상환 불능	D

핵심 CHECK

크레딧물
- 시장에서 신용등급을 부여받은 채권(신용물)
- 크레딧물과 무위험채권인 지표채권과의 금리 차이를 크레딧스프레드 또는 신용스프레드라고 함

01 다음 중 채권 신용등급에 대한 설명으로 적절하지 않은 것은?

중요도
●●●

① 정부에서 발행한 국채, 한국은행에서 발행한 통안채, 지방행정기관에서 발행한 지방채의 경우 무위험채권으로 간주되며 신용등급을 부여받지 않는다.

② 채권의 신용등급이 BB등급부터 투기적 요소가 내포되어 있다고 보았다.

③ 채권의 신용등급 중 A 이상의 등급은 투자위험도가 낮다고 보았다.

④ B등급의 경우 채무불이행이 발생할 가능성이 높다.

⑤ D등급의 경우 원금 또는 이자의 지급 불능 상태이다.

해설

채무불이행이 발생할 가능성이 높은 단계는 CC등급부터이며, B등급의 경우 원리금 지급의 확실성이 부족한 상태이다.

02 다음에 해당하는 채권의 신용등급으로 적절한 것은?

중요도
●●●

- 원리금 지급 확실성은 양호하나 장래 환경 변화 시 지급능력의 저하 가능성이 존재
- 투자등급과 투기등급의 구분 기준이 되는 등급

① AA

② AAA

③ BBB −

④ CCC −

⑤ B −

해설

원리금 지급 확실성은 양호하나 장래 환경 변화 시 지급능력의 저하 가능성이 존재하는 등급은 BBB등급으로, 투자등급과 투기등급의 구분기준이 되는 등급은 BBB등급 중에서 BBB − 등급이다.

핵심테마

10 채권투자수익

■ 채권 보유에 따른 채권투자수익에 대한 이해

1. 채권 보유기간에 따른 수익

(1) 이표채와 복리채의 경과 이자

① 복리채의 경우 자동적으로 계속 표면금리로 재투자

② 이표채의 경우 이자지급일에 이자금액이 현금으로 지급되므로 이자지급일에 재투자할 수 있는 채권의 시장금리 수준이 낮은 경우 애초의 만기수익률보다 더 낮은 수익률이 실현될 위험 있음

(2) 자본수익

① 채권을 보유하는 기간 동안 금리의 등락으로 발생한 평가손익 또는 매각손익

② 매입금리보다 평가금리 또는 매도금리가 낮아지면 자본이익 발생

자본손익률 = (매입금리 − 매도금리) × 잔존듀레이션 ÷ 투자연수

(3) 롤링효과의 이해

① **롤링수익(롤링효과)** : 우상향하는 정상적인 수익률곡선하에서 채권 보유기간 경과 시 자동적으로 금리수준이 하향하여 자본이익이 발생

② **숄더효과** : 수익률곡선상 채권만기가 짧은 경우 기울기가 급격히 커지는 현상

③ 우상향된 수익률이 스팁(모양이 가팔라져 단기와 중기, 장기 금리차가 큰 경우)할수록 시간경과 시 발생하는 롤링효과도 커짐

〈롤링효과와 숄더효과〉

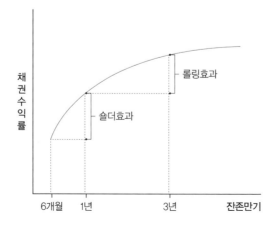

2. 채권투자수익률의 계산

채권투자수익률 = 이자수익률 + 자본손익률

적중문제

01
중요도
●●●

만기가 5년인 A은행 복리채권 10,000,000원을 5%에 매입하고, 1년 후 이 채권을 4%에 매각하였다. A은행의 복리채권 거래에서 발생하는 자본수익률은?

① 1%
② 2%
③ 3%
④ 4%
⑤ 5%

해설
- 자본손익률 = (매입금리 − 매도금리) × 잔존듀레이션 ÷ 투자연수로 계산하며, 듀레이션의 경우 채권의 만기 개념이므로 현재 만기는 1년이 경과하여 4년이 남았으므로 듀레이션은 4이다.
- 자본수익률 = (5% − 4%) × 4 ÷ 1 = 4%

02
중요도
●●○

만기가 5년인 A은행 복리채권 10,000,000원을 5% 액면가에 매입하고, 1년 후 이 채권을 4%에 매각하였다. A은행 복리채권의 연환산 투자수익률은?

① 9%
② 8%
③ 7%
④ 5%
⑤ 4%

해설
- 채권투자수익률 = 이자수익률 + 자본손익률로 계산한다.
- 먼저 자본손익률 = (매입금리 − 매도금리) × 잔존듀레이션 ÷ 투자연수로 계산하며, 듀레이션의 경우 채권의 만기 개념이므로 현재 만기는 1년이 경과하여 4년이 남았으므로 듀레이션은 4이다. 자본손익률 = (5% − 4%) × 4 ÷ 1 = 4%으로 계산하며, 이 자수익률은 액면가에 매입하였으므로 액면이자율은 매입한 시장이자율과 동일한 5%이다. 1년간 보유한 경우 이자수익률은 5%이다.
- 채권투자수익률 = 5% + 4% = 9%

03
중요도
●●○

국채 3년물 금리가 5%, 국채 2년물 금리가 4%이다. 국채 3년물을 매입한 후 1년간 보유한다면 이 때 발생하는 롤링수익률은? (단, 채권시장금리의 변동은 없다고 가정한다)

① 1%
② 2%
③ 3%
④ 4%
⑤ 5%

해설
3년물 금리 채권은 1년 후 2년물이 되어 있으므로, 4%의 금리로 평가받거나 매각할 수 있어 5% − 4% = 1%만큼의 자본이익이 발생한다.

핵심테마
11 채권의 기대수익률과 위험

출제포인트

■ 채권의 기대수익률과 그에 따른 위험에 대한 이해

1. 채권의 기대수익률

〈이자+롤링수익률 방식을 통한 채권의 기대수익률〉

① 가장 일반적인 방식으로 내재이자율 방식과 유사하나 보다 이해가 쉬움

② 전제조건

　　㉠ 기대수익률을 구하는 투자기간은 1년으로 정함

　　㉡ 1년의 투자기간 동안 시장금리 또는 수익률곡선의 변동은 없는 것으로 가정

　　㉢ 신용위험을 고려하지 않음

　　㉣ 모든 채권을 잔존만기와 듀레이션이 같도록 함

③ **채권의 기대수익률 계산**

> **이자 + 롤링수익률 방식을 통한 채권의 기대수익률 계산**
> • 채권기대수익률 = 1년간 채권이자수익률 + 1년간 롤링수익률 = 1년간 채권이자수익률 + (매입금리 − 1년 후 평가금리) × 잔존듀레이션
> • 1년간 예상투자수익률 = 채권이자수익률 + (매입금리 − 1년 후 예상금리) × 잔존듀레이션

2. 채권의 위험

〈채권의 위험프리미엄과 금리〉

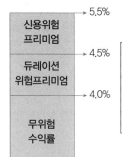

현재 국채 1년물의 금리가 4%, 국채 3년물의 금리가 4.5%, A⁺등급 회사채 3년물의 금리가 5.5%일 때 국채 1년물이 무위험자산으로 간주된다면 4%와 4.5%의 차이는 1년과 3년간의 듀레이션 위험 프리미엄으로, 4.5%와 5.5%의 차이는 국채와 A⁺등급 회사채 간의 신용위험 프리미엄으로 판단할 수 있다.

〈채권의 위험 종류〉

구 분	내 용
듀레이션위험	• 투자기간 동안 시장금리의 변동으로 인해 투자수익률이 하락할 위험 • 보유하는 채권의 듀레이션이 길면 길수록, 보유하는 채권의 금액이 많으면 많을수록 듀레이션은 증가 • 투자자의 상황에 따라 달라지는 상대적인 듀레이션 위험이 존재
신용위험	• 채권발행자의 신용도 하락으로 채권가격이 절대적으로 또는 상대적으로 하락할 가능성 • 원리금 미지급의 부도 위험, 신용등급 하락 등으로 채권가격이 하락할 수 있는 신용등급 하락위험, 시장 수급이나 경기전망의 영향에 따른 국채의 가격에 비해 상대적으로 더 약세를 보이는 신용스프레드 위험 등이 있음
유동성위험	• 채권의 중도 매각 시 적절한 매수자가 없어 적정가격으로 매도하지 못할 위험 • 신용등급이 낮을수록, 장기물일수록 유동성이 떨어지는 경향이 있음
중도상환위험	발행자의 중도상환으로 원래 기대했던 이자율을 얻지 못할 위험

적중문제

01 다음 중 채권의 기대수익률에 대한 설명으로 적절하지 않은 것은?

중요도
●●●

① 이자와 롤링수익률 방식을 통한 채권의 기대수익률을 구할 때는 1년의 투자기간 동안 시장금리 또는 수익률 곡선의 변동은 없는 것으로 가정한다.

② 이자와 롤링수익률 방식을 통한 채권의 기대수익률을 구할 때는 모든 채권을 잔존만기와 듀레이션이 같도록 한다.

③ 이자와 롤링수익률 방식을 통한 채권의 기대수익률을 구할 때는 신용위험을 고려해야 한다.

④ 이자와 롤링수익률 방식을 통한 채권의 기대수익률을 구할 때는 모든 채권을 잔존만기와 듀레이션이 같도록 해야 한다.

⑤ 이자와 롤링수익률 방식을 통한 채권의 기대수익률을 구할 때는 1년의 투자기간을 고려한다.

해설
이자와 롤링수익률 방식을 통한 채권의 기대수익률을 구할 때는 신용위험을 고려하지 않는다.

02 다음 중 채권의 위험에 해당하는 것으로 가장 거리가 먼 것은?

중요도
●●●

① 듀레이션위험
② 신용위험
③ 유동성위험
④ 중도상환위험
⑤ 기한상실위험

해설

채권의 위험에 해당하는 위험은 다음과 같다.

구 분	내 용
듀레이션위험	투자기간 동안 시장금리의 변동으로 인해 투자수익률이 하락할 위험
신용위험	채권발행자의 신용도 하락으로 채권가격이 절대적으로 또는 상대적으로 하락할 가능성
유동성위험	채권 중도 매각 시 적절한 매수자가 없어 적정가격으로 매도하지 못할 위험
중도상환위험	발행자의 중도상환으로 원래 기대했던 이자율을 얻지 못할 위험

03 현재 국채 1년물의 금리가 3.5%, 국채 3년물의 금리가 4.5%, A+등급 회사채 3년물의 금리가 5.5%일 때 A+
등급 회사채의 듀레이션위험 프리미엄은?

중요도
●●○

① 0%
② 0.5%
③ 1%
④ 1.5%
⑤ 2.0%

해설

회사채의 위험은 신용위험 프리미엄과 듀레이션 프리미엄으로 나눌 수 있다. 무위험으로 볼 수 있는 국채 1년물과 3년물의 금리 차이는 기간에 대한 위험프리미엄(듀레이션 위험프리미엄)으로 볼 수 있으므로, 4.5%와 3.5%의 차이인 1%가 듀레이션 위험 프리미엄이다. 또한 국채 3년물 4.5%와 회사채 3년물 5.5%의 차이 1%는 신용위험 프리미엄으로 볼 수 있다.

핵심테마
12 채권투자전략

- 채권의 투자전략별 특징에 대한 숙지

1. 채권투자전략의 분류

구 분		내 용
매매형태	만기보유전략	채권 매입 후 만기까지 채권을 보유하며 채권의 이자수익률만을 목적으로 함
	중도매각전략	매각 후 일정 기간 보유 후 어느 시점에서 롤링효과를 누리며 매각
	교체매매전략	매각 직후 향후 많은 수익이 기대되는 채권을 재매입
	단기매매전략(딜링전략)	단기간의 금리 움직임을 전망하며 자본수익을 얻기 위해 단기매매를 실행하는 단기매매전략
투자자세	소극적 투자전략	채권의 이자율을 중시(매칭전략, 사다리형 만기전략)
	적극적 투자전략	추가적인 자본수익을 얻기 위해 많은 노력이 동반(딜링, 교체매매 등)

2. 전략별 설명

(1) 매칭전략

필요한 현금흐름의 스케줄에 맞추어 채권 만기나 듀레이션을 결정, 투자기간 동안 금리변동으로 인한 손실의 가능성을 제거하여 투자하는 전략
① **면역전략** : 전체 현금흐름의 듀레이션 수준을 일치
② **현금흐름일치전략** : 미래 현금흐름을 모두 일치

(2) 사다리형 만기전략

① 보유채권에서 나오는 이자와 만기금액 등의 현금흐름을 각 기간별로 분산시켜 유지하는 전략
② 단기, 중기, 장기채 등 만기별 채권을 골고루 균등하게 보유함으로써 예상하기 힘든 금리시장의 변화나 필요 현금흐름의 변동에 적절히 대비하는 소극적 채권투자전략

(3) 바벨형 만기전략과 불렛형 만기전략

① 바벨형

ㄱ) 단기채와 장기채의 보유를 병행하는 투자전략

ㄴ) 언제든 부담 없이 매도할 수 있는 단기채와 경제가 좋지 못할 경우 타 자산과의 전체 포트폴리오 성과를 크게 개선시킬 수 있는 장기채의 보유를 병행

② 불렛형

ㄱ) 중기채 위주로 채권의 보유를 지속하는 투자전략

ㄴ) 기대수익률이 우수한 특정 만기구간에 집중하여 투자하는 경우 많이 사용됨

적중문제

01 다음 중 채권투자전략에 대한 설명으로 적절하지 않은 것은?

중요도 ●●●

① 만기보유전략은 채권 매입 후 만기까지 채권 보유로, 채권의 이자수익률만을 목적으로 한다.

② 단기매매전략은 단기간의 금리 움직임을 전망하며, 자본수익을 얻기 위해 단기매매를 실행하는 단기매매전략이다.

③ 소극적 투자전략은 채권의 이자율에서 발생하는 수익을 중시한다.

④ 적극적 투자전략은 추가적인 자본수익을 얻기 위해 많은 노력이 동반된다.

⑤ 딜링전략은 장기간의 금리 움직임을 전망하며, 자본수익을 얻기 위해 장기매매를 실행하는 장기매매전략이다.

해설

딜링전략은 단기매매전략이라고도 하며, 단기간의 금리 움직임을 전망하며 자본수익을 얻기 위해 단기매매를 실행하는 단기매매전략이다.

02 다음 중 채권투자전략에 대한 설명으로 적절하지 않은 것은?

중요도 ●●○

① 매칭전략은 필요한 현금흐름의 스케줄에 맞추어 채권 만기나 듀레이션을 맞추는 전략이다.

② 면역전략은 전체 현금흐름의 듀레이션 수준을 일치시키는 전략이다.

③ 현금흐름일치전략은 미래 현금흐름을 모두 일치시키는 전략이다.

④ 사다리형 만기전략은 보유채권에서 나오는 이자와 만기금액 등의 현금흐름을 각 기간별로 분산시켜 유지하는 전략으로 적극적 투자전략이다.

⑤ 바벨형이나 불렛형 만기전략의 경우 추가적인 자본수익을 얻기 위한 투자자의 노력 여하에 따라 평균적인 기대수익률을 높일 수 있다.

해설

사다리형 만기전략은 보유채권에서 나오는 이자와 만기금액 등의 현금흐름을 각 기간별로 분산시켜 유지하는 전략으로 단기, 중기, 장기채 등 만기별 채권을 골고루 균등하게 보유하는 소극적 투자전략이다.

핵심테마
13 채권형펀드 운용전략

■ 채권형펀드 운용전략의 이해

1. 벤치마크의 이해

① **채권형펀드의 목표** : 벤치마크 또는 인덱스 성과를 초과하는 수익률 제공
② 벤치마크(Benchmark)는 잔존만기별, 채권종류, 신용등급별로 구분된 섹터로 나누어 구성

2. 채권형펀드 운용전략

(1) 듀레이션 운용전략

① 채권시장 약세(금리 상승)가 예상되면 전반적인 펀드 듀레이션을 벤치마크 듀레이션보다 낮게, 채권시장 강세 (금리 하락)가 예상되면 전반적인 펀드 듀레이션을 벤치마크 듀레이션보다 높게 설정
② 펀드 듀레이션은 펀드에 편입된 채권 등의 듀레이션을 가중평균하여 계산함

(2) 섹터 운용전략

① 펀드를 구성하고 있는 각 섹터들의 가격을 전망하거나 가치를 분석하여 만기별, 종류 및 크레딧별 등 섹터들의 비중을 조절하는 운용전략
② 상대적으로 가치가 높은(저평가된) 섹터의 비중을 높이고 상대적으로 고평가된 섹터의 비중을 줄이는 전략으로 운용되므로 상대가치 운용전략이라고도 함
③ **만기섹터 운용전략**
  ㉠ 향후 우수한 성과가 예상되는 만기구간의 비중을 벤치마크보다 높이고 열등한 성과가 예상되는 만기구간의 비중을 벤치마크보다 낮추는 방식을 통해 벤치마크 성과를 초과 달성하려는 전략
  ㉡ 일드커브 플래트너 : 장기물 시장이 더 강세를 보일 것으로 예상되는 상황(일드커브플래트닝)이나 장기물의 상대가치가 우수한 것으로 판단될 경우 적용
  ㉢ 일드커브 스티프너 : 단기물 시장이 더 강세를 보일 것으로 예상되는 상황(일드커브스티프너)이나 단기물의 상대가치가 우수한 것으로 판단될 경우 적용
  ㉣ 중기물보다 단기물 + 장기물 조합의 성과가 더 우수할 것으로 예상되는 경우 바벨포지션 취함
  ㉤ 단기물 + 장기물 조합보다 중기물 조합의 성과가 더 우수할 것으로 예상되는 경우 불릿포지션 취함
  ㉥ 버터플라이 전략 : 바벨과 불릿을 오가는 전략
④ **신용섹터 운용전략** : 향후 우수한 성과가 예상되는 채권 종류나 신용등급 구간의 비중을 벤치마크(BM)의 것보 다 더 높이고 열등한 성과가 예상되는 종류나 신용등급 구간의 비중을 벤치마크보다 낮추는 방식을 통해 벤치마 크 성과를 초과 달성하려는 전략

⑤ **종목 투자전략** : 주변의 채권들에 비해 더욱 우수한 성과가 예상되는 채권종목을 적극적으로 편입하는 운용전략

⑥ **파생상품 운용전략**

    ㉠ 큰 자금의 소요 없이도 롱포지션(매수포지션)을 가질 수 있어서 레버리지 가능

    ㉡ 숏포지션(매도포지션) 구축이 가능하여 금리 상승 시 이익을 얻을 수 있는 포지션 구축이 가능

    ㉢ 듀레이션 헤지 : 파생상품을 이용하여 듀레이션위험을 제거하는 것으로 벤치마크 듀레이션보다 높은 듀레이션의 경우 파생상품 매도를 통해, 벤치마크 듀레이션보다 낮은 듀레이션의 경우 파생상품 매수를 통해 헤지 가능

2. 전략별 설명

(1) 매칭전략

필요한 현금흐름의 스케줄에 맞추어 채권만기나 듀레이션을 결정, 투자기간 동안 금리변동으로 인한 손실의 가능성을 제거하여 투자하는 전략

① **면역전략** : 전체 현금흐름의 듀레이션 수준을 일치

② **현금흐름일치전략** : 미래 현금흐름을 모두 일치

01 다음 중 채권형펀드 운용전략에 대한 설명으로 적절하지 않은 것은?

중요도
●○○

① 듀레이션 운용전략은 채권시장의 약세(금리 상승)가 예상되면 전반적인 펀드 듀레이션을 벤치마크 듀레이션보다 낮게, 채권시장 강세(금리 하락)가 예상되면 전반적인 펀드 듀레이션을 벤치마크 듀레이션보다 높게 설정하는 것이다.

② 섹터 운용전략은 펀드를 구성하고 있는 각 섹터들의 가격을 전망하거나 가치를 분석하여 만기별, 종류 및 크레딧별 등 섹터들의 비중을 조절하는 운용전략이다.

③ 듀레이션 운용전략에서 펀드 듀레이션은 펀드에 편입된 채권 등의 듀레이션을 가중평균하여 계산한다.

④ 만기섹터 운용전략은 향후 우수한 성과가 예상되는 만기구간의 비중을 벤치마크보다 높이고 열등한 성과가 예상되는 만기구간의 비중을 벤치마크보다 낮추는 방식을 통해 벤치마크 성과를 초과달성하려는 전략이다.

⑤ 신용섹터 운용전략은 향후 우수한 성과가 예상되는 채권종류나 신용등급 구간의 비중을 벤치마크보다 더 높이고 열등한 성과가 예상되는 종류나 신용등급 구간의 비중을 벤치마크보다 낮추는 방식을 통해 기준수익률만큼의 수익을 추구하는 운용전략이다.

해설

신용섹터 운용전략은 향후 우수한 성과가 예상되는 채권종류나 신용등급 구간의 비중을 벤치마크보다 더 높이고 열등한 성과가 예상되는 종류나 신용등급 구간의 비중을 벤치마크보다 낮추는 방식을 통해 초과수익을 추구하는 운용전략이다.

02 다음 중 만기섹터 운용전략 중 장기물 시장이 더 강세를 보일 것으로 예상되는 경우 취할 채권운용전략은?

중요도
●○○

① 일드커브 플래트너 포지션

② 일드커브 스티프너 포지션

③ 바벨포지션

④ 불릿포지션

⑤ 버터플라이 전략

해설

만기섹터 운용전략 중 장기물 시장이 더 강세를 보일 것으로 예상되는 경우 일드커브 플래트너 포지션을 취해야 한다.

출제경향 및 학습전략

● 파생상품의 기본적인 개념과 파생상품의 종류별 특성에 대한 이해가 필요합니다.

● 계산문제의 비중은 상대적으로 적지만 파생상품의 종류별 헤지 방법과 투자전략에 대한 전반적인 이해가 필요합니다.

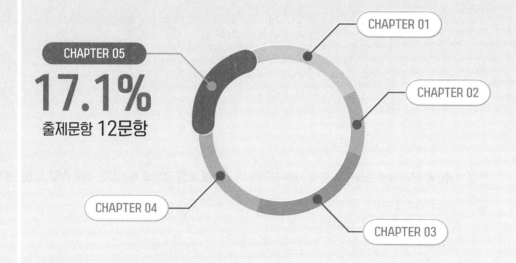

CHAPTER 01

CHAPTER 05

17.1%
출제문항 12문항

CHAPTER 02

CHAPTER 04

CHAPTER 03

핵심테마

01 파생상품의 개념

- 파생상품 개념에 대한 이해

1. 파생상품

(1) 파생상품의 정의

① 기초자산의 가격에 의해 그 가치가 결정되는 계약

② 금융투자상품을 증권과 파생상품으로 구분

③ 파생상품은 원본 이외의 추가적인 지급 의무도 부담할 수 있음

(2) 파생상품의 유형

① 손익구조 형태에 따라 자본시장법에서는 선도, 옵션, 스왑형으로 분류

② 표준화되어 있는 파생상품을 장내파생상품, 이 외의 파생상품을 장외파생상품이라 함

구 분	내 용
선도형 파생상품	선도, 선물, 스왑 등 손익구조가 선형인 파생상품
옵션형 파생상품	옵션행사 권리가 내재되어 있어 손익구조가 중간에 꺾이는 특성이 있는 파생상품
합성형 파생상품	선물 + 옵션인 선물옵션, 스왑 + 옵션인 스왑션 등이 있음

적중문제

01 다음 중 파생상품에 대한 설명으로 적절하지 않은 것은?

중요도
●○○

① 파생상품은 기초자산의 가격에 의해 그 가치가 결정되는 계약이다.

② 금융투자상품은 증권과 파생상품으로 구분되며, 원금 이상의 손실 가능성이 있는 경우 파생상품으로 분류한다.

③ 선도형 파생상품은 선도, 선물, 스왑 등 손익구조가 선형인 파생상품이다.

④ 자본시장법에서는 파생상품의 형태를 손익구조 형태에 따라 선도, 옵션, 선물옵션, 스왑션으로 구분한다.

⑤ 표준화되어 있고 거래소를 통해 거래되는 파생상품을 장내파생상품, 이외의 파생상품을 장외파생상품이라한다.

해설

자본시장법에서는 파생상품의 형태를 손익구조 형태에 따라 선도, 옵션, 스왑형으로 분류한다.

핵심테마

02 장내파생상품

■ 장내파생상품의 특징 및 거래안정화제도에 대한 이해

1. 장내파생상품의 특징

(1) 장내파생상품

- 표준화된 계약 : 거래의 내용이나 조건이 표준화되어 있다는 점에서 당사자 간 합의가 필요한 장외파생상품과의 차이 존재
- 거래소에 의한 채무이행 : 조직화된 거래소에서 자격이 있는 회원의 중개를 통해 거래되며, 파생상품거래의 원활한 계약 이행 보증을 위해 거래소는 청산기관*을 운영

*청산기관의 역할 : 매수자와 매도자 중간에서 거래상대방의 역할을 맡아 계약이행을 책임지는 역할을 수행하고, 거래소가 결제이 행 책임을 부담하므로 투자자는 파생상품 거래 시 상대방의 신용상태를 파악할 필요가 없음

(2) 결제안정화제도

구 분	내 용
반대거래	최종거래일 이전 거래당사자가 원할 경우 언제든 계약에서 벗어날 수 있도록 하기 위해 반대매매를 제도적으로 허용
일일정산	전일 선물가격과 당일 선물가격과의 차이에 해당하는 금액을 익일에 결제 가능
증거금제도	• 증거금은 거래당사자가 결제를 이행하지 않을 경우 결제당사자가 결제대금으로 사용할 수 있도록 파생상품 거래자가 증권회사나 선물회사에 예치한 담보금을 의미함 • 파생상품거래에서 증거금은 미래의 일정 시점에 계약을 반드시 이행하겠다는 이행보증금의 성격을 가짐 • 개시증거금 : 최초 계약 체결 시 1계약당 선물회사에 납부하는 증거금 • 유지증거금 : 계약 체결 후 계좌에서 유지해야 되는 잔액

핵심 CHECK

증거금제도

구 분	내 용
개시증거금	최초 계약 체결 시 1계약당 선물회사에 납부하는 증거금
유지증거금	계약 체결 후 계좌에서 유지해야 되는 잔액(개시증거금의 약 70% 수준)
마진콜	• 일일 정산 결과 계좌의 잔액이 유지증거금 수준 이하로 떨어지면 선물회사는 마진콜을 통보하며, 고객 은 다음날 12시까지 선물회사에 추가증거금을 현금으로 납입해야 함 • 추가증거금을 납입하지 않으면 선물회사는 고객의 미결제약정에 대해 즉시 반대매매 수행

01 다음 중 장내파생상품의 특징이 **아닌** 것은?

●●●

① 거래의 내용이나 조건이 표준화되어 있다.

② 조직화된 거래소에서 자격이 있는 회원의 중개를 통해 거래된다.

③ 장내파생상품 거래를 하는 경우 거래 상대방의 신용을 파악하는 절차가 선행된다.

④ 거래소는 청산기관을 통해 장내파생상품 계약 이행을 책임진다.

⑤ 청산기관은 매수자와 매도자 중간에서 각자의 거래상대방의 역할을 수행한다.

해설

장내파생상품 거래를 하는 경우 거래소가 청산기관을 통해 계약 이행을 책임지므로 거래 상대방의 신용상태를 파악할 필요가 없다.

02 다음 중 장내파생상품의 용어에 대한 뜻으로 적절하게 묶인 것은?

●●○

ㄱ. 반대거래 – 최종거래일 이전 거래당사자가 원할 경우 언제든 계약에서 벗어날 수 있도록 하기 위해 거래당사자가 보유하고 있는 포지션과 반대포지션으로 매매

ㄴ. 익일정산 – 전일 선물가격과 당일 선물가격 차이에 해당하는 금액을 익일에 거래

ㄷ. 개시증거금 – 최초 계약 체결 시 1계약당 선물회사에 납부하는 증거금

ㄹ. 유지증거금 – 계약 체결 후 계좌에서 유지해야 되는 잔액으로 개시증거금과 동액만큼 유지해야 함

ㅁ. 마진콜 – 일일 정산 결과 계좌의 잔액이 유지증거금 수준 이하로 떨어지면 선물회사가 통보하는 것으로 고객은 다음날 12시까지 선물회사에 추가증거금을 현금으로 납입하는 것이 필요하며, 추가증거금 미납 시 선물회사는 1달의 유예기간을 두고 1달까지 미납 시 반대매매 수행

① ㄱ, ㄴ, ㄷ

② ㄱ, ㄴ, ㄹ

③ ㄱ, ㄷ, ㅁ

④ ㄴ, ㄷ, ㄹ

⑤ ㄷ, ㄹ, ㅁ

해설

ㄹ. 유지증거금은 계약 체결 후 계좌에서 유지해야 되는 잔액으로 개시증거금의 70%만큼 보유하면 된다.

ㅁ. 마진콜은 계좌의 잔액이 유지증거금 수준 이하로 떨어지는 경우 선물회사가 통보하는 것으로 고객은 다음날 12시까지 선물회사에 추가증거금을 현금으로 납입하는 것이 필요하며, 추가증거금 미납 시 선물회사는 즉시 반대매매를 통해 포지션을 청산한다.

196　PART 1 금융자산 투자설계

정답　01 ③　02 ①

03 파생상품거래의 구성요소

■ 파생상품거래의 구성요소에 대한 개략적인 이해 및 암기

1. 파생상품거래의 구성요소

구 분	내 용
기초자산	• 만기일에 인도되는 상품 또는 자산으로 파생상품거래의 대상물 • 주가지수(S&P500, KOSPI200 등), 금리(LIBOR, 연방기금금리 등), 중장기채권(T − Bond, T − Note, KTB 등), 주요국 통화(미국달러, 유로, 엔, 파운드 등), 상품(농산물, 축산물, 에너지, 귀금속 등)
계약단위	• 파생상품의 기본 거래단위로 한 계약의 크기 • 파생상품별로 계약단위를 표준화
호가단위	• 파생상품의 매입, 매도 주문 시 호가할 수 있는 최소가격변동폭 • 각 거래소마다 상품별로 그 크기를 표준화
결제월	• 파생상품 계약이 만기가 되어 실물인수도나 현금결제가 이루어지는 달로 인도월이라고도 함 • 금융선물계약의 경우 통상 분기의 마지막 월(3, 6, 9, 12월)이 결제월로 지정
일일가격제한폭	전일의 결제가격을 기준으로 당일 거래 중 등락할 수 있는 최대한의 가격변동범위
인수도방법	만기일에 기초자산을 수수하는 방법으로 실물을 인도하는 실물인수도방식과 기초상품가격에 의한 현금결제방식이 있음

적중문제

01 다음 중 파생상품거래의 구성요소에 대한 설명으로 적절하지 않은 것은?

① 기초자산은 주가지수, 금리, 중장기채권, 통화, 상품 등 다양하다.

② 파생상품거래에서 계약단위는 표준화되어 있다.

③ 결제월은 파생상품 계약의 만기 시점을 일컫는 말로, 금융선물계약의 경우 통상 분기의 마지막 월이 결제월로 지정된다.

④ 일일가격제한폭은 전일의 결제가격을 기준으로 당일 거래 중 등락할 수 있는 최대한의 가격변동범위를 의미한다.

⑤ 만기일에 파생상품에 대한 기초자산을 수수하는 방법으로는 실물을 인도하는 방식만 적용한다.

해설

만기일에 파생상품에 대한 기초자산을 수수하는 방법은 실물을 인도하는 실물인수도방식과 기초상품가격에 의한 현금결제방식이 있다.

정답 **01** ⑤

파생상품의 활용

■ 파생상품을 활용한 투자전략 개발의 종류 및 의의

1. 구조화금융과 상품개발

(1) 구조화금융과 상품개발

구조화 상품 : 일반적인 금융상품과 다양한 파생상품의 구조를 결합시켜 발행자(기업)와 투자자의 니즈를 동시에 충족시키고자 설계된 상품

(2) 리스크관리전략 개발

① **불리한 리스크와 유리한 리스크를 모두 제거** : 리스크관리 목표를 달성하기 위해서는 선물, 스왑 등 선도형 파생상품을 활용

② **불리한 리스크를 제거하고 유리한 리스크를 보존**
  ㉠ 가치 상승으로부터 이익 가능성은 유지하면서 가치 하락에 의한 손실 가능성을 방어하는 것으로 옵션형 파생 상품을 활용
  ㉡ 비용이 많이 발생함

③ **리스크관리비용의 절감** : 비용이 절감된 리스크관리수단은 필요 수준의 방어를 제공할 뿐만 아니라, 이익 기회 의 일부를 매도하여 리스크관리비용을 절감

2. 투자전략의 개발

(1) 방향성 거래전략

① 가격전망에 근거한 투자전략
② 투자자는 선물, 선도, 스왑 등과 같은 선도형 파생상품을 활용하여 방향성 투자전략을 실행할 수 있음
  ㉠ 선물스프레드 거래 : 스프레드의 변화를 예상하여 한 선물계약을 매수하고 다른 선물계약을 매도하는 전략으로 이익이 손실보다 클 것으로 기대할 때 사용하는 전략
  ㉡ 옵션스프레드 거래 : 만기는 같으나 행사가격이 다른 콜옵션 또는 풋옵션을 동시에 매수/매도하는 전략으로, 전략의 특징으로는 만기가 같은 콜옵션 또는 풋옵션을 매수/매도하므로 두 옵션의 쎄타가 반대부호를 갖게 되므로 시간가치 소멸효과가 없으며 옵션포지션의 장기보유가 가능

(2) 변동성 매매전략

기초자산의 변동성에 근거한 투자전략(옵션)

(3) 차익거래와 상대가치거래전략

① **차익거래** : 기초자산 가격과 파생상품 가격 간의 차이 또는 여러 파생상품 가격 간의 차이를 이용하여 이익을 얻는 행위

② **선물시장에서의 차익거래** : 선물의 시장가격과 이론가격 간에 괴리가 발생할 때 이를 이용하여 무위험 수익을 얻는 거래

③ **상대가치거래**

  ㉠ 글로벌 자본시장에서 가격괴리를 포착하기 위해 기초자산의 리스크를 헤지하고 알파를 얻고자 하는 거래 전략

  ㉡ 2개 이상의 상품이 만기 또는 미래의 일정시점에서 어떤 이론적 관계를 가질 때 현재시점의 가격차이를 이용하여 투자하는 전략

적중문제

01 다음 중 파생상품거래의 리스크관리전략에 대한 설명으로 적절하지 않은 것은?

중요도
●●○

① 리스크관리전략은 크게 불리한 리스크와 유리한 리스크를 모두 제거하는 방식과 불리한 리스크를 제거하고 유리한 리스크를 보존하는 방법이 있다.

② 불리한 리스크를 제거하고 유리한 리스크를 보존하는 방법은 비용이 많이 드는 단점이 있으며 주로 선물계약을 활용한다.

③ 리스크 관리 비용을 절감하기 위해 이익 기회의 일부를 매도하기도 한다.

④ 구조화 상품은 일반적인 금융상품과 파생상품의 구조를 결합시킨 상품이다.

⑤ 스왑은 불리한 리스크와 유리한 리스크를 모두 제거하는 방법 중 하나이다.

[해설]

② 불리한 리스크를 제거하고 유리한 리스크를 보존하는 방법은 비용이 많이 드는 단점이 있으며 주로 옵션계약을 활용한다.

⑤ 스왑, 선물 등 선도형 파생상품은 불리한 리스크와 유리한 리스크를 모두 제거하는 방법으로 사용된다.

02 다음 중 파생상품 투자전략에 대한 설명으로 적절하지 않은 것은?

중요도
●●○

① 선물스프레드는 스프레드의 변화를 예상하여 선물계약 매수/다른 선물계약을 매도하는 전략으로 이익이 손실보다 클 것으로 기대할 때 사용하는 전략이다.

② 옵션스프레드거래는 시간가치 소멸효과가 없는 것이 특징이다.

③ 변동성 매매전략은 기초자산의 변동성에 근거한 투자전략으로 주로 선물, 선도, 스왑 등과 같은 선도형 파생상품을 활용한다.

④ 선물시장에서의 차익거래는 선물의 시장가격과 이론가격 간에 괴리가 발생할 때 이를 이용하여 무위험 수익을 얻는 거래이다.

⑤ 상대가치거래는 2개 이상의 상품이 만기 또는 미래 일정 시점에서 어떤 이론적 관계를 가질 때 현재시점의 가격차이를 이용하여 투자하는 전략이다.

해설

③ 변동성 매매전략은 기초자산의 변동성에 근거한 투자전략으로 주로 옵션 파생상품을 활용한다.

② 옵션스프레드거래는 만기는 같으나 행사가격이 다른 콜옵션 또는 풋옵션을 동시에 매수 및 매도하는 전략으로 두 옵션의 쎄타가 반대부호를 갖게 되어 시간가치 소멸효과가 없는 것이 특징이다.

05 선물거래와 선도거래

출제포인트

■ 선물거래와 선도거래의 차이점에 대한 숙지

1. 선물거래와 선도거래의 차이

구 분	선물(장내파생상품)	선도(장외파생상품)
거래장소	거래소	제한 없음
거래방법	공개호가방식 또는 전자거래시스템	거래당사자 간 계약
거래금액	표준단위	제한 없음
가격형성	시장에서 형성	거래당사자 간 협의
거래상대방	• 알 수 없음 • 거래소 회원 간 거래	특정 대상과 거래
신용위험	청산소에서 계약 이행을 보증	계약불이행 위험 존재
증거금과 일일정산	당사자 모두 증거금을 납부하며 일일정산	• 증거금이 없고 필요에 따라 증거금 요구 • 일일정산 없으며 만기일 정산
인수도	결제이전 포지션 청산 가능	대부분 실물인수도(NDF 예외)
만기일(결제일)	특정월의 특정일	거래당사자 간 협의

적중문제

01

중요도

●●●

다음 중 선물거래와 선도거래를 비교한 것으로 적절하지 않은 것은?

① 선물거래는 거래소를 통해서 거래가 이뤄지지만, 선도거래는 제한이 없다.

② 선도거래와 선물거래 모두 시장에서 가격이 형성되는 공통점이 있다.

③ 선물거래는 선도거래와는 달리 거래상대방을 알 수 없는 차이점이 있다.

④ 선물거래는 선도거래와는 달리 결제이전 포지션을 청산할 수 있는 차이점이 있다.

⑤ 선도거래는 선물거래와는 달리 NDF(뉴욕차익거래선물환)를 제외하고는 대부분 실물인수도 방식으로 거래가 이루어진다.

해설

선물거래의 경우 시장에서 가격이 형성되지만 선도거래의 경우 거래당사자 간 협의로 가격이 형성되는 차이점이 있다.

주식선물과 주가지수선물 개요

출제포인트

- 주식선물과 주가지수선물에 대한 차이점 이해
- KOSPI200 지수선물에 대한 숙지

1. 주식선물

(1) 주식선물의 특징

① **기초자산** : 특정 주식

② 거시변수보다는 해당 주식가격을 결정하는 미시변수에 의해 상대적으로 더 큰 영향

③ KRX 주식선물은 유통주식주, 소액주주수, 1년간 총거래대금이 일정 수준 이상인 보통주 중에 시가총액과 재무상태를 감안하여 선정한 기업들이 발행한 주식을 거래 대상으로 하는 선물로 거래단위는 계약당 주식수 10주이며, KOSPI200선물과 동일하게 3, 6, 9, 12월 두 번째 목요일에 현금으로 결제

(2) 주가지수선물의 특징

① 주가지수를 거래하는 선물로 대표적인 주가지수선물은 S&P500 지수선물, 나스닥100 지수선물, Nikkei225 지수선물, KOSPI200 지수선물이 있음

② 실물결제가 아닌 계약 시 정한 가격과 결제시점 주가지수와의 차이를 기준으로 하여 현금으로 결제

③ 거래비용이 저렴하여 분산투자가 잘 이루어진 주식포트폴리오의 가격변동 리스크를 헤지하는 데 매우 유용

④ 지수선물은 주로 체계적 리스크 또는 시장리스크를 관리하는 데 이용

2. KOSPI200 지수선물

(1) KOSPI200 지수선물의 특징

① **거래대상** : KOSPI200

② **계약금액**은 KOSPI200 선물가격에 거래승수 25만원을 곱하여 산출

③ **결제월** : 3, 6, 9, 12월이며, 최종거래일은 각 결제월의 두 번째 목요일

④ **결제방법** : 현금결제방식

⑤ **서킷브레이커즈** : 시장안정화장치로 가격제한폭과 프로그램 매매호가를 일시적으로 중단

핵심 CHECK

> **베타 조정 시 매도 또는 매수해야 할 지수선물 계약 수**
>
> $$N = (\beta_T - \beta_M) \times \frac{P}{F}$$
>
> (β_T : 포트폴리오의 목표베타, β_M : 주식포트폴리오의 시장인덱스베타
> P : 주식포트폴리오의 현재가치, F : 주가지수선물 한 계약의 현재가치)

01 다음 중 주식선물과 주가지수선물에 대한 설명으로 적절하지 않은 것은?

중요도
●●○

① 주식선물은 경제현황 등 거시변수보다 해당 주식가격을 결정하는 미시변수에 상대적으로 더 큰 영향을 받는다.
② 주식선물의 계약당 주식수는 10주이다.
③ 대표적인 주가지수선물은 S&P500 지수선물, 나스닥100 지수선물, Nikkei225 지수선물, KOSPI200 지수선물 등이 있다.
④ 주가지수선물의 경우 현물이 존재하지 않으므로 계약 시 정한 가격과 결제시점 주가지수와의 차이를 기준으로 현금으로 결제한다.
⑤ 주가지수선물은 체계적 리스크를 관리하는 데는 유용하지만, 거래비용이 비싸 주식포트폴리오의 가격변동 리스크를 헤지하는 것에 어려움이 있다.

해설

주가지수선물은 체계적 리스크 및 시장 리스크를 관리하는 데 유용하며, 거래비용이 저렴하여 분산투자가 잘 이루어진 주식포트폴리오의 가격변동 리스크를 헤지하는 데 유용한 특징이 있다.

02 다음 중 KOSPI200 지수선물의 특징으로 적절하지 않은 것은?

중요도
●●●

① 결제월은 3, 6, 9, 12의 분기의 마지막 달이며, 최종거래일은 각 결제월의 마지막 영업일이다.
② 시장안정화장치로 프로그램 매매호가를 일시적으로 중단하는 서킷브레이커즈를 운영한다.
③ 계약금액은 KOSPI200 선물가격에 거래승수 25만원을 곱하여 산출한다.
④ 계약단위는 1계약이다.
⑤ 결제방법은 현금결제방식을 사용한다.

해설

KOSIP200 지수선물의 결제월은 3, 6, 9, 12의 분기의 마지막 달이며, 최종거래일은 각 결제월의 두 번째 목요일이다.

03 현재 2.5억원의 주식포트폴리오를 보유하고 있는 투자자 A씨는 3월물을 이용해 주식포트폴리오의 체계적 위험을 관리하고자 한다. 현재 코스피200 선물지수가 300포인트, 보유 중인 포트폴리오의 베타가 1.5이다. 투자자는 앞으로 주가가 하락할 것으로 예상하고 베타를 1.2로 하락시키려 한다. 이 경우 3월물 코스피200 주가지수선물을 몇 계약 매도해야 하는가?

중요도
●●○

① 1계약   ② 2계약
③ 3계약   ④ 4계약
⑤ 5계약

해설

선물계약 수 $= (1.2 - 1.5) \times \dfrac{2.5억원}{300 \times 25만원} = 1계약 \,(매도)$

주식 관련 선물을 이용한 투자전략과 리스크관리

출제포인트

- 주식 관련 선물을 이용한 투자전략과 리스크관리전략에 대한 이해

1. 투자전략

(1) 방향성 투자

① 주가지수선물을 이용하여 주식시장 전체의 움직임에 대한 베팅 성격의 거래 가능

② 시장의 강세를 예상 → 주가지수선물 매수

③ 시장의 약세를 예상 → 주가지수선물 매도

(2) 스프레드거래전략

① **스프레드** : 일반적으로 특정 선물의 시장가격과 다른 선물의 시장가격 간 차이

② **결제월 간 스프레드** : 기초자산이 동일한 선물 중 결제월이 다른 선물 간의 가격 차이

③ **상품 간 스프레드** : 결제월이 동일하지만 기초자산이 다른 선물 간의 가격 차이

④ **스프레드거래** : 스프레드의 변화를 예상하여 한 선물계약을 매수하고 다른 선물계약을 매도하는 전략으로 스프레드 변화 시 한쪽에서 이익이 발생할 때 다른 쪽에서 손실이 발생하더라도 이익이 손실보다 클 것으로 기대하는 전략

⑤ 일반적으로 순보유비용으로 선물가격은 현물가격보다 높게 형성되므로 원월물가격이 근월물가격보다 높게 형성 (선물가격 = 현물가격 + 순보유비용)

⑥ **강세스프레드** : 근월물 가격이 원월물 가격에 비해 상대적으로 더 많이 상승하거나 더 적게 하락할 것으로 예상하는 경우로 근월물 매수, 원월물 매도

⑦ **약세스프레드** : 원월물 가격이 근월물에 비해 상대적으로 더 많이 상승하거나 더 적게 하락할 것으로 예상하는 경우로 원월물 매수, 근월물 매도

⑧ **채권선물** : 채권이자가 주로 단기이자보다 크므로 순보유비용이 (−)가 되므로 주식 관련 선물의 스프레드거래 포지션과 반대로 설정해야 함

(3) 마켓타이밍

① 주가가 상승할 것으로 예상 → 베타가 높은 주식의 비중을 늘려 주식포트폴리오 시장리스크 증가

② 주가가 하락할 것으로 예상 → 베타가 낮은 주식의 비중을 늘려 주식포트폴리오 시장리스크 감소

2. 시장리스크관리

(1) 주식포트폴리오의 시장리스크관리

① 분산투자에 의해 주식포트폴리오의 비체계적 리스크는 제거할 수 있으므로 지수선물은 주로 체계적 리스크 또는 시장리스크를 관리하는 데 이용

② **매도헤지** : 주식포트폴리오의 보유자는 지수선물을 매도함으로써 장래의 가격하락 리스크를 제거

(2) 헤지거래

〈매도헤지와 매입헤지〉

구 분	매도헤지	매입헤지
목 적	현물가격 하락위험 회피	현물가격 상승위험 회피
구 성	현물매입 + 선물매도	현물매도 + 선물매입

핵심 **CHECK**

금리리스크의 유형과 헤지전략

현물거래	금리리스크	헤지전략
고정금리 차입	금리 하락	금리선물 매수
채권투자 예정	금리 하락	채권선물 매수
차입 예정	금리 상승	금리선물 매도

적중문제

01 다음 중 주식 관련 선물을 이용한 투자전략과 리스크관리에 대한 설명으로 적절하지 않은 것은?

중요도
●●○

① 시장의 강세를 예상한 투자자는 주가지수선물을 매수한다.

② 결제월 간 스프레드는 기초자산이 동일한 선물 중 결제월이 다른 선물 간의 가격 차이를 이용한 스프레드이다.

③ 상품 간 스프레드는 결제월이 동일하지만 기초자산이 다른 선물 간의 가격 차이를 이용한 스프레드이다.

④ 일반적으로는 근월물가격이 원월물가격보다 높게 형성된다.

⑤ 채권선물의 경우 채권이자가 주로 단기차입이자보다 크므로 순보유비용이 (−)가 되며, 따라서 주식 관련 선물스프레드 포지션과 반대로 설정해야 한다.

해설

일반적으로는 현물을 보유하는 것에는 순보유비용이 추가되며, 따라서 현물가격과 순보유비용을 합한 값이 선물가격이 된다. 따라서 상대적으로 순보유비용으로 인해 원월물가격이 근월물가격에 비해 높게 형성된다.

02 투자자 A씨는 4월 주식시장의 강세를 예상하여 6월물 코스피200 지수선물을 120포인트에 10계약 매입하였
중요도 다. 현재 6월물 코스피200 지수선물의 가격이 10% 상승하여 반대매매로 포지션을 청산하고자 할 때, 투자자
●●○ A의 총 투자손익은?

① 2,500만원 이익

② 3,000만원 이익

③ 이익 및 손실 없음

④ 2,500만원 손실

⑤ 3,000만원 손실

해설

(120포인트 × 1.1 − 120포인트) × 10계약 × 25만원 = 3,000만원 이익

03 투자자 B씨는 6월물 코스피200 지수선물을 120포인트에 10계약 매입하고, 9월물은 125포인트에 10계약 매
중요도 도하였다. 현재 6월물 코스피200 지수선물은 122포인트, 9월물은 126포인트인 경우 반대매매하여 포지션
●●○ 청산 시 투자자 B의 순손익은?

① 250만원 이익

② 250만원 손실

③ 이익 및 손실 없음

④ 500만원 이익

⑤ 500만원 손실

해설

• 6월물 = (122포인트 − 120포인트) × 10계약 × 25만원 = 500만원 (이익)

• 9월물 = (125포인트 − 126포인트) × 10계약 × 25만원 = 250만원 (손실)

∴ 500만원 − 250만원 = 250만원 (이익)

04 현재 보유 중인 주식포트폴리오의 총 가치는 10억원이고 포트폴리오의 베타는 2, 코스피200 지수선물은 220 포인트일 경우, 최소분산헤지를 위해 매도해야 하는 선물계약 수는?

중요도
●●●

① 30계약　　　　　　　　　　　　　② 36계약
③ 40계약　　　　　　　　　　　　　④ 42계약
⑤ 45계약

해설

베타조정헤지를 위해 필요한 선물계약 수는 베타조정헤지 × [주식가치 / (선물가격 × 25만원)]으로 계산할 수 있다.
• 2 × [10억원 / (220포인트 × 25만원)] = 36계약

05 다음 금리리스크의 유형과 헤지전략에 대한 설명 중 빈칸에 들어갈 내용으로 적절한 것은?

중요도
●●●

현물거래	금리리스크	헤지전략
고정금리 차입	(ㄱ)	
채권투자 예정		(ㄴ)
차입 예정	(ㄷ)	

	ㄱ	ㄴ	ㄷ
①	금리 상승	채권선물 매수	금리 상승
②	금리 상승	금리선물 매수	금리 하락
③	금리 하락	채권선물 매수	금리 상승
④	금리 하락	금리선물 매도	금리 하락
⑤	금리 하락	채권선물 매도	금리 상승

해설

• 고정금리로 차입하는 경우 향후 금리가 하락하여 부채의 평가금액이 커질 우려가 있으므로 금리선물을 매수하여 금리 하락에 대비한다.
• 채권투자 예정인 경우 향후 금리가 하락하여 투자 금액이 증가할 위험이 있다. 따라서 채권투자 예정일 경우 헤지전략은 채권 선물을 매수하는 것이다.
• 차입예정인 경우 금리가 상승하여 이자율이 상승하는 상황이 위험이며, 금리선물을 매도하여 해당 리스크에 대비한다.

핵심테마
08 금리선물

출제포인트

- 금리선물의 종류별 특징 암기

1. 금리선물의 개요 및 종류

① 금리 또는 금리에 의해 가격이 결정되는 채권을 거래 대상으로 하는 선물계약

② **기초자산의 실물 인수도가 없고 기초자산의 금리를 지수화하여 거래하는 방식** : 연방기금금리선물, SOFR선물, 한국KOFR선물

③ **기초자산을 만기에 인수도하는 동시에 채권가격으로 거래하는 방식** : T − Bond선물 등

④ **② + ③ 혼합형으로 기초자산의 실물 인수도가 없고 채권가격으로 거래하는 방식** : 한국 국채선물

연방기금선물 (Federal Funds Futures)	• 정의 : 연방기금금리를 거래대상으로 하는 단기금리선물 • 거래단위 : 5백만 달러 • 가격표시방법 : 100 − 결제월의 평균 연방기금실효금리 차감 • 호가단위 : 0.5bp • 계약월 : 24개 연속월 • 최종거래일 : 결제월의 최종영업일 • 결제방법 : 결제월의 일평균 유효연방기금금리에 의한 현금결제
SOFR(Secured Overnight Financing Rate)선물	• 정의 : 미국연방준비제도가 제시하는 단기기준금리로, 미국 국채담보부 1일 자금거래인 익일 Repo 금리를 거래량으로 가중한 중앙값 • 1개월 SOFR선물 : 결제월의 SOFR 산술평균 거래 • 3개월 SOFR선물 : 결제 분기의 SOFR 이산복리 거래
KOFR(Korea Overnight Financing Repo Rate) 거래	• 정의 : 우리나라의 무위험지표금리로 국채·통안증권을 담보로 하는 익일물 RP 거래 금리 • KOFR : 신용위험과 유동성위험이 배제된 상태에서 자금의 수요와 공급에 의해 결정되는 평균 자금조달비용으로 시장대표성이 매우 높음 • 실제 체결된 RP거래를 기반으로 산출되어 조작 가능성이 거의 없으며, 익익물 국채와 통안증권 RP거래를 기반으로 산출 • 3개월 KOFR선물 : 매 영업일에 공시되는 KOFR을 선물 만기 직전 3개월 동안 평균한 금리로 최종결제일에 현금결제

01 다음 중 금리선물에 대한 설명으로 적절하지 않은 것은?

중요도
●○○

① 연방기금선물은 연방기금금리를 거래대상으로 하는 단기금리선물이다.

② SOFR은 미국의 연방준비제도가 제시하는 단기기준금리로 미국 국채담보부 1일 자금거래인 익일 Repo 금리를 거래량으로 가중한 중앙값이다.

③ RFR은 2023년 시장에서 퇴출된 LIBOR를 대신하여 나타난 것으로 대표적으로는 SOFR 등이 있다.

④ 연방기금선물의 계약월은 24개 연속월을 대상으로 한다.

⑤ KOFR은 우리나라 무위험지표금리로 국채·통안증권을 담보로 하는 익익물 RP 거래 금리로 신용위험과 유동성위험이 포함된 상태로 시장대표성이 높다.

해설

KOFR은 우리나라 무위험지표금리로 국채·통안증권을 담보로 하는 익익물 RP 거래 금리로 신용위험과 유동성위험이 배제된 상태로 시장대표성이 높다.

09 채권선물

출제포인트

■ 채권선물의 종류별 특징 암기

---

1. 채권선물

(1) T-Bond선물

① 미국 재무부가 발행한 T – Bond를 거래대상으로 하는 채권선물(표면금리 6%)

② 인도 가능한 채권은 잔존만기 15년 이상인 T – Bond이며, 계약단위는 $100,000

(2) 한국국채선물

구 분	내 용
거래대상	표면금리 연 5%, 6개월 이표지급 방식의 3, 5, 10년 만기 국고채권
거래단위	액면가 1억원으로 가격은 액면가 100원을 기준으로 표시
최소호가단위	0.01(1틱의 가치 = 1억원 × 0.01 × 1/100 = 10,000원)
최종거래일	결제월의 세 번째 화요일
최종결제방법	현금결제

적중문제

01 다음 중 T-Bond선물과 한국국채선물에 대한 설명으로 적절하지 않은 것은?

중요도
●○○

① T – Bond선물은 미국 재무부가 발행한 표면금리 6%의 T – Bond를 거래대상으로 하는 채권선물이다.

② 한국국채선물의 거래단위는 액면가 10억원으로 가격은 액면가 10,000원을 기준으로 표시한다.

③ 한국국채선물의 거래대상은 표면금리 연 5%의 6개월 이표지급방식의 3, 5, 10년 만기 국고채권이다.

④ 한국국채선물의 최종결제방법은 현금결제방식이다.

⑤ T – Bond선물의 인도 가능한 채권은 잔존만기 15년 이상인 T – Bond이다.

해설

한국국채선물의 거래단위는 액면가 1억원으로 가격은 액면가 100원을 기준으로 표시된다.

금리 관련 선물을 이용한 투자전략과 리스크전략

출제포인트

■ 금리 관련 선물을 이용한 투자전략과 리스크전략에 대한 이해

1. 금리리스크 관리

(1) 포지션별 금리리스크 관리

현물포지션	현물거래	금리리스크	헤지전략
현재 보유	채권투자	금리 상승 → 가격 하락	채권선물 매도
	고정금리 차입	금리 하락 → 기회손실 발생	금리선물 매수
보유 예정	채권투자 예정	금리 하락 → 기회손실 발생	채권선물 매수
	차입 예정	금리 상승 → 차입비용 상승	금리선물 매도

(2) 채권포트폴리오의 듀레이션 조정

$$듀레이션\ 조정을\ 위한\ 선물계약\ 수 = \frac{(목표듀레이션 - 현재듀레이션) \times S}{선물듀레이션 \times F}$$

$(S : 포트폴리오의\ 현재가치,\ F : 선물\ 1계약의\ 가치)$

※ 헤지는 목표듀레이션을 0으로 만드는 특별한 경우

2. 투자전략

(1) 수익률곡선 전략

① 수익률곡선의 기울기 변화로부터 이익을 얻고자 하는 거래전략

② **수익률곡선 스티프닝전략** : 장기물의 수익률 상승폭이 단기물의 수익률 상승폭보다 커서 수익률곡선이 스티프닝해질 것으로 예상하는 경우 장기물을 매도하고 단기물을 매수

③ **수익률곡선 플래트닝전략** : 단기물의 수익률 상승폭이 장기물의 수익률 상승폭보다 커서 수익률곡선이 플래트닝해질 것으로 예상하는 경우 장기물을 매수하고 단기물을 매도

핵심 **CHECK**

국채선물을 이용한 수익률곡선 전략

• 수익률곡선의 기울기가 급해질 것(Steepening)으로 전망 : 3년 국채선물 매수 + 5년 국채선물 매도
• 수익률곡선의 기울기가 완만해질 것(Flattening)으로 전망 : 3년 국채선물 매도 + 5년 국채선물 매수

• 5년 국채선물 계약 수 $= \dfrac{3년\ 국채선물\ 듀레이션}{5년\ 국채선물\ 듀레이션} \times 3년\ 국채선물\ 계약\ 수$

---

01 다음 중 현재 포지션별 금리 관련 선물을 이용한 헤지전략으로 적절하지 않은 것은?

중요도
●●○

① 현재 채권투자를 하고 있는 투자자의 경우 채권선물을 매도한다.

② 현재 고정금리로 차입하고 있는 사람의 경우 금리선물을 매수함으로써 금리 하락으로 인한 기회손실 발생을 헤지할 수 있다.

③ 현재 채권투자를 할 것으로 예상하고 있는 경우 채권선물을 매도한다.

④ 현재 차입처를 알아보고 있는 사람의 경우 금리 상승으로 인한 차입비용이 상승할 우려가 있으므로 금리선물을 매도해야 한다.

⑤ 현재 채권투자를 하고 있는 투자자의 경우 금리 상승으로 인한 가격 하락을 헤지하려 한다.

[해설]
현재 채권투자를 할 것으로 예상하고 있는 경우 향후 금리가 하락하여 매입가가 상승하는 경우 기회손실이 발생하므로 채권선물을 매수한다.

02 다음 중 금리 관련 선물의 투자전략 및 리스크관리에 대한 설명으로 적절하지 않은 것은?

중요도
●●○

① 수익률곡선 전략은 수익률곡선의 기울기 변화로부터 이익을 얻고자 하는 거래 전략이다.

② 장기물의 수익률 상승폭이 단기물의 수익률 상승폭보다 큰 것으로 예상하는 경우 장기물을 매도하고 단기물을 매수하는 수익률곡선 스티프닝전략을 사용한다.

③ 단기물의 수익률 상승폭이 장기물의 수익률 상승폭보다 큰 것으로 예상하는 경우 장기물을 매수하고 단기물을 매도하는 수익률곡선 플래트닝전략을 사용한다.

④ 만약 3년과 5년의 국채가 있는 경우 각각의 듀레이션과 단기물(3년)의 계약수를 이용하여 장기물(5년)의 계약수를 산출할 수 있다.

⑤ 듀레이션 조정을 위한 선물계약수를 구하는 과정에서 헤지는 목표 듀레이션을 1로 만드는 경우로 볼 수 있다.

[해설]
듀레이션 조정을 위한 선물계약수를 구하는 과정에서 헤지는 목표 듀레이션을 0으로 만드는 경우로 볼 수 있다.

03 A 펀드 매니저는 100억원의 채권포트폴리오를 운영하고 있다. 향후 금리가 상승할 것으로 예상되어 국채선
중요도 물을 이용하여 포트폴리오의 듀레이션을 3년에서 2년으로 줄이고자 한다. 현재 시장의 국채선물 호가는 110
●●● 포인트이며, 듀레이션은 2.4인 경우 펀드 매니저가 취해야 할 국채선물의 계약 수와 포지션은?

① 10계약, 매수
② 38계약, 매도
③ 38계약, 매수
④ 18계약, 매도
⑤ 18계약, 매수

해설

- 듀레이션 조정을 위한 선물계약 수 $= \dfrac{(\text{목표듀레이션} - \text{현재듀레이션}) \times S}{\text{선물듀레이션} \times F}$

- 선물계약 수 $= \dfrac{(2.0 - 3.0)}{2.4} \times \dfrac{100\text{억원}}{(1\text{억원} \times 1.1)} = (-)38\text{계약}$

즉, 38계약을 매도한다.

04 향후 수익률곡선이 가파르게 상승할 것으로 예상되며 3년 국채선물과 5년 국채선물을 이용하여 상품 간 스프
중요도 레드전략을 구사하고자 한다. 3년 국채선물 듀레이션은 2.4, 100계약 매수에 대한 5년 국채선물 매도 계약수
●●● 를 구하면? (5년 국채선물 듀레이션은 4.7이다)

① 45계약
② 51계약
③ 56계약
④ 61계약
⑤ 66계약

해설

- 5년 국채선물 계약수 $= \dfrac{3\text{년 국채선물 듀레이션}}{5\text{년 국채선물 듀레이션}} \times 3\text{년 국채선물 계약 수}$

- 5년 국채선물 계약수 $= \dfrac{2.4}{4.7} \times 100 = 51\text{계약}$

핵심테마
11
통화선물과 선물환거래

출제포인트

■ 통화선물과 선물환거래에 대한 기본적인 내용 숙지

1. 통화선물과 선물환거래

(1) 수출입기업의 환리스크 헤지

① 기업은 환리스크를 관리하기 위한 효과적인 수단으로 선물환 또는 통화선물 활용

② **매수헤지** : 장래 매수해야 할 통화의 가치가 상승하여 손실이 생길 가능성에 대비하여 선물환 또는 통화선물을 매수하는 거래로 해당 통화로 수입대금을 결제해야 하는 수입업자나 차입금을 갚아야 하는 차입자가 활용

③ **매도헤지** : 미래에 매도해야 할 통화가 있을 때 이 통화의 가치가 하락할 것을 우려하여 선물환 또는 통화선물을 매도하는 거래로 수출대금을 결제받을 수출업자나 투자금 또는 대출금을 받게 되는 투자자가 활용

(2) 해외투자 리스크관리

① **환율변화와 투자수익률**

㉠ 국내통화표시 기대수익률 : 외국통화표시 기대수익률 + 환율 예상변화율

㉡ 환율변화로 글로벌 투자 시 수익률의 원천이 되기도 하며, 동시에 리스크의 원천이 되기도 함

② **해외투자와 환리스크관리**

㉠ 환리스크를 헤지하는 방식도 중요하지만 환리스크를 얼마만큼 헤지하는지도 중요

㉡ 환리스크 헤지비율 : 포트폴리오 순자산가치 중 환리스크로부터 헤지된 비율

㉢ 환리스크를 헤지하는 가장 큰 이유는 이를 통해 포트폴리오의 리스크를 감소시키려는 목적

- 주가와 환율이 반대방향으로 움직이는 경우 주가와 환율 간의 공분산이 (−)가 되어 포트폴리오의 리스크 감소

- 환리스크 헤지 후 원화가치가 지속 상승 시 환차익이, 원화가치가 하락 시 환차손 발생

㉣ 동적헤지

- 헤지비율을 재조정하기 위해 선물환 매매

- 주가 상승 시 포트폴리오의 순자산가치가 증가하면 헤지비율이 감소하므로 이에 따라 헤지비율을 다시 조정하기 위해 선물환을 추가적으로 매도

- 장기적으로는 주가와 환율 간의 (−)의 상관관계로 동적 헤지는 큰 손익을 누적할 수 있음 (주가와 환율의 변동성이 높을수록, 헤지 포지션 조정빈도가 높을수록 확대될 수 있음)

01 다음 중 통화선물과 선물환거래에 대한 설명으로 적절하지 않은 것은?

중요도
●●○

① 기업은 환리스크를 관리하기 위한 수단으로 선물환 또는 통화선물을 활용한다.

② 매수헤지는 주로 향후 수입대금을 결제해야 하는 수입업자에게 유용한 전략이다.

③ 환리스크를 헤지하는 이유는 주가와 환율이 반대방향으로 움직이는 경우 주가와 환율 간의 공분산이 (−)가 되어 포트폴리오의 리스크가 감소되는 것에 기인한다.

④ 동적헤지의 경우 헤지비율을 재조정하기 위해 선물환을 매매한다.

⑤ 주가와 환율의 변동성이 높을수록, 헤지 포지션 조정빈도가 낮을수록 동적헤지의 손익 누적은 확대될 수 있다.

[해설]

주가와 환율의 변동성이 높을수록, 헤지 포지션 조정빈도가 높을수록 동적헤지의 손익 누적은 확대될 수 있다.

핵심테마

12 옵션의 개념과 유형

■ 옵션의 기초적인 개념에 대한 이해

1. 옵션의 개념과 유형

(1) 옵션의 개념

① 미래의 일정 시점 또는 일정 기간 동안 사전에 정해진 가격으로 주식, 통화, 상품 등의 기초자산을 매수하거나 매도할 수 있는 권리

② **콜옵션** : 매수할 수 있는 권리

③ **풋옵션** : 매도할 수 있는 권리

④ **만기일** : 미래의 일정 시점

⑤ **행사가격** : 사전에 정한 가격

⑥ 옵션의 매수자는 기초자산 가격과 행사가격을 비교하여 유리한 경우 옵션을 행사할 권리를 가지지만 불리할 경우에는 행사하지 않아도 됨

⑦ 옵션의 매도자는 옵션의 매수자가 옵션 행사 시 이에 응해야 하는 의무를 가지며, 이에 대한 대가로 옵션 거래 시 옵션의 매수자로부터 일정 대금을 지급받음(옵션가격, 프리미엄)

〈옵션의 만기 시 손익구조〉

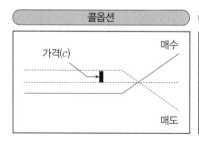

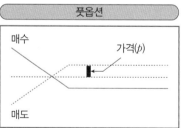

⑧ 옵션 공식

- 콜옵션 매수 $= Max[S_T - K, 0] - c$
- 콜옵션 매도 $= -Max[S_T - K, 0] + c$
- 풋옵션 매수 $= Max[K - S_T, 0] - p$
- 풋옵션 매도 $= -Max[K - S_T, 0] + p$

(S_T : 만기 시 기초자산 가격, K : 행사가격, c : 콜옵션 가격, p : 풋옵션 가격)

(2) 옵션의 유형

　① **미국형과 유럽형**

　　㉠ 미국형 : 만기일 전에도 행사 가능

　　㉡ 유럽형 : 만기일에만 행사 가능

　② **기초자산이 선물인 경우** : 선물옵션

적중문제

01 다음 중 옵션에 대한 설명으로 적절하지 <u>않은</u> 것은?

중요도
●○○

① 옵션의 매도자는 프리미엄을 지급받는다.

② 기초자산이 선물인 경우 선물옵션으로 불린다.

③ 향후 기초자산 가격이 상승할 것으로 예상하는 경우 콜옵션을 매수한다.

④ 옵션의 만기일 전에도 행사 가능한 옵션 유형은 유럽형이다.

⑤ 옵션의 매수자는 기초자산 가격과 행사가격을 비교하여 유리한 경우 옵션을 행사하지만 불리한 것으로 예상되는 경우 행사하지 않는다.

해설

옵션의 만기일 전에도 행사 가능한 옵션은 미국형이다.

핵심테마
13 주식 관련 옵션의 투자전략 - 방향성 투자

출제포인트

■ 옵션 포지션별 손익구조 및 전략에 대한 이해

1. 방향성 투자

(1) 강세전략

① **전략** : 주가가 강세일 것으로 예상하고 가격 변동성도 증가할 것으로 예상되는 경우 콜옵션 매수

② **손익구조**

　㉠ 주가상승 시 주가와 행사가격 + 콜옵션 가격 차이만큼을 무한정 수취할 수 있음

　㉡ 주가하락 시 지불한 프리미엄으로 손실 한정

　㉢ 손익분기점 : 행사가격 + 콜옵션 가격

〈방향성 매매 – 단순 강세전략〉

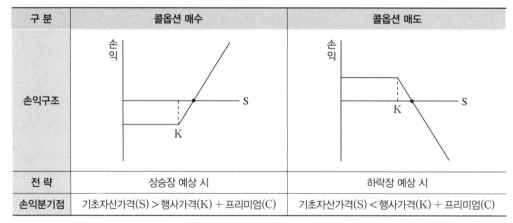

구 분	콜옵션 매수	콜옵션 매도
손익구조		
전 략	상승장 예상 시	하락장 예상 시
손익분기점	기초자산가격(S) > 행사가격(K) + 프리미엄(C)	기초자산가격(S) < 행사가격(K) + 프리미엄(C)

(2) 약세전략

① **전략** : 주가가 약세일 것으로 예상하고 가격 변동성도 증가할 것으로 예상되는 경우 풋옵션 매수

② **손익구조**

　㉠ 주가하락 시 주식가격이 손익분기점(행사가격 – 프리미엄)보다 낮으면 주식가격의 하락에 비례하여 이익 발생

　㉡ 주식가격이 손익분기점보다 높으면 손실을 보며 최대손실은 풋옵션 가격으로 한정

〈방향성 매매 – 단순 약세전략〉

구 분	풋옵션 매수	풋옵션 매도
손익구조	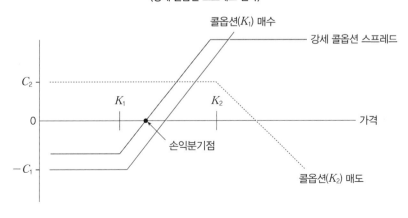	
전 략	하락장 예상 시	상승장 예상 시
손익분기점	기초자산가격(S) < 행사가격(K) − 프리미엄(P)	기초자산가격(S) > 행사가격(K) − 프리미엄(P)

2. 옵션스프레드 전략

(1) 스프레드거래 개념

① 만기는 같으나 행사가격이 다른 콜옵션 또는 풋옵션을 동시에 매수/매도하는 전략

② 만기가 같은 콜옵션 또는 풋옵션 매수/매도 시 두 옵션의 쎄타는 반대부호를 가지게 되므로 시간가치 소멸효과가 없어 옵션 포지션의 장기보유가 가능함

③ 매수/매도하는 두 옵션의 베가는 크기가 같고 반대부호이므로 옵션 포지션의 손익이 현물가격의 변동성과 독립적임

④ 이익과 손실이 한정되어 있으며 강세장 또는 약세장이 예상되나 확실하지 않을 때 택하는 보수적인 투자전략

(2) 강세 스프레드 전략

① 강세 콜옵션 스프레드 전략

   ㉠ 강세가 예상되나 확신이 서지 않을 때 택하는 보수적인 투자전략

   ㉡ 행사가격이 낮은 콜옵션 매입 + 높은 콜옵션 매도

   ㉢ C_1 매입비용 > C_2 매도수입 : 비용 발생

   ㉣ 손익분기점 : K_1 + 프리미엄차($C_1 - C_2$)

〈강세 콜옵션 스프레드 전략〉

② **강세 풋옵션 스프레드 전략**

ㄱ 강세가 예상되나 확신이 서지 않을 때 이용하는 보수적인 투자전략

ㄴ 행사가격이 낮은 풋옵션 매입 + 높은 풋옵션 매도

ㄷ P_1 매입비용 < P_2 매도수입 : 수입 발생

ㄹ 손익분기점 : K_2 − 프리미엄차($P_2 - P_1$)

〈강세 풋옵션 스프레드 전략〉

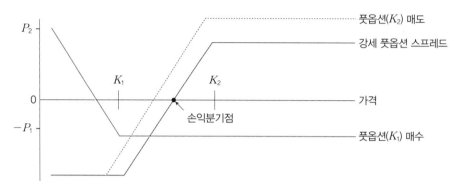

(3) 약세 스프레드 전략

① **약세 콜옵션 스프레드 전략**

ㄱ 약세가 예상되나 확신이 서지 않을 때 택하는 보수적인 투자전략

ㄴ 행사가격 낮은 콜옵션 매도 + 높은 콜옵션 매입

ㄷ C_1 매도수입 > C_2 매입비용 : 수입 발생

ㄹ 손익분기점 : K_1 + 프리미엄차($C_1 - C_2$)

〈약세 콜옵션 스프레드 전략〉

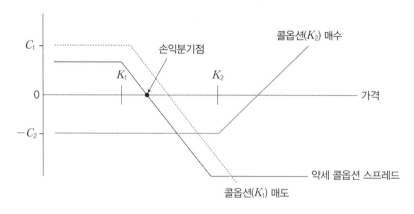

② 약세 풋옵션 스프레드 전략

　　㉠ 약세가 예상되나 확신이 서지 않을 때 택하는 보수적인 투자전략

　　㉡ 행사가격이 낮은 풋옵션 매도 + 높은 풋옵션 매입

　　㉢ P_1 매도수입 < P_2 매입비용 : 비용 발생

　　㉣ 손익분기점 : K_2 - 프리미엄차($P_2 - P_1$)

〈약세 풋옵션 스프레드 전략〉

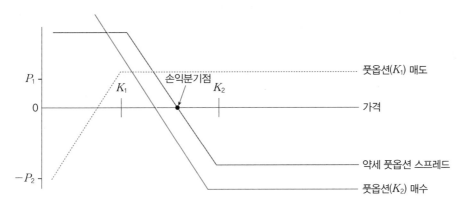

적중문제

01 다음 중 옵션 투자전략에 대한 설명으로 적절하지 않은 것은?

_{중요도}
●●○

　① 주가가 강세일 것으로 예상되며 가격변동성도 증가할 것으로 예상되는 경우 콜옵션을 매수한다.

　② 콜옵션을 매수하는 경우 행사가격과 주가와의 차이만큼이 무한정 수익으로 인식된다.

　③ 주가가 약세일 것으로 예상되며 가격변동성도 증가할 것으로 예상되는 경우 풋옵션을 매수한다.

　④ 주가가 처음 예상보다 다르게 변동하는 경우더라도 손실은 투자 시 지불한 프리미엄으로 한정된다.

　⑤ 풋옵션은 주가하락 시 주식가격이 손익분기점보다 낮으면 주식가격의 하락에 비례하여 이익이 발생한다.

해설

② 콜옵션을 매수하는 경우 행사가격과 콜옵션의 매입가격과 주가와의 차이만큼을 손익으로 인식한다. 즉, 최초 투자시점의 콜옵션 프리미엄도 손익으로 반영해야 한다.

⑤ 풋옵션은 주가하락 시 주식가격이 손익분기점(행사가격 - 프리미엄)보다 낮으면 주식가격의 하락에 비례하여 이익이 발생한다.

---

02 다음 중 옵션스프레드에 대한 설명으로 적절하지 않은 것은?

중요도
●●●

① 옵션스프레드 전략은 만기는 같으나 행사가격이 다른 콜옵션 또는 풋옵션을 동시에 매수/매도하는 전략이다.

② 옵션스프레드 전략은 만기가 같은 콜옵션 또는 풋옵션 매수/매도 시 두 옵션의 쎄타는 반대부호를 가지게 되므로 시간가치 소멸효과가 없어 옵션 포지션의 장기보유가 가능하다.

③ 옵션스프레드 전략은 이익과 손실이 한정되어 있으며 강세장 또는 약세장이 예상되나 확실하지 않을 때 택하는 보수적인 투자전략이다.

④ 강세 콜옵션 스프레드 전략은 행사가격이 낮은 콜옵션을 매입하고 행사가격이 높은 콜옵션을 매도한다.

⑤ 강세 풋옵션 매도 전략은 초기 옵션 프리미엄을 지급해야 한다.

[해설]

강세 풋옵션 매도 전략은 강세가 예상되나 확신이 서지 않을 때 이용하는 보수적인 투자전략으로 행사가격이 낮은 풋옵션을 매입하고 행사가격이 높은 풋옵션을 매도하는 전략이다. 행사가격이 높은 풋옵션을 매도함으로써 옵션 프리미엄을 지급받는 금액이 더 크므로 초기 시점에 수입이 발생한다.

주식 관련 옵션의 투자전략 - 변동성 매매

출제포인트

■ 옵션의 포지션과 시장상황에 대한 암기

1. 변동성 매매

(1) 옵션 투자의 이익 발생 원천

구 분	내 용	포지션
델 타	옵션 포지션의 델타에 의해 결정되는 것으로 방향성에 따른 손익	(＋)의 델타 : 기초자산 상승 시 이익 발생
감 마	콜옵션과 풋옵션 매수의 감마는 모두 (＋)	델타가 0, 감마가 ＋인 포지션 : 기초자산 가격 변화에 대해 이익을 보며 변화폭이 클수록 이익
베 가	선물가격의 변동성에 대한 옵션가격의 민감도	콜과 풋옵션 매수의 베가는 (＋)로 내재변동성이 증가함에 따라 옵션 매수 포지션은 이익
쎄 타	시간가치 감소를 측정하는 것으로 콜옵션 또는 풋옵션의 매수는 (－)의 쎄타를 보유	시간만 경과할 경우 옵션프리미엄은 지속적으로 하락

(2) 변동성 매수전략

① 스트래들 매수

　㉠ 행사가격이 동일한 콜옵션과 풋옵션을 매수하므로 프리미엄 지출이 발생

　㉡ 콜옵션의 (＋)델타는 풋옵션의 (－)델타로 상쇄

　㉢ 감마와 베가는 (＋)의 값을 가지므로 기초자산 가격 변동 시 이익 발생

　㉣ 포지션 장기 보유 시 쎄타는 (－)이므로 시간가치 소멸효과가 커서 소멸 발생

② 스트랭글 매수

　㉠ 외가격 콜옵션과 외가격 풋옵션을 매수하므로 프리미엄 지출이 발생하나 스트래들 매수보다는 작음(기대이익이 스트래들 매수보다 작음)

　㉡ 콜옵션의 (＋)델타는 풋옵션의 (－)델타로 상쇄

　㉢ 감마와 베가는 (＋)의 값을 가지므로 기초자산 가격 변동 시 이익 발생

　㉣ 포지션 장기 보유 시 쎄타는 (－)이므로 시간가치 소멸효과가 커서 소멸 발생

③ 버터플라이 매도

　㉠ 주가의 변동성이 커질 가능성이 높지만, 이익과 손실을 제한

　㉡ 3개의 옵션을 이용하며, 중간 행사가격 콜옵션 2개 매수, 양쪽 행사가격 콜옵션 1개씩 매도

(3) 변동성 매도전략

① 스트래들 매도

ㄱ 행사가격이 동일한 콜옵션과 풋옵션을 매도하므로 프리미엄 수입이 발생

ㄴ 콜옵션의 (+)델타는 풋옵션의 (−)델타로 상쇄

ㄷ 감마와 베가는 (−)의 값을 가지므로 기초자산 가격 변동 시 손실 발생

ㄹ 포지션 장기 보유 시 쎄타는 (+)이므로 시간가치 소멸효과가 커서 이익 발생

② 스트랭글 매도

ㄱ 외가격 콜옵션과 외가격 풋옵션을 매도하므로 프리미엄 수입이 발생하나 스트래들 매도보다는 작음(기대이익이 스트래들 매도보다 큼)

ㄴ 콜옵션의 (+)델타는 풋옵션의 (−)델타로 상쇄

ㄷ 감마와 베가는 (−)의 값을 가지므로 기초자산 가격 변동 시 손실 발생

ㄹ 포지션 장기 보유시 쎄타는 (+)이므로 시간가치 소멸효과가 커서 이익 발생

③ 버터플라이 매수

ㄱ 주가가 당분간 안정적일 것으로 예상하지만 이익과 손실을 제한하고자 하는 전략

ㄴ 3개의 옵션을 이용하며, 중간 행사가격 콜옵션 2개 매도, 양쪽 행사가격 콜옵션 1개씩 매수

〈변동성 매매의 종류〉

• 스트래들(Straddle)

구 분	스트래들 매수	스트래들 매도
손익구조		
목 적	변동성 증가 예상	변동성 축소 예상
구 성	콜(X) 매입 + 풋(X) 매입	콜(X) 매도 + 풋(X) 매도

• 스트랭글(Strangle)

구 분	스트랭글 매수	스트랭글 매도
손익구조		
목 적	변동성 증가 예상	변동성 축소 예상
구 성	콜(X_2) 매입 + 풋(X_1) 매입	콜(X_2) 매도 + 풋(X_1) 매도

• 버터플라이(Butterfly)

구 분	버터플라이 매수	버터플라이 매도
손익구조		
목 적	변동성 축소(횡보) 예상	변동성 증가 예상
구 성	콜(X_1) 매입 + 콜(X_2) 2개 매도 + 콜(X_3) 매입	콜(X_1) 매도 + 콜(X_2) 2개 매입 + 콜(X_3) 매도

적중문제

01 다음 중 옵션의 포지션과 시장상황을 연결한 것으로 적절하지 않은 것은?

중요도
●●●○

① 델타는 옵션 포지션의 델타에 의해 결정되는 것으로 방향성에 따른 손익을 의미한다.
② 콜옵션과 풋옵션 매수의 감마는 모두 (+)이다.
③ 델타가 0, 감마가 (+)인 포지션은 기초자산 가격 변화에 대해 이익을 보며 변화폭이 작을수록 이익이 발생한다.
④ 베가는 선물가격의 변동성에 대한 옵션가격의 민감도를 의미한다.
⑤ 쎄타는 시간가치 감소를 측정하는 것으로 시간만 경과할 경우 옵션프리미엄은 지속적으로 하락한다.

해설
델타가 0, 감마가 (+)인 포지션은 기초자산 가격 변화에 대해 이익을 보며 변화폭이 클수록 이익이 발생한다.

02 다음 중 변동성 전략에 대한 설명으로 적절하지 않은 것은?

중요도
●●●

① 스트래들 매수는 행사가격이 동일한 콜옵션과 풋옵션을 동시에 매입하므로 프리미엄 지출이 발생한다.
② 스트랭글 매수는 외가격 콜옵션과 외가격 풋옵션을 이용하므로 스트래들 매수보다는 프리미엄 지출이 적게 발생한다.
③ 버터플라이 매도는 주가의 변동성이 커질 가능성이 높지만 불확실한 상황에서 이익과 손실을 제한하는 전략이다.
④ 스트래들 매도 전략은 프리미엄 수입이 발생하며 포지션 장기보유 시 시간가치 소멸효과로 이익이 발생한다.
⑤ 버터플라이 매수는 양쪽 행사가격 콜옵션 1개씩 매도, 중간 행사가격 콜옵션 2개를 매수하는 전략이다.

해설
⑤ 지문의 설명은 버터플라이 매도 전략이다. 버터플라이 매수는 주가가 당분간 안정적일 것으로 예상하지만 이익과 손실을 제한하고자 하는 변동성 전략으로 중간 행사가격 콜옵션 2개 매도, 양쪽 행사가격 콜옵션 1개씩을 매수하는 전략이다.

금리 관련 옵션

출제포인트

■ 금리 관련 옵션의 개념과 금리옵션을 활용한 금융상품에 대한 이해

1. 금리옵션의 개념과 캡/플로어

(1) 금리옵션

① **금리옵션** : 금리 또는 금리에 의해 가격이 결정되는 채권 및 채권선물을 거래 대상으로 하는 옵션

② 금리옵션을 통해 불리한 리스크를 제거하고 유리한 리스크를 보존할 수 있도록 금리 리스크를 효율적으로 관리 가능

(2) 캡/플로어

① **캡**

㉠ 계약상의 최고금리 이상으로 기준금리가 상승하면 캡 매도자가 캡 매수자에게 차액만큼을 지급하기로 하는 계약

㉡ 기준금리가 행사금리보다 낮으면 아무런 지급도 발생하지 않음

② **플로어**

㉠ 계약상의 최저금리 이하로 기준금리 하락 시 플로어 매도자가 플로어 매수자에게 차액만큼을 지급하기로 하는 계약

㉡ 기준금리가 행사금리보다 높으면 아무 지급도 발생하지 않음

(3) 금리옵션의 활용

① **캡을 이용한 금리상환조건 대출**

구 분	내 용
대출금액	1억원
대출기간	3년
이 자	• COFIX + 1% (COFIX ≤ 5%인 경우) • 6% (COFIX가 5% 이상인 경우)
이자지급	3개월마다 매 이자지급기간이 시작되기 하루 전에 결정된 금리를 기간 말에 지급

② **플로어를 이용한 금리하한조건 예금**

구 분	내 용
예금금액	10억원
예금기간	3년
이 자	• KOFR − 0.5% (KOFR ≥ 4%인 경우) • 3.5% (KOFR이 4% 미만인 경우)
이자지급	3개월마다 매 이자지급기간이 시작되기 하루 전에 결정된 금리를 기간 말에 지급

적중문제

01 다음 중 금리옵션에 대한 설명으로 적절하지 않은 것은?

중요도
●●○

① 금리플로어의 경우 기준금리가 행사금리보다 높으면 일정 금액의 금액만 지급된다.
② 금리옵션은 금리 또는 금리에 의해 가격이 결정되는 채권 및 채권선물을 거래 대상으로 하는 옵션이다.
③ 금리캡은 계약상의 최고금리 이상으로 기준금리가 상승하면 캡 매도자가 캡 매수자에게 차액만큼을 지급하기로 하는 계약이다.
④ 금리옵션을 통해서 불리한 리스크를 제거하고 유리한 리스크를 보존할 수 있다.
⑤ 금리플로어는 계약상의 최저금리 이하로 기준금리 하락 시 플로어 매도자가 플로어 매수자에게 차액만큼을 지급하기로 하는 계약이다.

해설

금리플로어의 경우 기준금리가 행사금리보다 높으면 아무 지급도 발생하지 않는다. 마찬가지로 금리캡의 경우 기준금리가 행사금리보다 낮으면 아무 지급도 발생하지 않는다.

02 다음 중 금리캡을 이용하여 금리상환조건의 대출을 받은 경우 적절한 설명이 아닌 것은? (단, 시장 대출금리는 COFIX + 0.7%이다)

중요도
●●○

구 분	내 용
대출금액	1억원
대출기간	3년
이 자	• COFIX + 1% (COFIX ≤ 5%인 경우) • 6% (COFIX가 5% 이상인 경우)

① COFIX가 5%보다 큰 경우 대출금리는 6%로 고정된다.
② 현재 COFIX가 4%인 경우 적용받는 대출금리는 4.7%이다.
③ 일정 비용을 지불하고 COFIX가 5%보다 상승할 리스크를 제거하였다.
④ 플로어 금리가 5%인 3년 만기 금리플로어의 손익과 동일하다.
⑤ 캡 프리미엄은 0.2%이다.

해설

캡 프리미엄은 1%와 0.7%의 차이인 0.3%이다.

정답 01 ① 02 ⑤

핵심테마

16 통화옵션

출제포인트

■ 통화옵션의 개념과 활용 방법에 대한 이해

1. 통화옵션의 의의

(1) 통화옵션

① **통화옵션** : 계약기간 또는 만기일에 특정 외국통화를 사전에 정한 환율로 매입하거나 매도할 수 있는 권리

② 장외옵션은 거래소에서 거래되는 표준화된 옵션보다 거래단위가 훨씬 큼

(2) 통화옵션의 활용

① 리스크관리 목적에 적합한 헤지전략을 구사하는 데 통화옵션 활용

② 콜옵션을 이용한 매수헤지

〈콜옵션 매수헤지〉

㉠ 환율 상승 시 손실이 발생하지만 최대손실폭은 고정, 환율 하락 시 이익의 기회에도 참여 가능

㉡ 최대손실을 일정 범위 내에서 통제하는 환리스크 관리 기법

③ 풋옵션을 이용한 매수헤지

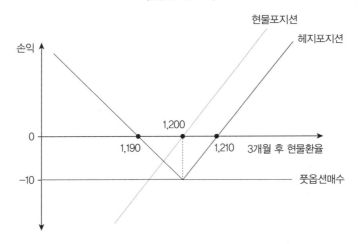

〈풋옵션 매수헤지〉

㉠ 환율 하락 시 손실이 발생하지만 최대손실폭은 고정, 환율 상승 시 이익의 기회에도 참여 가능

적중문제

01 다음 중 통화옵션에 대한 설명으로 적절하지 않은 것은?

중요도
●●●
① 통화옵션의 경우 계약기간 또는 만기일에 특정 외국통화를 사전에 정한 환율로 매입하거나 매도할 수 있는 권리이다.
② 일반적으로 통화옵션의 경우 장내옵션의 규모가 장외옵션보다 더 크다.
③ 콜옵션을 이용한 매수헤지의 경우 환율 상승 시 손실이 발생하지만 최대손실폭은 고정된다.
④ 풋옵션을 이용한 매수헤지의 경우 환율 상승 시 이익의 기회에도 참여가 가능하다.
⑤ 옵션을 이용한 매수헤지의 경우 최대손실을 일정 범위 내에서 통제하는 환리스크 관리기법이다.

해설
일반적으로는 통화옵션의 경우 장외옵션의 규모가 장내옵션보다 더 크다.

02 다음 중 각 상황별 통화옵션의 활용에 대한 설명으로 적절하지 않은 것은?

중요도
●●●
① 향후 수입대금을 달러로 지급해야 하는 수입업자는 달러 콜옵션을 매수한다.
② 향후 원화가 달러에 비해 약세를 보일 것으로 예상되는 경우 투자자는 달러 콜옵션을 매입한다.
③ 향후 수출대금을 받을 것으로 예상되는 경우 투자자는 달러 풋옵션을 매입해야 한다.
④ 미국기업이 수입대금을 유로화로 지급하는 경우 유로/달러 리스크를 헤지하기 위해 달러 풋옵션을 매수한다.
⑤ 향후 미국으로 유학을 갈 예정인 유학생은 달러 상승 리스크를 헤지하기 위해 달러 풋옵션을 매수해야 한다.

해설
향후 미국으로 유학을 갈 예정인 유학생은 달러 상승 리스크를 헤지하기 위해 달러 콜옵션을 매수해야 한다.

핵심테마

17 금리스왑

■ 금리스왑의 개념과 활용 방법에 대한 이해

1. 금리스왑

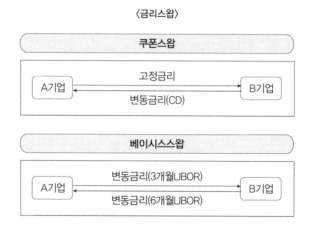

〈금리스왑〉

(1) 금리스왑의 개념

① 두 거래당사자가 미래의 일정 계약 기간 동안 동일 통화의 일정한 명목 원금에 대해 서로 다른 이자기준에 따라 정해지는 이자지급을 주기적으로 교환하기로 하는 계약
② 변동금리와 고정금리에 따른 이자지급을 교환하는 것이 가장 일반적
③ **베이시스스왑** : 변동금리와 다른 변동금리에 따라 결정되는 이자지급을 교환하는 거래

(2) 금리스왑의 활용

〈금리스왑을 통한 자금조달비용 절감〉

① **자금조달비용 절감** : 변동금리로 적용받는 기업과 고정금리로 적용받는 기업의 이자를 교환하는 과정에서 양 기업 모두 자금조달비용 감소 가능
② **스왑딜러** : 변동금리와 고정금리를 거래하는 과정에서 수수료를 수취
③ 금리스왑 과정에서 A기업은 기존 부채의 금리조건을 변동금리에서 고정금리로 전환, B기업은 기존 부채의 금리 조건을 고정금리에서 변동금리로 전환

01 다음 중 금리스왑에 대한 설명으로 적절하지 않은 것은?

중요도
●●○

① 한 기업이 상대방보다 신용도가 높아 고정금리와 변동금리 모두 저금리로 조달 가능한 경우 금리스왑은 발생하지 않는다.

② 일반적으로는 변동금리와 고정금리에 따른 이자지급을 교환하는 것이 가장 일반적이다.

③ 베이시스스왑은 변동금리와 다른 변동금리에 따라 결정되는 이자지급을 교환하는 거래를 의미한다.

④ 변동금리로 적용받는 기업과 고정금리로 적용받는 기업의 이자를 교환하는 과정에서 양 당사자 모두 자금조달비용을 감소시키는 것이 가능하다.

⑤ 스왑딜러는 변동금리와 고정금리를 거래하는 과정에서 수수료를 수취한다.

해설

한 기업이 상대방보다 신용도가 높아 고정금리와 변동금리 모두 저금리로 조달 가능한 경우라도 서로 비교우위에 있는 금리로 자금을 차입한 후 금리스왑을 통해 현금흐름을 교환하는 경우 두 기업 모두 자금조달비용을 낮출 수 있다.

02 A기업과 B기업은 자금을 차입하려고 한다. A기업은 변동금리를, B기업은 고정금리를 원하나 각자 비교우위에 있는 방식으로 자금을 조달하고 이자율스왑을 할 경우 두 회사가 절약하게 될 금리는 총 얼마인가?

중요도
●●○

구 분	고정금리	변동금리
A사	3%	SOFR + 1%
B사	5%	SOFR + 2%

① 1%   ② 2%

③ 3%   ④ 4%

⑤ 5%

해설

A사는 고정금리로, B사는 변동금리로 자금을 조달하여 교환하는 경우
• 기존 : SOFR + 1% + 5% = SOFR + 6%
• 스왑 후 : SOFR + 2% + 3% = SOFR + 5%

03 A은행은 고정금리를 지급하고 3개월 SOFR금리를 받는 스왑을 체결하였다. A은행이 스왑포지션 변동부분을
중요도 금리선물을 사용하여 헤지하였으며, 다음 보기는 헤지에 따른 효과를 나타낸 것으로 괄호 안에 들어갈 말로
●●○ 적절하지 않은 것은?

향후 금리 변화	스왑의 변동금리 수취	선물매도헤지
SOFR 상승	(ㄱ)	(ㄷ)
SOFR 하락	(ㄴ)	(ㄹ)

① ㄱ : 수취 이자 증가
② ㄴ : 수취 이자 감소
③ ㄷ : 가격하락에 따른 손실 발생
④ ㄹ : 가격상승에 따른 이익 발생
⑤ ㄱ : 금리 상승으로 인한 가치 하락

해설
회사는 이미 고정금리를 지급하고 변동금리를 지급받는 스왑계약을 체결하였고, 변동금리 지급분을 선물매도헤지를 통해 헤지
하였으므로 금리가 상승하더라도 실질적으로 가치에는 영향이 발생하지 않는다.

18 통화스왑

■ 통화스왑의 개념과 활용 방법에 대한 이해

1. 통화스왑

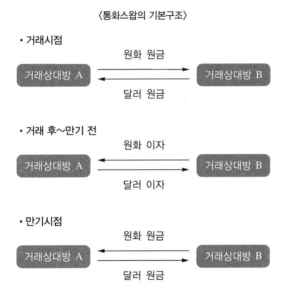

〈통화스왑의 기본구조〉

• 거래시점

거래상대방 A — 원화 원금 → 거래상대방 B
거래상대방 A ← 달러 원금

• 거래 후~만기 전

거래상대방 A — 원화 이자 → 거래상대방 B
달러 이자

• 만기시점

거래상대방 A ← 원화 원금 거래상대방 B
달러 원금 →

(1) 통화스왑의 개념

① 두 거래당사자가 미래의 일정 계약 기간 동안 주기적으로 이종 통화의 일정한 원금에 대한 이자지급을 서로 교환하고, 만기 시 원금을 서로 재교환하기로 하는 계약

② 원금의 교환이 발생

(2) 통화스왑의 활용

① 국내기업의 경우 외화표시 부채를 가지고 있을 때, 외화의 강세(환율 상승)가 예상되고 자국통화의 금리 하락이 예상되는 경우 통화스왑 활용

② 자국통화의 변동금리 지급자로 통화스왑 체결 시 환위험을 회피하고 차입비용의 감소 기대

③ 외화표시 자산을 가지고 있는 국내 투자자가 외화의 약세가 예상되고 자국통화의 금리하락이 예상되는 경우 원화의 고정금리 수취자로 통화스왑 시 환위험을 회피하고 투자수익의 감소를 예방할 수 있음

01 다음 중 통화스왑에 대한 설명으로 적절하지 않은 것은?

중요도
●●●

① 통화스왑이란 두 거래당사자가 미래의 일정 계약 기간 동안 주기적으로 이종 통화의 일정한 원금에 대한 이자 지급을 서로 교환하고, 만기 시 원금을 서로 재교환하기로 하는 계약이다.

② 이자만 교환하는 금리스왑과 달리 원금의 교환도 발생한다.

③ 국내기업의 경우 해외에 신규 투자를 목표로 할 때 통화스왑을 체결하여 미래에 지출되는 외환 변동 리스크를 헤지할 수 있다.

④ 자국통화의 변동금리 지급자의 포지션으로 외화 고정금리의 통화스왑 체결 시 환위험을 회피하고 차입비용도 감소가 가능하다.

⑤ 만기 시점의 원금교환에 적용되는 환율은 그 동안의 평균환율을 적용한다.

해설

통화스왑에서 만기 시점의 원금교환에 적용되는 환율은 최초 원금교환에 적용했던 환율을 그대로 적용하여 환율변동위험에서 헤지할 수 있다.

02 다음 중 달러에 대한 변동금리부 부채를 가지고 있는 A기업이 환율 및 금리변동을 헤지하기 위해 체결할 스

중요도
●●○

왑계약은?

① 원화 고정금리 수취, 달러 변동금리 지급

② 원화 고정금리 지급, 달러 변동금리 수취

③ 원화 고정금리 지급, 달러 고정금리 수취

④ 원화 변동금리 지급, 달러 변동금리 수취

⑤ 원화 변동금리 수취, 달러 변동금리 지급

해설

달러에 대한 변동금리부 부채를 보유하고 있으므로 발생할 수 있는 위험은 환율변동위험 및 금리변동위험이다. 해당 위험들을 헤지하기 위해서 원화 고정금리를 지급하고 달러 변동금리를 수취하는 스왑계약을 체결해야 한다.

19 주식연계 구조화 상품

출제포인트

■ 주식연계 구조화 상품에 대한 이해

1. 주식연계 구조화 상품의 개념

① 채권 부분과 주식파생상품으로 구성

② 투자자의 리스크와 수익률 선호도에 따라 옵션 부분을 다양하게 디자인 가능

③ 수익률제고구조(일반 채권에 비해 수익률제고)와 원금보장구조(원금손실 가능성을 제한)로 분류

2. 주식연계 구조화 상품의 유형별 투자전략

(1) 옵션 스프레드상품

옵션을 이용한 스프레드 전략은 만기는 같으나 행사가격이 다른 콜옵션 또는 풋옵션을 동시에 매수/매도하는 전략

(2) 디지털옵션 구조화 상품

① 원금보장형 상품에 많이 활용

② 투자 원금에서 원금보장을 위한 자금을 제외한 이자 부분을 프리미엄으로 사용하여 주가지수에 대한 디지털 콜옵션을 매수하는 구조

③ 투자자가 지수상승의 혜택을 보지 못하는 단점이 있을 수 있으므로 강세 콜옵션 스프레드의 구조가 추가된 형태로 상품의 구조를 변형할 수 있음

(3) 녹아웃 구조화 상품

① 원금보장형 상품에 많이 사용

② 일반적으로 원금보장을 위한 자금을 제외한 이자 부분을 프리미엄으로 사용하여 주가지수에 대한 Up - and - Out 녹아웃 콜옵션을 매수하는 상품구조

③ **리베이트 없는 녹아웃 구조** : 확정금리 + 녹아웃 콜옵션으로 구성

④ **낮은 리베이트(주가지수가 베리어에 도달했을 때 향후 주가지수 변동에 관계없이 확정되는 수익)의 녹아웃 구조** : 주가지수가 상방 베리어에 도달하여 수익률이 급락하더라도 정기예금보다는 높은 수준으로 리베이트를 설계

01 다음 중 주식연계 구조화 상품에 대한 설명으로 적절하지 않은 것은?

중요도
●●○

① 주식연계 구조화 상품은 채권 부분과 주식파생상품으로 구성된다.

② 디지털옵션 구조화 상품은 수익률제고구조에서 많이 적용된다.

③ 투자자의 리스크와 수익률 선호도에 따라 옵션 부분을 다양하게 디자인하는 것이 가능하다.

④ 수익률제고구조와 원금보장구조로 분류할 수 있다.

⑤ 주식연계 구조화 상품의 종류로는 옵션 스프레드, 디지털옵션, 녹아웃 구조화 상품 등으로 구분할 수 있다.

해설

디지털옵션 구조는 투자 원금에서 원금보장을 위한 자금을 제외한 이자 부분을 프리미엄으로 사용하여 주가지수에 대한 디지털 콜옵션을 매수하는 구조로 주로 원금보장구조에 많이 적용된다.

02 다음 중 확정금리와 녹아웃 콜옵션으로 구성된 구조화 상품은?

중요도
●●○

① 리베이트 없는 녹아웃 구조

② 낮은 리베이트의 녹아웃 구조

③ 디지털옵션

④ 옵션스프레드 구조

⑤ KI – KO

해설

리베이트 없는 녹아웃 구조에 대한 설명이다.

핵심테마
20 금리연계 구조화 상품

출제포인트

■ 금리연계 구조화 상품에 대한 이해

1. 금리연계 구조화 상품의 개념

(1) 금리연계 구조화 상품

① 여러 가지 형태의 금리파생상품 거래를 동반

② 발행자인 기업은 금리연계 구조화 상품을 통해 구조화채권과 관련된 리스크를 투자은행에 전가하고 투자은행은 관련 리스크를 헤지

(2) 역변동금리채권

① 기준금리의 움직임과 반대방향으로 이자지급 조정이 이루어짐

② 이자지급은 고정금리 − 기준금리의 형태를 띠며, 전반적인 금리하락기 또는 경사가 급한 수익률곡선 상황하에서 주로 발생

(3) 이중변동금리채권

① 장단기 금리 스프레드에 의해 이표가 결정

② (장기변동금리 − 단기변동금리) × 승수 + 가산금리의 형태로 발행

(4) 금리상하한 변동금리채권

① 변동금리채권에 최대 표면금리 조건을 덧붙인 채권

② 발행기업은 금리지급의 상한을 설정받는 대신 변동금리에 추가되는 마진을 지불

③ 수익률곡선이 급하게 우상향하고 수익률곡선에 내재된 선도금리가 현물금리 곡선 위에 위치할 때 투자은행은 구조화채권의 가치를 창출

(5) 레인지채권

① 매 이표지급 시점 직전일에 기준 충족 여부에 따라 상이한 이표를 지급

② 발행채권의 기준금리가 사전에 정한 범위 안에 머무르면 높은 이자를 지급하고, 범위를 벗어나면 낮은 이자를 지급

③ 디지털옵션이 내재되어 있는 대표적 구조화 채권

④ 기준금리 수준이 낮고, 수익률곡선이 급하게 우상향하며, 기준금리의 변동성이 높은 상황에서 가치 창출

⑤ 선도금리가 레인지에 위치할 시 기준금리의 변동성 증가는 외가격 확률을 상승시켜 옵션 가치를 감소시킴

⑥ **레인지 어크루얼 채권** : 조건을 충족시키는 일수를 매일 관측하여 일할 계산 방식으로 이자를 지급

01 다음 중 이중변동금리채권에 대한 설명으로 적절한 것은?

중요도
●●○

① 여러 가지 형태의 금리파생상품 거래를 동반한다.

② 기준금리의 움직임과 반대방향으로 이자지급 조정이 이루어진다.

③ 장단기 금리 스프레드에 의해 이표가 결정되며, (장기변동금리 – 단기변동금리) × 승수 + 가산금리의 형태로 발행된다.

④ 변동금리채권에 최대 표면금리 조건을 덧붙인 채권이다.

⑤ 매 이표지급 시점 직전일에 기준 충족 여부에 따라 상이한 이표를 지급한다.

> **해설**
> ① 금리연계 구조화 상품에 대한 설명이다.
> ② 역변동금리채권에 대한 설명이다.
> ④ 금리상하한 변동금리채권에 대한 설명이다.
> ⑤ 레인지채권에 대한 설명이다.

02 다음 중 레인지채권에 대한 설명으로 적절하지 않은 것은?

중요도
●●○

① 발행채권의 기준금리가 사전에 정한 범위 안에 머무르면 높은 이자를 지급하고, 범위를 벗어나면 낮은 이자를 지급한다.

② 디지털옵션이 내재되어 있다.

③ 기준금리 수준이 낮고, 수익률곡선이 급하게 우하향하며, 기준금리의 변동성이 높은 상황에서 가치를 창출한다.

④ 선도금리가 레인지에 위치할 경우 기준금리의 변동성 증가는 외가격 확률을 상승시켜 옵션 가치를 감소시킨다.

⑤ 레인지 어크루얼 채권은 조건을 충족시키는 일수를 매일 관측하여 일할 계산 방식으로 이자를 지급한다.

> **해설**
> 레인지채권은 기준금리 수준이 낮고, 수익률곡선이 급하게 우상향하며, 기준금리의 변동성이 높은 상황에서 가치를 창출한다.

핵심테마

21 통화연계 구조화 상품

출제포인트

■ 통화연계 구조화 상품에 대한 이해

1. 통화연계 구조화 상품의 개념

(1) 통화연계 구조화 상품

① 선물환을 합성하거나 합성선물환을 고객의 요구에 맞게 변형한 상품

② 행사가격을 선물환율로 하는 콜옵션과 풋옵션을 반대방향으로 거래함으로써 일반 선물환 복제 가능

(2) 합성선물환 매수

행사가격 K인 콜옵션 1계약을 C에 매수하고, 만기와 행사가격이 동일한 풋옵션 1계약을 P에 매도하면 선물환을 $K + (C - P)$에 매수한 것과 같은 효과

(3) 합성선물환 매도

행사가격 K인 콜옵션 1계약을 C에 매도하고, 만기와 행사가격이 동일한 풋옵션 1계약을 P에 매수하면 선물환을 $K + (C - P)$에 매도한 것과 같은 효과

(4) 레인지 선물환

① 합성선물환이 선물환 가격을 행사가격으로 하는 콜옵션과 풋옵션 거래로 구성되는 반면, 두 옵션의 행사가격이 상이한 구조로 설계

② 매수옵션과 매도옵션의 프리미엄이 동일하게 설계되어 일반선물환 거래와 동일하게 초기 비용이 발생하지 않음

③ 일반선물환 거래는 미래의 거래 환율을 확정함으로써 환율 변동에 따른 이익 기회를 포기하지만 레인지 선물환은 일정 수준의 이익 실현 가능

(5) 목표선물환

① 합성선물환 거래에서 동일한 행사가격의 콜옵션을 추가로 매도하여 가격 조건을 개선

② 만기 환율이 상승할 경우 두 개의 콜옵션이 모두 행사되므로 두 배의 선물환을 거래한 것과 동일한 효과

③ 목표선물환은 추가로 매도하는 콜옵션의 가치가 상대적으로 높으므로 일반 선물환가격 대비 가격 개선효과가 큰 편이지만, 환율이 큰 폭으로 상승 시 시장 환율에 비해 낮은 가격으로 두 배에 해당하는 거래를 이행해야 하는 리스크 부담

(6) 낙인 낙아웃 목표선물환

① 낙아웃 목표선물환

 ㉠ 목표선물환에 낙아웃조건을 부여하여 선물환 가격조건을 개선

 ㉡ 낙아웃 기준환율 이상에서 변동하는 한 일반선물환 거래에 비해 유리한 가격으로 외화를 매도하지만, 그 이하가 되면 계약 자체가 소멸

② 낙인 낙아웃 목표선물환

 ㉠ 환율이 일정 범위 내에서 상승할 경우 시장환율로 매도할 수 있는 구조화 상품

 ㉡ 환율 상승 시 두 배의 달러를 매도해야 하는 리스크에 노출

③ **윈도우 낙인 낙아웃 목표선물환** : 낙인 낙아웃 관찰기간을 전체 계약기간 중 일부 기간으로 한정하여 리스크 구조를 부분적으로 개선

④ **키코(KIKO)** : 일반선물환 계약의 가격조건을 개선하기 위해 목표선물환 상품에 KI와 KO 조건을 추가하고 관찰기간을 전체 계약 기간 중 일부 기간으로 한정한 환리스크 관리상품

적중문제

01 다음 중 통화연계 구조화 상품에 대한 설명으로 적절하지 않은 것은?

중요도
●●●

① 선물환을 합성하거나 합성선물환을 고객의 요구에 맞게 변형한 상품이다.

② 행사가격 K인 콜옵션 1계약을 C에 매수하고, 만기와 행사가격이 동일한 풋옵션 1계약을 P에 매도하면 선물환을 K + (C – P)에 매수한 것과 같은 효과를 가진다.

③ 행사가격을 선물환율로 하는 콜옵션과 풋옵션을 반대방향으로 거래함으로써 일반선물환은 복제가 가능하다.

④ 레인지 선물환은 두 옵션의 행사가격이 상이한 구조로 설계된다.

⑤ 목표선물환은 합성선물환 거래에서 동일한 행사가격의 풋옵션을 추가로 매도하여 가격조건을 개선한다.

> 해설
>
> 목표선물환은 합성선물환 거래에서 동일한 행사가격의 콜옵션을 추가로 매도하여 가격조건을 개선한다.

02 다음 중 낙인 낙아웃 목표선물환에 대한 설명으로 적절하지 않은 것은?

중요도
●●○

① 낙아웃 목표선물환은 목표선물환에 낙아웃조건을 부여하여 선물환 가격조건을 개선한다.

② 낙인 낙아웃 목표선물환의 경우 환율 상승 시 두 배의 달러를 매도해야 하는 리스크에 노출된다.

③ 낙인 낙아웃 목표선물환의 경우 낙아웃 기준환율 이하가 되면 일부 소정의 금액만 지급된다.

④ 윈도우 낙인 낙아웃 목표선물의 경우 관찰기간을 전체 계약기간 중 일부 기간으로 한정하여 리스크 구조를 부분적으로 개선시켰다.

⑤ KIKO(키코)는 일반선물환 계약의 가격조건을 개선하기 위해 목표선물환 상품에 KI와 KO 조건을 추가하고 관찰기간을 전체 계약 기간 중 일부 기간으로 한정한 환리스크 관리상품이다.

> 해설
>
> 낙인 낙아웃 목표선물환의 경우 낙아웃 기준환율 이하가 되면 계약 자체가 소멸한다.

02 PART

비금융자산 투자설계

CHAPTER
01
부동산 상담
사전 준비

출제경향 및 학습전략

- 부동산에 대한 특성 및 성질, 법률적인 측면에서의 부동산 및 동산과의 비교 등 부동산 관련 기본 내용에 대해 단순한 단답식 문제가 아닌 서술식으로 묻는 문제가 출제되고 있습니다.

- 부동산 관련 내용에 대해 단순히 용어를 묻는 것이 아닌 세부 내용까지 묻고 있으므로 주요 항목에 대해 심층적으로 공부하는 것이 필요합니다.

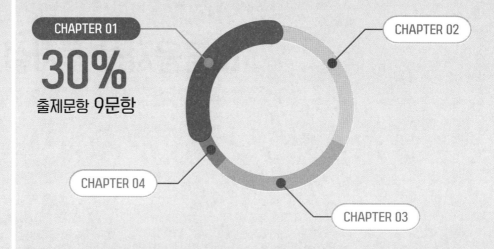

CHAPTER 01

30%
출제문항 9문항

CHAPTER 02

CHAPTER 04

CHAPTER 03

핵심테마
01 부동산의 개념

1. 부동산의 의미

토지에 정착 또는 고정되어 이동하기 어려운 물건을 의미

2. 부동산의 법률적 측면

① **협의의 부동산** : 토지 및 정착물

> 핵심 CHECK
>
> **민법상 부동산의 의미**
> - 제99조 제1항 : 토지 및 그 정착물은 부동산이다.
> - 제99조 제2항 : 부동산 이외의 물건은 동산이다.

② **준부동산(의제부동산)** : 물권의 변동을 등기나 등록수단으로 공시하고 있는 동산, 혹은 동산과 부동산의 결합
물로 감정평가의 대상이 되며, 저당권의 목적이 될 수 있음

예 공장재단, 광업재단(광업권), 어업권, 입목, 20톤 이상 선박, 자동차, 항공기 등

> 핵심 CHECK
>
> **부동산의 분류**
> 협의의 부동산 + 준부동산 ⊂ 광의의 부동산

01 다음 중 부동산에 대한 설명으로 적절하지 않은 것은?

중요도
●●○

① 부동산이란 토지에 정착되어 쉽게 이동할 수 없는 물건을 의미한다.

② 법률적인 의미에서 협의의 부동산의 의미는 토지 및 그 정착물을 의미한다.

③ 준부동산은 감정평가의 대상이 될 수는 있지만 저당권의 목적이 될 수는 없다.

④ 협의의 부동산과 준부동산을 합하여 광의의 부동산이라 한다.

⑤ 공장재단, 광업재단, 어업권 등은 준부동산의 예이다.

[해설]

③ 준부동산은 감정평가의 대상이 되며 저당권의 목적이 될 수 있다.

① 부동산이란 토지에 정착 또는 고정되어 쉽게 이동할 수 없는 물건을 의미한다.

② 「민법」을 통해 좁은 의미의 부동산은 '토지 및 그 정착물'로 정의할 수 있다.

핵심테마
02
부동산과 동산의 비교

출제포인트

- 부동산과 동산의 특성 비교

1. 부동산과 동산의 특성

구 분	부동산	동 산
공시방법	등 기	점 유
권리변동	등 기	인도(점유의 이전)
공신력	부 인	인정(선의취득)
무주물 귀속	국 유	선점하는 자
제한물권의 범위	• 담보물권 중 저당권, 유치권 가능 • 용익물권 모두 가능	• 담보물권 중 유치권, 질권 가능 • 용익물건 모두 불가능
취득시효	• 미등기 상태로 20년 점유 • 소유의사로 10년 점유	• 등기 상태로 10년 점유 • 선의 · 무과실로 5년 점유

핵심 CHECK

부동산과 동산의 권리변동

- 부동산 권리변동 : 등기
- 동산 권리변동 : 인도(점유의 이전)

2. 부동산과 동산의 비교(기술적, 경제적, 법률적 측면)

구 분		부동산	동 산
기술적 측면	위 치	고정성(부동성)	유동성(이동성)
	용 도	용도의 다양성	용도의 한계성
	수 명	영속성	비영속성
경제적 측면	가 치	大	小
	시장구조	불완전 경쟁	완전경쟁
	가 격	일물일가 원칙 배제	일물일가 원칙 적용
법률적 측면	공시방법	등 기	점 유
	권리변동	등기 및 등록	인도(점유 이전)
	공신력	불인정	인정(선의취득)
	취득시효	20년(등기된 경우 10년)	10년(선의 · 무과실 5년)
	용익물권 설정	지상권 · 지역권 · 전세권 설정 가능	지상권 · 지역권 · 전세권 설정 불가능
	담보물권 설정	질권 설정 불가	유치권 · 질권 설정 가능

01 다음 중 부동산과 동산에 대한 설명으로 적절하지 않은 것은?

중요도
●●○

① 물건은 크게 부동산과 동산으로 구성된다.

② 부동산은 공시하기 위해 등기가 필요하지만, 동산은 점유를 통해 공시할 수 있다.

③ 부동산도 등기하지 않더라도 인도를 통해 권리변동을 인정받을 수 있다.

④ 부동산은 일물일가 원칙에서 배제되지만 동산은 일물일가 원칙을 적용받는다.

⑤ 동산은 5년간 선의취득한 경우 공신력이 인정된다.

해설

③ 동산은 인도를 통해 권리변동이 발생하지만, 부동산은 등기 및 등록을 통해 권리변동을 인정받을 수 있다.

⑤ 동산은 5년간 선의취득한 경우 공신력이 인정되지만, 부동산의 경우 선의취득이 인정되지 않는다.

02 다음 중 부동산과 동산의 차이점에 대한 설명으로 적절하지 않은 것은?

중요도
●●●

① 부동산은 고정되어 있지만, 동산은 이동이 가능하다.

② 부동산 시장은 불완전 경쟁시장이지만, 동산은 완전경쟁시장으로 볼 수 있다.

③ 부동산은 공신력을 인정하지 않지만, 동산은 선의취득을 인정한다.

④ 부동산은 용도가 제한되어 있지만, 동산은 다양한 용도로 사용할 수 있다.

⑤ 부동산은 용익물권의 설정이 가능하지만, 동산은 용익물권의 설정이 불가능하다.

해설

④ 부동산은 다양한 용도로 사용할 수 있지만, 동산은 용도의 한계성을 가진다.

① 부동산은 고정되어 있지만(부동성), 동산은 이동이 가능하다(이동성, 유동성).

03 다음 중 부동산과 동산에 대한 설명으로 올바르지 않게 짝지어진 것은?

중요도
●●●

① 수명 : 부동산 → 영속성, 동산 → 비영속성

② 무주물의 귀속 : 부동산 → 국유, 동산 → 선점자

③ 질권 설정 : 부동산 → 질권 설정 불가능, 동산 → 유치권 및 질권 설정 가능

④ 가치 : 부동산 → 상대적으로 큼, 동산 → 상대적으로 작음

⑤ 지상권 설정 : 부동산 → 불가능, 동산 → 가능

해설

용익물권의 설정은 부동산은 가능하지만, 동산은 불가능하다.

핵심 **CHECK**

용익물권

지상권, 지역권, 전세권 등

핵심테마

03 부동산의 특성

출제포인트

■ 토지와 건물의 특성 분류

1. 부동산의 특성

(1) 부동산 권리 범위

토지의 경계를 중심으로 상하에 미치는 것. 땅뿐만 아니라 공간적 범위 내의 모든 지상부착물을 포함

(2) 토지의 특성

① 자연적 특성

ㄱ 위치의 고정성(부동성) : 위치를 이동시킬 수 없으며, 다른 지점의 토지와는 속성이 다름

ㄴ 부증성 : 생산적인 양을 투입하여 물리적인 양을 증가시킬 수 없음. 가격 변화에 대해 토지의 공급은 비탄력적

ㄷ 영속성 : 장기간에 걸쳐 재화와 용역을 제공할 수 있으며, 사용해도 소모되지 않음

ㄹ 개별성 : 모든 특성이 동일한 똑같은 토지는 없음

ㅁ 연접성 : 토지는 연속적으로 인접

② 인문적 특성

ㄱ 용도의 다양성 : 매우 다양한 용도로 사용(예 농업용지, 임야 등)

ㄴ 이용의 외부효과 : 한 필지의 토지 이용 시 그 영향이 주변의 다른 토지에 영향

ㄷ 이용 결과의 경직성 : 토지 이용이 발생하면 그 결과에 대해 이전 및 변형이 어려움

ㄹ 사회적 · 경제적 · 행정적 위치의 가변성 : 토지는 물리적인 측면에서는 불가변적이지만, 사회적 · 경제적 · 행정적 위치는 변화

③ 건물의 특성

ㄱ 비영속성 : 건물은 내용연수를 가진 부동산

ㄴ 생산가능성 : 신축 · 증축 · 개축 등에 의해 그 규모나 양을 증가시킬 수 있음. 단, 시장에서 즉각적으로 공급될 수는 없는 공급의 비탄력성을 가짐

ㄷ 동질성 : 건물은 동일한 구조나 규격으로 생산 가능

핵심 CHECK

토지의 자연적 특성

부동성, 부증성, 영속성, 개별성, 연접성

01 다음 중 토지의 특성에 대해 적절하게 연결되지 않은 것은?

중요도
●●○

① 부증성 – 생산적인 양을 투입하여 물리적인 양을 증가시킬 수는 없다.

② 연접성 – 연속적으로 토지가 접해있는 특성을 의미한다.

③ 부동성 – 토지는 이동시킬 수 없으며, 다른 지역의 토지와는 속성에서 차이가 있다.

④ 비영속성 – 토지는 사용에 의해 마모될 수 있는 특성을 가진다.

⑤ 개별성 – 모든 토지의 특성은 토지마다 차이가 있어 서로 같을 수 없다.

해설

④ 토지는 사용을 해도 소모되지 않는 영속성을 가진다.

① 부증성 – 생산적인 양을 투입하여 물리적인 양을 증가시킬 수는 없으며 따라서 비탄력적인 특성을 지닌다.

02 다음 중 건물의 특성에 대해 적절하게 연결되지 않은 것은?

중요도
●●○

① 건물은 유지 · 보수만 지속적으로 수행하더라도 내용연수를 가지고 있는 유한한 자산이다.

② 건물은 시장에서 그 규모나 양을 증가시킬 수 있다.

③ 건물에 대한 공급은 건축 시간으로 인해 비탄력적이다.

④ 건물은 동일한 구조 및 규격으로 건물을 생산할 수 있다.

⑤ 건물을 증축하는 경우에는 건물의 규모나 양을 증가시킬 수 없다.

해설

⑤ 건물을 신축 · 증축 · 개축하는 경우 건물의 규모나 양을 증가시킬 수 있으며, 이러한 성질을 생산가능성이라 한다.

① 건물은 토지와 달리 내용연수를 가지고 있는 비영속성을 가지고 있는 자산이다.

③ 건물은 규모나 양을 증가시킬 수 있지만 필요할 때 탄력적으로 생산할 수는 없다.

핵심테마
04 부동산의 분류

출제포인트

■ 부동산의 분류 방법 및 분류에 대한 기본적인 개념 이해

1. 지목상 분류

지목이란 토지의 주된 용도에 따라 토지의 종류를 구분하는 법률상 명칭임(총 28개)

(1) 지목의 설정원칙

구 분	내 용
1필 1목 원칙	하나의 필지에는 한 개의 지목만을 설정
주지목 추종의 원칙	1필지에서 토지의 일부가 주된 사용목적과 다른 용도로 사용되거나 주된 사용목적과 종속관계에 있는 경우 주된 사용목적에 따른 지목을 설정
영속성의 원칙	지목은 영속적인 사용목적에 의해 설정해야 함
사용목적 추정의 원칙	도시개발사업, 택지개발사업, 산업단지조성사업 등의 지역에서 조성된 토지는 미리 그 사용목적에 따라 지목을 설정해야 함

(2) 지목의 종류와 의의

구 분	내 용
전(전)	물을 상시적으로 이용하지 않고 곡물·원예작물 등의 식물을 재배하는 토지
답(답)	물을 상시적으로 이용하여 벼·연·미나리 등의 식물을 주로 재배하는 토지
과수원(과)	사과·배·밤 등 과수류를 집단적으로 재배하는 토지와 이에 접속된 저장고 등 부속시설물의 부지 (단, 주거용 건축물의 부지는 "대")
목장용지(목)	축산업 및 낙농업을 하기 위해 초지를 조성한 토지 및 토지와 접속된 부속시설물의 부지
임 야	산림 및 원야를 이루고 있는 수림지·죽림지·암석지 등의 토지
대(대)	•영구적 건축물 중 주거·사무실·점포·박물관 등 문화시설과 접속된 정원 및 부속시설의 부지 •「국토의 계획 및 이용에 관한 법률」 등의 법령에 따라 택지조성공사가 준공된 토지
잡종지	•갈대밭, 물건을 쌓아두는 곳, 돌을 캐는 곳, 흙을 파내는 곳, 야외시장 등 •영구적 건축물 중 변전소, 송신소, 수신소, 쓰레기 및 오물처리장 등의 부지 •다른 지목에 속하지 않은 토지
공장용지(장)	•제조업을 하고 있는 공장시설물의 부지 •「산업집적활성화 및 공장설립에 관한 법률」 등 법령에 의한 공장부지조성공사가 준공된 토지 •위의 토지와 같은 구역 내에 있는 의료시설 등 부속시설물의 부지
구거(구)	용수 또는 배수를 위해 일정한 형태를 갖춘 인공적인 수로·둑 및 그 부속시설물의 부지와 자연의 유수가 있거나 있을 것으로 예상되는 소규모 수로부지
유지(유)	물이 고이거나 상시적으로 물을 저장하고 있는 댐·저수지·소류지·호수·연못 등의 토지와 연·왕골 등이 자생하는 배수가 잘 되지 않는 토지

※ 기타 : 광천지(광), 염전(염), 학교용지(학), 주차장(차), 주유소용지(주), 창고용지(창), 도로(도), 철도용지(철), 제방(제), 하천(천), 양어장(양), 수도용지(수), 공원(공), 체육용지(체), 유원지(원), 종교용지(종), 사적지(사), 묘지(묘)

2. 「국토의 계획 및 이용에 관한 법률」상 분류

(1) 용도지역

토지의 이용 및 건축물의 용도, 건폐율, 용적률, 높이 등을 다르게 제한하여 토지를 경제적 · 효율적으로 이용하기 위해 서로 중복되지 않게 도시 · 군관리계획으로 국토교통부장관, 시 · 도지사 또는 대도시 시장이 결정하는 지역(모든 토지에 지정)

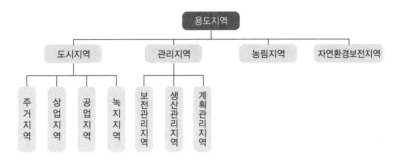

도시지역	인구와 산업이 밀집되어 개발 · 정비 · 관리 · 보전 등이 필요한 지역
관리지역	도시지역 · 농림지역 · 자연환경보전지역에 준하여 관리할 필요가 있는 지역
농림지역	농림업을 진흥시키고 산림을 보전하기 위해 필요한 지역
자연환경보전지역	자연환경 · 수자원 · 문화재 등의 보전과 보호 · 육성을 위해 필요한 지역

① 도시지역

구 분	지정목적 및 내용
전용주거지역	• 양호한 주거환경 보호 목적 • 제1종 : 단독주택 중심의 주거환경 보호 • 제2종 : 공동주택 중심의 주거환경 보호
일반주거지역	• 편리한 주거환경 조성 목적 • 제1종 : 저층 주택 중심으로 편리한 주거환경 조성 • 제2종 : 중층 주택 중심으로 편리한 주거환경 조성 • 제3종 : 중고층 주택 중심으로 편리한 주거환경 조성
준주거지역	주거기능을 위주로 이를 지원하는 일부 상업기능 및 업무기능을 보완하기 위해 필요한 지역
상업지역	• 중심상업지역 : 도심 · 부도심의 상업기능 및 업무기능의 확충 목적 • 일반상업지역 : 일반적인 상업기능 및 업무기능 담당 목적 • 근린상업지역 : 근린지역에서의 일용품 및 서비스 공급 목적 • 유통상업지역 : 도시 및 지역 간 유통기능 증진 목적
공업지역	• 전용공업지역 : 중화학공업, 공해성 공업 등 수용 목적 • 일반공업지역 : 환경을 저해하지 않는 공업 배치 목적 • 준공업지역 : 경공업 그 밖의 공업을 수용하되, 주거 · 상업 · 업무 등의 보완이 필요한 지역
녹지지역	• 보전녹지지역 : 도시의 자연환경 · 경관 · 산림 등 보전 목적 • 생산녹지지역 : 농업적 생산을 위한 개발 목적 • 자연녹지지역 : 도시의 녹지공간 확보, 도시확산의 방지, 장래 도시용지의 공급 등을 위한 목적 (불가피한 경우 제한적인 개발 가능)

② 관리지역

구 분	지정목적 및 내용
보전관리지역	자연환경 등을 위해 보전이 필요하나, 자연환경보전지역으로 지정하여 관리하기 곤란한 지역
생산관리지역	농업 · 임업 · 어업 생산 등을 위해 관리가 필요하나, 주변지역과의 관계에서 농림지역으로 지정하여 관리하기 곤란한 지역
계획관리지역	도시지역으로의 편입이 예상되는 지역이나, 자연환경을 고려하여 제한적인 이용 · 개발 목적

(2) 용도지구

토지의 이용 및 건축물의 용도 · 건폐율 · 용적률 · 높이 등에 대한 용도지역의 제한을 강화하거나 완화하여 적용(용도지역 내 일부 토지 대상)

구 분	항 목
경관지구	자연경관지구, 수변경관지구, 시가지경관지구
미관지구	중심지미관지구, 역사문화미관지구, 일반미관지구
고도지구	최고고도지구, 최저고도지구
방화지구	화재의 위험을 예방하기 위해 필요
방재지구	시가지방재지구, 자연방재지구
보존지구	역사문화환경보존지구, 중요시설물 보존지구, 생태계보존지구
시설보호지구	학교시설보호지구, 공용시설보호지구, 항만시설보호지구, 공항시설보호지구
취락지구	자연취락지구, 집단취락지구
개발진흥지구	주거개발진흥지구, 산업 · 유통개발진흥지구, 관광 · 휴양개발진흥지구, 복합개발진흥지구, 특정개발진흥지구
특정용도제한지구	주거기능 보호나 청소년 보호 등의 목적 등

(3) 용도구역

① 토지의 이용 및 건축물의 용도 · 건폐율 · 용적률 · 높이 등에 대한 용도지역 및 용도지구의 제한을 강화하거나 완화하여 따로 정함(필요한 토지에 지정 가능하며 용도지역 · 지구와 별도의 규모로 지정 가능)
② 시가지의 무질서한 확산방지, 계획적이고 단계적인 토지이용 도모, 토지이용의 종합적 조정 · 관리 목적

구 분	내 용
개발제한구역	도시의 무질서한 확산 방지, 도시 주변의 자연환경 보전 목적
도시자연공원구역	도시의 자연환경 및 경관 보호 목적
시가화조정구역	무질서한 시가화 방지
수산자원보호구역	수산자원을 보호 · 육성 목적

〈용도지역 · 용도지구 · 용도구역 구분〉

구 분	용도지역	용도지구	용도구역
개 념	토지의 이용 및 건축물의 용도 · 건폐율 · 용적률 · 높이 등을 다르게 제한하여 토지를 경제적 · 효율적으로 이용하기 위해 서로 중복되지 않게 도시 · 군관리계획으로 국토교통부장관, 시 · 도지사 또는 대도시 시장이 결정하는 지역	토지의 이용 및 건축물의 용도 · 건폐율 · 용적률 · 높이 등에 대한 용도지역의 제한을 강화하거나 완화하여 적용하여 용도지역의 기능을 증진시키고 미관 · 경관 · 안전 등을 도모하기 위한 도시 · 군관리계획	토지의 이용 및 건축물의 용도 · 건폐율 · 용적률 · 높이 등에 대한 용도지역 및 용도지구의 제한을 강화하거나 완화하여 따로 정함으로써, 시가지의 무질서한 확산방지, 계획적이고 단계적인 토지이용 도모, 토지이용의 종합적 조정 · 관리 등을 위해 도시 · 군관리계획으로 결정하는 지역
지정원칙	모든 토지에 지정(중복 불가)	필요한 토지에 지정 (중복지정 가능)	필요한 토지에 지정 (구역의 중복지정은 불가하나 구역과 지역 · 지구의 중복지정은 가능)
지정범위	전국 모든 토지 대상	용도지역 내 일부토지 대상	용도지역 · 지구와 별도 규모로 지정 가능

핵심 CHECK

용도지역, 용도지구, 용도구역의 비교
• 용도지역은 모든 토지에 지정하나, 용도지역 및 용도구역은 필요한 토지에 지정
• 용도지역은 중복이 불가능하지만, 용도지역 및 용도구역은 중복 가능

3. 주택의 분류

(1) 단독주택과 공동주택 비교

① 단독주택

주택명	층 수	세대수	연면적	기 타
다중주택	주택부분이 3개층 이하	—	330m² 이하	독립된 주거의 형태를 갖추지 않음
다가구주택		19세대 이하	660m² 이하	3개층 이하 주택(분양불가)

② 공동주택

구 분	층 수	세대수	연면적	기 타
아파트	5개층 이상	무 관	무 관	30세대 이상일 때 사업승인 대상
연립주택	4개층 이하		각 동의 바닥면적 660m² 초과	—
다세대주택	4개층 이하		각 동의 바닥면적 660m² 이하	

(2) 준주택과 도시형생활주택

① **준주택** : 기숙사, 다중생활시설(바닥면적의 크기에 따라 세분), 노인복지주택, 오피스텔(업무를 주로하며 숙식 가능) 등

② **도시형생활주택** : 도시지역에 건설하는 300세대 미만의 국민주택 규모에 해당하는 주택

구 분	내 용
단지형 연립	연립주택 중 원룸형 주택을 제외하고 건축위원회 심의를 받으면 주택으로 5층까지 건축 가능
단지형 다세대	다세대 주택 중 원룸형 주택을 제외하고 건축위원회의 심의를 받은 경우 주택으로 5층까지 건축 가능
원룸형	세대별 주거전용면적 $60m^2$ 이하인 도시형생활주택

> **핵심 CHECK**
>
> **단독주택과 공동주택**
> 단독주택은 주택 부분이 3개층 이하이며, 아파트는 5개층 이상, 연립주택 및 다세대 주택은 4개층 이하이다.

적중문제

01 다음 중 지목에 대한 설명으로 적절하게 연결되지 않은 것은?

중요도
●●●

① 1필 1목 원칙 – 하나의 필지에는 한 개의 지목만을 설정해야 한다.

② 영속성의 원칙 – 지목은 임시적으로 다른 용도에 사용될 때 지목을 변경하였다가 임시적인 목적이 종료될 때 다시 지목을 원래 목적에 맞게 설정하여 영속적으로 유지하여야 한다.

③ 주지목 추종의 원칙 – 1필지에서 토지의 일부가 주된 사용목적과 다른 용도로 사용되는 경우에도 주된 사용 목적에 따라 지목을 설정해야 한다.

④ 사용목적 추정의 원칙 – 도시개발사업, 택지개발사업, 산업단지조성사업 등의 지역에 조성된 토지는 미리 그 사용목적에 따라 지목을 설정하여야 한다.

⑤ 지목 – 토지의 주된 용도에 따라 토지의 종류를 구분하는 법률상 명칭이다.

> **해설**
> ② 영속성의 원칙 – 지목은 임시적이고 일시적으로 다른 용도에 사용되더라도 영속적인 사용목적에 의해 설정되어야 한다.
> ③ 주지목 추종의 원칙 – 1필지에서 토지의 일부가 주된 사용목적과 다른 용도로 사용되거나 주된 사용목적과 종속관계에 있을 때에는 주된 사용목적에 따라 지목을 설정해야 한다.

02 다음 중 지목에 대한 설명으로 적절하지 않은 것은?

① 전(전) – 물을 상시적으로 이용하지 않고 곡물 · 원예작물 · 약초 · 뽕나무 등의 식물을 주로 재배하는 토지와 식용을 위해 죽순을 재배하는 토지

② 답(답) – 물을 상시적으로 직접 이용하여 벼 · 연 · 미나리 등의 식물을 주로 재배하는 토지

③ 과수원(과) – 사과 · 배 · 밤 · 호도 · 귤나무 등 과수류를 집단적으로 재배하는 토지와 이에 접속된 저장고 등 부속시설물(주거용 건축물 부지 포함)

④ 대(대) – 영구적 건축물 중 주거 · 사무실 · 점포와 박물관 · 극장 · 미술관 등 문화시설과 이에 접속된 정원 및 부속시설물의 부지

⑤ 공장용지(장) – 제조업을 하고 있는 공장시설물의 부지

해설

③ 사과 · 배 · 밤 · 호도 · 귤나무 등 과수류를 집단적으로 재배하는 토지와 이에 접속된 저장고 등 부속시설물은 과수원(과)이지만, 주거용 건축물 부지는 '대'로 분류한다.

④ 대 – 영구적 건축물 중 주거 · 사무실 · 점포와 박물관 · 극장 · 미술관 등 문화시설과 이에 접속된 정원 및 부속시설물의 부지 및「국토의 계획 및 이용에 관한 법률」등 관계법령에 의한 택지조성공사가 준공된 토지

⑤ 공장용지 – 제조업을 하고 있는 공장시설물의 부지 및「산업집적활성화 및 공장설립에 관한 법률」등의 관계법령에 의한 공장부지조성공사가 준공된 토지 및 위의 토지와 같은 구역 내의 의료시설 등 부속시설물의 부지

03 다음 중 용도지역에 대한 설명으로 적절하지 않은 것은?

① 토지의 이용 및 건축물의 용도, 건폐율, 용적률, 높이 등을 다르게 제한하여 토지를 경제적 · 효율적으로 이용하기 위해 지정하는 것으로 이용 용도가 아직 정해지지 않은 경우 지정되지 않는다.

② 용도지역은 크게 도시지역, 관리지역, 농림지역, 자연환경보전지역으로 구분한다.

③ 용도지역 중 도시지역은 주거지역, 상업지역, 공업지역, 녹지지역으로 구분한다.

④ 도시지역은 인구와 산업이 밀집되어 개발 등이 필요한 지역에 지정된다.

⑤ 농림지역은 농림업을 진흥시키고 산림을 보전하기 위해 필요한 지역에 지정된다.

해설

용도지역은 모든 토지에 지정하는 것이 원칙이다.

핵심 CHECK

용도지역의 구분

도시지역	인구와 산업이 밀집되어 개발 · 정비 · 관리 · 보전 등이 필요한 지역
관리지역	도시지역 · 농림지역 · 자연환경보전지역에 준하여 관리할 필요가 있는 지역
농림지역	농림업을 진흥시키고 산림을 보전하기 위해 필요한 지역
자연환경보전지역	자연환경 · 수자원 · 문화재 등의 보전과 보호 · 육성을 위해 필요한 지역

04 다음 중 용도지역 중 도시지역에 대한 설명으로 적절하게 연결되지 않은 것은?

중요도
●●○

① 전용주거지역 – 양호한 주거환경을 보호하기 위한 목적으로 제1종, 제2종으로 구분
② 일반주거지역 – 편리한 주거환경을 조성하기 위해 필요한 지역으로 제1종, 제2종, 제3종으로 구분
③ 상업지역 – 크게 중심상업지역, 일반상업지역, 근린상업지역, 유통상업지역으로 구분
④ 녹지지역 – 보전녹지지역 및 자연녹지지역은 개발할 수 없음
⑤ 공업지역 – 전용공업지역, 일반공업지역, 준공업지역으로 구분

해설
녹지지역은 크게 보전녹지지역, 생산녹지지역, 자연녹지지역으로 구분할 수 있으며, 자연녹지지역의 경우 불가피한 경우에 한해 제한적인 개발이 허용된다.

05 다음 중 용도구역 중 도시의 확산 방지를 위해 필요한 지역은?

중요도
●○○

① 개발제한구역
② 도시자연공원구역
③ 시가화조정구역
④ 수산자원보호구역
⑤ 공업지역

해설
용도구역은 토지의 이용 및 건축물의 용도 · 건폐율 · 용적률 · 높이 등에 대한 용도지역 및 용도지역의 제한을 강화하거나 완화할 목적으로 도시 · 군관리계획으로 결정하는 지역이다. 도시의 무질서한 확산 방지, 도시 주변의 자연환경 보전 목적으로 설정하는 것은 개발제한구역이다.

핵심 CHECK

용도구역의 구분

개발제한구역	도시의 무질서한 확산 방지, 도시 주변의 자연환경 보전 목적
도시자연공원구역	도시의 자연환경 및 경관 보호 목적
시가화조정구역	무질서한 시가화 방지
수산자원보호구역	수산자원을 보호 · 육성 목적

06 다음 중 용도지역 · 용도지구 · 용도구역을 구분한 설명으로 적절하지 않은 것은?

① 용도지역은 토지를 경제적 · 효율적으로 이용하고 공공복리의 증진을 도모할 목적으로 설정한다.

② 용도지구와 용도구역은 필요한 토지에 지정된다.

③ 용도구역은 용도지역에 일치하는 규모로 지정되어야 한다.

④ 용도구역은 구역 간 중복지정은 불가능하지만, 용도지구는 중복지정이 가능하다.

⑤ 용도지역 · 용도지구 · 용도구역 모두 도시 · 군관리계획으로 결정하는 지역이다.

해설

③ 용도구역은 시가지의 무질서한 확산방지, 계획적이고 단계적인 토지이용 도모, 토지이용의 종합적 조정 · 관리를 목적으로 필요한 토지에 지정된다. 또한, 용도지역 · 지구와 별도 규모로 지정이 가능하다.

② 용도지구와 용도구역은 필요한 토지에 지정 가능한 반면, 용도지역은 모든 토지에 지정하여야 한다.

④ 용도지역은 중복 지정이 불가능하며, 용도지구는 중복지정이 가능하다. 용도구역은 구역 간 중복지정은 불가능하지만 용도지역 · 용도지구와의 중복지정은 가능하다.

07 다음 중 공동주택에 해당하는 것을 모두 고른 것은?

㉠ 아파트	㉡ 연립주택
㉢ 단독주택	㉣ 공 관
㉤ 다세대주택	㉥ 다가구주택

① ㉠, ㉡, ㉢

② ㉡, ㉢, ㉥

③ ㉠, ㉡, ㉤

④ ㉢, ㉣, ㉤

⑤ ㉣, ㉤, ㉥

해설

단독주택의 종류에는 단독주택, 다중주택, 다가구주택, 공관 등이 있으며, 공동주택은 아파트, 연립주택, 다세대주택, 기숙사 등이 해당된다.

08 다음 중 주택에 대한 설명으로 적절하지 않은 것은?

중요도
●●●

① 아파트는 층수가 5개층 이상이며 연면적은 고려하지 않는다.

② 아파트의 세대수가 30세대 이상인 경우 사업 승인 대상이 된다.

③ 다가구주택은 19세대 이하로 분양을 할 수 없다.

④ 다중주택과 다가구주택의 연면적 한도는 동일하다.

⑤ 연립주택과 다세대주택은 대부분 조건이 동일하지만 연면적기준의 차이로 구분된다.

> **해설**
>
> ④ 다중주택의 연면적은 330m² 이하이지만, 다가구주택의 연면적은 660m² 이하이다.
> ③ 다가구주택은 3개층 이하의 주택으로 분양할 수 없으며 세대수는 19세대 이하이다.
> ⑤ 연립주택과 다세대주택은 공동주택으로 대부분의 조건이 동일하지만 연면적이 연립주택은 각 동의 바닥면적 660m² 초과이지만, 다세대주택은 각 동의 바닥면적 660m² 이하로 차이가 있다.

09 다음 중 주택에 대한 설명으로 적절하지 않은 것은?

중요도
●●○

① 준주택은 「주택법」 제2조에 따라 '주택 외의 건축물과 그 부속토지로서 주거시설로 이용가능한 시설'을 의미하며 크게 기숙사, 다중생활시설, 노인복지주택, 오피스텔 등이 있다.

② 도시형생활주택은 「주택법 시행령」 개정에 따라 도시지역에 건설하는 300세대 이상의 국민주택 규모의 주택으로 단지형 연립, 단지형 다세대, 원룸형으로 구분한다.

③ 단지형 연립주택 및 단지형 다세대주택은 건축위원회의 심의를 받은 경우 5층까지 건설이 가능하다.

④ 도시형생활주택 중 원룸형은 세대당 주거전용면적 60m² 이하를 의미한다.

⑤ 오피스텔은 업무를 주로 하는 공간이지만, 일부 구획에서 숙식이 가능하다.

> **해설**
>
> ② 도시형생활주택은 「주택법 시행령」 개정에 따라 도시지역에 건설하는 300세대 미만의 국민주택 규모의 주택으로 단지형 연립, 단지형 다세대, 원룸형으로 구분한다.
> ④ 도시형생활주택 중 원룸형은 세대별 독립된 주거가 가능하도록 하나의 공간으로 구성된 주택으로 세대당 주거전용면적 60m² 이하를 의미한다.

핵심테마 05 주요 부동산 용어 해설

1. 필지와 획지

필 지	• 하나의 지번이 붙는 「공간 정보의 구축 및 관리 등에 관한 법률」상 등록단위 • 등기단위로서 토지소유자의 권리를 구분하기 위한 표시 및 법적 개념
획 지	• 인위적 · 자연적 · 행정적 조건에 의해 다른 토지와 구별되는 가격 수준이 비슷한 일단의 토지 • 필지는 법률상의 개념이며, 획지는 경제적 · 부동산학적 단위 개념

2. 건축(건축법에 의거)

신 축	건축물이 없는 대지에 새로 건축물을 축조하는 것
증 축	기존 건축물이 있는 대지에서 건축물의 건축면적, 연면적, 층수 또는 높이를 늘리는 것
개 축	기존 건축물의 전부 또는 일부를 철거하고 그 대지에 종전과 같은 규모의 범위 내에서 건축물을 다시 축조하는 것
재 축	건축물이 천재지변이나 그 밖의 재해로 멸실된 경우 그 대지에 종전과 같은 규모의 범위에서 다시 축조하는 것
이 전	건축물의 주요 구조부를 해체하지 않고 같은 대지의 다른 위치로 옮기는 것

대수선 및 대지
• 대수선 : 건축물의 기둥, 보, 내력벽 등의 구조나 외부 형태를 수선 · 변경하거나 증설
• 대지 : 「공간 정보의 구축 및 관리 등에 관한 법률」에 따라 각 필지로 나눈 토지

3. 건축 관련 면적

대지면적	대지의 수평투영면적
바닥면적	• 건축물의 각 층 또는 그 일부로서 벽, 기둥, 그 밖에 이와 비슷한 구획의 중심선으로 둘러싸인 부분의 수평투영 면적 • 일반적으로 발코니, 배관통로, 공기통로 등 서비스면적을 제외한 면적
건축면적	• 건축물 외벽의 중심선으로 둘러싸인 부분의 수평투영면적 • 바닥면적과 비교했을 때 같거나 큼
연면적	• 하나의 건축물 각 층의 바닥면적 합계 • 용적률을 산정할 때에는 지하층 면적, 지상층의 주차용으로 쓰는 면적 및 일부 건축물에 설치하는 피난안전구역, 경사지붕 아래에 설치하는 대피공간의 면적 등은 제외

4. 건축선

「건축법」에 의해 도로와 접한 부분에서 건축행위를 하는 경우, 도로와 건축물 사이의 여유 공간 확보를 위해 건축물을 건축할 수 있는 경계선

5. 건폐율과 용적률(「국토의 계획 및 이용에 관한 법률」에서 정함)

(1) 건폐율

① 대지면적에 대한 건축면적의 비율
② 대지 내 최소한의 공지를 확보하기 위한 목적으로 건축물의 과밀화 방지 및 일조 · 채광 · 통풍 등 위생적인 환경 조성과 재해 시 필요한 공간 확보를 위해 특정 비율로 규제
③ 건폐율 $= \dfrac{\text{건축면적}}{\text{대지면적}} \times 100$

〈건폐율 기준〉

구 분		법상 기준
도시지역	주거지역	70% 이하
	상업지역	90% 이하
	공업지역	70% 이하
	녹지지역	20% 이하
관리지역	보전관리지역	40% 이하
	생산관리지역	20% 이하
	계획관리지역	40% 이하
농림지역		20% 이하
자연환경보전지역		20% 이하
기타지역 (취락지구, 개발진흥지구, 수산자원보호구역, 자연공원, 농공단지 등)		80% 이하

(2) 용적률

① 대지면적에 대한 건축물의 연면적 비율
② 일반적으로 건축물의 높이 및 규모를 규제하기 위한 수단으로 적용
③ 용적률 $= \dfrac{\text{건축물의 연면적}}{\text{대지면적}} \times 100$

〈용적률 기준〉

구 분		법상 기준
도시지역	주거지역	500% 이하
	상업지역	1,500% 이하
	공업지역	400% 이하
	녹지지역	100% 이하
관리지역	보전관리지역	80% 이하
	생산관리지역	
	계획관리지역	100% 이하
농림지역		80% 이하
자연환경보전지역		80% 이하
기타지역(개발진흥지구, 수산자원보호구역, 자연공원, 농공단지)		200% 이하

6. 공동주택 등의 면적

전용면적	• 주거전용면적으로 순수한 자기소유의 공간 • 등기사항증명서상 전유면적도 동일한 의미
공급면적	• 전용면적 + 주거공용면적 • 전용면적 + 복도, 엘리베이터, 계단 등 다른 세대와 공동으로 사용하는 면적 중 자신의 지분에 해당하는 면적
계약면적	전용면적 + 주거공용면적 + 기타공용면적(관리사무소, 노인정, 놀이터, 기타 아파트 관리에 필요한 면적 등)
총면적	계약면적 + 서비스면적
주거공용면적	주거하는 동에서 공동으로 사용하는 복도, 계단, 엘리베이터 등 지상층에 있는 공용면적
기타공용면적	주거공용면적을 제외한 단지 내 세대원 전체가 사용하는 지하주차장, 관리사무소, 노인정 등 그 밖의 공용면적

	전용면적 예 거실, 방, 주방 등	주거공용면적 예 복도, 엘리베이터, 계단 등	기타공용면적 예 지하주차장, 관리사무소, 노인정 등	서비스면적 예 발코니 등
공급면적 →				
계약면적 →				
총 면 적 →				

7. 새로운 형태의 주택

타운하우스	• 단독주택을 두 채 이상 붙여 나란히 지은 집으로 벽을 공유하는 서구의 주택 양식 • 개인의 프라이버시를 보호하면서 동시에 방범 · 방재 등 관리의 효율성을 높인 주거 형태
테라스하우스	• 아파트 구조의 일종으로 집합주택 중 주거 단위가 수평방향으로 연결되고, 각 호에서 직접 테라스로 나올 수 있게 된 집 • 단위 세대를 대지의 경사도에 맞춘 것으로 주로 아래층 세대의 지붕을 위층 세대가 정원으로 활용
게스트하우스	개인 가정의 일부를 활용하여 단기 거주자에게 침실 제공을 주로 하는 '도시형민박' 식의 숙박시설
서비스드 레지던스	• 호텔식 서비스가 제공되는 오피스텔 형태의 주거시설 • 객실 내에 거실, 세탁실, 주방 등의 편의시설 + 호텔의 각종 편의시설과 사우나, 피트니스센터, 수영장 등의 부대시설도 제공
쉐어하우스	다수가 한집에 살며 침실은 따로 사용하지만, 거실 · 화장실 · 주방은 공유하는 형태

> **지식산업센터(아파트형 공장)**
> 동일 건축물에 제조업, 지식산업, 정보통신산업을 영위하는 자와 지원시설이 복합적으로 입주할 수 있는 3층 이상의 집합
> 건축물로 6개 이상의 공장이 입주할 수 있는 건축물

8. LTV 등 비율

LTV (Loan To Value)	• 담보대출의 가치인정비율(담보인정비율) • 담보대출 실행 시 담보가치에 대한 안정성을 담보하기 위한 규제장치로 활용
DTI (Debt To Income)	• 총부채상환비율(총소득에서 부채의 연간 원리금 상환액이 차지하는 비율) • 대출자들이 대출 시 원리금 상환액이 소득에 비해 과도해지는 것을 막기 위한 규제장치로 활용
DSR (Debt Service Ratio)	• 총부채원리금상환비율(대출자의 소득 대비 원리금 상환액의 비율) • DTI는 계산 시 주택담보대출 외에 기타 대출의 상환액은 이자만 반영하지만 DSR은 모든 대출의 연간 원리금 상환액을 합하여 계산하므로 DTI보다 포괄적인 상환 능력 심사 기준

9. 공시가격

공시지가	표준지 공시지가	• 「부동산 가격공시에 관한 법률」에 의한 절차에 따라 공시한 표준지의 단위면적당 가격 • 매년 1월 1일 기준으로 조사 · 평가하여 통상적으로 매년 2월 말 공시됨
	개별 공시지가	• 개발부담금의 부과 그 밖의 다른 법률이 정하는 목적을 위한 지가산정에 사용하기 위해 매년 시장 · 군수 · 구청장이 결정 · 공시하는 개별토지의 단위면적당 가격 • 매년 1월 1일 기준으로 5월 31일까지 결정 · 공시됨
주택 공시가격	표준주택 가격공시	국토교통부장관은 용도지역, 건물구조 등이 일반적으로 유사하다고 인정되는 단독주택 중 선정한 표준주택(약 20만 가구)에 대해 매년 공시기준일(1월 1일) 기준으로 조사 · 공시
	개별주택 가격공시	• 시장 · 군수 · 구청장이 해당 관할 구역 내 단독주택가격을 조사 및 평가하여 결정한 개별단독주택에 대한 고시 가격 • 국토교통부장관이 선정한 표준주택가격을 기준으로 개별주택, 입지, 면적, 건축재료 등 여러 요인을 비교하여 산정 • 국세(종합부동산세 · 양도세 · 상속세 등) 및 지방세(취득세 · 등록세 등) 등의 과표가 되며 재건축부담금 · 청약가점제 무주택자 분류 등의 기준으로 활용
기준시가		• 국세청장이 양도세 혹은 상속 · 증여세를 부과할 때 기준이 되는 가격으로 사용하기 위해 고시하는 가격 • 다만, 공동주택의 경우 국토교통부장관이 평가하는 공동주택 가격을 기준시가로 활용하며, 단독주택, 토지의 경우 개별주택가격과 개별공시지가를 기준시가로 활용

공시지가

- 표준지공시지가 : 표준지의 단위면적당 가격, 2월 말 공시
- 개별공시지가 : 개별토지의 단위면적당 가격, 5월 말 공시

적중문제

01 다음 중 주요 부동산 용어에 대한 설명으로 적절하지 않은 것은?

중요도
●●●

① 필지 : 하나의 지번이 붙는 「공간 정보의 구축 및 관리 등에 관한 법률」상 등록단위로 토지소유자의 권리를 구분하기 위한 표시 및 법적 개념이다.

② 획지 : 인위적 · 자연적 · 행정적 조건에 의해 다른 토지와 구별되는 가격 수준이 비슷한 일단의 토지로 경제적 · 부동산학적 단위 개념을 의미한다.

③ 신축 : 건축법상 건축물이 없는 대지에 새로 건축물을 축조하는 것을 의미한다.

④ 개축 : 건축법상 건축물이 천재지변이나 그 밖의 재해로 멸실된 경우 그 대지에 종전과 같은 규모의 범위에서 다시 축조하는 것을 의미한다.

⑤ 대수선 : 건축물의 기둥, 주계단 등의 구조나 외부 형태를 수선 · 변경하거나 증설하는 것을 의미한다.

해설

개축이란 건축법상 기존 건축물의 전부 또는 일부를 철거하고 그 대지에 종전과 같은 규모의 범위 내에서 건축물을 다시 축조하는 것을 의미한다.

핵심 CHECK

재 축

건축법상 건축물이 천재지변이나 그 밖의 재해로 멸실된 경우 그 대지에 종전과 같은 규모의 범위에서 다시 축조하는 것

02 김철수씨는 대지면적 100m²인 토지를 소유하고 있으며, 건물면적 70m²인 건물을 지으려 한다. 해당 토지가
중요도 도시지역−농림지역에 있다고 가정할 경우, 초과하는 건폐율은 몇 %인가?
●●●

① 초과되는 부분 없음   ② 30%

③ 40%   ④ 50%

⑤ 60%

해설

건폐율은 대지면적에 대한 건축면적의 비율을 의미하며 대지 내 최소한의 공지를 확보하기 위한 목적으로 건축물의 과밀화 방
지 및 일조·채광·통풍 등 위생적인 환경조성과 재해 시 필요한 공간 확보를 위해 특정 비율로 규제하고 있다.

- 건폐율 $= \dfrac{건축면적}{대지면적} \times 100$

도시지역 − 녹지지역의 경우 건폐율 기준은 20%이며, 현재 예상되는 건폐율은 $\dfrac{70m^2}{100m^2}$으로 건폐율은 50% 초과한다.

핵심 CHECK

건폐율과 용적률 계산
- 건폐율 : (건축면적/대지면적) × 100
- 용적률 : (건축물의 연면적/대지면적) × 100

03 다음 중 「국토의 계획 및 이용에 관한 법률」상 용도지역별 용적률에 대한 설명으로 적절하지 않은 것은?
중요도
●●○ ① 도시지역 중 주거지역 500% 이하

② 도시지역 중 상업지역 1,000% 이하

③ 도시지역 중 공업지역 400% 이하

④ 관리지역 중 보전관리지역 80% 이하

⑤ 농림지역 80% 이하

해설

「국토의 계획 및 이용에 관한 법률」상 용적률은 대지면적에 대한 건축물의 연면적 비율을 의미하며, 일반적으로는 건축물의 높
이 및 규모를 규제하기 위한 수단으로 적용된다.

- 용적률 $= \dfrac{건축물의 연면적}{대지면적} \times 100$

도시지역 − 상업지역의 기준은 1,500% 이하이다.

04 다음 중 주택 등의 면적에 대한 설명으로 적절하지 않은 것은?

중요도
●●●

① 전용면적 : 주거전용면적으로 순수한 자기소유의 공간을 의미한다.

② 공급면적 : 전용면적과 주거공용면적의 합을 의미한다.

③ 총면적 : 총면적은 계약면적과 서비스면적의 합을 의미한다.

④ 주거공용면적은 주거하는 동에서 공동으로 사용하는 복도, 계단, 엘리베이터 등 지상층에 있는 공용면적을 의미한다.

⑤ 기타공용면적은 주거공용면적을 포함하여 단지 내 세대원 전체가 사용하는 지하주차장 등의 공용면적을 의미한다.

해설

기타공용면적은 주거공용면적을 제외한 단지 내 세대원 전체가 사용하는 지하주차장, 관리사무소, 노인정 등 그 밖의 공용면적을 의미한다.

05 다음 중 새로운 주택 형태에 대한 설명으로 옳은 것을 모두 고른 것은?

중요도
●○○

㉠ 타운하우스	단독주택을 두 채 이상 붙여 나란히 지은 집으로 벽을 공유하는 주택형식
㉡ 테라스하우스	집합주택 중 주거 단위가 수직방향으로 연결되고, 각 호에서 직접 테라스로 나올 수 있게 된 집
㉢ 서비스드레지던스	개인 가정 일부를 활용하여 단기 거주자에게 침실 제공 등을 하는 '도시형민박' 식의 숙박시설
㉣ 쉐어하우스	다수가 한집에 살며 침실은 따로 사용하지만, 거실 · 화장실 · 주방은 공유하는 형태의 집

① ㉠, ㉡

② ㉡, ㉢

③ ㉡, ㉣

④ ㉠, ㉣

⑤ ㉢, ㉣

해설

㉡ 테라스하우스 : 아파트 구조의 일종으로 집합주택 중 주거 단위가 수평방향으로 연결되고, 각 호에서 직접 테라스로 나올 수 있게 된 집을 의미한다.

㉢ 서비스드레지던스 : 호텔식 서비스가 제공되는 오피스텔 형태의 주거시설을 의미하며 해당 설명은 게스트하우스에 대한 설명이다.

06 다음 중 LTV, DTI, DSR에 대한 설명으로 적절하지 않은 것은?

중요도 ●●●

① LTV는 담보인정비율을 의미한다.

② DTI는 총소득에서 부채의 연간 원리금 상환액이 차지하는 비율을 의미한다.

③ DSR은 대출자의 소득 대비 원리금 상환액의 비율을 의미한다.

④ LTV, DTI, DSR은 모두 대출자들의 담보 및 상환능력 대비 대출이 과도해지는 것을 규제하는 역할을 수행한다.

⑤ DTI는 DSR보다 포괄적인 심사기준을 제시함에 따라, 가계부채가 증가하고 있는 최근 더 각광을 받고 있다.

해설

⑤ DTI는 계산 시 주택담보대출 외에 기타대출상환액은 이자만 반영하지만 DSR은 모든 대출의 연간 원리금 상환액을 합하여 계산하므로 DTI보다 포괄적인 상환능력 심사기준이다.

① LTV는 담보대출의 가치인정비율(담보인정비율)로 담보대출 실행 시 담보가치에 대한 안정성을 담보하기 위한 규제장치로 활용된다.

② DTI는 총부채상환비율(총소득에서 부채의 연간 원리금 상환액이 차지하는 비율)을 의미하며 대출자들의 원리금 상환액이 과도해지는 것을 막기 위한 규제 장치로 활용된다.

핵심 CHECK

LTV, DTI, DSR

LTV	담보대출의 가치인정비율(담보인정비율)
DTI	총부채상환비율(총소득에서 부채의 연간 원리금 상환액이 차지하는 비율)
DSR	• 총부채원리금상환비율(대출자의 소득 대비 원리금 상환액의 비율) • DTI보다 포괄적인 상환능력 심사기준

07 다음 중 공시지가 및 주택공시가격에 대한 설명으로 적절하지 않은 것은?

중요도 ●●●

① 표준지공시지가는 「부동산 가격공시에 관한 법률」에 의한 절차에 따라 공시한 표준지의 단위면적당 가격으로 매년 1월 1일 기준으로 매년 2월 말 공시된다.

② 개별공시지가는 지가산정에 사용하기 위해 매년 결정·공시되는 개별토지의 단위면적당 가격으로 매년 1월 1일 기준으로 5월 31일까지 공시된다.

③ 표준주택가격은 국토교통부장관이 용도지역, 건물구조 등이 일반적으로 유사하다고 인정되는 단독주택 중 선정한 표준주택에 대해 연간 조사 및 공시하는 가격을 의미한다.

④ 개별주택가격공시는 개별단독주택의 고시 가격을 의미하며 국세 등의 과표로 활용된다.

⑤ 기준시가는 국세청장이 양도세 혹은 상속·증여세를 부과할 때 기준이 되는 가격으로 재건축부담금·청약가점제 무주택자 분류 등의 기준으로도 활용된다.

해설

재건축부담금·청약가점제 무주택자 분류 기준으로 활용되는 것은 개별주택가격공시이다.

부동산 공적장부 및 조사방법

출제포인트

- 부동산 공적장부의 개념 및 관련 정보 숙지

1. 부동산 공적장부

관공서에서 관리하는 부동산 관련 각종 공적장부 18종을 말함

지적(7종)	토지/임야대장, 공유지연명부, 대지권등록부, 지적도/임야도, 경제점좌표등록부
건축물대장(4종)	총괄표제부, 일반건축물, 집합표제부, 집합전유부
토지(1종)	토지이용계획확인서
가격(3종)	개별공시지가확인서, 개별주택가격확인서, 공동주택가격확인서
등기(3종)	토지등기기록, 건물등기기록, 구분건물등기기록

2. 부동산 조사 · 확인

(1) 공부상 확인할 사항

① **지적공부** : 대지면적, 지목, 연면적, 건물면적 등

② **등기사항증명서** : 소유권, 제한물권 등 부동산 권리 관련 사항

③ **토지이용계획확인서** : 공법상 이용제한 사항

④ **지형도** : 토지의 지세 · 지형 · 위치 · 토지의 이용 현황 · 도로접촉 여부 등

(2) 부동산정보 사이트를 통해 확인할 사항

① **지도** : 지도 정보를 통해 부동산 입지 및 현황 분석

② **부동산 관련 시장정보** : 뉴스 및 연구기관 등에서 발표하는 개발정보 및 시장동향 분석

③ **실거래 사례 및 매물 정보 분석** : 분석 대상 부동산 인근 지역 유사 부동산의 실제거래사례 확인 및 부동산정 보업체 매물 확인을 통해 매매거래 동향 및 시세 분석

(3) 현장답사 시 확인할 사항

① **토지** : 소재지, 면적, 지목, 지세, 지형, 지반, 토질, 도로접근성 등

② **건물** : 연면적, 용도, 구조, 방향, 건물의 물리적 상태, 부대시설 설치 현황 등

③ **입목 및 기타** : 생육 상태와 공부상 현황과의 일치 여부 등

3. 부동산 공적장부 분석과 활용

(1) 건축물대장의 뜻

① 건축물 관련 기재사항을 국가에서 대장으로 관리하는 공적장부

② 용도지역/지구/구역, 대지면적, 연면적, 건축면적, 건폐율, 용적률, 주차대수, 정화조 시설용량, 소유자, 현황도 면 등의 사용승인된 내용이 모두 포함

(2) 건축물대장의 구성

총괄표제부, 일반건축물, 집합표제부, 집합전유부 등 4종으로 구성

구 분	동일대지 내 2동 이상의 건축물 존재 시 동별 현황 표시	건축물 각 동의 층별 구조/용도/면적 표시	건축물 각 동의 층별 특정부분 세분화 (소유권인정 : 전유/공유)
일 반	총괄표제부	일반건축물	–
집 합		표제부	전유부

(3) 건축물대장의 분석(집합건물의 경우)

표제부	아파트 단지와 같이 동일 지번 내 여러 동의 건축물이 존재하는 경우 총괄표제부, 표제부, 전유부 등 3종의 건축물 대장이 발급
전유부	구분 소유되는 해당 호와 관련된 기재사항을 확인할 수 있음

(4) 건축물대장의 활용

① 건축물대장에 명기된 건폐율/용적률 정보를 통해 해당 건물의 추가적인 활용가치 확인

② 건축물대장의 층별 용도 및 면적 정보를 통해 건물의 활용방법 확인

③ 현장답사를 통해 대장상 현황과 실제 사용 현황을 비교

④ 해당 건축물의 소유자 정보를 확인

4. 토지(임야) 대장

(1) 토지(임야) 대장의 뜻

① 토지 지적공부의 일종으로 토지의 소재지 · 지번 · 지목 · 지적 및 소유자의 주소 · 성명 등을 기재한 것

② 토지대장과 임야대장은 지번상 '산'의 기재 여부에 따라 구분

(2) 토지대장의 등록 내용

① 토지의 소재

② 지 번

③ 지 목

④ 면 적

⑤ 소유자의 주소 · 주민등록번호 · 성명 또는 명칭

⑥ 기타 행정자치부령으로 정하는 사항 및 기타 항목

(3) 토지대장의 활용

① 토지의 연혁을 확인

② 토지의 합필/분할 정보 등을 확인

5. 등기사항증명서

(1) 등기사항증명서의 뜻

① 해당 부동산의 표시와 부동산에 관한 권리관계를 기재해 일반인에게 공시

② 누구든지 등기부를 열람하거나 발급받을 수 있음

③ 부동산에 관한 권리관계가 발생하거나 변경되었을 경우 등기가 되어야만 효력이 발생(부동산 공시의 원칙)

〈등기사항증명서의 구성〉

구 분	기재사항
표제부	• 표시번호, 접수, 소재지번 · 지목 · 면적 · 등기원인 및 기타항목 • 부동산의 외관을 표시하는 부분으로 토지 또는 건물의 표시와 변경내역 기재
갑 구	• 소유권에 관한 사항(변동 및 변경사항, 압류, 가압류, 경매신청 등) • 소유권보존등기 또는 소유권이전등기가 대표적으로 표시
을 구	• 소유권 이외의 권리사항(지상권, 지역권, 전세권, 저당권, 임차권 등)

(2) 등기사항증명서의 권리순위 및 활용

등기사항증명서는 등기한 순서대로 순위번호가 기재되며, 부기등기의 순위는 주등기 순위에 의해 결정. 가등기에 기한 본등기 시에는 가등기 순위에 따라 순위를 보전

① 해당 부동산의 소유권 여부 확인. 다만 진정한 소유자인지는 직접 실명증표와 대조하여 확인 후 계약을 진행

② 압류, 가압류, 경매지시 등 소유권 관련 침해 여부 확인

③ 임대차 계약에 앞서 본인 보증금의 우선순위 확인

④ 실거래 사례가 있는 경우 해당 거래금액 확인

⑤ 기초적인 면적정보, 토지지분 등을 확인

6. 토지이용계획확인서

(1) 토지이용계획확인서의 뜻

해당 토지가 가진 공법상 규정 및 그 지번에 속하는 도면을 확인

(2) 토지이용계획확인서의 활용방법

① 해당 토지의 고유한 성격과 관련된 기본적 정보(공법적 제한사항)를 확인. 특히 건축물을 이용하고자 하는 목적대로 지속적으로 이용 가능한지 여부 등을 확인

② 토지의 경제적 가치를 예상할 수 있는 기본적 정보를 확인(개발 가능 여부)

③ 현장답사를 통해 토지이용계획확인서상 기재 내용과 실제 현황의 일치 여부를 확인

01 다음 중 공적장부의 종류에 해당하지 않는 것은?

중요도
●●○

① 지 적
② 건축물대장
③ 토지이용허가
④ 가 격
⑤ 등 기

[해설]

공적장부의 종류는 다음과 같다.

구 분	종 류
지적(7종)	토지/임야대장, 공유지연명부, 대지권등록부, 지적도/임야도, 경제점좌표등록부
건축물대장(4종)	총괄표제부, 일반건축물, 집합표제부, 집합전유부
토지(1종)	토지이용계획확인서
가격(3종)	개별공시지가확인서, 개별주택가격확인서, 공동주택가격확인서
등기(3종)	토지등기기록, 건물등기기록, 구분건물등기기록

02 다음 중 건축물대장에 대한 설명으로 적절하지 않은 것은?

중요도
●●●

① 건축물대장은 총괄표제부, 일반건축물, 집합표제부, 집합전유부로 구성된다.
② 건축물대장은 건축물 관련 기재사항을 국가에서 관리하는 대장을 의미한다.
③ 건축물대장은 지상권, 전세권, 저당권, 임차권 등의 소유권 이외의 권리도 표시된다.
④ 집합건물의 경우 총괄표제부, 표제부, 전유부로 구성된다.
⑤ 건축물대장에 기재된 건폐율과 용적률을 통해 건물에 대한 추가적인 활용가치를 구상할 수 있다.

[해설]

③ 건축물대장은 용도지역/지구/구역, 대지면적, 연면적, 건축면적, 건폐율, 용적률, 주차대수, 정화조 시설용량, 소유자, 현황도면 등의 사용승인된 내용이 기재되지만, 소유권 이외의 사항은 표시되지 않는다. 부동산의 권리관계가 표시된 문서는 등기부 등본이다.
④ 집합건물의 경우 총괄표제부, 표제부, 전유부 등 3종의 건축물 대장이 발급되며 전유부에서 구분 소유되는 각 호의 사항을 확인할 수 있다.

03 다음 중 건축물대장의 구성항목으로 적절하지 않은 것은?

중요도
●●○ ① 총괄표제부

② 일반건축물

③ 집합표제부

④ 집합건축물

⑤ 집합전유부

해설

건축물대장의 구성은 총괄표제부, 일반건축물, 집합표제부, 집합전유부로 구분한다.

04 다음 중 토지대장의 등록 내용으로 적절하지 않은 것은?

중요도
●●○ ① 토지의 소재

② 지번 및 지목

③ 면 적

④ 소유자의 인적사항

⑤ 지 반

해설

토지(임야)대장의 구성은 토지의 소재, 지번, 지목, 면적, 소유자의 주소 등의 인적사항, 기타 행정자치부령으로 정하는 사항 및 기타항목이다. 참고로 지번상 '산'으로 기재된 경우 임야로 구분한다.

05 다음 중 등기사항증명서에 대한 설명으로 적절하지 않은 것은?

중요도
●●●

① 등기사항증명서는 해당 부동산의 표시와 부동산에 대한 권리관계를 기재하는 것으로 부동산 관련 권리관계가 발생 및 변경할 경우 등기가 되어야만 효력이 발생한다.

② 등기사항증명서는 크게 표제부, 갑구, 을구로 구성되어 있다.

③ 갑구를 통해 부동산의 소유권에 관한 사항을 확인할 수 있다.

④ 표제부에는 부동산의 외관을 표시하는 부분으로 현재상황만 표현되므로 변경내역은 표기되지 않는다.

⑤ 부동산에 저당권이 설정된 경우 을구를 통해 확인할 수 있다.

해설

④ 표제부는 표시번호, 접수, 소재지번, 지목, 면적, 등기원인 및 기타항목 등 부동산의 외관을 표시하는 항목으로 현재표시상황과 변경내역이 기재된다.

① 등기부등본은 해당 부동산의 표시와 부동산에 관한 권리관계를 기재해 일반인에게 공시하는 것으로 누구든지 등기부를 열람하거나 발급받을 수 있다. 부동산에 관한 권리관계가 발생하거나 변경되었을 경우 등기가 되어야만 효력이 발생한다(부동산 공시의 원칙).

③ 갑구에는 주로 소유권에 관한 사항(변동 및 변경사항, 압류, 가압류, 경매신청 등)이 표시된다.

⑤ 을구에는 소유권 이외의 지상권, 지역권, 전세권, 저당권, 임차권 등이 표시된다.

핵심 CHECK

등기사항증명서의 구성

구 분	기재사항
표제부	• 표시번호, 접수, 소재지번 · 지목 · 면적 · 등기원인 및 기타항목 • 부동산의 외관을 표시하는 부분으로 토지 또는 건물의 표시와 변경내역 기재
갑 구	• 소유권에 관한 사항(변동 및 변경사항, 압류, 가압류, 경매신청 등) • 소유권보전등기 또는 소유권이전등기가 대표적으로 표시
을 구	소유권 이외의 권리사항(지상권, 지역권, 전세권, 저당권, 임차권 등)

06 다음 중 등기사항증명서 관련 설명으로 적절하지 않은 것은?

중요도
●●●

① 등기사항증명서의 순위번호는 등기한 순서대로 기재된다.

② 부기등기의 순위는 주기등기의 순위에 의해 결정된다.

③ 부동산을 계약할 때 등기부등본에 소유권이 확인된 경우 추가적인 소유자를 확인할 필요는 없다.

④ 임대차 계약을 할 경우 본인 보증금의 우선순위를 확인할 수 있다.

⑤ 최근 실거래가 발생한 경우 해당 거래금액을 확인할 수 있다.

해설

③ 등기부등본을 통해 해당 부동산의 소유권에 대한 정보는 확인할 수 있지만 계약을 하는 경우 진정한 소유자인지는 직접 실명증표와 대조하여 확인해야 한다.

① 등기사항증명서는 등기한 순서대로 순위번호가 기재된다.

② 부기등기의 순위는 주등기 순위에 의해 결정되며 가등기에 기한 본등기 시에는 가등기 순위에 따라 순위를 보전한다.

핵심테마
07 부동산 관련 법률 용어

■ 부동산 관련 법률 용어에 대한 개략적인 이해

1. 지구단위계획

① 도시 내 일정 구역을 대상으로 환경 친화적 도시 환경을 조성하고, 지속가능한 도시개발 및 도시 관리가 가능하도록 하는 세부계획

② 광역도시계획, 도시 · 군 기본계획 등 상위계획의 취지를 통해 토지이용을 구체화 · 합리화

③ 지구단위계획은 10년 내외의 기간 고려

④ 도시 · 군 관리계획은 거시적인 토지이용계획과 기반시설의 정비에 중점을 둔 반면 건축계획은 특정 필지에서의 건축물 등 입체적 시설계획에 중점. 지구단위계획은 도시의 일부지역을 대상으로 토지이용계획과 건축물계획을 같이 고려

⑤ 토지이용을 합리화 · 구체화하고 도시 또는 농 · 산 · 어촌의 기능 증진, 미관 개선 및 양호한 환경을 확보하기 위함

⑥ 계획관리지역 또는 개발진흥지구를 체계적 · 계획적으로 개발 및 관리할 목적으로 용도지역의 제한 완화 및 건폐율과 용적률을 완화하여 수립하는 계획

2. 도시 · 군 기본계획

① 「국토의 계획 및 이용에 관한 법률」에 의한 계획으로 물적 측면뿐만 아니라 인구 · 산업 · 사회개발 등 사회경제적 측면을 포괄하는 종합계획

② 상위계획인 국토종합계획 · 광역도시계획의 내용을 수용하며 또한 하위계획인 도시 · 군 관리계획 등의 기본이 됨

③ 계획수립 시점으로부터 20년 단위로 수립하고 연도의 끝자리는 0년 또는 5년으로 수립

3. 도시 · 군 관리계획

① 광역도시계획 및 도시 · 군 기본계획에서 제시된 시 · 군의 장기적 발전방향을 공간에 구체화 및 실현하는 중기계획

② 수립 후 5년 기준으로 타당성 여부를 전반적으로 재검토

4. 기부채납

① 국가 또는 지방자치단체가 부동산 등 사유재산을 무상으로 받아들이는 것

② 대지의 일부를 공공시설 또는 기반시설 등으로 기부채납하는 경우 건폐율·용적률·높이 등을 완화할 수 있음

③ 토지 기부채납, 건물을 지어 기부하는 입체 기부채납, 기부채납액의 1/2까지 현금 기부채납 가능

5. 재건축부담금

① 재건축으로 정상 주택가격 상승분을 초과하는 이익이 생길 경우 국가가 조합원들에게 환수하는 형태의 부담금 제도

② 조합원 1인당 평균이익이 8천만원을 넘을 경우 부과대상

6. 개발부담금

①「개발이익 환수에 관한 법률」에 의거 개발사업시행에 의한 개발이익의 일정액을 환수

② 개발이익(종료시점지가 − 개시시점지가 − 정상지가상승분 − 개발비용)의 20% 또는 25% 기준

7. 투기지역

① 부동산가격이 급등하거나 급등할 우려가 있어 기획재정부장관이 부동산가격안정심의위원회의 심의를 거쳐 지정한 지역

② 2023년 1월 기준 서울의 강남구·서초구·송파구·용산구 4개 지역

③ **투기지역 지정요건** : 직전월 해당지역 주택가격상승률이 소비자물가상승률의 130%보다 높은 지역

④ **투기지역 지정효과** : 양도세 가산세율 적용, 담보대출 만기 연장 제한, 기업자금 대출 제한, LTV·DTI 40% 적용, 주담대 LTV 시가 9억원 이하 40%·시가 9억원 초과 20% 등

8. 투기과열지구

① 국토교통부장관 또는 시·도지사가 주택가격상승률이 물가상승률보다 현저히 높은 지역으로 투기 우려가 있어 지정하는 지구. 청약경쟁률, 주택가격, 주택보급률 및 주택공급계획 등 고려

② **투기과열지구 지정요건**

　㉠ 직전 2개월 청약경쟁률이 5:1을 초과(국민주택 이하는 10:1 초과)

　㉡ 주택분양계획이 전월대비 30% 이상 감소하거나 주택사업계획 승인 또는 주택건축허가 실적이 전년대비 감소

　㉢ 주택보급률 등이 전국평균 이하 또는 공급이 청약 1순위 대비 현저히 적은 경우 등

③ **투기과열지구 지정효과** : 청약 1순위 자격 제한, 민영주택 재당첨 제한, 전매제한, 재건축조합원 지위 양도 금지, 분양가상한제 적용주택의 분양가 공시, 청약 1순위 자격요건 강화, 청약가점제 적용 확대, 재개발·재건축 규제 정비, 거래 시 자금조달계획·입주계획신고 의무화, LTV·DTI 40% 적용 등

9. 조정대상지역

① 투기과열지구 지정요건 중 과열이 발생했거나 발생할 우려가 있는 지역

② **해당 지역 중 청약과열이 발생했거나 청약과열 우려가 있는 지역**

    ㉠ 주택가격상승률이 물가상승률보다 현저히 높은 지역

    ㉡ 투기과열지구 조건을 준용하여 청약경쟁률이 5:1 초과(국민주택 규모 이하인 경우 10:1)

    ㉢ 주택시장 과열 및 주거 불안의 우려가 있는 곳(주택보급률이 전국 평균 이하, 시·도별 자가주택비율이 전국 평균 이하)

③ **조정대상지역 지정 효과**

청약 1순위 자격 제한(5년 내 당첨 사실, 세대주가 아닌 자, 2주택 이상 보유 등), 민영주택 재당첨 제한, 조합원당 재건축 주택공급수 제한(1주택), 전매제한, 단기 투자수요 관리, LTV·DTI 10% 하향(투기과열지구·투기지역 외), 청약 1순위 자격요건 강화, 가점제 적용 확대, 양도세 가산세율 적용 및 1세대 1주택 비과세 요건 강화, 다주택자 장기보유특별공제 배제, 분양권 전매 시 양도세율 50% 일괄적용 등

핵심 CHECK

투기지역, 투기과열지구, 조정대상지역의 비교

투기지역	부동산가격이 급등하거나 급등할 우려가 있어 지정한 지역
투기과열지구	주택가격상승률이 물가상승률보다 현저히 높은 지역으로 투기 우려가 있어 지정하는 지구
조정대상지역	투기과열지구 지정요건 중 과열이 발생했거나 발생할 우려가 있는 지역

10. 법정지상권

① 토지와 건물이 동일 소유자에게 속한 경우 토지 또는 건물의 일방에만 제한물권(전세권 혹은 저당권)이 설정되어 있다가, 그 후 토지와 건물의 소유자가 달라지는 경우 건물소유자를 위해 별도의 설정계약 없이 법률로 인정하는 지상권. 저당권 설정 당시 건물이 건축 중인 경우에도 법정지상권 성립 가능

② **성립요건**

    ㉠ 저당권 설정 당시 토지와 건물이 동일 소유자의 것

    ㉡ 토지와 건물 어느 한쪽에 저당권이 설정

    ㉢ 저당권의 실행에 따라 경매가 실행되어 소유자가 달라짐

③ 법정지상권은 등기 없이 성립하는 것으로 토지소유자는 지료를 받을 수 있는 권리가, 지상권자는 토지를 자유롭게 사용할 수 있는 권리가 발생함. 2년 이상 지료를 연체할 경우 토지소유자는 법정지상권의 소멸청구를 할 수 있음

11. 지역권

① 일정한 목적을 위해 타인의 토지를 자기 토지 편익에 이용하는 것(부동산용익물권)

② 편익을 얻는 토지를 '요역지', 편익을 제공하는 토지를 '승역지'

③ 계약에 의해 일반적으로 설정되나, 관습상 혹은 시효에 의해 취득할 수도 있음

④ 요역지와 분리하여 양도하거나 다른 권리의 목적으로 하지는 못함

01 다음 중 주요 부동산 용어에 대한 설명으로 적절하지 않은 것은?

중요도
●●○

① 지구단위계획 – 지속가능한 도시개발 및 도시관리가 가능하도록 하기 위한 세부계획

② 도시·군 관리계획 – 시·군의 장기적 발전방향을 공간에 구체화 및 실현하는 중기계획

③ 기부채납 – 국가 또는 지방자치단체가 부동산 등 사유재산을 무상으로 받아들이는 것

④ 재건축부담금 – 재건축으로 정상 주택가격 상승분을 초과하는 이익이 생길 경우 국가가 조합원들에게 환수하는 형태의 부담금 제도

⑤ 투기과열지구 – 부동산가격이 급등하거나 급등할 우려가 있어 기획재정부장관이 부동산가격안정심의위원회의 심의를 거쳐 지정한 지역

> **해설**
> ⑤ 투기과열지구는 국토교통부장관 또는 시·도지사가 주택가격의 상승률이 물가상승률보다 현저히 높은 지역으로 투기가 우려되어 지정하는 지구로 기획재정부장관이 부동산가격안정심의위원회의 심의를 거쳐 지정한 지역은 투기지역이다.
> ① 지구단위계획은 도시 내 일정 구역을 대상으로 환경 친화적 도시 환경을 조성하고, 지속가능한 도시개발 및 도시관리가 가능하도록 하는 세부계획
> ② 도시·군 관리계획은 광역도시계획 및 도시·군 기본계획에서 제시된 시·군의 장기적 발전방향을 공간에 구체화 및 실현하는 중기계획으로 5년 단위로 재검토한다.

02 다음 중 주요 부동산 용어에 대한 설명으로 적절하지 않은 것은?

중요도
●○○

① 지구단위계획은 광역도시계획, 도시·군 기본계획 등 상위계획의 취지를 통해 토지이용을 구체화·합리화하는 것으로 10년 내외의 기간을 고려하여 작성된다.

② 도시·군 기본계획은 20년 단위로 작성되며, 연도의 끝자리는 0 또는 5로 작성된다.

③ 도시·군 관리계획은 5년 단위로 재검토한다.

④ 개발부담금은 「개발이익 환수에 관한 법률」에 의거 개발사업 시행으로 발생된 개발이익의 일정액을 환수하는 것이다.

⑤ 지구단위계획은 거시적인 토지이용계획과 기반시설의 정비에 중점을 둔 반면 도시·군 관리계획은 도시의 일부지역을 대상으로 토지이용계획과 건축물계획을 같이 고려한다.

> **해설**
> 거시적인 토지이용계획과 기반시설 정비에 중점을 두는 것은 도시·군 관리계획이며, 도시일부지역 대상으로 토지이용계획과 건축물계획을 같이 고려하는 것은 지구단위계획이다.

03 다음 중 조정대상지역으로 지정되는 요건의 예로 적절하지 않은 것은?

중요도
●●○
① 주택가격상승률이 물가상승률보다 현저히 높은 지역
② 청약경쟁률이 5:1을 초과하는 지역
③ 주택보급률이 전국 평균 이하인 지역
④ 시·도별 자가주택비율이 전국 평균 이하인 지역
⑤ 직전월 해당 지역 주택가격상승률이 소비자물가상승률의 130%보다 높은 지역

> 해설
> ⑤의 해당 설명은 투기지역 선정 요건이다.

> 핵심 CHECK
>
> **조정대상지역 선정요건**
>
> 투기과열지구 지정요건 중 과열이 발생했거나 발생할 우려가 있는 지역으로 특히 해당 지역 중 청약과열이 발생했거나 청약과열 우려가 있는 지역
> • 주택가격상승률이 물가상승률보다 현저히 높은 지역
> • 투기과열지구 조건을 준용하여 청약경쟁률이 5:1 초과(국민주택 규모 이하인 경우 10:1)
> • 주택시장 과열 및 주거 불안의 우려가 있는 곳(주택보급률이 전국 평균 이하, 시·도별 자가주택비율이 전국 평균 이하)

04 다음 중 투기과열지구 및 투기지역에 대한 설명으로 적절하지 않은 것은?

중요도
●●○
① 투기지역 및 투기과열지구로 지정되는 경우 LTV와 DTI는 40%가 적용된다.
② 투기지역으로 지정될 경우 청약 1순위의 자격이 제한된다.
③ 투기지역 시가 9억원 초과 주담대 LTV의 경우 9억원 초과분의 LTV는 20%가 적용된다.
④ 투기과열지구로 지정되면 전매가 제한된다.
⑤ 투기과열지구 내에서 거래하는 경우 자금조달계획·입주계획 신고를 해야 한다.

> 해설
> 청약 1순위의 자격이 제한되는 것은 투기과열지구 및 조정대상지역이다.
> ※ **투기과열지구로 지정될 경우의 효과**
>   청약 1순위 자격 제한, 민영주택 재당첨 제한, 전매제한, 재건축조합원 지위 양도 금지, 분양가상한제 적용주택의 분양가 공시, 청약1순위 자격요건 강화, 청약가점제 적용 확대, 재개발·재건축 규제 정비, 거래 시 자금조달계획·입주계획신고 의무화, LTV·DTI 40% 적용 등
> ※ **투기지역으로 지정될 경우의 효과**
>   양도세 가산세율 적용, 담보대출 만기연장 제한, 기업자금 대출제한, LTV·DTI 40% 적용, 주담대 LTV 시가 9억원 이하 40%·시가 9억원 초과 20% 등

> 핵심 CHECK
>
> **투기지구 및 투기과열지구 지정요건**
>
> | 투기지구 | 직전월 해당지역 주택가격상승률이 소비자물가상승률의 130%보다 높은 지역 |
> |---|---|
> | 투기 과열지구 | 직전 2개월 청약경쟁률이 5:1을 초과(국민주택 이하는 10:1 초과), 주택분양계획이 전월대비 30% 이상 감소하거나 주택사업계획 승인 또는 주택건축허가 실적 전년 대비 감소주택보급률 등이 전국평균 이하 또는 공급이 청약 1순위 대비 현저히 적은 경우 등 |

05 해당 사례에서 개발부담금은 얼마인가?

> • 개발 종료 시점의 지가 : 3억원
> • 개발 개시 시점의 지가 : 1억원
> • 인근 토지를 대상으로 분석한 결과 정상지가상승분은 개시 시점 지가의 20%이다.
> • 개발비용은 8천만원이다.
> • 해당 사업은 계획입지사업으로 부과기준은 20%이다.

① 2천만원
② 4천만원
③ 1억원
④ 2억원
⑤ 3억원

해설

개발부담금은 다음 순서로 계산한다.
(개발 종료 시점의 지가 − 개발 개시 시점의 지가 − 정상지가상승분 − 개발비용)의 20%(계획입지사업) 혹은 25%(개별입지사업)이므로 {3억원 − 1억원 − (1억원 × 20%) − 8천만원} × 20% = 2천만원

06 다음 중 법정지상권과 지역권에 대한 설명으로 적절하지 않은 것은?

① 법정지상권은 별도의 설정계약 없이 인정된다.
② 법정지상권은 저당권 설정 당시에 건축 중인 경우에도 성립한다.
③ 2년 이상 지료를 연체할 경우 토지소유자는 법정지상권의 소멸청구를 할 수 있다.
④ 지역권의 설정과 관련하여 편익을 얻는 토지를 '요역지', 편익을 제공하는 토지를 '승역지'라고 한다.
⑤ 지역권은 계약으로만 성립할 수 있다.

해설

⑤ 지역권은 일반적으로 계약으로 성립되지만 관습상 혹은 시효에 의해 취득할 수도 있다.
①, ② 법정지상권은 토지와 건물이 동일 소유자에게 속한 경우 토지 또는 건물의 일방에만 제한물권(전세권 혹은 저당권)이 설정되어 있다가, 그 후 토지와 건물의 소유자가 다른 경우 건물소유자를 위해 별도의 설정계약 없이 법률로 인정하는 지상권으로 저당권 설정 당시 건물이 건축 중인 경우에도 법정지상권 성립이 가능하다.

핵심테마

08 부동산 생활법률

출제포인트

■ 부동산 생활법률의 개념 및 적용범위, 특징 숙지

1. 주택임대차보호법

(1) 「주택임대차보호법」 적용범위

① 「주택임대차보호법」은 주거용 건물의 임대차에 관해 「민법」에 대한 특례를 규정

② 국민주거생활 안정보장을 목적으로 주거용 건물의 전부 또는 일부의 임대차에 관해 적용(일부가 주거 외의 목적으로 사용되고 있는 경우에도 적용)

③ 「주택임대차보호법」 판단기준 및 적용대상

구 분	내 용
판단기준	• 공부상의 표시만을 기준으로 하는 것이 아닌 실지용도에 따라 판단 • 주된 용도가 주거용 · 비주거용인지 여부(주거용인지 여부는 임대차계약 체결시점 기준, 단 계약체결 후 주택으로 개조한 경우 주거용으로 인정) • 겸용주택의 경우 일정 면적 이상 주거용으로 사용 • 유일한 주거수단인지에 대한 여부
적용대상	등기, 미등기, 무허가건물, 불법건축물, 가건물, 상가, 공장 등을 주거용으로 용도 변경한 건물 여부 불문

(2) 「주택임대차보호법」 대항요건

① **임대차의 효력발생일(대항력)** : 임대차는 등기가 없는 경우에도 임차인이 주택의 인도와 전입신고를 마친 때에는 그 익일(오전 0시 기준)부터 제3자에 대한 효력, 즉 대항력이 발생(같은 날짜에 대출금 근저당권이 설정되어 있으면 근저당권이 우선하여 임차인은 후순위)

② **대항력 있는 임차인(선순위 임차인)** : 대항력이 발생한 경우 미리 저당권, 전세권 등이 설정되지 않은 주택을 임차한 경우 주택이 경매처분되더라도 임차인은 낙찰자에 대해 자신의 임차권을 주장할 수 있음(낙찰자가 임차보증금을 반환할 때까지 주택에 거주 가능)

③ **임차인의 계약해지** : 임차 목적물이 지상권, 전세권, 질권 또는 유치권의 목적이 된 경우 임차인이 모를 때에는 임차인은 계약을 해지할 수 있음(안 날부터 1년 내에 행사)

④ **대항력 구비 조치**

  ㉠ 잔금지급 즉시 주민센터에 주민등록전입신고

  ㉡ 임대차계약서상 확정일자를 받음

  ㉢ 주민등록신고는 가족 전원이 아닌 일부만 하여도 무관함

  ㉣ 임차인의 지위가 높을수록(선순위 일수록) 임차인이 유리

(3) 우선변제권

① 임차대상이 되는 부동산에 대해 임차인이 임대차계약 이후 설정된 후순위 담보권자나 기타 채권자보다 우선하여 보증금의 변제를 받을 수 있는 권리

② **성립요건** : 임차인이 대항력(주택인도 및 전입신고)을 갖추고 임대차계약서상 확정일자를 부여받은 경우 성립

③ **우선변제권 있는 임차인** : 대항력을 갖춘 임차인이 확정일자를 받아두면 그 날짜를 기준으로 해당 부동산에 대해 뒤에 설정된 후순위 담보권자 및 기타 채권자 대비 우선하여 보증금을 변제받을 수 있음

④ **최우선변제권**

    ㉠ 임차보증금이 지역별로 정한 기준 이하인 임차인이 경매개시결정등기 이전까지 주택의 인도와 전입신고로 대항력을 갖춘 경우 보증금 중 일정액을 최우선으로 변제받을 권리

    ㉡ 단, 소액임차 보증금액의 합계액이 경매낙찰대금의 2분의 1을 초과할 수 없음

〈우선변제권과 최우선변제권의 취득 요건 비교〉

[예] 소액임차인의 요건을 구비한 자가 임차한 주택을 2018.5.1에 인도받고, 2018.5.2에 주민등록전입신고를 하였는데 그 주택에 2018.5.5일자로 담보권이 설정되었고, 임차인이 확정일자를 2018.5.30에 받은 경우

[예] 소액임차인의 요건을 구비한 자가 임차한 주택을 2018.5.1에 인도받고, 2018.5.2에 주민등록전입신고를 하였으며, 확정일자를 2018.5.5일자에 받았고, 2018.5.30일자로 그 주택에 담보권이 설정된 경우

(4) 임대차기간과 계약의 갱신

① **임대차관계 존속기간** : 기간의 정함이 없거나 기간을 2년 미만으로 정한 경우 그 기간을 2년으로 봄

② **계약의 갱신 및 연장**

    ㉠ 임대인이 임대차기간 만료 전 6월부터 2월까지 임차인에 대해 갱신 거절 및 조건 변경 통지를 하지 않은 경우 다시 임대차한 것으로 봄(존속기간은 2년)

    ㉡ 임차인이 계약 만료 2월 전까지 계약갱신 거절의 통지를 하지 않은 경우 기간이 만료될 때 동일한 조건으로 재임대차한 것으로 봄(존속기간은 2년). 묵시의 갱신이 진행된 경우에는 임차인은 언제든지 계약해지 통고를 할 수 있음(통고를 받은 날부터 3월 경과 시 효력 발생)

ⓒ 계약갱신청구권 : 임대인은 임차인이 임대차기간이 끝나기 6개월 전부터 2개월 전까지 계약갱신을 요구할 때 정당한 사유 없이 거절할 수 없음(1회 행사 가능, 존속기간 2년)

ⓓ 임대인이 실거주(직계존비속 포함)를 이유로 갱신을 거절했지만 임차인이 요구한 갱신기간(2년) 동안 정당한 사유 없이 주택을 제3자에게 임대한 경우 임차인이 입은 손해 배상

③ **증감청구권**

ⓐ 임대인/임차인은 보증금 및 차임에 대해 증감을 청구할 수 있음

ⓑ 임대차계약 또는 약정한 차임 등의 증액이 있은 후 1년 이내에는 다시 증액을 청구할 수 없으며 계약갱신 시 증액은 5% 이내로 할 수 있음

④ **임차권 등기명령**

ⓐ 임대차가 끝난 후 보증금이 반환되지 않는 경우, 임차인은 임차권 등기명령 신청 가능

ⓑ 임차권 등기 이후 대항요건을 상실하더라도, 이미 취득한 대항력이나 우선변제권을 상실하지 않으며, 임차인은 관련 비용을 임대인에게 청구할 수 있음

2. 상가건물 임대차보호법

(1) 「상가건물 임대차보호법」의 목적

상가건물 임대차의 공정한 거래질서를 확립하고 영세상인들이 안정적으로 생업에 종사할 수 있도록 임대료의 과도한 인상을 방지하고, 세입자의 권리를 보장

(2) 「상가건물 임대차보호법」상 보호대상 임차인

① 상가건물로서 사업자등록의 대상이 되는 영업용 건물의 임대차에 적용(단, 동창회 사무실, 종교단체 · 자선단체 · 친목모임 사무실 등 비영리 단체의 건물에는 적용되지 않음)

② **환산보증금 이내인 임차인** : 환산보증금 = 임차보증금 + (월차임 × 100) 금액이 지역별 한도 이내인 임대차계약

③ 임대료인상률 상한제한, 우선변제권, 월차임 전환 시 산정률 제한 등의 혜택 있음

④ **지역별 최우선변제권 소액보증금 적용범위**

지 역	환산보증금
서울특별시	9억원
수도권 중 과밀억제권역, 부산광역시	6억 9천만원
광역시, 세종특별자치시, 파주시, 화성시 등	5억 4천만원
그 밖의 지역	3억 7천만원

(3) 대항력

건물의 인도	임차인이 임차대상 건물을 인도받아 점유
사업자등록	임대차 목적인 상가건물을 주소지로 하는 사업자등록 구비
발생시기	건물의 인도와 사업자등록을 신청한 익일부터 제3자에 대해 대항력 주장

(4) 우선변제권

상가건물을 임차한 임차인은 대항력을 갖추고 확정일자를 부여받은 경우 후순위 담보권자 대비 우선하여 배당받을 수 있는 우선변제권이 발생

(5) 최우선변제권

소액임차인 보호제도로, 지역별로 소액임차보증금 이하인 경우 보증금 중 일정액을 최우선으로 변제받을 수 있음. 단, 최우선적으로 보호되는 소액임차 보증금액의 합계액이 경매대금의 2분의 1을 초과할 수 없음

(6) 임대차기간과 계약의 갱신

① **임대차기간** : 임대차기간을 정하지 않거나 1년 미만으로 정한 경우 그 기간을 1년으로 봄
② **갱신(갱신요구권)** : 최초의 임대차기간 포함 전체기간 10년을 초과하지 않는 한 만료 전 6개월 전부터 1개월까지 계약의 갱신을 요구할 수 있으며 임대인은 거절할 수 없음(단, 3기 이상 차임 연체, 현저한 의무위반 등이 있는 경우 거절 가능)
③ **차임의 증감** : 임대차계약 또는 약정한 차임 등의 증액이 있은 후 1년 이내에는 다시 증액을 청구할 수 없으며 증액은 5% 이내로 할 수 있음
④ **권리금의 회수기회 보호** : 임대인은 임대차 기간이 끝나기 6개월 전부터 임대차 종료 시까지 정당한 사유 없이, 임차인이 신규 임차인이 되려는 자로부터 권리금을 지급받는 것을 방해해서는 안 됨

> **핵심 CHECK**
>
> 갱신청구권의 행사
> • 주택 : 존속기간 2년, 1회에 한해 청구 가능
> • 상가 : 전체기간 10년을 초과하지 않는 한 청구 가능(1년 단위)

3. 부동산거래신고 등에 관한 법률

(1) 부동산거래의 신고

① **신고 대상** : 부동산 매매계약(부동산 공급계약, 입주자로 선정된 지위의 매매계약 등)
② **거래의 신고**
  ㉠ 매매계약을 체결한 경우 매매가격 등을 30일 이내에 신고하여야 하며, 일방이 신고를 거부하는 경우 단독으로 신고할 수 있음
  ㉡ 거래계약이 해제, 무효, 취소된 경우 확정일로부터 30일 이내에 신고해야 함

01 다음 중 주택임대차보호법과 판단기준에 대한 설명으로 적절하지 않은 것은?

중요도
●●●

① 주택임대차보호법의 적용은 공부상의 표시뿐만 아니라 실지용도에 따라 판단한다.

② 주된 용도는 크게 주거용인지, 비주거용인지로 구분된다.

③ 유일한 주거수단인지 여부도 판단하는데 주택임대차보호법의 판단에 중요하다.

④ 미등기 및 무허가건물, 불법건축물은 주택임대차보호법의 적용을 받지 못한다.

⑤ 상가, 공장 등을 주거용으로 용도 변경한 경우에도 주택임대차보호법의 적용을 받을 수 있다.

해설

미등기, 무허가, 불법건축물도 주택임대차보호법의 적용을 받는다.

02 다음 중 주택임대차보호법에 대한 설명으로 적절하지 않은 것은?

중요도
●●●

① 임차인이 주택의 인도와 전입신고를 마친 경우 당일부터 제3자에 대한 효력이 발생한다.

② 대항력이 발생한 임차인은 주택이 경매처분되더라도 임차인은 낙찰자에 대해 자신의 임차권을 주장할 수 있다.

③ 주택임대차보호법상 임대차 관계의 지속기간은 정해진 기간이 없거나 기간을 2년 미만으로 정한 경우 그 기간을 2년으로 본다.

④ 임대인이 실거주를 이유로 갱신을 거절했지만 임차인이 요구한 갱신기간 동안 정당한 사유 없이 주택을 제3자에게 임대한 경우 임차인이 입은 손해를 배상해야 한다.

⑤ 임대차 계약갱신 시 증액은 5% 이내로 할 수 있다.

해설

① 임차인이 주택의 인도와 전입신고를 마친 경우 익일부터 제3자에 대한 효력이 발생하며 해당 효력을 대항력이라고 한다.

② 주택임대차보호법상 임차인에게 대항력이 발생한 경우 미리 저당권, 전세권 등이 설정되지 않은 주택을 임차한 경우 주택이 경매처분되더라도 임차인은 낙찰자에 대해 자신의 임차권을 주장할 수 있다. 또한, 임차보증금이 지역별로 정한 기준 이하인 임차인이 경매개시결정등기 이전까지 대항력을 갖춘 경우 보증금 중 일정액을 최우선으로 변제받을 권리를 부여받는다.

⑤ 임대차계약 또는 약정한 차임 등의 증액이 있은 후 1년 이내에는 다시 증액을 청구할 수 없으며 계약갱신 시 증액은 5% 이내로 할 수 있다.

03 다음 중 주택임대차보호법에 대한 설명으로 적절하지 않은 것은?

중요도
●●●

① 주택임대차보호법상 우선변제권은 임차인이 대항력(주택인도 및 전입신고)을 갖추고 임대차계약서상 확정일 자를 부여받은 경우 성립한다.

② 대항력을 갖춘 임차인이 확정일자를 받아두면 해당 날짜를 기준으로 뒤에 설정된 담보권자 및 기타 채권자 대비 우선하여 보증금을 변제받을 수 있다.

③ 소액임차보증금의 요건이 성립한다 하더라도 소액임차보증금액의 합계액이 경매낙찰대금의 2분의 1을 초과할 수 없다.

④ 임차인은 2회에 한하여 계약갱신청구권을 제시할 수 있으며 임대인은 적정한 사유 없이 거절할 수 없다.

⑤ 임차인이 계약 만료 2월 전까지 계약갱신 거절의 통지를 하지 않은 경우 동일한 조건으로 재임대차한 것으로 본다.

해설

④ 임대차기간이 끝나기 6개월 전부터 2개월 전까지 임차인은 1회에 한하여 계약갱신청구권을 제시할 수 있으며 임대인은 적정한 사유 없이 거절할 수 없다.

⑤ 임차인이 계약 만료 2개월 전까지 계약갱신 거절의 통지를 하지 않은 경우 동일한 조건으로 재임대하는 것으로 보며, 해당 묵시의 갱신이 진행된 경우 임차인은 언제든지 계약해지 통고를 할 수 있다.

04 다음 중 상가건물 임대차보호법상 보호대상 임차인이 될 수 있는 사례로 적절한 것은?

중요도
●●●

① 상가건물에 위치한 종교단체
② 상가건물에 위치한 의류상점
③ 주거용 건물에 위치한 학원
④ 상가건물에 위치한 동창회 사무실
⑤ 상가건물에 위치한 봉사단체 사무실

해설

상가건물 임대차보호법은 상가건물로서 사업자등록의 대상이 되는 영업용 건물의 임대차에 적용된다. 단, 동창회 사무실, 종교단체, 자선단체, 친목모임 사무실 등 비영리 단체의 건물에는 적용되지 않는다. 따라서, 적용되는 대상은 상가건물에서의 의류상점이다.

05 다음 중 상가건물 임대차보호법에 대한 설명으로 적절하지 않은 것은?

중요도
●●●

① 상가건물 임대차보호법상 보호대상 임차인은 환산보증금 이내의 보증금을 지급한 임차인을 대상으로 한다.

② 소액보증금을 지급한 임차인은 최우선변제권을 적용받을 수 있으며 해당 소액보증금 기준은 지역이 다르더라도 동일하다.

③ 상가건물을 임차한 임차인은 대항력을 갖추고 확정일자를 부여받은 경우 후순위 담보권자 대비 우선하여 배당받을 수 있는 우선변제권이 발생한다.

④ 상가건물 임대차보호법상 임대차계약의 임대차 기간을 정하지 않거나 1년 미만으로 정한 경우 그 기간을 1년으로 본다.

⑤ 최초의 임대차 기간을 포함하여 전체 기간 10년을 초과하지 않는 한 임차인은 계약의 갱신을 요구할 수 있으며 임대인은 거절할 수 없다.

해설

② 소액보증금을 지급한 임차인은 최우선변제권을 적용받을 수 있으며 해당 소액보증금 기준은 지역마다 차이가 있다.

⑤ 상가건물 임대차보호법이 적용되는 경우 최초의 임대차 기간을 포함하여 전체 기간 10년을 초과하지 않는 한 만료 전 6개월 전부터 1개월까지 계약의 갱신을 요구할 수 있으며 임대인은 거절할 수 없다. 단, 3기 이상 차임 연체, 현저한 의무위반 등이 있는 경우 거절이 가능하다.

CHAPTER

02

부동산 시장 및
정책 분석

출제경향 및 학습전략

● 부동산에 대한 시장 분석과 정책에 대한 내용 관련 이해가 필요하며, 나아가 부동산을 변동하게 하는 요인에 대해 파악하는 것이 중요합니다.

● 시대별 부동산 정책에 대한 특성을 이해하는 것이 중요합니다.

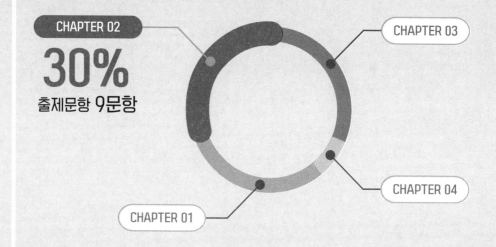

CHAPTER 02

30%
출제문항 9문항

CHAPTER 03

CHAPTER 04

CHAPTER 01

핵심테마
01 국내 부동산 시장 분석

출제포인트

■ 국내 부동산 시장의 개략적인 변동 요인 이해

1. 국내 부동산 시장

(1) 부동산 시장 영향요인 분석

① **경제상황** : 부동산 시장에 미치는 영향력이 가장 큰 요인으로 호황과 불황 반복

호황기	유동성이 풍부해짐에 따라 투자가 집중되고 도시로의 인구 유입 등으로 신도시 개발 등 건설부동산 관련 산업이 활성화
불황기	투자가 위축되고, 보수적인 자금운용과 안전 투자처를 찾는 경향이 우세하며, 부동산 시장도 침체

② **금 리**

상승 시기	• 대출금리가 높아져 자금 조달비용이 증가하고 사업에 대한 기대치 감소로 시장 침체 여지가 높음 • 부동산 가격 하락의 주요인으로 작용
하락 시기	• 금리 하락 시 예금상품 등의 수익률 저하로 부동산 등의 대체 투자처를 찾음으로써 부동산 시장으로 자금이 유입 • 대출금리 하락으로 부동산 수요자의 대출금 상환 능력이 높아져 레버리지 효과와 구매력 확대를 기대

③ **구매력**

    ㉠ 수요자의 소득 대비 부동산을 매입할 수 있는 여력

    ㉡ 주택시장의 경우 PIR(Price to Income Ratio, 주택가격/연간소득)을 주로 적용

④ **대출규제**

    ㉠ 대출은 부동산 시장에서 자금 공급원으로서의 역할을 하므로, 대출규제는 유동성 흐름에 영향을 주는 변수

    ㉡ 일반적으로는 법률 개정사항이 아닌 행정부 내에서 정책 결정을 통해 조절할 수 있음

    ㉢ 경제상황에 따라 총량한도 등 대출규모, 대출대상, 금리, 소득공제 등을 조절하여 시장에 개입하는 방식으로 대출 규제

⑤ **수요와 공급**

    가장 중요한 경제논리로 부동산은 지역 간 대체가 불가능함에 따라 국지성을 반영하여 분석

⑥ **전세가격**

  ㉠ 전세가격 상승은 부동산 매수로 전환하는 수요가 발생함에 따라 주택시장에 영향

  ㉡ 이전에는 60%대에서 주택을 구입하는 세력이 등장한 반면 주택가격 상승에 대한 기대치가 크지 않고 하락에 대한 우려도 가시지 않는 경우 70% 정도로 상향 가능

⑦ **세 금**

  ㉠ 부동산 시장의 침체는 중과세에서도 영향을 받으며 대표적으로는 다주택자와 비사업용 토지 등에 대한 중과세, 종합부동산세 등이 있음

  ㉡ 반면, 1세대 1주택자 등에 대한 양도소득세 비과세 등 비과세 혜택도 많이 있으며 시장 활성화를 위해 1주택자가 아니더라도 미분양 · 신규주택 · 기존주택에 대한 양도세 감면 정책 실시

  ㉢ 세금은 부동산 시장에 영향을 주며 완급을 조절하는 변수 역할을 수행

⑧ **유동성**

  ㉠ 유동성은 금융시장과 주식시장, 부동산 시장 간 시차에 따라 일정 부분 비중을 공유하며, 경제부문 간 금리 등의 여건에 따라 이동함

  ㉡ 보수적인 투자성향을 띨 경우 부동산 시장에 지속적으로 머물 확률이 높아짐

⑨ **인플레이션** : 부동산 투자의 주 목적 중 하나가 인플레이션 헤지로, 인플레이션 발생 시 돈의 가치가 떨어져 실물(부동산)에 투자하여 가치 하락을 보전

⑩ **부동산정책** : 상황을 개선하려는 정부의 개입으로 우리나라 부동산정책은 부동산 시장에 대한 영향력이 큼

핵심 **CHECK**

부동산 시장 영향요인
경제상황, 금리, 구매력, 대출규제, 수요와 공급, 전세가격, 세금, 유동성, 인플레이션, 부동산정책

(2) 주택시장 현황과 전망

① **우리나라의 주택시장 현황**

지역별 차별화	• 2008년 경제위기 이후 지역별 차별화 현상이 나타남 • 종전에는 전국이 획일적인 변화추이를 보였지만, 지역 간 편차가 커짐
평형별 세분화	• 중대형의 하락 속에 소형의 강세가 지속 • 중대형의 경우 다주택자 양도세 중과와 종합부동산세 등으로 투자심리가 위축, 향후 가격상승에 대한 기대치가 크지 않음 • 소형은 공급물량 부족으로 수급상의 문제와 생애최초주택구입자 등의 소형주택 집중으로 인기가 높아짐
유형별 차별화	중대형 아파트는 침체인 반면, 단독주택의 가격은 도시형생활주택의 인기로 상승폭이 큼

〈시기별 주택시장의 특징〉

시 기	내 용
2015년	• 수도권 회복세의 본격화(전세난으로 매수전환수요↑, 저금리기조로 주택매수세↑) • 지방은 대구, 울산, 광주의 상승세
2016년	• 주택시장은 '지역별 차별화' 현상 지속 • 강남재건축에 이어 강북재개발로 상승 • 수도권 전체적으로 상승세 • 5대 광역시 중에는 부산↑, 대구↓
2017년	• 가계부채대책과 미국발 금리인상, 공급과잉 논란으로 시장 조정 • 봄부터 서울 재건축 시장이 활성화되었으며 재개발 또한 지속됨 • 특히, 서울에서는 재건축 관련 규제로 매물이 거의 없는 상태에서 하나를 매입하려는 수요로 상승 추세 • 분양시장도 전매제한이 강화되었지만 인기지역은 청약경쟁률 유지, 비인기지역은 미분양 발생
2018년	• 2017년 말까지 사업진행이 빠른 재건축단지를 중심으로 재건축초과이익 환수제를 회피하기 위해 신청을 신속히 하였으며 재건축＋알짜 한 채를 소유하려는 경향으로 가격 상승 • 2018년 초 : 정부는 가격 상승을 진정시키기 위해 재건축 초기 단지의 '안전진단기준'을 강화(구조안전성의 비율을 20%에서 50%로 확대)하였으며, 다주택자 양도세 중과(2주택 이상 보유자)와 종합부동산세를 강화함 • 2018년 5~7월 : '여의도 통합개발과 용산 마스터플랜' 등의 강북개발 발표로 집값 상승 연결 • 2018년 말 : 재건축, 재개발 분양시장을 중심으로 수요가 발생
2019년	• 2018년 9월 13일 : 주택시장안정대책(종합부동산세 정부안 확정과 다주택자에 대한 대출규제와 전세자금대출 제한, 고가 1주택자에 대한 거주요건 강화, 주택임대사업자에 대한 과도한 세제혜택 조정) 영향으로 거래량이 급격히 감소 • 2019년 7월 이후 : 기준금리 인하로 유동성이 부동산 시장에 계속 머묾
2020년	코로나 이후 하반기에 정부는 6 · 17 대책, 7 · 10/8 · 4/임대차 3법을 연이어 발표하여 시장안정을 위해 노력했으나 이후 전셋값 및 집값이 상승하여 중저가주택 매수세 관련 상승세가 증가
2021년	봄 이후 철도 호재, 공급부족 등으로 인천 · 경기의 상승폭이 크게 증가
2022년	하반기 금리인상 속도가 가팔라지며 급격히 위축
2023년	• 상저하고 형태의 흐름으로, 2023년 1월 최저점 기록 후 하반기에 들어 반전 • 여러 영향요인의 혼재 속에 하락과 상승이 교차

② **2024년 주택시장**

㉠ 상승과 하락 변수가 여전히 유효하며, 더 큰 혼재양상으로 방향성을 예측하기 어려움

㉡ 미국과 우리나라의 기준금리는 이미 정점을 찍었으며, 대출규제에 대한 영향(DSR 40%) 및 부동산 PF의 냉각기, 경제침체의 우려 등으로 부동산 시장 악화 유인이 있으며, 정부정책의 경우 규제완화 흐름이 나타날 것으로 예상됨

㉢ 전세시장은 계약갱신청구권이 4년 경과되어 신규계약 증가 및 입주물량 부족으로 수급불균형이 발생해 수도권과 지방 모두 상승세를 견인할 여지가 있음

(3) 상가시장 · 토지시장 현황과 전망

① 상가시장 현황

  ⊙ 상가시장은 주택과 마찬가지로 하향 안정세를 유지

  ⓒ 상가인 수익형 부동산은 시세차익에 대한 기대보다는 정기적인 임대수입, 현금흐름에 맞춰져 있음

② 상가시장 전망

  ⊙ 상가시장은 단시간 내 오른 가격 및 대출금리 인상 요인으로 인한 수익률 개선에 대한 한계로 추가적인 상승은 어려움

  ⓒ 시장에서 우량한 매물을 찾기 어려우며, 추격매수를 하기에도 어려운 상태로 전반적인 하향 안정세 예상

③ 토지시장 현황 : 건축물 부속토지뿐만 아니라 순수토지까지 거래량 둔화

④ 토지시장 전망

  ⊙ 토지가격은 주택과 상가건물가격에 후행하는 형태를 보이며, 주택거래량의 감소가 토지거래량 둔화로 이어짐

  ⓒ 금리인상과 대출규제의 영향으로 토지거래량도 제한적일 것으로 예상

적중문제

01 다음 중 부동산 시장에 영향을 주는 요인에 대한 설명으로 적절하지 않은 것은?

중요도
●●●

① 경제상황은 부동산 시장에 미치는 영향력이 가장 큰 요인 중 하나로 호황과 불황이 반복되며, 경제상황이 호황일 경우 부동산도 호황이다.

② 금리 상승 시기에는 대출금리가 높아져 조달비용이 함께 증가하여 부동산 시장 침체 여지가 높다.

③ 부동산 시장의 구매력은 수요자의 소득 대비 부동산을 매입할 수 있는 여력으로, PIR로 주로 측정한다.

④ 부동산의 수요와 공급은 나라 전체의 통계치를 적용하여 분석해야 한다.

⑤ 우리나라의 부동산 시장은 전세가격도 함께 고려해야 한다.

해설

④ 부동산의 수요와 공급은 가장 중요시해야 하는 경제 논리로, 부동산은 지역 간 대체가 불가능함에 따라 국지성을 반영하여 분석해야 한다.

① 경제상황은 부동산 시장에 미치는 영향력이 가장 큰 요인 중 하나로 호황과 불황이 반복된다. 경제상황이 호황일 경우 유동성이 풍부해짐에 따라 투자가 집중되고 도시로의 인구 유입 등으로 신도시 개발 등 건설부동산 관련 산업이 활성화되어 부동산 상황도 호황이 발생한다.

② 금리 상승 시기에는 대출금리가 높아져 자금 조달비용이 증가하고 사업에 대한 기대치 감소로 시장 침체 여지가 높아 부동산 가격 하락의 주요인으로 작용한다.

③ PIR(Price to Income Ratio)은 주택가격/연간소득으로 계산한다.

02 다음 중 부동산 시장에 영향을 주는 요인을 분석한 것으로 적절하지 않은 것은?

●●●

① 대출은 부동산에 자금 공급원으로서의 역할을 하므로 대출 규제는 부동산의 유동성 흐름에 영향을 주는 변수이다.

② 우리나라의 부동산에는 다주택자와 비사업용 토지에 대해 중과세가 적용되며 종합부동산세가 적용될 수도 있다.

③ 우리나라의 부동산에 대한 유동성은 금융시장 및 주식시장과 일정 부분 비중을 공유한다.

④ 인플레이션이 발생하는 경우 돈의 가치가 떨어지므로 부동산에 투자하여 재산의 가치하락을 보전할 수 있다.

⑤ 우리나라 부동산정책은 부동산 시장에 영향을 미치는 타 요인들에 비해 부동산 시장에 미치는 영향력이 제한적이다.

해설

⑤ 우리나라 부동산정책은 시장경제 상황을 개선하려는 정부의 개입으로 부동산 시장에 미치는 영향력이 크다.

① 대출규제는 부동산 유동성 흐름에 영향을 주는 변수이다. 경제상황에 따라 총량한도 등 대출규모, 대출대상, 금리, 소득공제 등을 조절하여 시장에 개입하여 대출 규제를 한다.

② 부동산 시장의 침체는 중과세에서도 영향을 받으며 대표적으로는 다주택자와 비사업용 토지 등에 대한 중과세, 종합부동산세 등이 있다. 세금은 부동산 시장에 영향을 주며 완급을 조절하는 변수 역할을 수행한다.

③ 우리나라의 부동산에 대한 유동성은 금융시장과 주식시장과 시차를 두고 일정 부분 비중을 공유한다.

03 우리나라 주택시장 현황에 대한 설명으로 적절하지 않은 것은?

●●○

① 지역별 차별화 – 우리나라 주택시장은 지역별 차별화 현상이 나타나면서 종전에는 전국이 획일적인 변화추이를 보이는 것이 일반적이었지만, 지역 간 편차가 커졌다.

② 평형별 세분화 – 우리나라 주택시장은 중대형의 하락 속에 소형의 강세가 지속되고 있다.

③ 평형별 세분화 – 생애최초주택구입자는 주로 소형주택에 대한 수요를 보이고 있다.

④ 유형별 차별화 – 우리나라 주택시장의 단독주택 가격은 하락폭이 크다.

⑤ 유형별 차별화 – 우리나라 주택시장의 중대형 아파트는 침체 성향이 보이고 있다.

해설

우리나라 주택시장의 단독주택 가격은 도시형생활주택의 인기로 상승폭이 크다.

292 PART 2 비금융자산 투자설계

정답 02 ⑤ 03 ④

04 우리나라의 주택시장 현황에 대한 설명으로 적절하지 않은 것은?

중요도
●●●

① 2015년 이후 수도권 부동산 시장의 회복세는 본격화되었다.
② 2018년에는 재건축초과이익 환수제로 재건축 시장이 저조하였다.
③ 2020년에는 정부가 여러 정책을 발표하였지만 전셋값이 더 오르고 집값이 상승하였다.
④ 2016년에는 부동산 시장에서 강남재건축에 이어 강북재개발이 이어졌다.
⑤ 2019년 하반기에는 기준금리 인하로 유동성이 계속 부동산 시장에 머물렀다.

해설
② 2018년에는 2017년 말까지 사업진행이 빠른 재건축단지를 중심으로 재건축초과이익 환수제를 회피하기 위해 신청을 신속히 하였으며 재건축 + 알짜 한 채를 소유하려는 경향으로 부동산 가격이 상승하였다.
① 2015년에는 전세난으로 매수전환수요가 상승, 저금리기조로 주택매수세도 상승하면서 수도권 부동산 시장의 회복세는 본격화되었다.
③ 2020년에는 정부는 6·17 대책, 7·10/8·4/임대차 3법을 연이어 발표하여 시장안정을 위해 노력하였으나 이후 전셋값이 더 오르고 집값이 상승하여 중저가주택 매수세 관련 상승세가 증가하였다.

05 우리나라 상가시장과 토지시장의 현황과 전망에 대한 설명으로 적절한 것은?

중요도
●●○

① 우리나라 부동산 시장 중 상가시장은 주택시장과 달리 가격의 상승세가 나타나고 있다.
② 상가시장은 임대수입보다는 시세차익에 관심이 집중되어 있다.
③ 우리나라 토지시장은 건축물 부속 토지뿐만 아니라 순수 토지까지 거래량이 둔화되고 있다.
④ 토지가격은 주택과 상가건물가격에 선행하는 형태를 보인다.
⑤ 상가시장은 가격 상승세가 나타나며 추격매수가 주로 나타나고 있다.

해설
①, ② 우리나라 상가시장은 주택시장과 마찬가지로 하향 안정세를 유지하고 있으며 상가 부동산은 시세차익에 대한 기대보다는 정기적인 임대수입, 현금흐름에 맞춰져 있다.
④ 토지가격은 주택과 상가건물가격에 후행하는 형태를 보인다.
⑤ 상가시장은 단시간 내 오른 가격 및 대출금리 인상 요인으로 수익률 개선에 대한 한계가 존재하기 때문에 추가적인 상승은 어려우며, 시장에서 추격매수를 하기에도 어려운 상태로 전반적인 하향 안정세가 예상된다.

02 해외 부동산 시장 분석

출제포인트

■ 해외 부동산 시장의 개략적인 변동 요인 이해

1. 해외 부동산 시장

① **해외 부동산 투자 개요** : 투자금액 제한은 해소되었으며, 부동산을 취득할 때 지정거래 외국환은행장에게 신고하여 수리받으면 됨

② **신고 대상 부동산** : 주거 이외 목적의 부동산(건물·상가·토지 등이며 분양 계약에 의한 부동산 취득은 주거 이외 목적에 한함) 및 주거용 주택(2년 이상 체재)

③ **해외 부동산 투자 유의사항**

  ㉠ 우리나라의 부동산 시장 상황을 기준으로 투자 판단하면 안 됨 → 부동산은 국지적 성향이 강하므로 지역의 특수성이 많이 반영됨

  ㉡ 대부분의 나라에서 외국인 부동산 취득에 대한 제한 있음 → 일반적으로는 공동주택의 취득만을 허용하고 단독주택, 토지 취득은 허용하지 않는 경우가 많음

  ㉢ 외국은 해당 지역의 커뮤니티에도 주의 → 외국은 특히 지역 간 빈부격차에 의해 구별되는 경우가 많음

  ㉣ 주택 등 부동산 보유 시 우리나라와 세금체계가 다름 → 대부분의 국가에서 양도소득세는 저율, 보유세는 고율인 경우가 많음

  ㉤ 교육시설·공원 주변 지역은 주거입지로서 양호한 평가 → 학교가 좋은 지역 인근 및 공원이 근처에 위치한 경우 우량한 주거입지로 평가

  ㉥ 우리나라 도시개발 경험 등은 동남아시아 등 저개발국 적용 시 도움

  ㉦ 해외 부동산 투자도 그 나라와 지역경제 흐름을 활용

  ㉧ 투자보다는 실수요자 위주의 접근이 유효

④ **해외 부동산 시장 분석**

미 국	2023년 상반기에 고금리의 영향으로 경제침체가 이어지며 주택시장도 주춤했으나, 하반기에는 재택근무에 대한 선호 및 신축주택과 재고물량의 감소로 고금리 상황에서도 가격은 일정부분 회복세를 띰
중 국	2023년 부동산 시장은 연초에 소폭 회복하였으나 헝다그룹에 이은 부동산개발업체의 연쇄적인 부실 등으로 다시 침체로 전환
유 럽	• 2022년과 동일한 흐름으로, 상반기에는 부동산 가격은 진정세를 보였으나 대도시에는 공급이 부족하고 수요가 계속 나타나며 부동산 가격이 유지됨 • 3분기부터는 인플레이션의 둔화로 주택담보대출금리가 하락하여 전반적인 가격은 안정세를 띰
일 본	2023년은 2022년에 이어 저금리 기조가 그대로 유지되면서 엔저 현상이 지속되었으며, 해외자금이 대거 유입되어 부동산 가격도 교토 등 대도시를 중심으로 상승세가 나타났고 지방지역은 전반적으로 안정세를 띰 ※우리나라 주택시장이 일본을 따라 대세 하락할 것이라는 전망은 시장상황을 비교 분석할 경우 적합하다고 보기에는 어려움

01 다음 중 해외 부동산 투자에 대한 설명으로 적절하지 않은 것은?

중요도
●●●

① 해외 부동산 투자금액 제한은 해소되었으며, 부동산 취득 시에는 추가적인 절차 없이 금액만 송금하면 된다.

② 해외 부동산을 투자할 때 우리나라의 부동산 시장 상황을 기준으로 판단하면 안 된다.

③ 해외에는 지역 간 빈부격차가 심하므로 지역 커뮤니티에도 주의해야 한다.

④ 우리나라와 마찬가지로 교육시설 · 공원 주변 지역은 주거입지로서 양호한 평가를 받는다.

⑤ 해외 부동산 투자 시에는 실수요자 위주의 접근이 유효하다.

[해설]

① 해외 부동산 투자금액 제한은 해소되었지만, 부동산 취득 시 지정거래 외국환은행장에게 신고하여 수리받아야 한다.

② 해외 부동산을 투자할 경우 부동산은 국지적 성향이 강하므로 지역의 특수성이 많이 반영되므로 우리나라 부동산 시장 상황을 기준으로 판단하면 안 된다.

02 다음 중 해외 부동산 투자에 대한 설명으로 적절한 것을 모두 고르면?

중요도
●●○

> ㄱ. 미국은 2023년 상반기에 고금리의 영향으로 경제침체가 이어지며 주택시장도 주춤했으나, 하반기에는 일정부분 회복세를 보였다.
> ㄴ. 중국은 2023년 초에 부동산 시장이 소폭 회복했으나 부동산개발업체의 연쇄 부실 영향으로 침체로 전환됐다.
> ㄷ. 유럽은 2023년 3분기부터 인플레이션 영향으로 주택담보대출금리가 상승해 전반적인 부동산 가격이 불안정했다.
> ㄹ. 일본은 2023년 해외자금의 대거 유입으로 대도시를 중심으로 부동산 가격이 하락세를 나타냈다.

① ㄱ, ㄴ

② ㄱ, ㄴ, ㄷ

③ ㄱ, ㄴ, ㄹ

④ ㄴ, ㄷ, ㄹ

⑤ ㄴ, ㄹ

[해설]

ㄴ. 중국은 2023년 부동산 시장이 연초에 소폭 회복하였으나 헝다그룹에 이은 부동산개발업체의 연쇄적인 부실 등으로 다시 침체로 전환됐다.

ㄷ. 2023년 유럽은 2022년과 동일한 흐름으로, 상반기에는 부동산 가격이 진정세를 보였으나 대도시에는 공급이 부족하고 수요가 계속 나타나며 부동산 가격이 유지됐다. 3분기부터는 인플레이션의 둔화로 주택담보대출금리가 하락하여 전반적인 가격은 안정세를 띠었다.

ㄹ. 일본의 2023년은 2022년에 이어 저금리 기조가 그대로 유지되며 엔저 현상이 지속되었으며, 해외자금이 대거 유입되어 부동산 가격도 교토 등 대도시를 중심으로 상승세가 나타났고 지방지역은 전반적으로 안정세를 보였다.

핵심테마
03 인구구조 변화와 부동산 시장

출제포인트

■ 인구구조의 현황과 부동산과의 관계 파악

1. 인구구조 변화와 부동산 시장

(1) 인구 및 가구 변화

① 우리나라는 2018년을 정점으로 인구가 지속적으로 감소하고 있지만, 부동산 분석은 지역적으로 세분화하여 영향력을 분석해야 함

② 인구가 감소하더라도 단기적으로는 부동산 시장에 미치는 영향력은 제한적(인구수 감소는 가구원수 감소에 영향)

③ 주택의 거주단위는 가구 기준으로 2020년 기준 인구는 감소하였지만 가구수는 증가하였음. 특히 1~2인 가구의 증가 추세가 가파름에 따라 소형주택 강세 현상이 지속

(2) 베이비부머의 영향

① 6 · 25전쟁 이후 태어난 세대로 은퇴시기에 도달하여 주택을 매도하는 대규모 세력으로 등장할 수 있음

② 도시에 머물 여러 유인들로 베이비부머가 은퇴하더라도 현재의 거주지(도시)에서 거주할 확률이 70~80%에 이를 것으로 예상되며, 이동을 하더라도 주택면적을 줄이려는 경향을 띨 것으로 예상

> **핵심 CHECK**
>
> **인구구조 변화와 부동산 시장**
> • 인구가 감소하더라도 단기적으로는 부동산 시장에 미치는 영향력은 제한적
> • 베이비부머 세대가 은퇴 후 주택을 매도하는 대규모 세력으로 등장하여 주택가격이 하락하기보다는 일부에서 주택의 다운사이징이 나타나는 정도의 변화를 예상

01 다음 중 우리나라의 인구구조 변화와 부동산 시장의 관계에 대한 설명으로 적절하지 않은 것은?

중요도
●●●

① 우리나라는 2018년을 정점으로 인구가 지속적으로 감소되고 있지만, 단기적으로는 부동산 시장에 미치는 영향은 제한적으로 평가된다.

② 주택의 거주단위는 가구 기준으로 가구수는 증가하였다.

③ 1~2인 가구의 증가로 소형주택 강세 현상이 지속되고 있다.

④ 베이비부머 세대의 은퇴로 주택의 매도세가 증가해 주택가격이 하락할 것으로 예상된다.

⑤ 베이비부머 세대는 은퇴 후 주택을 이동할 때 주택면적을 줄이는 경향을 띨 것으로 예상된다.

해설

④ 베이비부머 세대가 은퇴 후 주택을 매도하는 대규모 세력으로 등장하여 주택가격이 하락하기보다는 일부에서 주택의 다운사이징이 나타나는 정도의 변화가 나타날 수 있다.

① 우리나라는 2018년을 정점으로 인구가 지속적으로 감소되고 있지만, 단기적으로는 부동산 시장에 미치는 영향은 주택의 거주단위가 가구 기준으로 책정되므로 제한적일 것으로 평가받고 있다.

②, ③ 1~2인 가구의 증가로 가구수는 증가하였으며 소형주택 강세 현상이 지속되고 있다.

⑤ 베이비부머 세대는 은퇴하더라도 현재의 거주지(도시)에서 거주할 확률이 70~80%에 이를 것으로 예상되며, 이동을 하더라도 주택면적을 줄이는 경향을 띨 것으로 예상된다.

핵심테마

04 부동산 정책의 개념

출제포인트

- 부동산 정책의 필요성 및 성격에 대한 이해

1. 부동산 정책의 필요성 및 성격

(1) 부동산 정책의 필요성

경제적 논리	불완전경쟁, 규모의 경제, 외부효과, 공공재 등으로 시장실패가 발생할 경우, 정부는 시장실패를 개선하기 위해 시장에 개입할 명분이 발생
정치적 논리	부동산은 국가성립의 기본요소로 부동산 문제 발생 시 정부가 개입
최유효이용론	부동산 이용에 있어 가장 바람직한 이용을 달성하도록 하는 것이 최선의 가치로 정부가 사회적 관점에서 최유효이용을 합리적으로 유도하기 위해 공적 개입이 필요
강력한 복지론	부동산은 복지사회건설을 위한 유효자원으로 정부는 형평성의 도모를 위해 공적 개입을 통해 조정해야 함

(2) 부동산 정책의 성격

① **부동산 문제의 개선** : 부동산 정책은 부동산 문제를 해결하고 개선하는 데 주목적이 있고, 부동산 문제는 원상태로 되돌리기 어려운 비가역성이 있으며, 문제를 개선하기보다는 발생하기 전 예방하는 것이 중요

② **부동산 활동의 일부** : 부동산 정책은 그 자체로 부동산 활동의 일부임

③ **부동산법의 구현수단** : 부동산 정책의 궁극적인 목적은 부동산법이 표방하고자 하는 이념이나 이상을 구현하는 것

핵심 CHECK

부동산 문제의 성격
부동산 문제는 원상태로 되돌리기 어려운 비가역성이 있으며, 문제를 개선하기보다는 예방하는 것이 중요

01 다음 중 부동산 정책의 필요성으로 적절하지 않은 것은?

중요도
●●●

① 경제적 논리 – 불완전경쟁, 규모의 경제, 외부효과, 공공재 등으로 시장실패가 발생할 경우, 정부는 시장실패를 개선하기 위해 시장에 개입할 명분이 발생하였다.

② 정치적 논리 – 부동산은 국가성립의 기본요소로 부동산 문제 발생 시 정부가 개입할 수 있다.

③ 최유효이용론 – 부동산 이용에 있어 가장 바람직한 이용을 달성하도록 하는 것이 최선의 가치로 최유효이용을 합리적으로 유도하기 위해 공적 개입이 필요하다.

④ 강력한 복지론 – 부동산은 복지사회건설을 위한 유효자원으로 정부는 형평성의 도모를 위해 공적 개입을 통해 조정해야 한다.

⑤ 부동산 시장의 외부효과 – 부동산 시장은 국가 전체에 영향을 미치며, 정책 개입 시 유리한 외부효과가 발생할 수 있다.

해설

부동산 정책의 필요성은 크게 경제적 논리, 정치적 논리, 최유효이용론, 강력한 복지론으로 구분할 수 있다.

02 다음 중 부동산 정책의 성격으로 적절하지 않은 것은?

중요도
●●●

① 부동산 정책은 부동산 문제를 해결하고 개선하는 것이 주목적이다.

② 부동산 정책으로 인해 문제가 발생한 부동산을 원래 상태로 되돌릴 수 있다.

③ 부동산 정책은 부동산에 영향을 미치므로 그 자체로 부동산 활동의 일부를 구성한다.

④ 부동산 정책의 궁극적인 목적은 부동산법이 표방하고자 하는 이념이나 이상을 구현하는 것이다.

⑤ 부동산 정책은 문제 개선보다는 예방에 주안점을 두어야 한다.

해설

②, ⑤ 부동산 문제는 원래 상태로 되돌리기 어려운 비가역성이 있어, 문제 개선보다는 발생하기 전 예방하는 것이 중요하다.

부동산 정책의 종류

- 부동산 정책의 종류별 특성과 정책 영향 이해

1. 주택정책

(1) 주택정책의 공급과 대책

집값 상승 시점에는 정책을 통해 안정을 유도하며, 하락 상황에서는 정책을 통한 가격지지는 어려움. 국민의 주거안정을 위해 정책 측면에서 개입을 해야 함

① **주택공급**

ㄱ 주택정책의 가장 기본으로 주택을 필요한 곳에 적기에 안정적으로 공급해야 함

ㄴ 저소득층 주거안정을 위한 공급과 함께 민간에서 공급하는 공급량까지 적정량을 확보해야 하며 정부에서는 매년 주택공급계획을 세워 체계적으로 진행

ㄷ 주택보급률은 100%가 적정 공급 수준이지만 예비주택의 필요성, 노후주택의 기능 한계, 새 주택 품질 선호 등으로 여유분이 필요

ㄹ 부동산의 국지적인 성향으로 지역에서의 수요공급 대책이 필요

② **주택가격 대책**

ㄱ 주택가격은 적정선을 유지해야 하며 사회적으로 합리적인 수준이여야 함

ㄴ 주택가격 상승 시에는 투기억제조치(대출규제, 세금중과세)를 하며 하락 시에는 부양책(대출규제 완화 및 세금 감면) 적용

③ 주거환경 개선 목적도 있음

2. 토지정책

구 분	내 용
토지관리체계	토지활동을 원활하게 진행하기 위해 합리적인 토지관리체계 구축 필요
토지이용계획 및 공공용지 확보	토지이용계획은 토지를 통해 어떤 공간활동을 영위하는가와 관련계획을 실천하기 위한 공공용지 확보도 필요
토지소유권의 규제	토지 소유권을 제한(규제)하는 정책을 통해 목표 달성

3. 부동산조세정책

① 국가 재정수입원

② 정책 목표를 달성하기 위한 정책 수단으로 활용

4. 금융정책

(1) 금리정책

금리는 중앙은행에서 기준금리를 통한 통화조절 목적으로 활용하며 부동산 시장에도 영향

저금리	유동성을 부동산으로 이동시켜 부동산 가격을 상승
고금리	유동성을 예금 등으로 이동시켜 부동산 가격을 하락

(2) 대출정책

① 대출정책은 금리보다 직접적으로 부동산 시장에 영향

② 중앙은행에서 금융기관별 대출총량을 제한하는 방법 또는 LTV · DTI · DSR 등 개인에 대한 담보비율 제한 및 소득 기준 상환여력을 평가하여 개인별 대출한도 조정 적용

③ 대출정책은 부동산 시장에서 즉시 발효 및 시행되므로 주택이나 토지정책 등에 비해 효과가 크고 빠름

01 다음 중 주택공급 및 가격 정책에 대한 설명으로 적절하지 않은 것은?

중요도
●●○

① 주택공급은 주택정책의 기본으로 주택을 필요한 곳에 적기에 안정적으로 공급해야 한다.

② 주택보급률은 현재 100%에 미달하나, 추가적인 주택공급은 필요하지 않다.

③ 부동산은 국지적인 성향으로 지역 자체적으로 수요·공급 대책이 필요하다.

④ 주택가격은 적정선을 유지해야 하며 사회적으로 합리적인 수준이어야 한다.

⑤ 주택가격 상승 시에는 투기억제조치를 하며 하락 시에는 부양책을 적용한다.

해설

주택보급률은 100%가 적정 공급 수준이지만 예비주택의 필요성, 노후주택의 기능 한계, 새 주택 품질 선호 등으로 추가적인 여유분이 필요하다.

02 다음 중 주택 관련 금융정책에 대한 영향으로 적절하지 않은 것은?

중요도
●●○

① 금리정책의 주목적은 통화조절 목적이지만, 부동산 시장에도 영향을 미친다.

② 저금리 기조인 경우 유동성이 부동산으로 이동되어 부동산 가격을 상승시킨다.

③ 대출정책은 금리보다 직접적으로 부동산 시장에 영향을 미친다.

④ 대출정책은 중앙은행에서 금융기관별 대출총량을 제한하는 방법 또는 개인에 대한 담보비율 제한 및 대출한도 조정을 통해 적용한다.

⑤ 대출정책은 주택이나 토지정책에 비해 효과가 크지만 느리다.

해설

⑤ 대출정책은 주택정책, 토지정책에 비해 효과가 크고 빠르게 나타난다.

①, ② 금리는 중앙은행에서 기준금리를 통한 통화조절 목적으로 활용되며 부동산 시장에도 영향을 미친다. 저금리 정책 상황에서는 유동성이 부동산으로 이동되어 부동산 가격이 상승하며, 고금리 정책 상황에서는 유동성이 예금 등으로 이동하여 부동산 가격을 하락시킨다.

④ 대출정책은 중앙은행에서 금융기관별 대출총량을 제한하는 방법 또는 LTV·DTI·DSR 등 개인에 대한 담보비율 제한 및 소득 기준 상환여력을 평가하여 개인별 대출한도 조정을 적용한다.

핵심 CHECK

부동산 대출정책

대출정책은 부동산 시장에서 즉시 발효 및 시행되므로 주택이나 토지정책 등에 비해 효과가 크고 빠름

핵심테마

06 시대별 부동산 정책

■ 시대별 부동산 정책의 방향 숙지

1. 김영삼 정부(1993~1998년)

1995년 3월, 부동산실명제를 도입하여 타인으로 부동산권리 등기를 할 경우 명의신탁은 무효가 되며 명의신탁을 한 사람은 징역 및 부동산가액의 30%의 과징금 부과

2. 김대중 정부(1998~2003년)

주택경기부양책, 「주택건설촉진법」 개정, 주택건설종합계획, 주택시장 안정대책 등 시행

〈시기별 정책 및 내용〉

정책	내용
주택경기부양책 (98.2~8)	주택건설종합계획 및 주택 공급에 대한 규칙 개정안, 건설 및 주택경기 활성화 방안, 「주택임대차보호법」 개정안 발표
「주택건설촉진법」 개정 (99.2.9)	분양권 전매제한 제도 폐지
3·2 주택건설종합계획 (99.3.2)	재건축·재개발의 활성화에 초점, 20가구 미만의 연립주택도 재건축, 조합원이 아파트를 여러 채까지 분양 가능
1·10 주택시장 안정대책 (00.1.10)	전세가 폭등 현상에 대한 안정 목적

3. 노무현 정부(2003~2008년)

주택 투기와 집값을 잡는 강력한 정책 수단으로 세금 중과 체계(종합부동산세 신설, 다주택자 양도세 중과 등) 확립

〈시기별 정책 및 내용〉

정책	내용
10 · 29 주택시장안정 종합대책 (03.10.29)	• 투기지역 주택거래신고제 도입 • 1가구 3주택 양도세 중과 및 투기지역 양도세 중과 • 투기지역 주택담보비율 10% 인하 • 분양권 전매제한 투기지역 확대 • 강북 뉴타운 추가 지정 • 집값 급등 지역 아파트 기준시가 재고시 • 무주택 우선 공급 50% → 75%로 확대
종합부동산세 신설 (04.11.11) 및 다주택자 대상 양도세 중과(04.12.13)	• 부동산 투기감소 목적으로 세금을 기반으로 한 부동산 종합대책 실시 • 주택 기준시가 9억원 초과 대상, 나대지는 공시지가 6억원 초과 대상 • 수도권, 광역시, 기타 지역 기준시가 3억원 이상의 1가구 3주택 이상 보유자 양도세 중과 • 2주택자 실거래가 기준 50% 단일과세로 양도소득세 중과, 장기보유특별공제 배제 • 종합부동산세는 주택의 경우 9억원 초과에서 6억원 초과로 확대
실거래가 제도 (06.1.1)	부동산 매매를 한 경우 계약체결일로부터 30일 이내에 신고

4. 이명박 정부(2008~2013년)

① 부동산 부양책을 발표했지만 2008년 경제위기 이후 수도권 주택시장 회복은 되지 않음

② 대폭적인 규제완화보다는 중립적인 경우가 많았음

③ 전 정부의 정책을 유지하면서 소폭의 개선을 한 것으로 다주택자 중과세, 분양가상한제, 대출규제 등은 폐지하지 못함

〈시기별 정책 및 내용〉

정책	내용
부동산 규제완화 (09.2.12)	• 미분양(신축주택 포함) 주택 양도세 감면 • 1세대 다주택자 중과세율 한시적 폐지, 비사업용토지 양도세 중과 한시적 폐지, 2010년 말까지 주택 취득 시 양도세 일반과세 등
주택담보대출 리스크 강화 방안 (09.7.7)	수도권 전 지역 LTV 강화(60% → 50%)
서민들을 위한 보금자리주택 공급 확대 및 실수요 주택거래 정상화 등 (09.8.27)	• 주택 공급 및 시세의 50~70%으로 분양가 책정 • 투기방지대책, 근로자 생애최초청약제도 시행 • 서민 · 중산층의 실수요 주택거래 지원(1세대 1주택자 양도세 비과세보유기간 단축, 생애 최초주택구입자금 대출한도 확대) 등
제5차 경제 활력 대책 (12.9.10)	부동산 관련 세금 부담에 대해 한시적 감면 등

5. 박근혜 정부(2013~2017년)

부동산이 침체기이므로 대선공약으로 부동산 시장의 정상화 제시

〈시기별 정책 및 내용〉

정 책	내 용
서민 주거안정을 위한 주택시장 정상화 종합대책 (13.4.1)	• 주택시장 정상화 : 양도세 한시 감면, 주택거래 시 세부담 완화, 청약제도 개선(청약가점제 적용 축소 등), 수직증축 리모델링 허용 등 • 하우스푸어 및 렌트푸어 지원 • 서민 주거복지 강화방안 : 공공주택 및 행복주택 공급 • 민간 주택공급 조절 및 분양주택의 임대주택 전환 촉진 • 주택시장 정상화로 전세수요의 매매전환 유도(취득세 경감 등) • 임대주택 공급 확대 • 서민 · 중산층 전월세부담 완화(월세 소득공제 확대 등) • 주거취약계층 지원강화 : 리모델링임대 도입, 전세임대 공급확대, 공공실버주택 공급 등
2016년 경제정책 (주택 · 토지 분야)	분양 보증 및 중도금 대출 보증제도 개선

6. 문재인 정부(2017~2022년)

〈시기별 정책 및 내용〉

시 기	내 용
2017.6	전매제한기간 강화, 맞춤형 LTV · DTI 강화, 재건축 규제 강화, 주택시장 질서 확립 목표 등
2017.8	• 투기수요차단, 실수요 중심의 시장유도 : 투기과열지구, 투기지구 지정 등 • 실수요 · 서민을 위한 공급 확대
2017.10	가계부채종합대책 : 취약차주 맞춤형 지원, 총량 측면 리스크 관리(가계부채 연착륙 유도, DTI 확대 검토, 가계부채 증가 취약부문 집중관리) 등
2017.11~12	• 무주택 서민 실수요자를 위한 주택공급 확대 • 생애단계별, 소득수준별 맞춤 지원 • 임대주택 등록 활성화, 임차인 보호 강화 • 세입자 : 계약갱신청구권 및 전월세상한제(연 5% 이내) 적용 등
2018.3	재건축 안전진단 기준 정상화
2018.8	수도권 공급부족 우려, 유동자금 유입 등으로 시장이 과열되자 주택공급 확대 등으로 대책 마련
2019.12	• 주택시장 안정화 방안 • 투기적 대출 수요 규제 강화, 주택 보유부담 강화 및 양도세 제도 보완, 투명하고 공정한 거래 질서 확립, 실수요 중심의 공급확대 목적
2020.2~7	• 투기수요 차단을 통한 주택시장 안정적 관리 기조 강화 • 투기수요에 대한 엄정 대응, 투기수요에 대한 관계기관 합동조사 등 • 수도권 공급 기반 강화 방안 수립 • 서민, 실수요자 부담 경감 및 주택 공급 목적으로 생애최초 특별공급 확대, 신혼부부 특별공급 소득기준 완화 등
2020.7	• 주택임대차보호법 개정 • 계약갱신청구권 : 임대인은 임차인이 계약 기간이 끝나기 6개월 전 ~ 1개월 전까지 계약갱신을 요구하는 경우 실거주 등의 정당한 사유 없이 거절할 수 없음(갱신청구권 1회 행사 가능, 존속기간 2년, 증액상한 5년)
2020.8	• 서울권역 등 수도권 주택공급 확대 방안 마련 • 다주택자 및 법인의 취득세율 강화

7. 윤석열 정부(2022~)

〈시기별 정책 및 내용〉

정 책	내 용
임대차 시장 안정 방안 (22.6.21)	• 상생임대인 지원제도(직전계약 대비 임대료를 5% 이내 인상한 임대인 대상으로 비과세 및 장기보유특별공제 혜택) • 월세 세액공제 확대 • 분양가상한제 거주의무 완화(최종 거주의무 폐지 및 거주의무 공공택지 3년~5년, 민간택지 2년~3년)
분양가 제도 운영의 합리화 방안(22.6.21)	정비사업 등 필수비용의 분양가 적정 반영 등
2022년 세제개편 (22.7.21)	• 주택 관련 종합부동산세 세율 인하 조정 • 기본공제 금액 6억원 → 9억원으로 상향 • 종합부동산세 계산 시 일시적 2주택, 상속주택 등은 제외하며, 종합부동산세, 양도소득세 계산 시 일시적 2주택 적용 2년 내 → 3년 내 처분으로 연장 • 1주택자 임대소득 과세 고가주택 기준 기준시가 9억원 → 12억원으로 상향
국민 주거안정 실현방안 (22.8.16)	• 재개발 · 재건축 사업 정상화 착수 • 신규택지 조성 확대 • 주택사업 인허가 절차 개선
공공분양 50만호 공급 (22.10.26)	• 공공분양 공급 • 전용모기지 지원
부동산 시장 현안 대응방안 (22.11.10)	• 주택공급 기반 위축 방지(PF 대출보증 사업리스크 관리를 위한 보증지원 확대) • 실수요자 내 집 마련 관련 규제 정상화 및 부담 경감
재건축 안전진단 합리화 방안 (22.12.8)	• 평가항목 배점의 비중 개선(구조안전성 점수 비중 ↓, 주거환경과 설비노후도 비중 ↑) • 조건부 재건축 범위 축소(30점 초과 → 45점 초과)
2022년 세제개편 후속 시행령 개정안 (23.1.18)	• 전세사기 피해 방지를 위한 미납국세열람 실효성 강화 • 다주택자 취득세 중과 완화 • 종합부동산세 개편
2023년 세법개정 후속 시행령 개정안 (24.1.23)	• 소형 신축주택 및 지방준공 후 미분양주택에 대한 양도세 · 종부세 중과폐지 • 다주택자 양도세 중과 한시 배제 기한 1년 연장 • 장기주택저당차입금 이장상환액 소득공제 대환요건 완화 • 토지임대부 주택의 토지임대료 부가가치세 면제
재건축초과이익환수법 하위법령 입법예고 (24.2.1)	• 장기감면을 위한 1세대 1주택 요건 정비 • 고령자 납부유예(60세 이상) • 초과이익에서 차감하는 개발비용 인정범위 확대 • 재건축부담금 면제구간 초과이익 3천만원 이하에서 8천만원 이하로 상승

01 다음 중 김대중 정부의 부동산 정책의 내용으로 적절하지 않은 것은?

중요도
●●○

① 주택경기부양책 - 「주택임대차보호법」 개정안 발표

② 주택경기부양책 - 주택건설종합계획 및 주택 공급에 대한 규칙 개정안 발표

③ 주택건설촉진법 - 분양권 전매제한 제도 폐지

④ 부동산실명제 - 명의신탁제도 규제

⑤ 주택시장 안정대책 - 전세가 폭등 현상 안정 목적

해설

④ 부동산실명제는 김영삼 정부의 부동산 정책이다. 실소유자와 등기상의 소유자가 다른 것을 인정하는 명의신탁제도를 규제하기 위한 목적으로 실시되었으며, 타인 명의로 부동산권리를 등기할 경우 명의신탁은 무효가 될 뿐 아니라, 명의신탁을 한 사람은 처벌을 받게 되었다.

⑤ 2000년도 주택 전세시장이 폭등하자 이러한 전세가 폭등 현상을 안정시키기 위한 정책을 시행하였다.

02 다음 중 시대별 부동산 정책에 대한 설명으로 적절하지 않은 것은?

중요도
●●●

① 김대중 정부 초기에는 주택경기부양책이 시행되었다.

② 노무현 정부는 주택투기와 집값을 잡는 수단으로 종합부동산세를 신설하였으며, 다주택자 양도세 중과하였다.

③ 노무현 정부에서는 이중계약서 작성 관행을 방지하기 위해 부동산 실거래가 제도를 도입하였다.

④ 2008년 경제위기 이후 집권한 이명박 정부는 주택시장의 회복에 초점을 두었다.

⑤ 이명박 정부는 부동산 시장에 대한 대폭적인 규제 완화를 하여 다주택자 중과세는 폐지되었다.

해설

④, ⑤ 이명박 정부는 부동산정책을 대량 발표하였으나, 침체된 수도권 주택시장의 회복은 이뤄지지 않았으며 정책 방향은 전 정부의 정책에 대한 소폭의 개선을 이어나갔다. 따라서 대폭적인 규제 완화를 하지 못하고 다주택자 중과세, 분양가 상한제, 대출규제 등은 폐지하지 못했다.

03 다음 중 노무현 정부의 부동산 정책에 대한 설명으로 적절하지 않은 것은?

중요도
●●○

① 종합부동산세가 신설되어 주택 · 나대지 · 사업용 토지를 대상으로 부과기준에 부합하는 경우 누진세인 종합부동산세를 부과하였다.

② 2003년 다주택자인 1가구 3주택 이상 보유자를 대상으로 양도세를 중과하기로 하였다.

③ 2005년 주택시장이 전체적으로 안정됨에 따라 8 · 31대책을 발표하였으며, 해당 발표로 종합부동산세 주택기준은 공시지가 6억원에서 9억원으로 상승하였다.

④ 2003년 10월 29일 주택시장안정 종합대책을 발표하였으며, 해당 발표로 분양권 전매제한 투기지역이 확대되었다.

⑤ 노무현 정부에서는 강북뉴타운을 추가로 지정하였다.

해설

③ 10 · 29 주택시장안정 종합대책에도 불구하고 부동산 투기는 누그러지지 않아 8 · 31 부동산 종합대책을 실시하였으며 주요 골자는 다음과 같다.

> • 2주택자 주택 양도 시 양도세를 2007년부터 실거래가 기준 50% 단일과세로 중과
> • 2주택자 양도 시 양도세 계산 시 장기보유특별공제 혜택 배제
> • 종합부동산세의 주택 기준을 공시지가 9억원에서 6억원으로 확대
> • 종합부동산세 주택 기준 공시지가 9억원~20억원의 세율 1%를 1.5%로 상승 등

① 2004년 11월 11일에 주택 · 나대지 · 사업용 토지에 대해 기준에 부합할 경우 3단계 누진세율을 부과하는 종합부동산세가 신설되었다.

② 1가구 3주택 이상 보유자에 대한 양도세 중과가 시행되어 기준시가 3억원 이상 등 세 채 이상 소유자에 대해 60%(투기지역 82.5%)의 세율을 적용하기로 하였다.

④, ⑤ 10 · 29 주택시장안정 종합대책의 주요 골자는 다음과 같다.

> • 1가구 3주택 양도세 최고 82.5% 중과
> • 주상복합아파트 전매제한 대상 300가구 이상에서 20가구 이상으로 확대
> • 투기지역 주택담보비율 10% 인하
> • 강북 뉴타운 추가 지정
> • 분양권 전매제한 투기지역 확대 등

04 다음 중 이명박 정부의 부동산 정책에 대한 설명으로 적절하지 않은 것은?

중요도
●●○

① 2009년 2월 12일에 미분양 주택 양도세 감면을 주요 내용으로 한 부동산 규제 완화 정책을 발표하였다.

② 2009년 양도세를 개편하여 2010년 말까지 주택 등을 취득할 경우 추후 주택 매도 시 일반과세로 양도세를 적용하도록 하였다.

③ 2009년 7월 7일에 주택담보대출 리스크를 완화하여 수도권 전 지역의 적용 LTV를 50%에서 60%로 증가시켰다.

④ 2009년 8월 27일에 서민들을 위한 보금자리주택 공급 확대 등을 천명하여 추가적인 주택 공급 및 시세의 50~70%로 분양가를 책정하였다.

⑤ 2010년 8월 29일에 서민 · 중산층의 실수요 주택거래 지원 등을 골자로 하는 실수요 주택거래 정상화와 서민 · 중산층 주거안정지원방안을 발표하였다.

[해설]

③ 2009년에 주택담보대출 리스크를 강화하여 수도권 전 지역의 적용 LTV를 60%에서 50%로 강화하였다.

① 2009년 2월 12일에 부동산 규제 완화를 발표하였으며, 미분양 주택의 양도세 감면이 주된 내용이다.

→ 서울 : 양도세 일반과세, 서울 제외 과밀억제권역 : 양도세 60% 감면, 기타지역 양도세 100% 감면 등

② 2009년 양도세를 개편하였으며, 주요 내용은 다음과 같다.

- 1세대 다주택자 중과세율의 한시적 폐지
- 비사업용 토지에 대한 양도세 중과 한시적 폐지
- 2010년 말까지 주택 취득 시 양도세 일반과세

④ 2009년 8월 27일에 서민들을 위한 보금자리주택 공급 확대를 천명하였다.

- 수도권 개발제한구역에서 2012년까지 연간 32만호 공급
- 보금자리주택지구 외에도 도심재개발 8만호 등 총 60만호 공급
- 분양가는 시세의 50~70%선에서 공급
- 투기방지대책 : 5년간 거주의무기간 부여 및 전매제한 기간 강화
- 근로자 생애최초 청약제도 신설 등

⑤ 2010년 8월 29일에 실수요 주택거래 정상화와 서민 · 중산층 주거안정지원방안을 발표하였다.

- 서민 · 중산층의 실수요 주택거래 지원
- 주거비 경감 등 서민 주거지원 확대 등

05 다음 중 박근혜 정부의 부동산 정책에 대한 설명으로 적절하지 않은 것은?

중요도
●●○

① 박근혜 정부의 서민 주거안정을 위한 대책으로 청약가점제 적용을 확대하였다.

② 박근혜 정부의 취임 시기에는 부동산이 침체기였으므로 부동산 시장 정상화를 공약으로 제시하였다.

③ 주택시장 정상화 방안으로 양도세 한시 감면 정책을 실시하였다.

④ 주거 취약 계층 지원을 강화하여 리모델링 임대 도입 및 전세임대 공급을 확대하였다.

⑤ 2016년 하반기 주택도시보증공사에서 수행하는 분양보증 및 중도금 대출 보증제도를 개선하였다.

해설

①, ②, ③ 박근혜 정부는 부동산 침체기임을 감안하여 부동산 시장 정상화를 공약으로 제시하였다. 그리고 집권 초인 2013년 4월 1일에 서민 주거안정을 위한 주택시장 정상화 종합대책을 발표하였으며 주요 내용은 다음과 같다.

- 양도세 한시 감면
- 주택거래 시 과도한 세부담 완화
- 청약가점제 적용 축소 등 청약제도 개선(85m² 폐지)
- 준공공임대주택(85m² 이하, 10년 의무임대, 최초 임대료와 인상률 연 5% 제한)
- 수직증축 리모델링 허용
- 생애최초구입자 취득세 한시면제 등

④ 2015년 9월 2일에 서민 · 중산층 주거안정 강화 방안을 발표하였다.

- 리모델링 임대 도입 및 전세임대 공급 확대
- 가을 이사철 매입 · 전세임대 조기공급
- 공공실버주택공급
- 행복주택 · 행복기숙사 공급 활성화
- 주거취약계층 주거비 지원 강화
- 뉴스테이 활성화
- 정비사업 규제합리화 및 투명성 제고 등

06 다음 중 문재인 정부의 부동산 정책에 대한 설명으로 적절하지 않은 것은?

중요도
●●●

① 2018년 8월에는 수도권 주택시장의 수요 과열을 우려하여 수요 억제 정책을 사용하였다.

② 2017년 6월 주택시장의 안정적 관리를 위한 선별적·맞춤형 대응방안을 발표하였으며, 전매제한기간 강화, 맞춤형 LTV·DTI 강화, 재건축 규제 강화 등의 내용을 포함하고 있다.

③ 2017년 8월 실수요 보호와 단기 투기수요 억제를 위한 정책을 발표하였다.

④ 2019년 12월 투기적 대출 수요 규제 강화 등을 목표로 하는 주택시장 안정화 방안을 발표하였다.

⑤ 2020년 7월 주택임대차보호법 개정안이 도입되었다.

해설

① 2018년 8월 수도권 주택시장의 시장 과열 원인을 수도권 공급부족 우려, 유동자금의 유입, 개발계획 발표로 보고 수도권 주택공급 확대추진 및 투기지역 등을 통한 시장안정 기조 강화를 발표하여 수도권 주택공급확대, 조정대상지역·투기과열지구·투기지역 추가지정 등의 정책을 수행하였다.

② 2017년 6월 주택시장의 안정적 관리를 위한 선별적·맞춤형 대응방안을 발표하였으며, 주요 내용은 다음과 같다.

- 조정대상지역 추가 선정
- 조정대상지역 실효성 제고 : 전매제한기간 강화, 맞춤형 LTV·DTI 강화(조정대상지역 규제비율 10% 추가 등), 재건축 규제강화(재건축조합원 주택공급수 제한 등)
- 주택시장 질서 확립

③ 2017년 8월 실수요 보호와 단기 투기수요 억제를 통한 주택시장 안정화 방안을 발표하여 과열지역에 투기수요유입차단(투기과열지구, 투기지역 지정, 분양가상한제 적용요건 개선 등), 실수요 중심 수요관리 및 투기수요 조사 강화(양도소득세 강화, 다주택자 금융규제 강화, 다주택자 임대등록 유도 등), 서민을 위한 주택공급확대, 실수요자를 위한 청약제도 등 정비 등을 추진하였다.

④ 2019년 12월 주택시장 안정화 방안이 발표되었으며, 해당 내용에는 투기적 대출수요 규제 강화, 주택보유부담 강화 및 양도소득세 제도 보완, 투명하고 공정한 거래질서 확립, 실수요 중심의 공급확대 등의 내용이 포함되어 있다.

⑤ 2020년 7월 주택임대차보호법 개정안이 발표되었으며 해당 내용에는 계약갱신청구권 도입, 직접거주 갱신거절에 대한 손해배상, 갱신 시 증액상한 등의 내용이 포함되어 있다.

07 다음 중 윤석열 정부의 부동산정책 방향으로 적절하게 연결되지 않은 것은?

중요도
●●●

① 임대차 시장 안정 : 상생임대인 제도, 월세 세액공제 확대

② 분양가 제도 운영 합리화 : 정비사업 등 필수비용 분양가 적정 반영

③ 종합부동산세 제도 개선 : 종합부동산세 계산 시 일시적 2주택, 상속주택 포함

④ 1주택자 임대소득 과세 기준 인상 : 기준시가 9억원에서 12억원으로 금액 상향

⑤ 주택공급 기반 위축 방지 : PF 대출보증 사업리스크 관리를 위한 보증지원 확대

해설

③ 종합부동산세 제도 개선 : 주택 관련 종합부동산세 세율 인하 및 기본공제 금액 상향(6억원에서 9억원), 종합부동산세 계산 시 일시적 2주택, 상속주택 등은 제외 등

① 임대차 시장 안정 방안 : 상생임대인 지원제도(직전계약 대비 임대료를 5% 이내 인상한 임대인 대상으로 비과세 및 장기보유특별공제 혜택), 월세 세액공제 확대, 분양가상한제 거주의무 완화(최종 거주의무 폐지 및 거주의무 공공택지 3년~5년, 민간택지 2년~3년)

핵심테마
07 국토교통부 등 정부 발표자료 활용

출제포인트

- 정부 발표자료의 내용 숙지

1. 실거래가격

① 거래를 하는 데 있어 중요한 선행자료가 되며, 종전 거래사례 금액을 파악하여 현재 매매가격과 종전 실거래가의 고저를 비교·분석할 수 있음

② 국토교통부 홈페이지에서 조회

2. 주택거래량

① 시장동향을 나타내는 지표로 거래량 증가 시 가격 상승 발생 가능성↑

② 장기간 거래량 흐름 분석 시 시장 추이 파악 가능

③ 국토교통부 홈페이지, 국토교통뉴스 방문 시 조회 가능

3. 미분양주택

① 미분양지역이 점차 증가할 경우 시장의 부담이 될 수 있음

② 미분양주택 추이는 해당 지역의 주택시장 상황을 나타내므로 시장 분석 자료로 활용

③ 미분양주택의 주택시장에 대한 영향력은 전국을 대상으로 한 획일적인 해석보다는 해당 지역별 수급동향을 중심으로 세분화된 분석과 대응이 필요

④ 국토교통부에서 조사를 통해 매월 말일에 전월기준 자료 발표

4. 지가변동률

① 지가는 지역별 개발호재 등에 따라 가변성이 크므로 매 분기 발표되는 자료로 전반적인 지역별 토지시장 분석

② 국토교통부는 매 분기별 전국의 '지가변동률 및 토지거래량'을 발표

01 다음 중 실거래가격, 주택거래량, 미분양주택, 지가변동률에 대한 설명으로 적절하지 않은 것은?

<u>중요도</u>
●●●

① 실거래가격은 거래를 하는 데 있어 중요한 선행자료가 되며 국토교통부 홈페이지에서 조회할 수 있다.

② 주택거래량이 증가하는 경우 가격 상승 발생 가능성이 높아진다.

③ 미분양주택이 점차 증가할 경우 시장의 부담이 될 수 있으며, 전국의 미분양 주택은 일정한 추이를 나타낸다.

④ 미분양주택은 국토교통부에서 조사하여 매월 말일에 전월기준 자료를 발표한다.

⑤ 지가는 가변성이 크므로 매 분기 발표되는 자료로 전반적인 지역별 토지시장을 분석한다.

해설

③ 미분양주택이 점차 증가할 경우 시장의 부담이 될 수 있으며, 부동산의 국지성으로 인해 전국을 대상으로 한 획일적인 해석 보다는 해당지역별 수급동향을 중심으로 세분화된 분석과 대응이 필요하다.

① 실거래가격은 거래를 하는 데 있어 중요한 선행자료가 되며, 종전 거래사례 금액을 파악하여 현재 매매가격과 종전 실거래가 의 고저를 비교 · 분석할 수 있다.

② 주택거래량은 시장동향을 나타내는 지표로 거래량 증가 시 가격 상승 발생 가능성이 증가하며 장기간 거래량 흐름 분석 시 부동산 시장의 추이 파악이 가능하다.

CHAPTER
03

부동산 투자 전략

출제경향 및 학습전략

● 부동산 투자에 대한 각각의 과정과 함께 전체적인 프로세스를 이해하는 것이 필요합니다.

● 아파트 및 재건축과 재개발, 주택, 토지, 경매 등 자산별 부동산 투자를 하는 데 있어 핵심적으로 고려해야 할 요소에 대한 확인이 필요합니다.

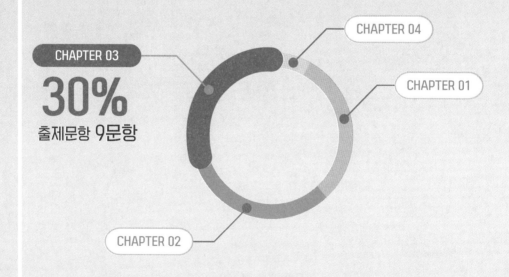

CHAPTER 03

30%
출제문항 9문항

CHAPTER 04

CHAPTER 01

CHAPTER 02

핵심테마

01 투자 분석 및 전략 수립

출제포인트

■ 부동산 투자수익률의 종류 및 각각의 개념에 대한 이해
■ 대출로 인한 레버리지 효과 및 이자에 대한 이해

1. 부동산 투자 이론

(1) 부동산 투자 이론의 특징

① 다른 투자수단에 비해 투자기간이 비교적 장기임

② 타 투자수단에 비해 많은 자본이 필요함

③ 투자수익창출은 투자자의 능력에 의존함

④ 투자차익인 자본이득과 정기적인 현금흐름인 임대수익 등을 기대

⑤ 건물의 감가상각에 대한 절세 효과 기대

⑥ 장래 기대수익은 유동적임

⑦ 투자대상물은 도난·멸실 위험(화재위험 제외)이 거의 없음

⑧ 부동산 개발을 할 경우 개발이익이 발생

(2) 부동산 투자의 장단점

장 점	• 여러 투자물 중 안전성과 수익성이 높음 • 자본이득(자산의 양도 또는 교환)에서 예상 외의 가치 증가 가능 • 저당권 설정으로 자금의 유동화 가능 • 절세 기회
단 점	• 부동산 투자관리는 소유자의 노력 필요 • 건물은 사용 및 시간 경과에 따른 수익적 지출·자본적 지출 발생 • 천재지변, 시간의 경과로 인한 마멸, 부적응 등에 의한 부동산 가치 감소 가능 • 매도를 원하는 시기에 적합한 매수자를 찾기 어려워 즉시 현금화가 어려울 수 있음

(3) 투자수익률 분석

구 분	내 용
기대 수익률	투자에 따라 기대되는 예상수익률 → 부동산을 1억에 매입 후 1년 후 1억 1천만원에 매각 시 기대수익률은 $\dfrac{(1억\ 1천만원 - 1억원)}{1억원} \times 100\% = 10\%$
요구 수익률*	• 투자안 관련 위험 및 기회비용 반영 시 투자자가 충족할 수 있는 최소한의 수익률 • 요구수익률에는 시간에 대한 비용과 위험에 대한 비용이 포함 • 무위험률(시간에 대한 비용) + 위험증가율(위험에 대한 비용위험할증률 + 인플레이션율)
실현 수익률	• 투자가 이루어진 후 현실적으로 달성된 수익률(사후적 수익률) • 부동산 투자 분석 시점에서는 실현수익률을 알 수는 없음

*요구수익률의 구성요소

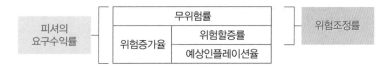

무위험률 (순수이율)	• 예금이자율이나 국 · 공채 수익률 등의 미래기대수익이 확실할 것으로 예상되는 수익률 • 신용의 제한, 화폐수요와 공급, 저축률 등의 일반 경제 상황에 의해 결정
위험할증률	• 시장의 위험과 개별투자안에서 발생하는 위험 • 무위험률 + 위험할증률 = 위험조정률
예상 인플레이션율	• 피셔효과 : 예상되는 인플레이션까지 기회비용으로 요구수익률에 포함 • 피셔의 요구수익률 = 무위험률 + 위험증가율 = 무위험률 + 위험할증률 + 예상 인플레이션율

(4) 투자 여부 결정

① **기대수익률≥요구수익률** : 투자채택

② **기대수익률＜요구수익률** : 투자기각

> **핵심 CHECK**
>
> **수익률**
> • 기대수익률 : 투자에 따라 기대되는 예상수익률
> • 요구수익률 : 투자안 관련 위험 및 기회비용 반영 시 투자자가 충족할 수 있는 최소한의 수익률
> • 실현수익률 : 투자가 이루어진 후 현실적으로 달성된 수익률

2. 레버리지 활용

(1) 레버리지 정의

① 낮은 비용의 부채를 이용하여 투자자의 수익을 증대

② 자본조달원천의 배합문제이며 부채 및 자기자본의 구성을 어떻게 결정하는 것이 가장 합리적인가 하는 장기적인 재무전략을 수립하는 데 이용

(2) 레버리지 비율

① 총자본에 대한 부채 비율

예 총자본 100억, 그 중 부채를 60억으로 조달했다면 레버리지 비율은 60%

② 대출이자 비용과 수익률의 상관관계를 비교하여 결정

③ 대출이자와 레버리지 효과

㉠ 부동산에서 얻는 기대수익률(임대수익률) > 대출이자율 : 자기자본 대비 투자수익률이 높아지므로 적정한 레버리지 활용이 가능

㉡ 부동산에서 얻는 기대수익률(임대수익률) < 대출이자율 : 자기자본 대비 투자수익률이 낮아짐. 다만, 대출이자율이 높아도 투자자금이 모자라는 경우 투자금을 조달하는 측면에서 대출상환 계획 등을 별도로 수립한다는 전제 하에 대출은 활용도가 있음

ⓒ 부동산에서 얻는 기대수익률(임대수익률) = 대출이자율 : 중립적인 관점에서 운용

ⓔ 대출로 인한 절세효과 고려 : 대출이자는 소득세 납부 시 지급이자로 처리되어 경비 공제

ⓜ 레버리지를 통한 대출금 자체는 자금출처 조사에 대비한 조달자금 증빙 역할

적중문제

01 다음 중 부동산 투자의 특징으로 적절하지 않은 것은?

중요도
●●●

① 다른 투자수단에 비해 투자기간이 비교적 장기이다.

② 타 투자수단에 비해 비교적 많은 자본을 필요로 한다.

③ 부동산으로 기대할 수 있는 주 현금흐름은 임대수익이므로 기대수익은 확정적이다.

④ 부동산은 타 투자수단에 비해 도난 · 멸실 위험이 적다.

⑤ 부동산 개발을 할 경우 부동산 개발 수익이 발생할 수 있다.

해설

장래 기대수익은 투자차익으로 인해 유동적이다.

핵심 CHECK

부동산 투자의 특징

· 다른 투자수단에 비해 투자기간이 비교적 장기임

· 타 투자수단에 비해 많은 자본이 필요함

· 투자수익창출은 투자자의 능력에 의존함

· 투자차익인 자본이득과 정기적인 현금흐름인 임대수익 등을 기대

· 건물의 감가상각에 대한 절세 효과 기대

· 장래 기대수익은 유동적임

· 투자대상물은 도난 · 멸실 위험(화재위험 제외)이 거의 없음

· 부동산 개발을 할 경우 개발이익이 발생

02 다음 중 부동산 투자의 장점으로 적절한 것을 모두 고른 것은?

중요도
●●●

> ㄱ. 여러 투자물 중 안정성과 수익성이 높다.
> ㄴ. 자본이득에서 예상 외의 가치 증가가 가능하다.
> ㄷ. 건물은 타 자산 대비 시간 경과에 따른 추가적인 지출이 발생하지 않는다.
> ㄹ. 부동산 투자 시 매도를 원하는 타이밍에 적정 가치로 거래를 할 수 있다.

① ㄱ, ㄴ   ② ㄱ, ㄷ
③ ㄱ, ㄹ   ④ ㄴ, ㄷ
⑤ ㄷ, ㄹ

해설

ㄱ, ㄴ이 부동산 투자의 장점이다.

부동산 투자의 단점으로는 추가적인 자본적 지출 등 소유권자의 노력이 필요한 점, 천재지변 등으로 인한 재산상의 위험, 매도를 원하는 시기에 적합한 매수자를 찾기 어려워 환금성의 문제가 발생할 수 있다는 점이 있다.

핵심 CHECK

부동산 투자의 주요 장점

• 부동산 투자는 타 투자수단 대비 안정성과 수익성이 비교적 높다.
• 부동산 투자는 자본이득(자산의 양도 또는 교환)에서 예상 외의 가치 증가가 가능하다.
• 부동산 투자는 저당권 설정으로 자금유동화가 가능하다.
• 부동산 투자는 세제상 감가상각, 자본이득에 대한 낮은 세율, 세액공제, 자본적 지출비 등으로 많은 절세 기회가 주어진다.

03 다음과 같은 상황에서 부동산 투자안의 수익률에 대한 설명으로 적절한 것은?

중요도
●●●

> • 투자수익 1억원을 예상하고 건물에 10억원을 투자하였다.
> • 투자자는 현재 10억원을 투자할 경우 5천만원 이상의 수익을 올릴 경우 만족할 수 있다.
> • 투자자는 해당 건물을 10억 4천만원에 매각하였다.

① 투자안의 기대수익률은 10%이다.
② 투자자의 기대수익률은 5%이다.
③ 투자자의 요구수익률은 10%이다.
④ 투자자의 요구수익률은 4%이다.
⑤ 투자자는 실현수익률이 요구수익률을 초과하므로 해당 투자 건으로 만족할만한 성과를 거두었다.

해설

① 해당 투자안으로 10억원 투자 시 투자수익 1억원을 얻을 수 있을 것으로 예상하였으므로, 기대수익률은 (11억 − 10억)/10억으로 10%이다.
③ 투자자는 10억원 투자 시 최소한 5천만원 이상의 수익을 올려야만 만족하므로 요구수익률은 (10억 5천만원 − 10억)/10억으로 5%이다.
⑤ 투자가 이루어진 후 현실적으로 달성된 수익률로 해당 투자 건의 실현수익률은 (10억 4천만원 − 10억)/10억으로 4%이다. 따라서 투자자는 해당 투자안으로 4%의 수익을 거두었으므로 요구수익률 5%에 미달하므로 만족할만한 성과를 거두지 못했다.

04 부동산 투자수익률에 대한 설명으로 적절하지 않은 것은?

중요도
●●●

① 기대수익률은 투자 전에 투자에 따라 기대되는 수익률을 의미한다.
② 요구수익률은 투자안에 대한 위험과 기회비용을 반영했을 때 투자자가 충족할 수 있는 최소한의 수익률을 의미한다.
③ 요구수익률에는 시간에 대한 비용과 위험에 대한 비용이 포함되어 있다.
④ 실현수익률은 투자가 이루어진 후 현실적으로 달성된 수익률이다.
⑤ 실현수익률은 부동산 투자 분석 시점부터 계산하고 수정해 나가야 한다.

> **해설**

⑤ 실현수익률은 부동산 투자 분석 시점에서는 알 수 없다.
① 기대수익률은 투자에 따라 기대되는 예상수익률이며, 기대수익률 또는 내부적 수익률이라 한다.

05 다음 중 수익률에 대한 설명으로 적절하지 않은 것은?

중요도
●●○

① 무위험률은 미래 기대수익이 확실할 것으로 예상되는 수익률로 주로 예금이자율이나 국·공채 수익률 등을 예로 들 수 있다.
② 위험할증률은 시장의 위험과 개별투자안에서 발생하는 위험을 말한다.
③ 위험할증률에 무위험률을 가산하면 위험조정률을 산출할 수 있다.
④ 피셔효과에 따르면 예상 인플레이션은 기회비용으로서 요구수익률에 포함된다.
⑤ 기대수익률이 요구수익률보다 큰 투자안의 경우 투자안을 기각한다.

> **해설**

⑤ 기대수익률이 요구수익률보다 같거나 큰 투자안의 경우 투자안을 채택하며 기대수익률이 요구수익률보다 작은 투자안의 경우 투자안을 기각한다.
① 무위험률은 미래 기대수익이 확실할 것으로 예상되는 수익률로 신용의 제한, 화폐수요와 공급, 저축률 등의 일반 경제 상황에 의해 결정된다.

06 다음과 같은 부동산 투자안에 투자할 경우 실현수익률과 투자채택 여부에 대해 적절하게 연결된 것은?

중요도
●●○

- 해당 투자안의 기대수익률은 10%이다.
- 투자자의 요구수익률은 12%이다.
- 해당 투자안의 투자금액은 1억원으로 최종적으로 1,500만원에 매각될 수 있다.

① 투자 채택, 10%
② 투자 채택, 12%
③ 투자 채택, 15%
④ 투자 채택, 20%
⑤ 투자 기각

> **해설**

해당 투자안의 기대수익은 10%이지만, 시장의 요구수익률은 12%로 기대수익률 < 요구수익률이므로 투자안은 기각된다.
만약, 해당 투자안을 집행할 경우 실현수익률은 (11,500만원 − 10,000만원)/10,000만원으로 15%의 실현수익률을 달성할 수 있다.

07 다음 중 부동산 관련 레버리지에 대한 설명으로 적절하지 않은 것은?

① 부동산 투자 시 낮은 비용의 부채를 이용하여 투자자의 수익을 증대하기 위한 목적으로 레버리지를 활용한다.

② 레버리지는 자본조달원천의 배합 문제로 단기적인 재무전략을 수립하는 데 적용한다.

③ 총투자금 10억원이 필요한 투자안에 부채로 5억원을 조달하였다면 레버리지 비율은 50%이다.

④ 투자 시 레버리지를 실행하는 것에는 대출이자 비용과 수익률 간 관계를 고려해야 한다.

⑤ 대출이자율이 높더라도 투자자금이 부족할 경우 레버리지는 투자금을 조달하는 측면에서 의의가 있다.

해설

② 레버리지는 자본조달원천의 배합 문제로 장기적인 재무전략을 수립하는 데 적용한다.

① 레버리지는 원래 지렛대 작용을 의미하며 부동산 투자 시 낮은 비용의 부채를 이용하여 투자자의 수익을 증대하기 위한 목적으로 활용된다.

③ 레버리지 비율은 총자본에 대한 부채의 비율로 총투자금 10억, 부채 5억이므로 5억/10억이므로 50%이다.

④ 투자안 투자 시 레버리지를 실행하는 것에는 대출이자 비용과 수익률 간의 관계를 고려해야 하며, 대출이자율 대비 기대수익률이 높은 상태에서는 적정한 레버리지 활용을 고려해야 한다.

08 다음 중 부동산 관련 레버리지에 대한 설명으로 적절하지 않은 것은?

① 부동산에서 얻을 수 있는 기대수익률 > 대출이자율 : 레버리지 활용

② 부동산에서 얻을 수 있는 기대수익률 < 대출이자율 : 부채를 활용하지 않음

③ 부동산에서 얻을 수 있는 기대수익률 = 대출이자율 : 중립적인 관점에서 운용

④ 대출이자는 소득세 납부 시 경비 공제를 할 수 없다.

⑤ 레버리지를 통한 대출금은 자금출처 조사에 대비한 조달자금 증빙 역할을 할 수 있다.

해설

④ 대출이자는 소득세 납부 시 지급이자로 처리되어 경비 공제가 가능하므로 레버리지 검토 시 절세효과도 고려해야 한다.

② 부동산에서 얻을 수 있는 기대수익률보다 대출이자율이 높을 때 부채를 활용하지 않는다. 단, 대출이자율이 높아도 투자자금이 모자라는 경우 투자금을 조달하는 측면에서 대출상환 계획 등을 별도로 수립한다는 전제 하에 대출은 활용도가 있다.

핵심테마
02 부동산 투자 분석

- 부동산 가치방법의 종류 및 계산방법 숙지
- 부동산 포트폴리오 전략 개념 이해

1. 부동산 가치분석

(1) 부동산 가격과 가치 구분

가 격	가 치
• 특정 부동산에 대한 교환의 대가 • 부동산에 대한 과거의 값 • 시장에서 실제 지불한 값 • 주어진 시점에서 하나만 존재	• 시장성보다는 사람이 느끼는 주관에 중점 • 부동산에 대한 현재의 값 • 장래 기대되는 이익을 현재가치로 평가 • 가치는 무수히 많이 존재

(2) 부동산 가치평가

투자가치	시장가치
• 각 투자자가 처한 상황에서 투자자의 개별적인 투자요구 조건들을 토대로 산정 • 소유로부터 기대되는 미래 수익을 현재가치로 환원 • 투자가치 $= \dfrac{예상수익}{요구수익률}$	• 수요자와 공급자의 공정한 자유경쟁하에 시장에서 형성되는 객관적 투자가치, 투자비용의 현재가치 • 투자결정 : 투자가치 ≥ 현재가치

(3) 부동산 가치평가방식

① 시장가치평가기준(가격의 3면성)

  ㉠ 부동산에 얼마만큼의 비용을 투입하는 것인지(비용성)

  ㉡ 얼마에 거래되고 있는지(시장성)

  ㉢ 이용하여 얼마만큼의 수익이 얻어지는지(수익성)

② 부동산 평가의 3방식 6방법

3방식	6방법	시산가격과 임료	비 고
원가방식(비용성)	원가법(복성식평가법)	적산가(복성가격)	협의의 가격
	적산법	적산임료	임 료
비교방식(시장성)	거래사례비교법(매매사례비교법)	비준가격(유추가격)	협의의 가격
	임대사례비교법	비준임료(유추임료)	임 료
수익방식(수익성)	수익환원법	수익가격	협의의 가격
	수익분석법	수익임료	임 료

③ 원가방식(비용접근법)

  ㉠ 원가비용 측면에서 접근하여 평가하는 방식이며, 과거의 가격을 참고하여 파악함

  ㉡ 자산의 가치 = 현재 자산을 재생산하는 데 드는 비용 – 감가상각액

  ㉢ 재건축할 경우를 가정하면 비용을 추정한 후 시간이 경과하여 건물에 감가요인*이 발생한 점을 감안하여 그 가치의 하락을 반영

  *감가요인

물리적 감가	시간이 오래 경과해서 오는 마모나 파손
기능적 감가	설비 불량, 형식이 구식이 되어버린 감가
경제적 감가	주위환경과의 부적합 등의 경우 → 새로운 쇼핑센터 개발로 인근 주거지역의 교통난 및 소음 등이 발생하는 경우

  ㉣ 한계점 : 수요와 공급을 반영하지 못함. 비교대상이 없는 신축 건물, 특수목적 건물, 조성지나 매립지로서 비준가격으로 결정하기 곤란한 경우 적용

④ 비교방식(거래사례비교법)

  ㉠ 시장성 측면에서 접근하는 평가방법으로 현재의 가격을 참고하여 파악함

  ㉡ 최근 거래사례 중 비교가능사례를 확보하여 조정 작업을 거쳐 적절한 가치 추산

  ㉢ 자산의 가치 : 수요자가 유사한 자산을 구입하기 위해 지불해야 하는 자산의 가격

  ㉣ 물건의 종류와 용도별로 수집해야 함

  ㉤ 비교 가능한 최근 거래 사례가 충분한 경우 유용함

⑤ 수익방식

  ㉠ 투자의 수익성 측면에서 접근하는 방법으로 미래의 가격을 참작하여 파악함

  ㉡ 수익환원법 : 대상물건이 장래에 창출할 것으로 기대되는 순수익을 예상하여 현재가격으로 환원하여 평가함

  ㉢ 소득접근법 : 자산의 가치는 자산으로부터 발생하는 소득과 상호관계를 전제

  ㉣ 수익가격이 부동산의 수익성에 초점을 두어 부동산 시장의 안정기에는 거래가격에 접근, 반대의 경우에는 거래가격을 크게 밑도는 결과

  ㉤ 수익방식 접근방법에는 직접환원법과 할인현금흐름분석법이 있음

  ㉥ 직접환원법 : $V = I/R$

    • I (= NOI) : 1년간의 안정적인 순운영수입

    • R(= Capitalization Rate) : 환원이율

  ㉦ 할인현금흐름분석법 : 매년 발생하는 NOI를 예상하고 보유기간 말의 예상 매각수입을 추정하여 현재가치를 구하는 방법

2. 부동산 재무성 분석기법

(1) 재무성 분석의 개념

① 사업주가 계획한 사업을 완성단계까지 추진할 수 있는 재무적 능력을 분석

② 경제성 분석에 의해 수익이 많이 남더라도 재무적 능력이 없으면 사업추진이 불가능

(2) 재무성 분석기법

① **미래가치** : 현재의 일정 금액을 미래 일정 시점의 가액으로 환산한 가치

ㄱ 일시불의 미래가치 = 일시불 × 일시불 내가계수

ㄴ 연금의 미래가치 = 연금 × 연금 내가계수

> **감채기금지수(상환기금률)**
> • 감채기금 : 미래에 일정액을 만들기 위해 매 기간 적립해야 할 금액
> • 연금(적금액) = 연금의 미래가치 × 감채기금계수
> • 감채기금계수 = $\dfrac{r}{(1+r)^n - 1}$, n년 후 1원을 만들기 위해 매년 불입할 액수

② **현재가치** : 화폐의 미래가치를 적정한 이자율로 할인하여 현재 시점의 가치로 평가

ㄱ 일시불의 현재가치 = 미래일시불 × 일시불 현가계수

ㄴ 연금의 현재가치 = 매 기간 연금액 × 연금 현가계수

> **저당상수(연부상환율)**
> • 연금의 현재가치를 기준으로 매 기간 지불 또는 수령할 금액을 결정할 때 사용
> • 원리금상환액을 구할 때 쓰임
> • 저당상수 = $\dfrac{r}{1 - (1+r)^{-n}}$

3. 경제성 분석기법

(1) 경제성 분석기법 개요

① 계획한 사업의 수익성이 어느 정도인가를 분석하는 것

② 부동산 개발사업 중 사업기간이 장기인 경우 수익성에 영향을 미치는 금리요소 및 시간개념을 충분히 고려

③ **화폐의 시간가치가 고려되지 않음** : 회수기간법, 회계적이익률법

④ **화폐의 시간가치가 고려** : 순현가법, 내부수익률법

(2) 순현가법(NPV)

① 투자로 인한 미래의 모든 현금흐름을 적절한 할인율로 할인하여 현가로 나타내는 방법

② 할인현금유입 − 할인현금유출 = NPV

③ **할인현금흐름분석법 순현가** : 세후 현금흐름 현재가치 + 세후 지분복귀액 현재가치 − 지분투자액

④ 부동산 보유기간, 미래 현금흐름 추정, 할인율 등에 대한 가정 결정 선행 필요

⑤ **투자여부**

　㉠ 독립적 투자안

　　• 순현가 ≥ 0 : 투자채택

　　• 순현가 < 0 : 투자기각

　㉡ 상호배타적 투자안 : 순현가가 0보다 큰 투자안 중 순현가가 가장 큰 투자안 선택

　㉢ 미래가치를 현재가치로 환원할 때는 요구수익률 적용

　㉣ 순현가 양수라는 것은 예상수익률이 요구수익률을 충족시키고도 남는다는 의미

(3) 내부수익률법(IRR)

① 내부수익률은 투자로 인한 현금유출액 현가와 미래에 들어올 현금유입액 현가가 일치되는 할인율을 말하며, 현가계산에서 사용된 할인율을 최소 요구수익률이라 함

② 내부수익률은 투자안의 채택 여부를 결정하는 의사결정기준으로 투자안의 수익률이 최소요구수익률보다 높으면 투자안 채택

③ **계산법** : 투자금액의 현금유입이 0으로 되는 때의 할인율

　(할인현금유입 − 할인현금유출 = NPV = 0)

④ IRR이 요구수익률보다 높으면 차액만큼이 순수익률이 되며 금액으로 환산 시 NPV가 됨

⑤ 내부수익률은 투자안의 연평균수익률을 의미

⑥ 부동산 보유기간, 미래 현금흐름 추정 등에 대한 가정 결정 선행 필요

⑦ **투자여부**

　㉠ 독립적 투자안

　　• 내부수익률 ≥ 요구수익률 : 투자채택

　　• 내부수익률 < 요구수익률 : 투자기각

　㉡ 상호배타적 투자안 : 내부수익률이 요구수익률보다 큰 투자안 중 순현가가 가장 큰 투자안 선택

⑧ 순현가법에서는 할인율로 요구수익률을 사용하고 내부수익률법에서는 내부수익률 적용

⑨ 복수의 내부수익률과 허수의 내부수익률이 존재할 수 있음

> **핵심 CHECK**
>
> **순현가법**
> • 할인현금유입 − 할인현금유출 = NPV
> • 단독투자안 : 순현가 ≥ 0 경우 투자채택

4. 부동산 포트폴리오 전략

(1) 포트폴리오

① 포트폴리오의 개념

  ㉠ 투자자산이 한 쪽에 편중됨으로써 발생할 수 있는 위험을 줄이기 위해 여러 개의 자산에 분산투자하여, 안정된 결합이익을 얻기 위한 자산관리 방법

  ㉡ 위험과 수익을 분석하여 불필요한 위험요인을 제거하고 최선의 투자대안으로써 투자자산을 구성

② 부동산 포트폴리오의 한계

  ㉠ 부동산 시장은 불완전시장으로 시장 포트폴리오 수익률을 계량화하기 어려움

  ㉡ 투자안에 따라 서로 다른 세율이 적용되므로 수익률 산정이 어려우며, 투자대안의 수익률이 다르므로 평균적인 수익률 산정 역시 곤란

  ㉢ 특성상 분할에 많은 곤란(불가분성)

  ㉣ 포트폴리오 이론은 장기시장보다는 단기시장에 적합하여 장기시장인 부동산 시장에 적용하는 데 한계

③ 포트폴리오 위험

  ㉠ 체계적 위험

   • 경기변동, 인플레이션, 이자율 변동 같은 시장위험으로 전체 투자안에 영향

   • 완벽한 포트폴리오를 구축해도 피할 수 없음

  ㉡ 비체계적 위험

   • 개별 투자안으로부터 야기되는 위험으로 투자자산을 다양하게 구성하여 피할 수 있음

   • 개별 부동산의 특성으로부터 발생하는 위험으로 포트폴리오 구성 다양화 시 감소 가능

  ㉢ 총위험 : 체계적 위험 + 비체계적 위험(자산수를 많게 구성하면 비체계적 위험 감소, 체계적 위험은 변동 없음)

④ 포트폴리오 효과

  ㉠ 자산을 예금·주식·부동산 등으로 나누어 적정한 비율을 유지하여 위험을 분산

  ㉡ 각 자산별 강·약점

구 분	강 점	약 점
예 금	안정성, 환금성	수익성은 제한적으로 특히 인플레이션에 대한 방어기능 없음
주 식	환금성, 수익성	안정성
부동산	안정성, 수익성	환금성

  ㉢ 우리나라는 투자처의 부재 등으로 부동산의 비중이 과대

  ㉣ 부동산 내에서도 주택, 상가, 토지 등의 개별 부동산에 분산투자해야 함

  ㉤ 부동산 중에서도 주택, 특히 중대형에 대한 비중을 감소해야 함

01 다음 중 부동산 가격과 가치를 비교한 것으로 적절하지 않은 것은?

중요도
●●○

① 부동산의 가격이란 특정 부동산에 대한 교환의 대가이다.

② 부동산의 가치는 시장성보다는 사람이 느끼는 주관에 중점을 두고 있다.

③ 부동산의 가격은 부동산에 대한 현재의 값을 의미한다.

④ 부동산의 가치는 장래 기대되는 이익을 현재가치로 평가한 것이다.

⑤ 부동산의 가격은 주어진 시점에서 하나만 존재하지만, 부동산의 가치는 무수히 많이 존재할 수 있다.

해설

③ 부동산의 가격은 과거의 값으로 시장에서 실제 지불된 값을 의미한다. 부동산에 대한 현재의 값은 부동산의 가치이다.

⑤ 부동산의 가격은 주어진 시점에서 거래된 교환가격이 하나밖에 없지만, 가치는 어떠한 것에 초점을 두고 가치를 평가하는지에 따라 달라진다(예 시장가치, 저당가치)

02 다음 중 부동산 가치평가와 투자결정에 대한 설명으로 적절하지 않은 것은?

중요도
●●○

① 시장가치는 소유자로부터 기대되는 미래수익을 현재가치로 환원한 것이다.

② 투자가치는 각 투자자가 처한 상황에서의 개별적인 투자요구 조건을 토대로 산정된다.

③ 시장가치는 수요자와 공급자의 공정한 자유경쟁하에서 시장에서 형성된다.

④ 시장가치는 객관적인 투자가치로 볼 수 있다.

⑤ 시장가치는 투자비용의 현재가치로 볼 수 있다.

해설

소유자로부터 기대되는 미래수익을 현재가치로 환원한 것은 투자가치이다.

03 다음 상황에서 투자가치와 투자결정이 적절하게 연결된 것은?

중요도
●○○

> • 예상수익 : 10억
> • 투자자의 요구수익률 : 10%
> • 해당 투자안의 현재가치 : 90억

① 투자가치 : 100억, 투자기각

② 투자가치 : 100억, 투자채택

③ 투자가치 : 90억, 투자채택

④ 투자가치 : 90억, 투자기각

⑤ 투자가치 : 80억, 투자기각

해설

• 투자가치 = 예상수익/요구수익률로 계산하며, 투자안의 현재가치보다 투자가치가 같거나 클 경우 투자를 채택한다.

• 투자가치 = 예상수익 10억/요구수익률 10% = 100억

∴ 투자가치 100억 > 현재가치 90억이므로 투자채택

04 다음 부동산 투자안에 대한 투자 검토에 대한 설명으로 적절하지 않은 것은?

중요도
●●○

- 연평균 예상수익 : 2억원
- 투자안의 투자가치 : 50억원
- 시장가치 : 40억원, 단 시장가치는 투자 자본과 동일하다.
- 대출이자율 : 3%

① 투자안의 요구수익률은 4%이다.

② 투자안의 기대수익률은 5%이다.

③ 투자안의 기대수익률이 요구수익률보다 크므로 투자안을 채택하는 것이 이익이다.

④ 대출이자율이 기대수익률보다 낮으므로 레버리지를 활용하는 것을 검토해볼 수 있다.

⑤ 기대수익이 커질수록 요구수익률은 낮아진다.

해설

⑤ 기대수익이 커진다는 것은, 투자자본이 동일하다면 예상수익이 증가한다는 것을 의미한다. 예상수익이 증가하는 경우 투자안의 요구수익률도 상승한다.

① 요구수익률 = 예상수익/투자가치 = 2억원/50억원 = 4%

② 기대수익률 = 예상수익/투자자본 = 2억원/40억원 = 5%

③ 기대수익률(5%)이 요구수익률(4%)보다 크므로 투자안을 채택하는 것이 이익이다.

④ 대출이자율이 기대수익률보다 낮으므로 레버리지를 활용하는 것을 검토해볼 수 있다. 단, 대출이자율이 기대수익률보다 크더라도 투자자금이 부족할 경우 해당 부족분을 대출을 통해 조달할 수 있으므로 레버리지를 활용할 수 있다.

핵심 CHECK

투자안의 채택

내부수익률 ≥ 요구수익률 : 투자채택

05 다음 중 부동산의 가치를 평가하는 방식에 대한 설명으로 적절하지 않은 것은?

중요도
●●○

① 시장가치평가기준은 크게 비용성, 시장성, 수익성으로 구분할 수 있다.

② 원가방식은 원가 비용적인 측면에서 부동산의 평가를 접근하는 방식이다.

③ 시장성에 기반을 둔 비교방식은 거래사례비교법과 임대사례비교법으로 나눌 수 있다.

④ 수익성은 투자의 수익성 측면에서 접근하는 방법이다.

⑤ 수익성은 비교대상이 없는 신축건물, 특수목적 건물, 조성지나 매립지로서 비준가격으로 결정하기 곤란한 경우 예외적으로 적용한다.

해설

원가방식은 수요와 공급을 반영할 수 없으므로 비교대상이 없는 신축건물, 특수목적 건물, 조성지나 매립지로서 비준가격으로 결정하기 곤란한 경우 예외적으로 적용한다.

06 다음 중 부동산의 가치를 평가하는 방식에 대한 설명으로 적절하지 않은 것은?

중요도
●●○○

① 원가방식은 과거의 가격을 참고하여 파악하며 원가방식으로 자산의 가치를 평가할 경우 현재 자산을 재평가하는 데 드는 비용에서 감가상각액을 차감하여 계산한다.

② 부동산을 원가방식으로 평가하는 경우 시간 경과에 따른 물리적 감가·기능적 감가·경제적 감가 등의 감가요인을 적용해야 한다.

③ 비교방식의 거래사례비교법은 최근 거래사례 중 비교가능사례를 확보하여 조정 작업을 거쳐 부동산의 적절한 가치를 추산한다.

④ 비교방식의 거래사례비교법은 시장성 측면에서 접근하는 평가방법으로 미래 추정 가격을 참고하여 파악한다.

⑤ 수익방식의 수익환원법은 대상물건이 장래에 창출할 것으로 기대되는 순수익을 예상하여 현재가격으로 환원하여 평가하는 것이다.

해설

④ 비교방식의 거래사례비교법은 시장성 측면에서 접근하는 평가방법으로 현재가격을 참고하여 파악한다.

①, ② 원가방식은 과거의 가격을 참고하여 파악하는 방식이다. 원가방식으로 자산의 가치를 평가할 경우 현재 자산을 재평가하는 데 드는 비용에서 감가상각액을 차감하여 계산한다. 또한, 재건축할 경우를 가정하면 비용을 추정한 후 시간이 경과하여 건물에 감가요인(물리적 감가·기능적 감가·경제적 감가)이 발생한 점을 감안하여 가치의 하락을 반영해야 한다.

07 다음 〈보기〉의 설명에 대한 정의로 적절하게 연결된 것은?

중요도
●○○○

> ⊙ 설비 불량, 형식이 구식이 되어 감가되는 경우
> ⓒ 시간이 오래 경과해서 오는 마모나 파손되는 경우
> ⓒ 주위환경과의 부적합 등의 경우로 교통난 및 소음, 공해가 발생하는 경우

① ⊙ 물리적 감가 ⓒ 기능적 감가 ⓒ 경제적 감가
② ⊙ 기능적 감가 ⓒ 물리적 감가 ⓒ 경제적 감가
③ ⊙ 경제적 감가 ⓒ 물리적 감가 ⓒ 기능적 감가
④ ⊙ 물리적 감가 ⓒ 경제적 감가 ⓒ 기능적 감가
⑤ ⊙ 경제적 감가 ⓒ 기능적 감가 ⓒ 물리적 감가

해설

구 분	내 용
물리적 감가	시간이 오래 경과해서 오는 마모나 파손
기능적 감가	설비 불량, 형식이 구식이 되어버린 감가
경제적 감가	주위환경과의 부적합 등의 경우 → 새로운 쇼핑센터 개발로 인근 주거지역의 교통난 및 소음 등이 발생하는 경우

08 다음 투자안에 대한 환원이율로 적절한 것은?

중요도
●○○

> 1년 간 운영 시 예상 임대수입 1억원, 영업비용 5천만원, 공실 관련 손실 1천만원으로 해당 투자안은 4억원으로 평가받고 있다.

① 6%
② 8%
③ 10%
④ 12%
⑤ 15%

해설

직접환원법상 V = I/R로 나타낼 수 있으며 I는 NOI(1년간의 안정적인 순운영수입), R은 환원이율을 나타낸다. 따라서, 역산할 경우 R(환원이율) = NOI/V가 된다.
NOI = 임대예상수익 1억원 − 영업비용 5천만원 − 공실 관련 손실 1천만원 = 4,000만원
∴ R = 4,000만원/4억원 = 10%

09 다음 중 부동산 재무성 분석에 대한 설명으로 적절하지 않은 것은?

중요도
●●○

① 재무성 분석은 사업주가 계획한 사업을 완성단계까지 추진할 수 있는 재무적 능력을 분석하는 것을 말한다.
② 아무리 수익이 많이 남는 사업이더라도 재무적 능력이 부족할 경우 사업추진이 불가능하다.
③ 일시불의 미래가치는 현재에 수령한 일시불에 내가계수를 곱하여 계산한다.
④ 감채기금 지수는 주로 원리금상환액을 구할 때 적용한다.
⑤ 일시불의 현재가치는 미래에 수령할 일시불에 현가계수를 곱하여 적용한다.

해설

감채기금은 미래에 일정액을 만들기 위해 매 기간 적립해야 할 금액을 구할 때 사용하며, 원리금상환액을 구할 때 적용하는 것은 저당상수이다.

핵심 CHECK

재무성 분석 관련 용어	미래가치 □ 현재가치 ▨
구 분	내 용
일시불의 미래가치	• 현재의 일정 금액을 미래 일정 시점의 가액으로 환산한 가치 • 일시불의 미래가치 = 일시불 × 일시불 내가계수
연금의 미래가치	• 매 기간 일정액을 불입할 경우에 종료 시점에 달성되는 가치 • 연금의 미래가치 = 연금 × 연금 내가계수
감채기금	미래에 일정액을 만들기 위해 매 기간 적립해야 할 금액
일시불의 현재가치	미래 발생될 일정금액을 현재시점의 가치로 환산한 금액
연금의 현재가치	미래에 정기적으로 수령할 연금을 일시불로 받을 경우 그 일시불의 현재가치
저당상수	연금의 현재가치를 기준으로 매 기간 지불 또는 수령할 금액을 결정할 때 사용

10 미래에 A씨는 5년 후 5억원의 가치를 할 것으로 예상되는 부동산을 매입하려 하고 있다. 빈칸에 들어갈 내용
중요도 으로 적절한 것은?
●○○

5억원×( )

① 감채기금계수
② 연금의 내가계수
③ 일시불의 내가계수
④ 저당상수
⑤ 연금의 현가계수

해설

해당 문제에서는 미래에 필요한 일정액을 얻기 위해 매 기간 불입해야 하는 금액을 구하려 하고 있다. 미래에 일정액을 얻기 위해 매 기간 납입해야 하는 금액을 구하는 것을 감채기금이라 하며, 적금액은 연금의 미래가치에 감채기금계수를 곱하여 계산한다. 따라서 여기서 빈 칸에 들어갈 말은 감채기금계수이다.

11 현재 거주하고 있는 아파트의 시세가 5억원이다. 미래의 이 아파트 가치를 구하는 식은?
중요도
●●○
① 5억원 × 연금의 현가계수
② 5억원 × 연금의 내가계수
③ 5억원 × 일시불의 현가계수
④ 5억원 × 일시불의 내가계수
⑤ 5억원 × 저당상수

해설

미래 아파트의 가치를 구하는 것은 일시불의 미래가치를 구하는 방법을 적용하며 이를 위해서는 일시불의 내가계수를 적용한다.

12 A씨는 아파트를 매입하기 위해 5억원을 30년 원리금분할상환으로 대출하였다. 매년마다 갚아야 하는 상환액
중요도 을 구하기 위한 식으로 적절한 것은?
●●○
① 5억원 × 일시불의 현가계수
② 5억원 × 일시불의 내가계수
③ 5억원 × 저당상수
④ 5억원 × 연금의 내가계수
⑤ 5억원 × 감채기금지수

해설

매 기간 상환해야 하는 원리금 상환액은 대출원금에 저당상수를 곱하여 계산한다.

13 부동산 가치평가 시 경제적 분석기법에 대한 설명으로 적절하지 않은 것은?

중요도
●●●

① 장기의 시간이 소요되는 부동산 개발사업은 수익성에 영향을 미치는 요소인 금리 및 시간을 고려해야 한다.

② 회수기간법과 회계적이익률법은 화폐의 시간가치가 고려되지 않는 단점이 존재한다.

③ 내부수익률법은 투자로 인하여 발생할 미래의 모든 현금흐름을 적절한 할인율로 할인하여 현가로 나타내는 방법이다.

④ 상호배타적 투자안의 경우 순현가가 0보다 큰 투자안 중 순현가가 가장 큰 투자안을 선택한다.

⑤ 순현가법에서는 할인율로 내부수익률을 사용하고 내부수익률법에서는 할인율로 요구수익률을 적용한다.

해설

⑤ 순현가법에서는 할인율로 요구수익률을 적용하며 내부수익률법에서는 할인율로 내부수익률을 적용한다.

④ 독립적인 투자안의 경우 NPV가 0 이상인 경우 투자안을 채택하지만 상호배타적인 투자안의 경우 순현가가 0보다 큰 투자안 중 순현가가 가장 큰 투자안을 채택한다.

14 부동산 가치평가 시 경제적 분석기법에 대해 적절하게 설명한 것을 모두 고른 것은?

중요도
●●●

> ㄱ. 순현가가 양수라는 것은 예상수익률이 투자자의 요구수익률을 초과한다는 것을 의미한다.
> ㄴ. 순현가법을 계산하기 위해서는 부동산 보유기간, 미래 현금흐름 추정, 할인율 등에 대한 가정이 먼저 결정되어야 한다.
> ㄷ. 내부수익률은 투자로 인한 현금유출액의 현가와 미래에 들어올 현금유입액 현가가 일치되는 할인율로 투자금액의 현금유입이 0으로 되는 때의 할인율로 계산한다.
> ㄹ. 내부수익률은 투자안의 연평균수익률을 의미한다.

① ㄱ, ㄴ

② ㄴ, ㄷ

③ ㄱ, ㄴ, ㄷ

④ ㄴ, ㄷ, ㄹ

⑤ ㄱ, ㄴ, ㄷ, ㄹ

해설

해당 설명은 모두 적절한 설명이다.

15 다음 중 순현가법과 내부수익률에 대한 설명으로 적절하지 않은 것은?

중요도
●●○

① 순현가가 0보다 큰 것으로 계산되는 경우 예상수익률이 요구수익률을 충족시키고도 남는다는 것을 의미한다.

② 독립적 투자안의 경우 순현가가 0 이상이면 투자를 채택한다.

③ 독립적 투자안의 경우 요구수익률이 내부수익률보다 큰 경우 투자를 채택한다.

④ 내부수익률법에서는 복수의 내부수익률이나 허수의 내부수익률이 존재할 수 있다.

⑤ 내부수익률을 계산하기 위해서는 부동산 보유기간, 미래 현금흐름 추정 등에 대한 가정이 먼저 결정되어야 한다.

해설

③ 내부수익률법상 독립적 투자안의 경우 내부수익률이 요구수익률 이상이면 투자안을 채택한다.

④ 내부수익률은 투자금액의 현금유입이 0으로 되는 때의 할인율로서 수학적으로 계산하는 것이기 때문에 복수의 내부수익률이나 허수의 내부수익률이 존재할 수 있다.

16 다음 중 채택할 수 있는 투자안으로 적절하게 짝지어진 것은?

중요도
●●●

구 분	A 투자안	B 투자안	C 투자안
순현가법(NPV)	1,000	100	200
내부수익률법(IRR)	12%	10%	8%

- 요구수익률은 7%이다.
- A 투자안은 독립적인 투자안이며, B와 C 투자안은 상호배타적인 투자안으로 모든 투자안은 순현가법으로 투자여부를 결정한다.

① A, B

② A, C

③ A, B, C

④ B, C

⑤ A

해설

A 투자안은 독립적인 투자안이므로 단독으로 검토하면 되고 B, C 투자안의 경우 상호배타적인 투자안으로 투자가치가 있는 투자안 중 하나를 선택해야 한다.

- A 투자안 : NPV가 0 이상이므로 해당 투자안을 채택한다.
- B, C 투자안 : 순현가가 0 이상이므로 두 투자안 모두 투자가치는 있다고 볼 수 있다. NPV법으로 투자안을 선택하므로 NPV가 더 큰 C 투자안을 선택한다.

∴ 따라서 투자할 수 있는 투자안은 A, C이다.

17 다음 중 부동산 포트폴리오에 대한 설명으로 적절하지 않은 것은?

중요도
●●○

① 부동산 포트폴리오 전략은 투자자산이 편중됨으로써 발생할 수 있는 위험을 줄이기 위해 다수의 자산에 분산 투자하여, 안정된 결합이익을 얻기 위한 자산관리 방법이다.

② 부동산 포트폴리오 전략을 사용하기 위해서는 위험과 수익을 분석하여 불필요한 위험요인을 제거하고 최선의 투자대안으로써 투자자산을 구성해야 한다.

③ 부동산 시장은 불완전시장으로 시장 포트폴리오 수익률을 계량화하기 어려운 한계가 존재한다.

④ 투자안의 수익률을 산정할 때 적용받는 세율은 일반적으로 단일세율이므로 투자안의 수익률을 계산하는 것이 용이하다.

⑤ 포트폴리오 이론은 일반적으로 단기투자에 적합하여 장기적인 투자가 이루어지는 부동산 시장에 적용하는 데 에는 한계가 존재한다.

> **해설**
>
> 포트폴리오를 구성하려 할 때 부동산 투자안은 투자안마다 적용받는 세율이 달라 투자안의 수익률을 산정하는 데 한계가 존재 한다.

18 다음 중 포트폴리오에 대한 설명으로 적절하지 않은 것은?

중요도
●●○

① 포트폴리오를 구축하더라도 경기변동, 인플레이션, 이자율 변동 같은 체계적 위험은 피할 수 없다.

② 포트폴리오의 총위험은 자산 수가 증가할수록 감소한다.

③ 자산을 예금 · 주식 · 부동산 등으로 적정한 비율로 배분하여 위험 분산을 할 수 있다.

④ 예금은 안정적이고 환금성에 강점이 있지만 수익성이 약하다는 약점이 있다.

⑤ 자산의 포트폴리오를 구성할 경우 이미 예금 · 주식 · 부동산 등으로 분산 투자되었으므로 수익성의 약점이 있 는 부동산 자산의 약점을 보완하기 위해 주택, 상가, 아파트 등을 골라 한 가지 항목에 집중 투자한다.

> **해설**
>
> ⑤ 부동산 내에서도 상가, 토지 등의 개별 부동산에 분산 투자해야 한다.
>
> ② 포트폴리오의 총위험은 전체 투자안에 영향을 미치는 체계적 위험과 개별자산으로부터 발생하는 위험인 비체계적 위험으로 구성된다. 자산 수가 증가할수록 체계적 위험은 감소하지 않지만 비체계적 위험은 감소하여 총위험은 감소한다.

핵심테마
03 투자 의사결정과 전략

■ 부동산 분석의 필요성 및 실행 가능성 분석 이해

1. 부동산 분석의 필요성 및 부동산 투자의 실행 가능성

(1) 부동산 분석의 필요성

① 부동산은 다른 자산에 비해 유동성이 떨어짐
② 부동산(건물)은 일정 시간이 지나면 감가상각을 함
③ 부동산은 비대체성의 성격을 띠므로 다른 부동산과 가격, 소득, 비용 등을 직접 비교하기 어려움
④ 부동산 시장은 불완전경쟁시장임
⑤ 부동산은 여러 가지의 법적 제약이 많음
⑥ 수명이 오래가는 내구재로 투자를 잘못할 경우 원상회복이 어려움
⑦ 부동산에 대한 수요와 공급은 시장에서 쉽게 조정되지 않고 공급에는 물리적인 시간이 소요되어 수급의 불균형이 장시간 유지

(2) 부동산 투자의 실행 가능성

투자목적의 명확화, 투자 전략 수립 및 입안 → 토지이용규제 등 법적·행정적 검토, 시장 분석 → 자금조달 검토 및 사업계획 작성 → 토지이용계획·건축계획 등의 입안·검토 → 투자 분석 : 기대수익률 검토 및 리스크 분석 → 투자의사결정 → 실행

적중문제

01 다음 중 부동산 분석의 필요성에 대해 설명한 것으로 적절하지 않은 것은?

중요도
●●○
① 부동산은 다른 자산에 비해 유동성이 떨어진다.
② 부동산 중 건물은 일정 시간이 지나면 감가상각이 되어 가치가 감소한다.
③ 부동산은 비대체성의 성격을 띠므로 다른 부동산과 가격, 소득, 비용 등을 직접 비교하기 어렵다.
④ 부동산에 대한 수요와 공급은 시장에서 조정된다.
⑤ 부동산은 수명이 오래가는 내구재로 투자를 잘못할 경우 원상회복이 어렵다.

해설
부동산에 대한 수요와 공급은 시장에서 쉽게 조정되지 않고 공급에는 물리적인 시간이 소요되어 수급의 불균형이 장시간 유지된다.

핵심테마

04 아파트 투자 전략

- 아파트 투자 전략에 대한 개략적인 이해
- 분양 투자 전략에 대한 이해

1. 일반 아파트 투자 전략

(1) 아파트 투자 선택 기준

① 교육환경(학군)이 우수

② 교통환경이 양호

③ 지역 커뮤니티(주거환경)가 우수

④ 자연환경이 우수

⑤ 편의시설이 우수

(2) 일반아파트 투자 전략

① 아파트는 주택 유형 중 차지하는 비중이 60% 수준으로 가장 높으며 그 이유는 시세형성이 용이하고 가격조사 등으로 객관성을 확보하고 있기 때문

② 선택기준의 최우선 조건은 투자성이지만 상승의 한계로 투자가치보다는 사용가치가 우선되고 있음

③ 투자대상으로서의 아파트는 다주택자에 대한 양도소득세 중과, 종합부동산세 등으로 점차 우선순위에서 수익형 부동산에 밀리는 추세

④ 아파트는 시세차익에 대한 기대가 잦아들며 임대수익에 대한 선호로 점차 소형아파트 중심의 투자패턴으로 변화할 것으로 기대

⑤ 투자 목적이 분명해야 함(실수요자, 임대사업자, 자녀 증여용 등)

⑥ 매입시기가 중요하며 협상 전략도 중요

(3) 주택임대사업

① 주택임대사업의 구분

구 분	내 용
건설임대주택	임대사업자가 임대를 목적으로 건설하여 임대
매입임대주택	주택을 매입하여 임대

② 주택임대사업자는 기존에는 민간임대주택 공급자로 세제상 혜택을 누렸지만 최근 다주택자의 투자 회피수단으로 인식되어 세제 혜택이 대폭 축소되는 등 입지가 약화

(4) 분양투자 전략

① **청약통장** : 분양을 받기 위해서는 우선 청약통장에 가입되어야 함

  ㉠ 청약통장의 종류

구 분	내 용
청약예금	일시에 지역별 청약 예치금을 수도권은 1년(지방 6개월), 조정대상지역은 2년 예치
청약부금	• 적금식으로 가입하여 2년이 경과되고 저축액이 지역별 청약 예치금액 이상이면 1순위 • 민영주택 청약만 가능하여 가입자가 급감
청약저축	• 매월 2만~10만원까지 적금식으로 수도권 1년, 지방 6개월, 조정대상지역은 2년 이상 납부한 경우 1순위가 되며, 당첨기준은 최종적으로 저축총액이 많은 자로 결정
주택청약종합저축	• 매월 2만~50만원까지 납입 가능 • 납입총액이 1,500만원에 도달할 때까지는 50만원을 초과하여 자유롭게 납입 가능 • 적금식으로 납입하고, 최초 청약 시 국민주택과 민영주택 중 선택 가능

  ㉡ 청약 시 주택 종류

구 분	내 용
국민주택 등	국민주택기금으로부터 자금을 지원받아 국가·지자체·LH 등이 건설하는 $85m^2$ 이하의 주택 및 공공건설 임대주택 중 $85m^2$ 이하의 주택
민영주택	국민주택 등을 제외한 주택

  ㉢ 주택 종류에 따른 청약신청 가능 통장

구 분	아파트(주상복합 포함)		
	주택청약종합저축	청약저축	청약예금/부금
국민주택 등	○	○	—
민영주택	○	—	○

  ㉣ 청약 1순위 자격요건 강화(투기과열지구, 조정대상지역) : 현행 일반지역은 청약통장 가입 후 수도권은 1년, 지방은 6개월 경과 후 납입횟수, 예치기준금액(민영주택) 충족 시 1순위 자격을 획득하나 투기과열지구 및 조정대상지역의 경우 가입 후 2년, 납입회수 24회(국민주택에 한해 적용) 이상으로 강화

② **청약가점제**

  ㉠ 정의 : 민영주택 청약 시 동일순위 내에서 경쟁이 있을 경우 무주택기간, 부양가족수 및 청약통장 가입기간을 기준으로 산정(총 84점)하여 가점점수가 높은 순으로 당첨자 선정

  ㉡ 적 용

구 분		국민주택	민영주택
전용면적 $85m^2$ 이하	저축종류	주택청약(종합)저축	청약예금, 청약부금, 주택청약종합저축
	당첨자	순차별공급	가점제 40%, 추첨제 60%
전용면적 $85m^2$ 초과	저축종류		청약계금, 주택청약종합저축
	당첨자	—	추첨제 100%(단 투기과열지구 가점제 80%, 조정대상지역 가점제 50%)

ⓒ 투기과열지구 및 조정대상지역 추첨제 비율

구 분	투기과열지구	조정대상지역
60m² 이하	가점 40%, 추첨 60%	가점 40%, 추첨 60%
60~85m²	가점 70%, 추첨 30%	가점 70%, 추첨 30%
85m² 초과	가점 80%, 추첨 20%	가점 50%, 추첨 50%

- 추첨제 대상 주택의 75% 이상을 무주택자(분양권 등 소유자는 제외)에게 우선 공급하며, 당첨된 세대는 2년간 가점제 적용 배제

③ **분양권 전매* 제한**

*분양받은 사람이 그 지위를 타인에게 넘겨주어 입주자가 변경되는 것. 분양권을 아파트 입주하기 전 권리 형태로 제3자에게 되파는 것

㉠ 과열지역

제1지역	제2지역	제3지역	
		공공택지	민간택지
소유권이전등기일(기간 초과 시 제한기간은 3년)	1년 6개월	1년	6개월

㉡ 위축지역

공공택지	민간택지
6개월	–

㉢ 분양가상한제 적용주택
  - 전매행위 제한기간이 3년 이내인 경우 그 기간 전에 소유권 이전등기를 완료한 경우 그 기간에 도달한 것으로 간주
  - 3년 초과 시 3년 이내 소유권 이전 등기 완료 시 3년 경과한 것으로 간주
    - 수도권 : 공공택지 및 규제지역 3년, 과밀억제권역 1년, 그 외 6개월
    - 수도권 외의 지역 : 투기과열지구 1년, 기타 6개월

㉣ 민간택지 : 6개월

④ **재당첨 제한기간**

㉠ 분양가상한제(공공택지) 적용주택, 공공임대주택, 이전기관 종사자, 특별공급주택 당첨자, 민영주택 중 조정대상지역에 당첨된 자의 세대에 속하는 자는 제한기간 동안 다른 분양 주택의 입주자로 선정될 수 없음

㉡ 제한기간

구 분	내 용
수도권 과밀억제권역 내 85m² 이하	당첨일로부터 5년
수도권 과밀억제권역 내 85m² 초과	당첨일로부터 3년
수도권 과밀억제권역 외 85m² 이하	당첨일로부터 3년
수도권 과밀억제권역 외 85m² 초과	당첨일로부터 1년
분양가상한제주택, 투기과열지구	당첨일로부터 10년
조정대상지역	7년

㉢ 공급 : 질서 교란행위 및 불법전매 적발 시 10년간 청약 금지

01 다음 중 일반아파트 투자 선택 기준이 아닌 것은?

중요도
●●○

① 교육환경과 학군이 우수
② 교통환경이 양호
③ 지역 커뮤니티가 우수
④ 유동인구가 많음
⑤ 편의시설이 우수

해설

유동인구가 많은지의 여부는 일반아파트 투자 선택에 부합하지 않는다.

02 다음 중 일반아파트 투자 전략에 대한 설명으로 적절하지 않은 것은?

중요도
●●○

① 아파트는 시세형성이 용이하고 가격조사 등으로 객관성을 확보하고 있기 때문에 주택 유형 중 차지하는 비중이 60% 수준으로 가장 높다.
② 투자성도 중요하지만 투자가치보다 사용가치가 우선시되고 있다.
③ 투자대상으로서 아파트는 수익형부동산 대비 매력도가 점점 상승하고 있다.
④ 아파트는 시세차익에 대한 기대가 잦아들며 임대수익에 대한 선호로 점차 소형아파트 중심의 투자패턴으로 변화하고 있다.
⑤ 아파트는 매입 시기가 중요하며 매입 시 협상하는 전략도 중요하다.

해설

투자대상으로서의 아파트는 다주택자에 대한 양도소득세 중과, 종합부동산세 등으로 점차 우선순위에서 수익형부동산에 밀리는 추세이다.

핵심 CHECK

일반아파트 투자 전략 및 현황
- 아파트는 시세형성이 용이하고 가격조사 등으로 객관성을 확보하고 있음
- 선택기준의 최우선 조건은 투자성이지만, 상승의 한계로 투자가치보다는 사용가치가 우선
- 아파트는 다주택자에 대한 양도소득세 중과, 종합부동산세 등으로 우선순위에서 수익형부동산에 밀리는 추세
- 아파트는 시세차익에 대한 기대가 잦아들며 임대수익에 대한 선호로 소형아파트 중심의 투자패턴으로 변화
- 투자 목적이 분명해야 함(실수요자, 임대사업자, 자녀 증여용 등)

03 다음 중 청약통장의 종류에 대한 설명으로 적절하지 않게 연결된 것은?

① 청약예금 – 일시에 지역별 청약 예치금을 수도권 1년(지방 6개월), 조정대상지역은 2년간 예치하는 경우 1순위로 청약이 가능하다.

② 청약부금 – 적금식으로 가입하여 2년이 경과되고 저축액이 지역별 청약 예치금액 이상이면 민영주택 및 국민주택에 1순위로 청약이 가능하다.

③ 청약저축 – 매월(2만~10만원) 적금식으로 수도권 1년, 지방 6개월, 조정대상지역은 2년 이상 납부한 경우 1순위가 되며, 당첨기준은 최종적으로 저축총액이 많은 자로 결정된다.

④ 주택청약종합저축 – 매월 적금식으로 납입하고, 최초 청약 시 국민주택과 민영주택을 선택하여 청약이 가능하다.

⑤ 분양을 받기 위해서는 우선 청약통장에 가입되어 있어야 한다.

해설

청약부금은 민영주택만 청약이 가능하다.

04 다음 중 분양 투자 전략에 대한 설명으로 적절하지 않은 것은?

① 청약할 수 있는 주택의 종류는 국민주택과 민영주택이 있다.

② 국민주택은 국민주택기금으로부터 자금을 지원받아 국가 · 지자체 · LH 등이 건설하는 $85m^2$ 이하의 주택 등이 포함된다.

③ 투기과열지구 및 조정지역은 청약 1순위 자격요건이 강화되었다.

④ 민영주택 청약 시 동일순위 내에서 경쟁이 있을 경우 가점점수가 높은 순으로 당첨자가 선정된다.

⑤ 청약가점제는 무주택기간, 부양가족수 및 청약통장 가입기간을 기준으로 산정하며 총점은 100점이다.

해설

⑤ 청약가점제의 총점은 84점이다.

①, ② 청약할 수 있는 주택의 종류는 국민주택과 민영주택이 있으며, 국민주택은 국민주택기금으로부터 자금을 지원받아 국가 · 지자체 · LH 등이 건설하는 $85m^2$ 이하의 주택 및 공공건설 임대주택 중 $85m^2$ 이하의 주택이며 민영주택은 국민주택 이외의 주택이다.

③ 현행 일반지역은 청약통장 가입 후 수도권은 1년, 지방은 6개월 경과 후 납입횟수, 예치기준금액(민영주택) 충족 시 1순위 자격을 획득하나 투기과열지구 및 조정대상지역의 경우 가입 후 2년, 납입회수 24회(국민주택에 한해 적용) 이상으로 강화되었다.

05 다음 중 분양 투자 전략에 대한 설명으로 적절하지 않은 것은?

중요도
●●○

① 전용면적 85m² 이하의 경우 국민주택은 당첨자를 순차별로 선정하며 민영주택의 경우 가점제 40%, 추첨제 60%로 선정한다.

② 전용면적 85m² 초과인 경우 추첨제 100%로 민영주택을 공급하지만, 투기과열지구 및 조정대상지역은 가점제 80%, 추첨제 20% 기준으로 공급한다.

③ 투기과열지구와 조정대상지역의 추첨제 비율은 상향되고 있다.

④ 추첨제 대상 주택의 75% 이상을 무주택자에게 우선 공급한다.

⑤ 추첨제로 청약에 당첨된 세대는 2년간 가점제 적용이 배제된다.

해설
② 전용면적 85m² 초과인 경우 추첨제 100%로 민영주택을 공급하지만, 투기과열지구는 가점제 80%, 추첨제 20% 기준, 조정대상지역은 가점제 50%, 추첨제 50% 기준으로 공급한다.
④ 추첨제 대상 주택의 75% 이상을 분양권 소유자를 제외한 무주택자에게 우선 공급한다.

06 다음 중 분양 투자 전략에 대한 설명으로 적절하지 않은 것은?

중요도
●●○

① 분양권 전매는 부동산투기를 억제하기 위해 예외적인 경우를 제외하고 금지되어 있었다.

② 조정대상지역 등 과열지역 제1지역의 경우 소유권이전등기일까지 전매가 제한된다.

③ 위축지역의 경우 공공택지와 민간택지 모두 6개월간의 전매제한이 적용된다.

④ 분양가상한제 적용 주택은 전매행위 제한기간이 3년 이내인 경우 그 기간 전에 소유권 이전등기를 완료할 때 제한기간에 도달한 것으로 적용한다.

⑤ 분양권 전매제한이 적용되는 주택이 수도권 공공택지 및 규제지역에 위치한 경우 3년간 분양권 전매가 제한된다.

해설
③ 위축지역의 경우 공공택지는 6개월의 전매제한이 적용되지만 민간택지의 경우 전매제한이 적용되지 않는다.
② 과열지역의 분양권 전매제한 기간은 다음과 같다.

제1지역	제2지역	제3지역	
		공공택지	민간택지
소유권이전등기일(기간 초과 시 제한기간은 3년)	1년 6개월	1년	6개월

⑤ 수도권에 분양권 전매제한 주택이 위치한 경우 공공택지 및 규제지역 3년, 과밀억제권역 1년, 그 외 6개월의 전매제한 기간이 적용된다.

핵심테마
05 재건축과 재개발 투자 전략

출제포인트

- 재건축과 재개발사업에 대한 개략적인 이해
- 정비사업의 개념 및 종류

1. 도시정비사업

(1) 도시정비사업의 의의 및 개념, 종류

① **도시정비사업** : 도시지역 내 건축물이 노후·불량하거나 기반시설이 열악한 지역을 정비하여 도시의 기능을 회복하고, 주거환경을 개선하여 주거의 질을 높이고자 진행하는 사업

② **정비사업** : 「도시 및 주거환경정비법」에서 정한 절차에 따라 도시기능을 회복하기 위해 정비구역에서 정비기반시설을 정비하거나 주택 등 건축물을 개량 또는 건설하는 사업

　㉠ 주거환경개선사업
　　• 도시 저소득 주민이 집단 거주하는 지역으로서 정비기반시설이 극히 열악하고 노후·불량 건축물이 과도하게 밀집한 지역의 주거환경을 개선
　　• 단독주택 및 다세대주택이 밀집한 지역에서 정비기반시설과 공동이용시설 확충을 통해 주거환경을 보전, 정비, 개량하는 사업

　㉡ 재개발사업 : 정비기반시설이 열악하고 노후·불량건축물이 밀집한 지역에서 주거환경을 개선하거나 상업지역·공업지역 등에서 도시환경을 개선하기 위한 사업

　㉢ 공공재개발사업

　㉣ 재건축사업 : 정비기반시설은 양호하나 노후·불량건축물에 해당하는 공동주택이 밀집한 지역에서 주거환경을 개선하기 위한 사업

　㉤ 공공재건축사업

　㉥ 소규모주택정비사업 : 「빈집 및 소규모주택 정비에 관한 특례법」에서 정한 절차에 따라 노후·불량건축물의 밀집 등 대통령령으로 정하는 요건에 해당하는 지역에서 시행하는 사업

　㉦ 소규모재개발사업 : 역세권 또는 준공업지역에서 소규모로 주거환경 또는 도시환경을 개선하기 위한 사업

③ 정비사업의 문제점

　　㉠ 사업성 저하

　　　• 경기침체 시 주민의 자기부담이 증가하고, 시공사는 미분양 우려로 사업 참여에 소극적

　　　• 재개발 임대주택 건설의무 등의 규제는 사업성 확보의 장애요인

　　㉡ 과도한 정비구역 지정

　　　• 개발이익을 기대한 주민의 요구에 따라 정비예정구역을 과도하게 지정

　　　• 사업이 장기 지연되는 지역은 재산권 행사제한에 따른 주민 불만 증가

　　㉢ 이해당사자 간 갈등

　　　• 토지소유자 간, 토지소유자 – 세입자 간 보상과 이주, 철거 등에 따른 갈등 발생

　　　• 주민과 지자체 간의 행정소송 진행, 민사소송 등이 지속 발생

　　　• 조합운영 불투명으로 시공사 선정 등에서 각종 비리 발생

　　㉣ 공공지원 미흡

　　　• 기반시설부담금 등 기부채납 비율의 과도한 요구

　　　• 재건축부담금 등 개발이익환수 등에 따른 사업성 악화

(2) 재건축사업과 재개발사업 비교

구 분	재건축사업	재개발사업
법적 정의	정비기반시설이 양호한 지역에서 노후 · 불량 건축물이 밀집한 지역의 주거환경개선사업	정비기반시설이 열악한 지역에서 노후 · 불량 건축물이 밀집한 지역의 주거환경개선사업
종 류	공동주택(아파트, 연립), 단독주택지 재건축 사업	노후 · 불량주택 재개발사업 (단독주택 재건축사업과 유사함)
정비사업의 성격	노후 · 불량주택만 개선	기반시설의 정비 및 노후 · 불량 건축물 개선
시행자	재건축조합(민간)	조합(민간)
적용법령	「도시 및 주거환경정비법」 재건축과 재개발 통합	

(3) 정비사업의 주민동의요건, 조합원 자격 및 주택 규모

① 주택재개발사업, 도시환경정비사업 조합설립요건

　　㉠ 토지소유자의 3/4 이상

　　㉡ 토지면적 1/2 이상의 토지소유자 동의

② 주택재건축사업 조합설립요건

　　㉠ 공동주택 각 동별 구분 소유자의 1/2 이상 동의

　　㉡ 주택단지 안의 전체 구분 소유자의 3/4 이상 및 토지면적의 3/4 이상 토지소유자 동의

③ **조합원자격** : 토지, 건축물 소유자

(4) 정비사업의 추진절차

① 정비사업은 크게 계획단계 → 시행단계 → 완료단계의 순서대로 진행

계 획	기본계획 수립 → (안전진단) → 정비구역 지정 → 조합설립추진위원회 구성 및 승인

⇩

시 행	→ 조합설립인가 → 사업시행인가[*1] → 관리처분계획인가[*2]

⇩

인 가	→ 준공 및 이전고시 → 청산등기 → 조합해산

> [*1] 사업시행인가란 추진 중인 정비사업에 관한 일체의 내용을 시장·군수·구청장이 최종적으로 확정하여 인가하는 행정처분을 말한다. 인가를 통해 사업시행자는 정비사업을 할 수 있는 지위·권리를 획득하며, 이해관계인에게도 법적 효과가 발생하게 된다.
>
> [*2] 관리처분계획인가란 사업시행자가 종전의 토지나 건축물에 대한 소유권 등의 권리를 정비사업으로 새로 조성된 토지나 건축물 등에 대한 권리로 변환시켜 배분하는 계획을 말한다. 즉, 신축건물이나 땅 등이 조합원에게 배분되는 기준을 확정하고 환급하는 절차이다. 조합원의 이해관계와 가장 직접적으로 관련되는 절차라고도 할 수 있다.

② 조합은 정비사업의 원칙적 시행자로서 정비사업에 대한 권리, 의무의 주체

③ 재개발사업과 도시환경정비사업은 사업에 동의하지 않는 자도 조합원이 되지만 주택재건축사업은 사업에 미동의한 자는 조합원이 될 수 없음

④ 시공사 선정은 조합설립 인가를 받은 후 조합총회에서 경쟁입찰 방법으로 선정

⑤ **시공사와 조합 간의 공사계약 체결 방식은 도급제와 지분제가 있음**

  ㉠ 도급제 : 사업에 필요한 공사비를 기준으로 계약하는 것으로 시공사에게 공사에 필요한 직접 비용만을 지급. 일정률 이상의 물가상승 및 설계변동 시 공사비 조정 가능

  ㉡ 지분제 : 모든 사업을 시공사가 책임지고 진행하며 조합원은 무상지분을 확보. 사업 중 공사비 조정은 없으며, 확정지분 이외에 이익금은 100% 시공사에 귀속

⑥ **사업시행인가** : 정비사업 관련 일체 내용을 시장·군수·구청장이 최종적으로 인가하는 행정절차(행정처분). 사업시행인가 시 사업시행자는 정비사업을 행할 수 있는 지위 또는 권리가 부여됨

⑦ **매도청구권** : 주택재건축사업을 시행하는 데 있어 조합설립에 동의하지 않는 자에 대해 소유 토지 등을 시가에 매도할 것을 청구하는 것(당사자의 동의 없이 일방적으로 이루어짐)

⑧ **관리처분계획인가** : 사업시행자가 정비사업시행구역 내에 있는 종전의 토지 또는 건축물의 소유권 및 기타 권리를 정비사업으로 새로이 조성되는 토지 및 건축시설에 관한 권리로 변환시켜 배분하는 계획

  ㉠ 관리처분계획의 수립은 철거, 착공 등의 사업착수 전에 미리 정해야 함

  ㉡ 관리처분계획은 조합원의 이해관계를 다루는 가장 핵심적인 단계

⑨ 토지 등 소유자 중 분양신청을 하지 않은 자, 분양신청을 철회한 자, 분양대상에서 제외된 자는 현금으로 청산

(5) 1:1 재건축방식

① 소형평형의무비율(60%) 방식을 택할 경우, 사실상 재건축이 어려운 중층·중대형 위주의 단지에 대해 재건축이 가능하도록 한 방법

② 기존 전용면적의 30% 범위 내에서 증가 가능하며 제한 없이 축소도 가능

③ 기준 주택 평가금액이나 전용면적 범위 내에서 주택을 2채 받을 수 있도록 허용($1 + 1$, 한 채는 전용면적 $60m^2$ 이하, 입주 후 3년간 전매 금지)

(6) 공동주택 리모델링사업

① 1990년대 초에 건설된 수도권 1기 신도시 등과 그 이전에 지어진 중고층 아파트의 재건축 여건 등이 적합하지 않으므로, 기준 아파트를 대수선 또는 일부 증축 등의 리뉴얼을 통해 재사용하는 사업방식

② 중고층 아파트의 시대이므로 향후 재건축보다 더 활성화될 것으로 예상

③ 신축 후 15년이 경과하면 리모델링을 할 수 있으나, 현실적으로는 30년 이상 경과해야 사업대상이 될 수 있음

④ **수평으로의 확대** : 기존 면적 $85m^2$ 이하 40%, $85m^2$ 초과 시 30%, 수직증축은 3층까지 허용(단 14층 이하인 경우 최대 2층), 세대수의 증가범위는 15%

⑤ 리모델링은 층고를 높일 수 없어 층간소음 해결이 어렵고, 바닥을 보강할 경우 층고가 낮아져 쾌적성을 확보하기 어려움

⑥ 세대구분형 주택설계가 가능해짐에 따라 증가면적 등을 임대주택을 설치하여 수익형으로 활용할 수 있어 중대형 소유자의 기대치가 높아질 수 있음

⑦ 재건축에 비해 지하주차장 설치가 훨씬 어렵지만, 장점은 사업비용이 적게 들고 공사기간도 상대적으로 적게 소요

(7) 재건축과 재개발 투자 전략

① **재건축 투자 전략**

㉠ 5~6년 안에 입주 가능한 재건축아파트가 매입대상이 되어야 함

㉡ 강남권 저밀도 아파트 지역은 관심대상

㉢ 예상 추가 분담금을 포함한 조합원 분양가와 주변 시세를 철저히 비교해야 함

㉣ 중층아파트는 재건축 추진 시 소형평형의무비율과 1:1 재건축방식을 비교하여 사업성이 양호한 것을 선택

㉤ 주변을 대표할 수 있는 랜드마크 단지에 투자해야 함

② **재개발 투자 전략**

㉠ 재개발시장은 재건축보다 더 침체된 상태

㉡ 같은 지역 내 투자를 하더라도 가급적 공시지가 등이 높은 물건을 선택

㉢ 소형지분을 인수하는 다세대, 연립 등에 투자하는 것은 유의해야 함

㉣ 재개발 구역 내 물건 매입 시 구역 내 다세대 등 소형지분으로 나누어져 있어 조합원이 많은 곳은 주의해야 함

㉤ 재개발사업은 도심을 중심으로 이루어져야 함

㉥ 재개발 투자는 주거환경이 획기적으로 개선되는 지역을 선택해야 함

01 다음 중 각 용어에 대한 설명으로 적절하게 연결된 것을 모두 고른 것은?

중요도
●○○

> ㄱ. 도시정비사업 : 도시지역 내 건축물이 노후·불량하거나 기반시설이 열악한 지역을 정비하여 도시의 기능을 회복하고, 주거환경을 개선하여 주거의 질을 높이고자 시행하는 사업
> ㄴ. 주거환경개선사업 : 도시 저소득 주민이 집단거주하는 지역으로서 정비기반시설이 극히 열악하고 노후·불량 건축물이 과도하게 밀집한 지역의 주거환경을 개선하려는 사업
> ㄷ. 재개발사업 : 정비기반시설이 열악하고 노후·불량건축물이 밀집한 지역에서 주거환경을 개선하거나 상업지역·공업지역 등에서 도시환경을 개선하기 위한 사업
> ㄹ. 재건축사업 : 역세권 또는 준공업지역에서 소규모로 주거환경 또는 도시환경을 개선하기 위한 사업

① ㄱ, ㄴ
② ㄱ, ㄴ, ㄷ
③ ㄱ, ㄴ, ㄹ
④ ㄴ, ㄷ
⑤ ㄴ, ㄷ, ㄹ

해설

역세권 또는 준공업지역에서 소규모로 주거환경 또는 도시환경을 개선하기 위한 사업은 소규모재개발사업에 해당한다. 재건축사업은 정비기반시설은 양호하나 노후·불량건축물에 해당하는 공동주택이 밀집한 지역에서 주거환경을 개선하기 위한 사업을 의미한다.

02 다음 중 정비사업의 문제점에 대한 설명으로 적절하지 않은 것은?

중요도
●●○

① 경기침체 시에는 주민의 자기부담이 증가하고, 시공사는 미분양 우려로 정비사업 참여에 소극적이 될 수 있다.
② 정비사업의 사업성 저하가 나타날 경우 재개발 임대주택 건설의무사항을 설정하여 해소할 수 있다.
③ 개발이익을 기대한 주민의 요구에 따라 정비예정구역을 과도하게 지정할 수 있다.
④ 주민과 지자체 간의 행정소송이 진행되는 등 이해관계자 사이에 갈등이 진행될 수 있다.
⑤ 재건축부담금 등 개발이익환수 등으로 인해 사업성 악화가 나타날 수 있다.

해설

② 재개발 임대주택 건설의무 등의 규제는 사업성 저하가 발생하여 사업성 확보의 장애요인이 될 수 있다.
① 경기침체 시에는 주민의 자기부담이 증가하고, 시공사는 미분양 우려로 정비사업 참여에 소극적이 되어 사업성 저하가 발생할 수 있다.
⑤ 재건축부담금 등 개발이익환수 등에 따른 공공지원이 미흡하여 정비사업 사업성 악화가 발생할 수 있다.

03 다음 중 정비사업의 추진절차에 대한 설명으로 적절하지 않은 것은?

중요도
●●●

① 정비사업은 크게 계획단계 → 시행단계 → 완료단계의 순서로 진행된다.

② 조합은 정비사업의 원칙적 시행자로서 정비사업에 대한 권리 및 의무의 주체가 된다.

③ 재개발사업과 도시환경정비사업, 주택재건축사업은 사업에 동의하지 않는 자도 사업이 시작되는 경우 조합원이 된다.

④ 시공사 선정은 조합설립 인가를 받은 후 조합총회에서 경쟁입찰 방법으로 선정한다.

⑤ 사업시행인가 시 사업시행자는 정비사업을 행할 수 있는 지위 또는 권리가 부여된다.

> **해설**
>
> 재개발사업과 도시환경정비사업의 경우 조합설립 시 사업시행구역 안의 토지 등 소유자와 지상권자는 당연히 조합원이 되므로 사업에 동의하지 아니하는 자도 조합원이 된다. 반면 주택재건축사업은 사업에 동의하지 않는 자는 조합원이 될 수 없다.

04 다음 중 정비사업의 주민동의요건, 조합원 자격 및 주택 규모로 적절하지 않은 것은?

중요도
●●●

① 주택재개발사업 : 토지소유자의 1/2 이상 동의

② 주택재개발사업 : 토지면적 1/2 이상의 토지소유자 동의

③ 조합원 자격 : 토지, 건축물 소유자

④ 주택재건축사업 : 각 동별 구분 소유자의 1/2 이상 동의

⑤ 주택재건축사업 : 토지면적의 3/4 이상 토지소유자 동의

> **해설**
>
> 주택재개발사업, 주택재건축사업의 조합설립요건은 다음과 같다.
>
> | 구 분 | 조합설립요건 |
> | --- | --- |
> | 주택재개발사업, 도시환경정비사업 | 토지소유자의 3/4 이상, 토지면적 1/2 이상의 토지소유자 동의 |
> | 주택재건축사업 | 공동주택 각 동별 구분 소유자의 1/2 이상 동의, 주택단지 안의 전체 구분 소유자의 3/4 이상 및 토지면적의 3/4 이상 토지소유자 동의 |
>
> 따라서 주택재개발사업의 경우 토지소유자 3/4 이상의 동의가 필요하다.

05 다음 중 정비사업의 추진절차에 대한 설명으로 적절하지 않은 것은?

① 정비사업상 계획단계는 크게 기본계획 수립, 안전진단, 정비구역 지정, 조합설립추진위원회 구성 및 승인으로 나눌 수 있다.

② 정비사업상 시행단계는 조합설립인가, 사업시행인가, 관리처분계획인가로 다시 나눌 수 있다.

③ 관리처분계획의 수립은 조합원의 이해관계를 다루는 가장 핵심적인 단계로 사업종료 시점까지 신중히 논의하여 정하여야 한다.

④ 토지 등 소유자 중 분양신청을 하지 않은 자, 분양신청을 철회한 자, 분양대상에서 제외된 자는 현금으로 청산한다.

⑤ 정비사업상 인가단계에서는 준공 및 이전고시, 청산등기, 조합해산 단계를 거친다.

해설

관리처분계획의 수립은 조합원의 이해관계를 다루는 가장 핵심적인 단계로 철거, 착공 등의 사업착수 전 미리 정해야 한다.

06 다음 중 정비사업에 대한 설명으로 적절하지 않은 것은?

① 정비사업 중 시공사와 조합 간의 공사계약을 체결하는 방식은 도급제와 지분제로 구분할 수 있다.

② 도급제의 경우 사업에 필요한 공사비를 기준으로 계약하는 것으로 시공사에게 공사에 필요한 직접비용만을 지급한다.

③ 지분제는 모든 사업을 시공사가 책임지고 진행하며, 조합원에 대한 확정지분 이외의 이익은 100% 시공사로 귀속된다.

④ 매도청구권은 조합설립에 동의하지 않는 자에 대해 소유 토지 등을 시가에 매도할 것을 청구하는 것으로 당사자의 동의가 필요하다.

⑤ 관리처분계획인가는 사업시행자가 종전의 토지 또는 건축물의 소유권 등의 권리를 정비사업으로 새로이 조성되는 토지 및 건축시설에 관한 권리로 변환시켜 배분하는 계획이다.

해설

④ 매도청구권은 조합설립에 동의하지 않는 자에 대해 소유 토지 등을 시가에 매도할 것을 청구하는 것으로 당사자의 동의가 필요하지 않다.

②, ③ 도급제는 사업에 필요한 공사비를 기준으로 계약하는 것으로 시공사에게 공사에 필요한 직접비용만을 지급한다. 일정률 이상의 물가상승 및 설계변동 시 공사비 조정이 가능하다. 이에 비해 지분제는 모든 사업을 시공사가 책임지고 진행하며 조합원은 무상지분을 확보한다. 사업 중 공사비 조정은 없으며, 확정지분 이외의 이익은 100% 시공사에 귀속된다.

07 다음 중 1:1 재건축방식과 공동주택 리모델링사업에 대한 설명으로 적절하지 않은 것은?

① 1:1 재건축방식은 소형평형의무비율(60%) 방식을 택할 경우, 사실상 재건축이 어려운 중층·중대형 위주의 단지에 대해 재건축이 가능하도록 한 방법이다.

② 1:1 재건축방식을 선택할 경우 기존 전용면적의 30% 범위 내에서 증가가 가능하지만 축소는 할 수 없다.

③ 1:1 재건축방식을 통해 기준 주택 평가금액이나 전용면적 범위 내에서 주택을 2채 받을 수 있도록 허용되지만, 입주 후 3년간은 전매가 제한된다.

④ 공동주택 리모델링사업은 중고층 아파트의 시대이므로 향후 재건축보다 더 활성화될 것으로 예상된다.

⑤ 공동주택 리모델링은 층고를 높일 수 없어 층간소음 해결이 어렵고, 바닥을 보강할 경우 층고가 낮아져 쾌적성을 확보하기 어려운 한계가 있다.

> **해설**
> ② 1:1 재건축방식을 채택할 경우 기존 전용면적의 30% 범위 내에서 증가가 가능하며 제한 없이 축소도 가능하다.
> ③ 1:1 재건축방식을 통해 기준 주택 평가금액이나 전용면적 범위 내에서 주택을 2채 받을 수 있도록 허용되고 있다. 단, 한 채는 전용면적 $60m^2$ 이하여야 하고, 입주 후 3년간 전매가 금지된다.
> ④ 공동주택 리모델링사업은 1990년대 초에 건설된 수도권 1기 신도시 등과 그 이전에 지어진 중고층 아파트의 재건축 여건 등이 적합하지 않으므로, 기준 아파트를 대수선 또는 일부 증축 등의 리뉴얼을 통해 재사용하는 사업방식이다. 중고층 아파트의 시대이므로 향후 재건축보다 더 활성화될 것으로 예상되고 있다.

08 다음 중 재건축과 재개발투자 전략에 대한 설명으로 적절하지 않은 것은?

① 재건축에 투자하려고 하는 경우 5~6년 안에 입주 가능한 재건축아파트를 매입대상으로 고려해야 한다.

② 재건축에 투자하는 경우 예상 추가 분담금을 포함한 조합원 분양가와 주변 시세를 비교해야 한다.

③ 재개발에 투자하는 경우 같은 지역 내 투자를 하더라도 가급적 공시지가 등이 높은 물건을 선택해야 한다.

④ 재개발에 투자하는 경우 조합원이 많은 곳을 우선 고려해야 한다.

⑤ 재개발에 투자하는 경우 재개발로 주거환경이 획기적으로 개선되는 지역을 선택해야 한다.

> **해설**
> 재개발에 투자하는 경우 구역 내에서 다세대 등 소형지분으로 나누어져 있어 조합원이 많은 곳은 주의해야 한다. 사업상 조합원이 많으면 일반분양분이 상대적으로 적어 수익성을 확보하기 어려우며, 지분 쪼개기 등의 편법으로 사업성이 악화될 수 있다.

핵심테마
06

단독주택과 도시형생활주택, 전원주택 투자 전략

출제포인트

■ 단독주택과 도시형생활주택, 전원주택 각각의 특징 및 투자 전략 이해

1. 단독주택 투자 전략

① 근교의 단독주택의 인기는 전원주택에 대한 선호로 인해 발생한 것으로 도심지 단독주택과 구분 필요

② 일반적인 단독주택 지역은 도로 등 기반시설이 좋지 않은 곳에 위치한 경우 개발이 어려워 미래가치에 한계가 있음

③ 다가구주택은 전세를 끼고 있는 경우가 많으며, 매도 시 소유자는 공동주택으로의 이사가 쉽지 않은 경우가 많으므로 전세금 인상분을 월세로 전환하는 것도 방법임

④ 단독주택에 대한 투자는 추가상승에 대한 기대가 크지 않음

2. 도시형생활주택 투자 전략

① **도시형생활주택의 특징**

㉠ 기반시설이 부족하여 난개발이 우려되는 비도시지역에서는 건설이 불가능

㉡ 분양가 상한제 적용을 받지 않음

㉢ 부대 복리시설 설치의무가 없음

㉣ 주차장 설치 기준이 낮음

② 다세대와 연립형도 있지만 대부분 원룸으로 공급

③ 도시형생활주택은 경쟁상품인 주거용 오피스텔과 함께 대량 공급되었으며 따라서 임대료 하락과 공실 우려 발생

④ 주차장 요건의 강화로 위축되고 있음

3. 전원주택 투자 전략

① **전원주택의 유형**

구 분	내 용
농가형 전원주택	• 대도시 주변지역 중 전원적 환경이 비교적 양호한 도시근교의 농가나 대지를 구입하여 자신의 취향에 맞게 건축 • 상시 및 정기 거주용도 가능
주말농장형 전원주택	대도시에서 어느 정도 격리된 2시간 내외의 농촌지역에 입지하여 주택과 농장을 함께 조성하여 여가활동이 가능한 전원주택
단지형 전원주택	대도시 근교에 직업과 연령에 따른 동호인들이 자신들의 일과 주거용으로 합당한 특성에 맞게 집을 지어 함께 살 수 있는 주택 형태

② 전원주택은 대부분 지역에서 전원주택에 대한 선호도가 높지 않아 투자 목적보다는 실수요자 중심의 접근이 필요

③ 전원주택은 도시에서의 접근성이 좋아야 하며, 현실적으로 도시로의 출퇴근도 가능한 수준이여야 함

④ 전원주택 개발 시 펜션으로의 전환 목적으로 계곡 등을 접한 지역이 좋음

⑤ 면적이 클수록 난방 등 관리비용 및 활용도 문제로 소규모 면적으로 개발 필요

⑥ 보안 등의 문제를 염두에 두어야 하며, 보편타당한 디자인으로 설계하는 것이 필요

적중문제

01 다음 중 단독주택 및 도시형생활주택의 투자 전략에 대한 설명으로 적절하지 않은 것은?

중요도
●●○
① 단독주택이 기반시설이 좋지 않은 곳에 위치할 경우 개발이 어려워 미래 가치가 증가하는 데 한계가 있다.

② 다가구주택은 전세를 끼고 있는 경우가 많으며, 매도 시 소유자는 공동주택으로의 이사가 쉽지 않은 경우가 많으므로 전세금 인상분을 월세로 전환하는 것도 하나의 방법이다.

③ 도시형생활주택은 부대 복리시설 설치의무는 없지만 분양가 상한제의 적용을 받는다.

④ 일반적으로 단독주택에 대한 투자는 추가 상승에 대한 기대로 이루어지지는 않는다.

⑤ 도시형생활주택은 다세대와 연립형도 있지만 대부분 원룸으로 공급된다.

해설
③ 도시형생활주택은 부대 복리시설 설치의무가 없고, 분양가 상한제의 적용도 받지 않는다.
④ 단독주택에 대한 투자는 추가 상승에 대한 기대가 크지 않은 경향이 있다.

02 다음 중 전원주택의 투자 전략에 대한 설명으로 적절하지 않은 것은?

중요도
●●○
① 전원주택은 농가형 전원주택, 주말농장형 전원주택, 단지형 전원주택으로 나눌 수 있다.

② 농가형 전원주택은 전원적 환경이 비교적 양호한 도시근교의 농가나 대지를 구입하여 자신의 취향에 맞게 건축한다.

③ 주말농장형 전원주택은 대도시 근교의 농촌지역에 위치하여 주택과 농장을 함께 조성하여 여가활동이 가능한 전원주택이다.

④ 대부분 지역에서 전원주택에 대한 선호도가 높지 않아 투자 목적보다는 실수요자 중심의 접근이 필요하다.

⑤ 면적이 클수록 난방 등 관리비용 문제, 활용도 문제가 발생할 여지가 크므로 소규모 면적으로 개발하는 것이 필요하다.

해설
③ 주말농장형 전원주택은 대도시에서 어느 정도 격리된 2시간 내외의 농촌지역에 입지하여 주택과 농장을 함께 조성하여 여가활동이 가능한 전원주택이다.
⑤ 전원주택은 면적이 클수록 난방 등 관리비용 문제, 활용도 문제로 소규모 면적으로 개발이 필요하고, 보안에 신경 써야 하며, 보편타당한 디자인으로 설계해야 한다.

핵심테마

07 상가 및 수익형부동산 투자 전략

■ 상가, 수익형부동산(오피스텔) 각각의 특징 및 투자 전략 이해

1. 상가(빌딩) 투자 전략

(1) 상가의 정의 및 종류

① 상가의 정의

　㉠「건축법」에 맞추어 공간적으로 개발하여 건축한 부동산 상품으로 근린생활시설과 업무시설이 주로 입점된 수익형부동산

　㉡ 상가란 상가(빌딩) 안에 입점한 근린생활시설을 의미하며 분양이나 임대상가를 통칭

② 국내 상가의 종류

단지 내 상가	• 「주택법」 등에 의해 일정 규모의 공동주택 건립 시 주민편의 도모를 위해 설치되는 상가 • 아파트 내 상가
근린상가	주거지가 중심이 되는 근린생활권에 입지한 빌딩으로 대체로 5층 미만
일반상가	도심 및 부도심에 위치한 상가
테마상가	• 특정 사업주가 주체가 되어 전체 시설을 계획·관리하는 상가의 한 형태로 상가건물 전체가 농수산물, 의류, 전자, 식당가 등 한 가지 테마로 구성 • 판매시설 및 서비스시설이 집합된 빌딩
복합상가	주거시설, 산업시설, 상가시설이 복합되어 있는 상가
오피스상가	• 도심지 대규모 오피스빌딩의 일부 층에 입지한 판매시설 • 아케이드 상가
기타 상가	지하상가 등

③ 상가 투자 전략

　㉠ 경기침체가 길어지는 경우 경기상황과 접점이 있는 상가의 수익성도 감소

　㉡ 저금리 기조가 오랜 기간 지속됨에 따라 예금보다 높은 수익을 찾아 상가로 진입하였음

　㉢ 불경기에서는 세입자가 월세를 인하해달라는 요구를 하며 연체를 할 수도 있어 어떤 종목을 영위하고 영업활동을 제대로 할 수 있는지가 중요

　㉣ 상가 분양 투자는 현재 임차인을 맞춰놓은 상태에서 분양

　㉤ 금융기관, 대기업프렌차이즈, 기업형슈퍼마켓(SSM) 등의 업종에 비교적 큰 업체를 세입자로 두는 것이 유리함(일반적으로 은행은 5년, 기업형슈퍼마켓은 9~10년 계약)

　㉥ 상가건물 매매가격은 주로 대지면적 × 평당가격을 곱하여 산정

　㉦ 상가건물은 매매가격이 단기간 내 급등한 상황으로 투자관점에서 보면 임차인의 재구성을 통해 임대료를 올릴 수 있는지가 관건

　㉧ 상가건물은 개발 가능성도 검토해야 함

2. 오피스텔 투자 전략

(1) 오피스텔의 정의

① 오피스텔
   ㉠ 용도는 업무를 위주로 하되 일부 숙식을 할 수 있는 시설로 「건축법」상으로는 업무시설
   ㉡ 오피스텔은 「주택법」 개정으로 준주택으로 분류되어 주택임대사업자로의 등록도 가능. 일반적으로는 주거용으로의 사용은 바닥난방을 전제로 하지만, 세무관서에서는 이용형태에 따라 준주택 또는 업무시설로 분류
   ㉢ 용도지역상 준주거지역, 상업지역, 준공업지역, 20m 도로에 접할 경우 주거지역에서도 가능

(2) 오피스텔 시장환경분석 및 투자 전략

① 오피스텔 시장환경분석
   ㉠ 소형주택 재고 감소 현상에 따라 오피스텔의 대체재 가치가 부각
   ㉡ 인구 가구구조 변화에 따라 1~2인 가구의 오피스텔 진입이 이루어지고 있음
   ㉢ 전세가격 상승폭 증가로 오피스텔 시장으로 이주가 확대
   ㉣ 도시형생활주택의 등장으로 상호 경쟁관계

② 오피스텔 투자 전략
   ㉠ 오피스텔은 아파트에 비해 시세차익이 작아 임대를 통해 수익을 창출해야 하므로 수요가 안정적인 역세권의 사무실, 주택 밀집지역을 선택해야 함
   ㉡ 독신자나 프리랜서들은 자신들의 업무 및 생활공간을 선호하므로 상업기능과 업무기능이 높은 지역이 적합
   ㉢ 1~2인 가구의 증가와 소형 주택 부족으로 오피스텔이 최근 몇 년간 대거 분양되었으며 분양가도 높게 형성
   ㉣ 오피스텔 투자는 철저하게 배후 수요를 보고 판단해야 하며, 일정부분 공급이 확충되었으므로 선별적인 투자가 필요

(3) 오피스빌딩

① 오피스빌딩의 개요
   ㉠ 사업경영자 및 사용인이 일정한 장소에서 일상의 사무를 처리하기에 적합한 건물
   ㉡ 도시로의 인구 집중, 직업의 세분화 및 전문화 등으로 수요공간은 증대하고 있으며 시설도 고층화·대형화
   ㉢ 오피스빌딩의 임대소득을 창출하기 위해서는 쾌적성, 안정성, 건강성을 확보해야 하며 빌딩 환경이 인간 생활을 편안하고 능률성 있는 분위기로 만들어야 함
   ㉣ 오피스빌딩은 밀폐된 공간이므로 빌딩 내부의 온도, 습도, 환기 등의 문제에서 인간 건강유지에 필요한 조치를 항상 배려해야 함
   ㉤ 오피스빌딩은 교통조건이 양호해야 하며 접근성이 좋아야 함

② 오피스빌딩에 대한 시장분석
   ㉠ 오피스빌딩에 대한 수요요인 : 공급과 수요의 양, 예측기간 동안의 신규공급, 사무실수요, 사무실 공간의 평균 점유율, 현재 공실을 흡수하는 데 필요한 소요시간

③ 오피스빌딩의 수요분석
   ㉠ 장래인구 및 고용동향 예측
   ㉡ 지역 및 국가 전체의 경제적 요인
   ㉢ 커뮤니티(지역사회)의 특수 요인

④ 오피스빌딩 투자 전략

　　㉠ 오피스빌딩은 안정적인 투자상품으로 경기에 대한 민감도가 덜하여 공실 리스크가 감소

　　㉡ 오피스빌딩은 일반적으로 감당 가능한 공실률을 5% 기준으로 판단

　　㉢ 매매가격 산정은 대지면적은 고려하지 않고 건물 연면적 × 단위면적당 금액으로 계산(아파트와 유사)

　　㉣ 수도권의 경우 오피스빌딩 시장은 CBD(도심업무지역인 광화문, 을지로 등), GBD(강남 테헤란로, 강남대로 일대), YBD(여의도, 마포 일대), BBD(분당 일대)와 기타 지역으로 구분, 도심 → 강남 → 여의도 순으로 임대료와 관리비가 형성

　　㉤ 오피스빌딩 전체로 거래하는 경우가 일반적이지만, 간혹 1개 층을 구분 등기하여 매각하는 사례도 있음. 그러나 상가처럼 거래되어야 하므로 매수자의 선호도가 높지는 않음

> **핵심 CHECK**
>
> **수도권 오피스 빌딩 시장**
> • CBD(도심업무지역인 광화문, 을지로 등), GBD(강남 테헤란로, 강남대로 일대), YBD(여의도, 마포 일대), BBD(분당 일대)와 기타 지역
> • 도심 → 강남 → 여의도 순으로 임대료와 관리비가 형성

적중문제

01 다음 중 상가 투자 전략에 대한 설명으로 적절하지 않은 것은?

중요도
●●○

① 단지 내 상가는 「주택법」 등에 의해 일정 규모의 공동주택 건립 시 주민편의를 도모하기 위해 설치되는 상가이다.

② 근린상가는 주거지가 중심이 되는 근린생활권에 입지한 빌딩으로 대체로 5층 미만 빌딩이 주를 이룬다.

③ 경기침체가 길어지는 경우 경기상황과 연관된 상가의 수익성도 감소하는 경향이 있다.

④ 상가건물 매매가격은 주로 대지면적 × 평당가격을 곱하여 산정한다.

⑤ 상가건물은 이해관계자가 많아 개발하기가 어려워 추후 개발 가능성은 검토하지 않는다.

[해설]

⑤ 상가건물은 현재 상태에서 그대로 매입해서 보유할 경우 개발 가능성도 검토해야 한다.
① 단지 내 상가는 「주택법」 등에 의해 일정 규모의 공동주택 건립 시 주민편의를 도모하기 위해 설치되는 상가로 아파트 내 상가로 개발된다.

02 다음 중 오피스텔 투자 전략에 대한 설명으로 적절하지 않은 것은?

중요도
●○○

① 오피스텔의 용도는 업무를 위주로 하되 일부 숙식을 할 수 있는 시설로「건축법」상으로는 업무시설로 분류된다.

② 오피스텔은「주택법」개정으로 준주택으로 분류되어 주택임대사업자로의 등록은 할 수 없다.

③ 최근 소형주택 재고 감소 현상에 따라 오피스텔이 대체재로서 가치가 부각되고 있다.

④ 오피스텔은 아파트에 비해 시세차익이 작아 임대를 통해 수익을 창출해야 하므로 수요가 안정적인 역세권의 사무실, 주택 밀집지역을 선택해야 한다.

⑤ 오피스텔 투자는 배후 수요를 보고 판단해야 하며, 일정부분 공급이 확충되었으므로 선별적인 투자가 필요하다.

해설

② 오피스텔은 준주택으로 분류되어 주택임대사업자로의 등록도 할 수 있다.

③ 최근 소형주택 재고 감소 현상에 따라 오피스텔이 대체재로서 가치가 부각되고 있으며 인구 가구구조 변화에 따라 1~2인 가구의 오피스텔 진입이 이루어지고 있다.

03 다음 중 오피스빌딩 투자 전략에 대한 설명으로 적절하지 않은 것은?

중요도
●○○

① 오피스빌딩은 안정적인 투자상품으로 경기에 대한 민감도가 덜하여 공실 리스크가 적다.

② 오피스빌딩의 감당 가능한 공실률은 일반적으로 5% 기준으로 판단한다.

③ 수도권의 경우 오피스빌딩 시장은 CBD(도심업무지역인 광화문, 을지로 등), GBD(강남 테헤란로, 강남대로 일대), YBD(여의도, 마포 일대), BBD(분당 일대)와 기타 지역으로 구분할 수 있다.

④ 오피스빌딩은 일반적으로는 밀폐된 공간이므로 빌딩 내부의 온도, 습도, 환기 등의 문제에서 건강유지에 필요한 조치를 항상 배려해야 한다.

⑤ 오피스빌딩의 매매가격 산정은 건물 연면적 × 단위면적당 금액과 토지 금액의 합으로 계산한다.

해설

⑤ 오피스빌딩의 매매가격 산정은 대지면적은 고려하지 않고 건물 연면적 × 단위면적당 금액으로 계산한다(아파트와 유사).

③ 수도권의 경우 오피스빌딩 시장은 CBD(도심업무지역인 광화문, 을지로 등), GBD(강남 테헤란로, 강남대로 일대), YBD(여의도, 마포 일대), BBD(분당 일대)와 기타 지역으로 구분할 수 있다. 임대료는 도심 → 강남 → 여의도 순으로 임대료와 관리비가 형성되어 있다.

④ 오피스빌딩의 임대소득을 창출하기 위해서는 쾌적성, 안정성, 건강성을 확보해야 하며 빌딩 환경이 인간 생활을 편안하고 능률성 있는 분위기로 만들어야 한다. 특히 오피스빌딩은 밀폐된 공간이므로 빌딩 내부의 온도, 습도, 환기 등의 문제에서 건강유지에 필요한 조치를 항상 해야 한다.

핵심테마

08 토지투자 전략

■ 토지투자 전략의 개요 및 투자 전략 이해

1. 토지 관련 용어 해설

(1) 도 로

① **도로의 정의** : 보행 및 자동차 통행이 가능한 너비 4m 이상의 도로로서, 다음에 해당하는 도로

㉠ 「국토의 계획 및 이용에 관한 법률」, 「도로법」, 기타 관계법령에 의해 신설 또는 변경에 관한 고시가 된 도로

㉡ 건축허가 또는 신고 시 특별시장, 광역시장, 도지사 또는 시장 등이 그 위치를 지정 · 공고한 도로

② **도로의 종류** : 고속도로, 일반국도, 특별시도, 광역시도, 지방도, 시도, 군도, 구도로 구분

〈기타 도로의 구분〉

구 분	의 미
「공간 정보의 구축 및 관리 등에 관한 법률상 도로」	• 지적도상에는 도로가 표시되어 있으나 현재는 논 · 밭 · 임야 상태로 되어 있는 경우를 의미 • 지적도상 도로 중 사도로인 경우 토지 소유자로부터 도로 부지를 매입하거나 토지 소유자에게 토지사용승낙서를 받아야 함
현황도로	지목이 '도로'가 아니라 전 · 답 · 잡종지 등으로 되어 있어 지적도에는 나타나지 않으나 현재 사실상 도로로 사용되는 것
구 도	특별시나 광역시 구역에 있는 도로 중 특별시도와 광역시도를 제외한 구 안에서 동 사이를 연결하는 도로

(2) 농 지

① **농지의 정의** : 농지는 농업을 경영하기 위하여 사용하는 토지, 경작의 목적에 의한 토지, 토지대장 지목에 따르지 않고 토지현상에 따라 결정

㉠ 「공간 정보의 구축 및 관리 등에 관한 법률」에 따른 지목이 전 · 답 · 과수원인 토지

㉡ 지목을 불문하고 실제로 농작물 경작지 또는 다년생식물 재배지로 이용되는 토지

㉢ 농지의 개량시설로 유지, 양 · 배수시설, 수로, 농로, 제방의 부지

㉣ 농축산물 생산시설의 부지로 고정식 온실, 버섯재배사 및 비닐하우스와 그 부속시설, 축사와 그 부속시설, 농막, 간이저장고, 간이퇴비장 또는 간이액비저장소의 부지

② **농업인**

　㉠ 타인에게 고용되지 않고, 또 타인을 고용하지도 않으며, 자기 자신과 가족의 노동력으로 자기 토지 또는 차지를 활용해 농업을 경영하는 생산자

　㉡ 1,000m² 이상의 농지에서 농작물 또는 다년생식물을 경작 또는 재배하거나 1년 중 90일 이상 농업에 종사하는 자

　㉢ 농지에 330m² 이상의 고정식 온실, 버섯재배사, 비닐하우스, 그 밖의 법령으로 정하는 농업생산에 필요한 시설을 설치하여 농작물 또는 다년생식물을 경작 또는 재배하는 자

　㉣ 대가축 2두, 중가축 10두, 소가축 100두, 가금 1천수 또는 꿀벌 10군 이상을 사육하거나 1년 중 120일 이상 축산업에 종사하는 자

　㉤ 농업경영을 통한 농산물의 연간 판매액이 120만원 이상인 자

③ **농업법인** : 「농어업경영체 육성 및 지원에 관한 법률」에 따라 설립된 영농조합법인과 같은 법 제19조에 따라 설립되고 업무집행권을 가진 자 중 1/3 이상이 농업인인 농업회사법인

④ **농지대장(구. 농지원부)**

　㉠ 농지의 소유와 이용실태를 파악하고 이를 효율적으로 관리하기 위해 「농지법」에 의해 모든 농지를 대상으로 농지 소재지를 관할하는 행정관청에 작성하여 비치하는 것

　㉡ 농지의 임대차계약이 체결 · 변경 · 해제되거나 농축산물 생산시설을 설치하는 경우 등 변경 사유가 발생한 날로부터 60일 이내에 변경 내용을 소재지 관할 행정관청에 신고해야 함

　㉢ 농지대장은 지자체 어디서나 발급이 가능하지만, 신청일 기준으로 1년 내 경작사실 확인이 완료된 농지대장만 발급이 가능하여 대장 유무로 농업인을 바로 확인하기는 어려움

　㉣ 농지대장 등록 혜택으로는 2년 이상 재촌자경 후 농지 매입 시 취득세 50% 경감 및 주택채권 면제, 8년 이상 재촌자경 후 농지 매도 시 양도세 감면, 농업용시설 농가주택 건축 시 농지전용부담금과 취득세 감면 등의 혜택이 있음

⑤ **농지전용부담금(농지보전부담금)**

　㉠ 농지전용허가를 받은 자, 농지전용 협의를 거친 지역 또는 시설예정지에 있는 농지를 전용하려는 자 등이 농지를 보전하고 관리 및 조성하는 데 부담하는 금전

　㉡ 농지전용허가를 받는 사람이 농지의 보전 · 관리 및 조성을 위해 농지관리기금을 운용 · 관리하는 한국농어촌공사에 내는 부담금

　㉢ 농업인은 농지전용부담금을 면제하며, 지목상 전 · 답 · 과수원 · 농지로 사용하는 임야도 해당

⑥ **산지전용부담금(대체산림자원조성비)**

　㉠ 보존임지에 대한 전용허가를 받거나 산림의 형질변경 허가를 받은 자 등에 대해 전용면적을 기준으로 부과 징수하는 것을 의미

　㉡ 대체산림조성비는 산지전용 또는 산지일시사용되는 산지의 면적 × 단위면적당 금액으로 책정하며, 준보전산지, 보전산지, 산림전용 · 일시사용제한지역 별로 단위면적당 산출금액을 다르게 책정

(3) 토지거래허가제도

① 토지거래허가구역 내에 기준면적을 초과하는 토지계약을 하고자 할 때 행정관청의 허가를 받도록 하는 제도로 토지의 효율적·합리적 이용을 도모하며 국토교통부장관이 지정·공고함

② **토지거래허가구역의 지정**

    ㉠ 토지의 투기적인 거래가 성행하거나 지가가 급격히 상승하는 지역

    ㉡ 대통령령이 정하는 지역에 대해 5년 이내의 기간을 정하여 토지거래허가구역으로 지정된 지역

③ **토지거래계약의 허가**

    ㉠ 토지거래허가구역 안에 있는 토지를 거래·계약하고자 하는 자는 관할시장, 군수, 구청장의 허가를 받아야 함

    ㉡ 토지에 대한 소유권, 지상권의 권리 취득을 목적으로 하는 권리에 대한 대가를 받고 이전 또는 설정하는 계약을 하는 경우는 허가를 받아야 함

    ㉢ 토지 취득자는 당초 허가를 받은 목적대로 사용해야 하며 당초의 목적대로 이용하지 않고 방치한 경우 토지 취득가액의 10/100에 상당하는 금액, 임대한 경우 토지 취득가액의 7/100에 상당하는 금액이 1년에 한 번씩 이행강제금으로 부과될 수 있음

④ **토지거래허가 대상 기준**

구 분	내 용
토지거래허가를 요하는 경우	• 토지에 대한 대물변제 계약·예약 • 토지에 대한 양도담보·매도담보 • 토지에 대한 유저당계약·가등기담보·부담부 증여
토지거래허가를 요하지 않는 경우	• 건물에 대한 소유권 이전계약 • 토지에 대한 전세권·임차권·저당권(근저당 포함) 설정계약 등 • 증여·사용대차 등의 무상계약 • 상속, 유증, 사인증여 등

2. 토지투자의 유의사항

(1) 토지투자 요령

① 토지는 부동산 중 가장 환금성이 떨어지므로 본인의 계획 시점에 차질이 생기거나 의도와 달리 처분을 하지 못하게 되는 경우가 많음

② 토지투자는 입지 및 도로 접근성, 용도지역이 좋아야 함

③ 임야 매입 시 준보전산지는 개발이 용이하므로 미래가치가 높아질 수 있음

④ 토지는 주변 지역의 개발 가능성을 점검해야 하며 도로에 접하지 않은 맹지는 일반적으로 투자대상으로 보기 어려움

⑤ 토지를 매입한 경우 매입비용뿐만 아니라 전체적인 개발비용까지 추산해야 함

⑥ 토지를 보유하고 있는 경우 본격적인 개발을 하지 않더라도 지속적인 개선작업이 필요

(2) 토지투자 시 유의사항

① 토지 형상은 가능한 한 정방형인 토지가 좋으며 남향으로 양지바른 토지가 좋음. 토지도 방향이 중요하며 풍수 지리적인 관점에서도 판단 필요

② 지질, 연약 지반, 기후조건, 자연재해 발생 가능성 등도 분석하여 개발 장애 여부 고려

③ 토지와 건물의 소유주가 다른 건물이나 미등기 건물 등이 소재하는 토지는 피해야 함

④ 토지는 의견 일치의 어려움이 존재해 공동투자는 피해야 함

⑤ 토지는 세금에 대한 분석이 선행되어야 함(종합부동산세, 양도소득세 등)

적중문제

01 다음 중 토지 관련 용어에 대한 설명으로 적절한 것을 모두 고른 것은?

중요도
●●○

> ㄱ. 도로의 종류는 일반적으로 고속도로, 일반국도, 특별시도, 광역시도, 지방도, 시도, 군도, 구도로 구분된다.
> ㄴ. 농지는 농업을 경영하기 위하여 사용하는 토지, 경작의 목적에 의한 토지로 토지대장 지목에 따르지 않고 토지현 상에 따라 결정된다.
> ㄷ. 산지전용부담금은 산지전용 또는 산지일시사용되는 산지의 면적에 단위 면적당 금액을 곱한 금액으로 하며, 준보 전산지, 보전산지 등을 가리지 않고 단일의 단위면적당 금액을 적용받는다.
> ㄹ. 농업인은 농업을 경영하는 생산자를 의미하며 타인을 고용하여 농업을 경영하는 사람도 포함한다.

① ㄱ, ㄴ   ② ㄱ, ㄷ
③ ㄱ, ㄹ   ④ ㄴ, ㄷ
⑤ ㄴ, ㄹ

해설

ㄷ. 산지전용부담금은 산지전용 또는 산지일시사용되는 산지의 면적에 단위 면적당 금액을 곱한 금액으로 하며, 준보전산지, 보 전산지, 산림전용 · 일시사용제한지역 별로 다른 단위면적당 산출금액을 적용받는다.

ㄹ. 농업인은 타인에게 고용되지 않고, 또 타인을 고용하지도 않으며 자기 자신과 가족의 노동력으로 자기 토지 또는 차지를 활 용해 농업을 경영하는 생산자를 의미한다.

ㄱ. 도로의 종류는 일반적으로 고속도로, 일반국도, 특별시도, 광역시도, 지방도, 시도, 군도, 구도로 구분할 수 있다. 이외에도 「공간 정보의 구축 및 관리 등에 관한 법률상 도로」, 현황도로, 구도 등의 종류도 있다.

02 다음 중 농지와 농업인, 농업법인 등에 대한 설명으로 적절하지 않은 것을 모두 고른 것은?

중요도
●●○

① 농지는 지목을 불문하고 실제로 농작물 경작지 또는 다년생식물 재배지로 이용되는 토지를 포함한다.

② 농지 관련 양·배수시설, 수로, 농로, 제방의 부지도 농지에 포함된다.

③ 농업인은 농업경영을 통한 농산물의 연간 판매액이 120만원 이상인 자를 포함한다.

④ 농업법인의 요건으로는 업무집행권을 가진 자 중 2/3 이상이 농업인이어야 한다.

⑤ 농업인은 농지전용부담금을 면제받는다.

해설

④ 농업법인은 「농어업경영체 육성 및 지원에 관한 법률」에 따라 설립되며 업무집행권을 가진 자 중 1/3 이상이 농업인인 농업회사법인을 의미한다.

⑤ 농지전용허가를 받은 자, 농지전용 협의를 거친 지역 또는 시설예정지에 있는 농지를 전용하려는 자 등이 농지를 보전하고 관리 및 조성하는 데 부담하는 금전을 농지전용부담금이라 하며 농업인은 농지전용부담금을 면제받는다.

03 다음 중 토지거래허가를 요하는 경우는?

중요도
●●○

① 건물에 대한 소유권 이전계약

② 토지에 대한 대물변제 계약·예약

③ 토지에 대한 전세권·임차권·저당권(근저당 포함) 설정계약 등

④ 증여·사용대차 등의 무상계약

⑤ 상속, 유증, 사인증여 등

해설

토지에 대한 대물변제 계약 및 예약을 하는 경우에는 토지거래허가가 필요하다. ①, ③, ④, ⑤는 토지거래허가를 요하지 않는 경우에 해당한다.

04 다음 중 농지대장에 대한 설명으로 적절하지 않은 것은?

중요도
●○○

① 농지의 소유와 이용실태를 파악하고 이를 효율적으로 관리하기 위해 「농지법」에 의해 모든 농지를 대상으로 농지 소재지를 관할하는 행정관청에 작성하여 비치하는 것을 의미한다.

② 농지의 임대차계약이 체결·변경·해제되거나 농축산물 생산시설을 설치하는 경우 등 변경 사유 발생일로부터 60일 이내에 변경 내용을 소재지 관할 행정관청에 신고해야 한다.

③ 농지대장을 통해 농업인을 바로 확인할 수 있다.

④ 농지대장을 등록하면 2년 이상 재촌자경 후 농지 매입 시 취득세 50% 경감 등의 혜택이 있다.

⑤ 농지대장은 지자체 어디서나 발급받을 수 있다.

> **해설**
> ③ 농지대장은 신청일 기준으로 1년 내 경작 사실 확인이 완료된 농지대장만 발급이 가능하여 대장 유무로 농업인을 바로 확인하기는 어렵다.
> ④ 농지대장 등록 시 혜택으로는 2년 이상 재촌자경 후 농지 매입 시 취득세 50% 경감 및 주택채권 면제, 8년 이상 재촌자경 후 농지 매도 시 양도세 감면, 농업용시설 농가주택 건축 시 농지전용부담금과 취득세 감면 등이 있다.

05 다음 중 토지투자 전략에 대한 설명으로 적절하지 않은 것은?

중요도
●●○

① 토지는 부동산 중 가장 환금성이 떨어지므로 본인의 계획 시점에 차질이 생기거나 의도와 달리 처분을 하지 못하게 되는 경우가 많아 주의해야 한다.

② 토지투자는 입지 및 도로 접근성, 용도지역이 중요하므로 해당 부분을 확인해야 한다.

③ 토지는 주변 지역의 개발가능성을 점검해야 하며 도로에 접하지 않은 맹지는 일반적으로 투자대상으로 보기 어렵다.

④ 토지를 매입할 때에는 지질, 연약 지반, 기후조건, 자연재해 발생 가능성 등도 분석하여 개발 장애 여부도 고려해야 한다.

⑤ 토지를 단순 보유하고 있는 경우에는 개발 단계 전이므로 개선작업을 할 필요는 없다.

> **해설**
> ⑤ 토지를 단순 보유하고 있는 경우라도 지속적인 개선작업이 필요하다.
> ① 토지는 환금성이 낮으므로 주의해야 하며 공동투자도 지양해야 한다.

경매·공매의 비교 및 투자 전략

■ 경매와 공매의 비교 및 각각의 특징 이해

---

1. 경매 및 공매의 비교

(1) 경매의 의의

① 경매는 매도인(법원)이 다수의 매수자를 경쟁시켜 가장 높은 가격을 제시하는 자와 계약하는 경쟁 방식의 매매 방법으로 국가기관에서 하는 경매와 사경매로 구분

② 경매는 「민사집행법」에 의거 집행권원에 기한 강제경매와 임의경매로 구분

③ **임의경매의 종류**

구 분	내 용
임의경매(협의)	담보권실행을 위한 임의경매
형식적 경매(광의)	• 유치권에 의한 경매(인수주의 채택) • 공유물분할을 위한 경매 등(소멸주의 채택)으로 구분

(2) 공매의 의의

① 넓은 의미의 공매에는 「민사집행법」에 의해 강제집행의 수단으로 행해지는 경매, 국세체납처분절차에 의한 압류 절차의 공매, 한국자산관리공사에서 실시하고 있는 유입자산 및 비업무용재산의 매각 등도 모두 포함

② 광의의 공매는 공공기관이 보유하고 있는 자산을 처분하기 위해 불특정 다수를 상대로 하여 공개경쟁입찰 방식 으로 온비드를 통해 매각하는 것

③ 협의의 공매는 독촉기한까지 해당 재산을 납부하지 않을 경우 체납자의 재산을 압류하고 압류 재산을 압류기관 인 국가기관이 강제환가 처분하는 것

(3) 법원경매와 공매의 비교

구 분	법원경매	공 매
법률적 근거	「민사집행법」	「국세징수법」
적용원칙	채권자 평등원칙	국세 우선의 원칙
개시결정기입 등기	경매개시결정 후 기입 등기 (등기사항증명서에 임의경매 또는 강제경매 기재)	공매진행 시 등기사항증명서나 차량등록원부에 기입되어 확인 가능
입찰보증금	최저가격의 10%	매각예정 가격의 10%
입찰방법	법원에서 현장입찰 및 기간입찰	온비드에서 전자입찰만 가능
저당권 채권의 상계 여부	상계 가능(저당권자, 임차인)	상계 불허
명도 시 법적절차	인도명령 가능	명도소송(인도명령제도 없음)
잔금 납부기간 경과 후 대금납부 여부	재경매일 3일 이전에 가능	잔금납부기일 경과하면 추가로 10일이 주어지고 그 기간이 경과되면 납부 불가

2. 경매 용어 및 경매 진행 절차

(1) 경매 관련 용어

구 분	내 용
강제경매	채무명의를 가지고 있는 채권자가 채무자 소유의 부동산이나 동산을 압류한 후 경매를 진행
임의경매	• 전세권, 질권, 유치권, 담보권가등기, 저당권 등의 담보권 실행을 위한 경매 • 담보권자가 경매를 통해 담보물의 매각 대금으로 피담보채권을 변제받는 것
재경매	• 경락인이 경락 후 경락대금을 지급하지 않는 경우 재차 실행되는 경매 • 부동산의 재경매기일은 대금지급기일로부터 14일 이후로 정하여야 함
신경매	입찰을 실시하였으나 낙찰자가 결정되지 않아 기일을 다시 정하여 실시하는 경매
경매비용	• 경매비용은 집행관수수료와 감정평가수수료 등이며 통상 부동산 감정가격의 1~2% • 경매비용은 매각대금의 배당순서에서 가장 먼저 변제받음
명도소송	대상 부동산을 점유할 권원이 없는 자에 대해 대상 부동산의 점유를 이전할 것을 청구하는 소송
인도명령	낙찰자가 낙찰대금을 완납한 후 채무자가 임의로 인도하지 않은 때 대금 완납 후 6월 이내에 집행법원에서 낙찰 부동산을 강제로 낙찰자에게 인도
매각가율 (낙찰가율)	최초 감정평가액 대비 입찰을 통해 낙찰받은 금액의 비율

(2) 경매 관련 절차

① 경매절차도

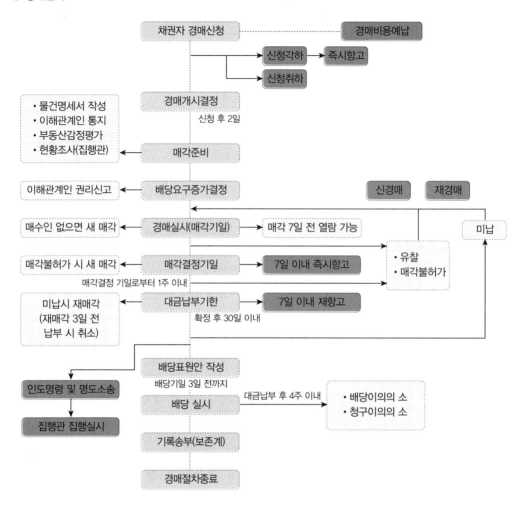

② 입찰서 기재 항목

㉠ 사건번호

㉡ 물건번호

㉢ 입찰자 및 대리인의 인적사항

㉣ 입찰가액 및 보증금액

㉤ 보증금 반환란(입찰에서 떨어진 사람이 돌려받을 때 영수증 대신 기재하는 항목으로 미리 기재하면 안 됨)

3. 경매투자의 유의사항

(1) 입찰 시 유의사항

① 경매는 유찰 시마다 1개월 이후에 다음 회차의 경매기일이 정해짐

② 경매는 1회 유찰 시 다음 회차 진행 시 감정평가액이 20%씩 낮게 조정

③ 입찰가격은 수정할 수 없으므로 반드시 새 용지를 사용해야 함. 또한 하나의 사건번호에 2개 이상의 물건이 진행되는 경우 물건번호를 부여하며 물건번호를 기재하지 않으면 무효 처리됨

(2) 투자 권리분석 시 유의사항

① 권리분석은 말소기준권리(저당권, 근저당권, 압류, 가압류)를 찾는 것부터 시작

② 유치권*에 유의해야 하며, 실무상 유치권 성립이 인정되는 경우는 거의 없지만 경매절차를 방해하거나 협상을 하기 위해 신청하는 경우가 대부분

*타인의 부동산을 점유하는 자가 그 부동산에 관해 생긴 채권의 변제를 받을 때까지 부동산을 점유할 수 있는 권리 → 공사대금

③ 경매물건의 밀린 관리비는 그동안은 매수인이 대납해왔음. 단, 대법원 판결의 경우 매수인은 공용부분의 원금만 내면 됨(공용부분은 30~40% 정도가 일반적)

적중문제

01 다음 중 경매 및 공매에 대한 설명으로 적절하지 않은 것은?

중요도
●●●

① 경매는 「민사집행법」에 의거 집행권원에 기한 강제경매와 임의경매로 구분할 수 있다.

② 협의의 공매의 의미는 독촉기한까지 해당 재산을 납부하지 않을 경우 체납자의 재산을 압류하고 압류재산을 압류기관인 국가기관이 강제환가 처분하는 것이다.

③ 명도 시 법원 경매와 공매 모두 인도명령이 가능하다.

④ 법원경매의 법적 근거는 「민사집행법」이지만 공매의 법적 근거는 「국세징수법」이다.

⑤ 법원경매의 경우에는 현장 입찰을 해야 하지만, 공매의 경우에는 온비드에서 전자 입찰을 하는 방식이다.

[해설]

③ 명도 시 법원경매의 경우에는 인도명령이 가능하지만 공매의 경우 인도명령제도가 없어 명도소송을 진행해야 한다.

① 경매는 매도인(법원)이 다수의 매수자를 경쟁시켜 가장 높은 가격을 제시하는 자와 계약하는 경쟁 방식의 매매 방법으로 국가기관에서 하는 경매와 사경매로 구분할 수 있으며 또한, 「민사집행법」에 의거 집행권원에 기한 강제경매와 임의경매로 구분할 수 있다.

② 광의의 공매는 공공기관이 보유하고 있는 자산을 처분하기 위해 불특정 다수를 상대로 하여 공개경쟁입찰 방식으로 온비드를 통해 매각하는 것이며, 협의의 공매는 독촉기한까지 해당 재산을 납부하지 않을 경우 체납자의 재산을 압류하고 압류재산을 압류기관인 국가기관이 강제환가 처분하는 것을 말한다.

02 다음 중 경매 관련 용어에 대한 설명으로 적절하지 않은 것은?

중요도
●●○

① 강제경매 : 채무명의를 가지고 있는 채권자가 채무자 소유의 부동산이나 동산을 압류한 후 경매를 진행하는 것이다.

② 재경매 : 경락인이 경락 후 경락대금을 지급하지 않는 경우 재차 실행되는 경매로 재경매기일은 대금지급기일로부터 30일 이후로 정하여야 한다.

③ 경매비용 : 집행관수수료와 감정평가수수료 등으로 매각대금의 배당순서에서 가장 먼저 변제받으며 통상 부동산 감정가격의 1~2% 수준이다.

④ 명도소송 : 대상 부동산을 점유할 권원이 없는 자에 대해 대상 부동산의 점유를 이전할 것을 청구하는 소송을 의미한다.

⑤ 매각가율 : 최초 감정평가액 대비 입찰을 통해 낙찰받은 금액의 비율을 의미한다.

해설

② 재경매 : 경락인이 경락 후 경락대금을 지급하지 않는 경우 재차 실행되는 경매로 재경매기일은 대금지급기일로부터 14일 이후로 정하여야 한다.

⑤ 매각가율 : 낙찰가율이라고도 하며, 최초 감정평가액 대비 입찰을 통해 낙찰받은 금액의 비율을 의미한다.

03 다음 중 경매 및 공매에 대한 설명으로 적절하지 않은 것은?

중요도
●●●

① 경매는 1회 유찰 시 다음 회차를 진행할 때에는 감정평가액에서 20%씩 낮게 조정한다.

② 입찰가격을 잘못 기재한 경우 수정하여 작성한다.

③ 경매를 하는 경우에는 유치권에 대해 유의해야 한다.

④ 경매물건의 밀린 관리비가 있는 경우 통상적으로는 매수인이 밀린 관리비를 대납해왔다.

⑤ 경매에 대한 권리분석은 말소기준권리(저당권, 근저당권, 압류, 가압류)를 찾는 것부터 시작한다.

해설

② 입찰가격은 수정할 수 없으므로 수정할 경우 반드시 새 용지를 사용해야 한다. 또한 하나의 사건번호에 2개 이상의 물건이 진행되는 경우 물건번호를 부여하며 물건번호를 기재하지 않으면 무효 처리된다.

③ 경매를 하는 경우 실무상 유치권 성립이 인정되는 경우는 거의 없지만 유치권에 유의해야 한다.

④ 경매물건의 밀린 관리비가 있는 경우 통상적으로는 매수인이 밀린 관리비를 대납해왔다. 단, 대법원 판결의 경우 매수인은 공용부분의 원금만 내면 되는 것으로 판결되었다.

10 NPL 투자 방법 및 전략

출제포인트

- NPL 투자의 구조 및 전략에 대한 이해

1. NPL 투자 및 투자구조

(1) NPL 투자

① NPL 투자의 의의

ㄱ NPL(Non Performing Loan)은 금융권의 무수익여신, 미회수채권 또는 부실채권을 의미

ㄴ 은행은 부실채권이 많아지면 이를 털어내고자 하며 개인에게 팔 수는 없으므로 큰 금액으로 묶어 금융감독위원회에 등록 후 부실채권을 자산유동화회사에 매각

② NPL 투자 구조

ㄱ 자산유동화전문회사는 페이퍼컴퍼니로 NPL을 다 처분하고 원금을 상환하면 없어짐

ㄴ SPC에 투자하는 회사는 기관투자자가 대부분

ㄷ 법에서 자산관리자가 될 수 있는 회사는 자산보유자, 신용정보회사, 기타 자산관리업무 전문업체가 될 수 있음

〈부동산 NPL 투자구조〉

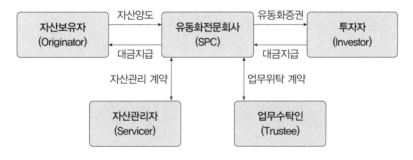

(2) NPL 투자가치

① NPL 투자에 개인이 직접 참여할 수 있는 방법은 차단되어 있음

② NPL 물건이 경매 사건에서 진행되는 경우 입찰금액이 과도하게 부풀려지는 경우도 있음

③ 부동산 자산관리는 소유자의 자산가치 극대화를 위한 전문적이고 종합적인 관리를 의미

(3) NPL과 부동산 경매의 관계

① NPL은 비교적 안정적인 투자처로 수익률도 괜찮은 편이라는 인식이 있음

② 유동화전문회사는 도매로 매입하였으므로 투자자를 모집하여 다시 매도해야 함

③ 개인이 NPL채권을 매입하는 것은 금지되었으며 NPL매입 시 근저당권을 인수하는 구조이므로 투자금 회수 목적으로는 경매를 통해 채권을 회수하는 절차를 거치게 됨

01 다음 중 NPL 투자에 대한 설명으로 적절하지 않은 것은?

중요도
●●○

① NPL은 금융권의 무수익여신, 미회수채권 또는 부실채권을 의미하며, 은행의 부실채권을 큰 금액으로 묶어 채권을 자산유동화회사에 매각하는 것이다.

② 유동화전문회사는 NPL 채권을 도매로 매입하였으므로 투자자를 모집하여 다시 매도해야 한다.

③ NPL 매입 시 근저당권을 인수하는 구조이므로 투자금 회수 목적으로는 경매를 통해 채권을 회수하는 절차를 거치게 된다.

④ 법에서 NPL자산의 자산관리자가 될 수 있는 회사는 자산보유자, 신용정보회사, 기타 자산관리업무 전문업체 등이다.

⑤ NPL채권 투자는 제한적으로 개인의 직접투자를 허용하고 있다.

해설

⑤ NPL채권 투자는 개인의 직접투자는 허용하지 않는다.

① NPL채권은 금융권의 무수익여신, 미회수채권 또는 부실채권을 의미한다. 은행은 부실채권이 많아지면 부실채권을 털어내고자 하며 개인에게 팔 수는 없으므로 이를 큰 금액으로 묶어 금융감독위원회에 등록 후 채권을 자산유동화회사에 매각하는 과정이 NPL 프로세스이다.

합격공식
시대에듀

교육은 우리 자신의 무지를 점차 발견해 가는 과정이다.

– 윌 듀란트

보유 부동산
자산관리 전략

출제경향 및 학습전략

● 부동산 자산관리 개념, 종류별 부동산 자산관리 운영에 대해 단답식이 아닌 전체적인 이해 정도를 묻고 있으므로 개념과 필요성, 자산관리 운영에 대한 심층적인 이해가 필요합니다.

● 부동산금융상품 및 리츠, PF가 나오게 된 배경에 대한 이해, 각각의 특성에 대해 학습하는 것이 필요합니다.

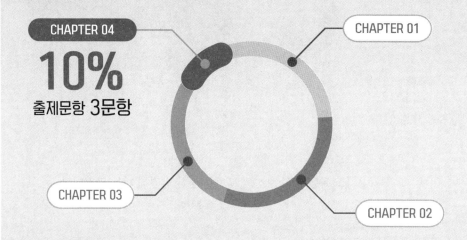

CHAPTER 04

10%
출제문항 3문항

CHAPTER 01

CHAPTER 03

CHAPTER 02

부동산 자산관리 개념과 필요성

출제포인트

- 부동산 자산관리 개념 이해
- 부동산 자산관리의 필요성 이해

1. 부동산 자산관리의 정의

(1) 소극적 의미의 자산관리

① 기존의 시설 운영 중심의 관리로서 전반적인 건물시설관리시스템이며, 부동산의 시설관리 영역에 초점

② 관리목적은 건물의 운영, 관리, 수선 등의 관리비용을 최소화하는 운영의 효율화와 건물의 설비, 유지보수, 에너지 효율화 등의 최적 환경 조성

(2) 적극적 의미의 자산관리

부동산을 전체 자산의 운용과 총괄적인 포트폴리오를 포함한 전문적이고 종합적인 재무적 자산관리, 수익 극대화를 위한 체계적인 측면의 자산관리

① **자산관리 목적**

㉠ 자산의 설계 · 투자 · 관리를 포함하는 종합적 자산관리로 최적의 투자 전략과 운영을 통한 최대의 수익창출

㉡ 개별 자산이나 특정 지역의 자산에 대한 전략적이고 효율적인 운영관리를 통한 부동산 자산가치의 극대화 목적

② **부동산 자산관리의 필요성**

㉠ 부동산은 단기간 내 가격상승으로 인해 추가적인 매각차익을 기대하기 어려운 상황이 도래하였으며, 수익성 향상을 통해서만 가치 증가 가능

㉡ 건물 노후화로 감가상각이 시작되었으며, 건물설비, 배관 등의 노후화로 리모델링 비용 증가

㉢ 부동산업 측면에서 단순 중개의 한계에 봉착했으며 자산가치 증대를 통한 새로운 사업영역 구축이 필요한 시장이 전개(개발 → 관리 시대로 변화)

㉣ 건물을 보유한 기존 세대의 고령화로 관리 부분에 공백기 발생

(3) 부동산 자산관리시장 변화

① 부동산 자산시장의 트렌드 변화

구 분	과거시장	현재시장
부동산 시장 변화	• 부동산 PF시장 침체 • 부동산금융의 고정화 • 부동산 직접투자 경향 • 양도차익 목적 • 부동산 공급자 중심 • 소유투자 목적(주거수요 단순화)	• 부동산 리츠 시장 확대 • 부동산금융의 유동화 • 부동산 간접투자 경향 • 이용운영수익 목적 • 부동산 수요자 중심시장 • 거주이용 목적(주거수요 다양화)
부동산관리시장 으로 변화	• 관리제도 미비로 개별적 관리 • 부동산 유지 및 보존관리 초점 • 시설관리(FM, 시설 · 경비 · 청소 · 주차) • 자가관리(개별적 · 수동적 · 영세적 관리) • 인적건물관리회사(FMC)	• 관리제도 강화 공공성 · 사회성 강조 • 부동산 수익운영관리 목적 • 자산관리(PM, 임대차관리 · 시설관리) • 전문위탁관리(시스템화 · 전문적 관리) • 전문자산관리회사(PMC)
부동산관리 대상 복잡화	• 관리건축물의 단순화 · 저층화 • 개별적 로컬 설비시스템 • 비수익형 대형 부동산관리	• 관리건축물의 다양화 · 고층화 • 패키지 빌트인 시스템 • 인터넷 통합관리시스템(시설 · 보안 · 커뮤니티) • 수익형 소형 부동산관리

② 부동산 자산관리의 규모 변화

구 분	내 용
고층건물의 건축과 대형화	대규모 고층빌딩의 건설과 주택의 집합화 · 고층화에 있으며 건물의 설비가 복잡하고 고급화되어 고도의 관리기술이 필요
부동산 투자기회의 증대	• 대규모 개발이 진행되며 부동산 투자기회가 증가 • 집단 투자증가로 자산의 집중화가 초래되어 전문적인 자산관리가 필요
건물자산 운영비용의 증가	빌딩 운영관리 비용을 최적화, 건물수명과 가치를 극대화하기 위해서는 자산관리가 필요

③ 부동산 자산 비중의 증대와 인구구조 변화 : 우리나라 개인 자산의 70%가 부동산으로 구성되어 있어 부동산 자산관리가 필요

01 다음 중 부동산 자산관리에 대한 설명으로 적절하지 않은 것은?

중요도
●●●

① 소극적 의미의 자산관리는 기존의 시설 운영 중심의 관리로서 전반적인 건물시설관리시스템이며, 부동산의 시설관리 영역에 초점을 맞춘다.

② 적극적 의미의 자산관리는 부동산을 전체 자산의 운용과 총괄적인 포트폴리오를 포함한 전문적이고 종합적인 재무적 자산관리, 수익 극대화에 초점을 둔다.

③ 소극적 의미의 자산관리 목적은 건물의 운영, 관리, 수선 등의 관리비용을 최소화하는 운영의 효율화와 건물의 설비, 유지보수, 에너지효율화 등의 최적 환경 조성이다.

④ 소극적 의미의 자산관리 목적에는 개별 자산이나 특정 지역의 자산에 대한 전략적이고 효율적인 운영관리를 통해 부동산 자산가치의 극대화하는 목적도 포함된다.

⑤ 적극적 의미의 자산관리 목적으로는 자산의 설계·투자·관리를 포함하는 종합적 자산관리로 최적의 투자 전략과 운영을 통한 최대의 수익창출이 있다.

해설
④는 적극적 의미의 자산관리에 대한 내용이다.

02 다음 중 부동산 자산관리의 필요성에 대한 설명으로 적절하지 않은 것은?

중요도
●●●

① 부동산은 단기간 내 가격상승으로 인해 추가적인 매각차익을 기대하기 어려운 상황이 도래하였으며, 수익성 향상을 통해서만 가치 증가가 가능하다.

② 건물 노후화로 감가상각이 시작되었으며, 건물설비, 배관 등의 노후화로 리모델링 비용이 증가되고 있다.

③ 부동산업 측면에서 단순 중개의 경우 수익창출에 한계에 봉착했으며, 따라서 관리에서 개발로 초점이 움직이고 있다.

④ 건물을 보유한 기존 세대가 고령화되어 관리 부분에 공백기가 발생하고 있다.

⑤ 건물주의 2세는 자산관리보다는 본업의 직업에 집중하는 경우가 많아 자산관리를 대행할 업체가 필요하다.

해설
부동산업 측면에서 단순 중개는 한계에 봉착해 있으며, 자산가치 증대를 위해서는 새로운 사업영역 구축이 필요하다. 따라서 자산가치 증대에 필요한 개발에서 관리로 시대가 변화하고 있다.

03 다음 중 부동산 자산관리시장의 변화에 대한 설명으로 옳지 않은 것은?

중요도
●●●

① 현재 부동산 시장은 리츠 시장이 확대되고 있으며 양도차익보다는 이용운영수익 목적으로 변화하고 있다.

② 부동산 관리시장은 기존의 자산관리(PM)에서 시설관리(FM) 중심으로 변화하고 있다.

③ 관리대상 건축물이 다양화·고층화됨에 따라 관리대상은 점차 복잡화되고 있다.

④ 건물자산 운영비용이 점차 증가함에 따라 빌딩 운영관리 비용을 최적화하고 건물수명과 가치를 극대화하기 위해서는 자산관리가 필요하다.

⑤ 우리나라 개인 자산의 70%가 부동산으로 구성되어 있어 자산의 비중 측면에서 부동산 자산관리가 필요하다.

해설
부동산 관리시장은 기존의 시설관리(FM) 중심에서 자산관리(PM)으로 변화하고 있다.

02 부동산 자산관리 운영

- 부동산 자산관리의 운영에 대한 개략적인 이해
- 부동산 자산관리업 현황 파악

1. 부동산 자산관리 운영

(1) 부동산 자산관리 분야의 종류

구 분	내 용
부동산 자산관리 (REAM)	자산운용업무(건물자산의 매입매각, 투자관리업무)와 재무관리업무를 수행하여 자산의 위험분산을 위한 최적 포트폴리오 업무를 수행
부동산 재산관리 (PM)	건물자산의 임대관리업무를 수행하며, 수익관리 · 공실관리 · 시설물관리 등의 업무를 수행, 시설관리(FM)를 포함
부동산 시설관리 (FM)	시설물 유지관리업무를 각각 수행하며, 시설물 보수와 관리 업무 수행

(2) 부동산 자산관리(REAM)의 목적과 업무

① 현재의 자산을 단순히 유지 · 관리하는 것을 넘어 소유자의 목적에 따라 투자, 매매, 유지, 운영, 재활용, 처분 등을 하는 포괄적 의미의 자산관리를 의미

② 부동산 자산을 포트폴리오 관점에서 관리하여 최대의 자산가치를 얻도록 하는 적극적 의미의 자산관리를 의미

③ **자산관리 목적**

　㉠ 포트폴리오를 통한 부동산의 가치를 극대화

　㉡ 부동산 투자의 전 과정에서 포트폴리오 관점에서의 전략적 의사결정 시스템을 통해 부동산 자산의 가치를 보전 · 증식하고 수익을 극대화하는 데 목적

④ **자산관리 업무내용**

　㉠ 부동산 시장 및 지역경제 분석

　㉡ 자산평가 및 투자 분석

　㉢ 일상적 자산관리 업무

　㉣ 주변 업무

(3) 부동산 자산관리 운영방식 비교

구 분	직접관리방식	위탁관리방식	혼합관리방식
관리방식	소유자가 직접 관리	전문업자 대행관리	전체 직접 관리 + 일부 위탁
특 징	전통적 관리방식 (소규모 주택, 건물, 토지에 적합)	현대적 관리방식 (공동주택, 대형빌딩에 적합)	과도기적 관리방식 (대형 · 고층건물에 적합)
장 점	• 하자 발생 시 신속한 조치와 종합적인 관리 • 기밀보안유지와 효율적 관리 • 친절한 서비스 • 관리 유지비 절약 • 관리요원의 건물 · 설비에 대한 애착과 통제권한이 강함	• 빌딩의 전문적 관리 • 부동산 소유자는 본업에 전념 • 관리비용이 저렴하고 안정 • 인사관리 등이 용이 • 업무의 효율성 및 편리 • 전문가의 우수한 서비스 혜택	• 관리업무의 강한 지휘 통제 • 일부 업무만을 위탁하여 전문성 확보 • 자기관리에서 위탁관리로 이행하는 과도기적 조치
단 점	• 전문성 결여, 관리 요원의 의욕 저하 • 관리의 비효율성 발생 • 소유자의 본업 업무의 어려움	• 신뢰성 있는 전문관리업자 확보 어려움 • 관리요원의 애착심이 낮음 • 관리업체가 영리만 추구하여 부실 관리 우려, 통제에 한계	• 책임소재가 불분명 • 자영관리요원과 위탁관리요원의 원활한 관계 유지가 어려움 • 운영미숙으로 자기관리, 위탁관리의 단점만 노출

핵심 CHECK

부동산 자산관리의 운영방식

• 직접관리방식 : 소유자 직접 관리
• 위탁관리방식 : 전문업자 대행 관리
• 혼합관리방식 : 전체 직접 관리 + 일부 위탁

01 다음 중 부동산 자산관리에 대한 설명으로 적절하지 않은 것은?

중요도
●●●

① 부동산 자산관리(REAM)는 소유자의 목적에 따라 투자, 매매, 유지, 운영, 재활용, 처분 등을 하는 포괄적 의미의 자산관리를 의미한다.

② 자산관리의 목적은 포트폴리오를 통해 부동산의 가치를 극대화하는 것이다.

③ 부동산 투자의 전 과정에서 포트폴리오 관점에서의 부동산 자산관리가 이루어져야 한다.

④ 자산평가 및 투자 분석은 부동산 자산관리의 업무에 포함되지 않는다.

⑤ 부동산 시장 및 지역경제 분석도 부동산 자산관리의 업무에 포함된다.

[해설]

부동산 자산관리의 업무 영역에는 부동산 시장 및 지역경제 분석, 자산평가 및 투자 분석, 일상적 자산관리 업무, 주변업무가 있다. 따라서 자산평가 및 투자 분석도 자산관리의 영역에 포함된다.

02 다음 중 부동산 자산관리 운영방식에 대해 적절하게 설명한 것을 모두 고르면?

중요도
●●●

> ㄱ. 직접관리방식은 소유자가 직접 관리하는 방식으로 전문성이 결여되는 단점이 있다.
> ㄴ. 위탁관리방식은 직접관리방식보다 좀 더 현대적인 관리방식이라 할 수 있다.
> ㄷ. 혼합관리방식을 통해 부동산 소유자는 본업에 전념할 수 있다.
> ㄹ. 위탁관리방식은 책임소재가 불분명한 단점이 있다.

① ㄱ, ㄴ   ② ㄱ, ㄷ

③ ㄱ, ㄹ   ④ ㄴ, ㄷ

⑤ ㄴ, ㄹ

[해설]

ㄷ. 위탁관리방식은 전적으로 전문업자에 대행관리를 맡기는 것으로 부동산 소유자는 본업에 전념할 수 있는 장점이 있다. 혼합관리방식은 직접관리방식에 비해 일부 부담을 덜 수는 있지만 소유자도 관리에 참여해야 하므로 본업에 온전히 전념하기는 어렵다.

ㄹ. 혼합관리방식의 경우 소유자 및 대행업체가 모두 관여되어 책임소재가 불분명한 경향이 있다.

핵심테마
03 보유 부동산 자산 분석 및 부동산금융

출제포인트

- 보유 부동산의 분석 방법에 대한 이해
- 부동산금융의 활용법에 대한 이해

1. 보유 부동산 자산 분석

(1) 부동산 분석 내용 및 부동산 가치 판단

① 부동산 분석 내용

    ㉠ 지역 및 근린시장 분석

    ㉡ 대상 부동산 개별 분석

    ㉢ 시장경쟁 분석

    ㉣ 대체방안 분석

    ㉤ 재무적 분석

② **입지 분석** : 주거지, 상업지, 산업용지 등 다양한 형태의 용도와 개발 가능성, 배후수요 활용방안 전체에 대한 분석

구 분	내 용
주거지	기후조건, 주변 사회적 환경, 도심과의 거리 등 교통, 근린생활시설 이용환경, 도로 · 상하수도 · 가스 · 전기 등 기반시설, 학교 등 학군, 편의시설, 쾌적한 자연환경 등 검토
상업지	배후지역 고객의 소득수준 · 구매력 · 인구 · 교통편 · 영업의 외부요인 등을 검토
산업용지	제품의 판매시장, 원재료 구입시장과의 접근성 및 수송의 용이성, 노동력 확보, 관련 산업과의 위치 등이 중요

③ **가격 분석** : 원가법, 수익환원법, 비교사례법 등의 감정평가기법을 적용하여 평가하며 비교사례 평가방법이 많이 쓰임

④ **수익성 분석** : 시세차익 및 임대수익률의 파악이 필요하며 상가건물의 경우 임차인의 구성도 검토 필요

⑤ 개발 및 미래가치 분석

2. 부동산금융 활용

(1) 부동산금융의 정의 및 기능

① **부동산금융의 정의** : 부동산 개발(투자)/취득을 목적으로 부동산을 운용대상으로 삼아 자기자본을 포함하여 투자자본을 조달하기 위한 금융

② **부동산금융의 기능**

부동산 공급 확대 기능	부동산 개발 및 건설에 소요되는 자금을 공급하여 공급 확대에 기여
주택구입 능력제고 기능	주택구입 능력의 제고를 통해 주택수요를 유효수요로 전환하여 수요 촉진
저당채권 유동화 기능	공급자/수요자 모두 안정적인 자금조달과 대출이 필요하여 부동산 저당채권의 유동화 제도 도입

(2) 주택금융의 정의 및 특성

① **주택금융의 정의**

ㄱ 광의의 의미 : 주택과 관계된 대지조성 및 건축, 자재생산을 위한 시설 및 운영자금을 대여

ㄴ 협의의 의미 : 주택의 건설 · 개량 등을 위한 자금의 대여와 관리

② **주택금융의 특성**

구 분	내 용
장기대출	• 주택금융은 장기의 저리대출을 전제로 하며 자본 회전속도는 20년 • 자본 회전속도가 장기이므로 투자의 우선순위에서 밀림에 따라 주택금융은 부차적
저리대출	주택금융은 직접적인 수익자산에 대한 융자가 아니므로 이자율은 가계의 상환능력에 의해 결정
개인 대상	주택금융은 가계를 대상으로 함
채무불이행 위험	주택은 거주에 쓰이는 자산으로 상환능력은 자산의 수익성에 의존하는 것이 아닌 여러 요인이 작용하는 가계의 소득수준에 의존함에 따라 채무불이행의 위험↑

01 다음 중 보유 부동산 가치판단에 필요한 분석 관련 설명으로 적절하지 않은 것은?

중요도
●●○

① 부동산 입지 분석 시에는 주거지, 상업지, 산업용지 등 다양한 형태의 용도와 개발 가능성, 배후수요 활용방안 전체에 대한 분석이 필요하다.

② 부동산 가격 분석 시에는 원가법, 수익환원법, 비교사례법 등의 감정평가기법을 적용하여 평가하며 수익환원법이 일반적으로 많이 쓰인다.

③ 상업지 부동산 입지 분석 시에는 배후지역 고객의 소득수준 · 구매력 · 인구 · 교통편 · 영업의 외부요인 등을 검토해야 한다.

④ 주거지 부동산의 입지를 검토할 경우 기후조건, 제반여건, 학군, 편의시설, 자연환경 등에 대해서도 검토해야 한다.

⑤ 수익성을 분석하기 위해서는 시세차익 및 임대수익률 파악이 필요하며 상가건물의 경우 임차인의 구성도 검토해야 한다.

해설

부동산 가격 분석 시에는 원가법, 수익환원법, 비교사례법 등의 감정평가기법을 적용하여 평가하며 비교사례법이 일반적으로 많이 쓰인다.

핵심 CHECK

부동산 분석 사항

지역 및 근린시장 분석, 대상 부동산 개별 분석, 시장경쟁 분석, 대체방안 분석, 재무적 분석, 입지 분석

02 다음 중 부동산금융의 특성에 대한 설명으로 적절하게 연결된 것을 모두 고르면?

중요도
●●●

ㄱ. 장기대출 : 장기의 저리대출을 전제로 하며 자본 회전속도는 일반적으로 20년
ㄴ. 저리대출 : 주택금융의 이자율은 수익성 기준으로 결정
ㄷ. 개인(가계) 대상 : 주택금융은 가계를 대상으로 실행
ㄹ. 채무불이행 위험 : 상환능력은 주택의 수익성에 의존하여 채무불이행 위험 큼

① ㄱ, ㄴ
② ㄱ, ㄷ
③ ㄱ, ㄹ
④ ㄴ, ㄷ
⑤ ㄷ, ㄹ

해설

ㄴ. 주택금융은 수익자산에 대한 융자가 아니므로 대출이자율이 수익성 기준에 따라 결정될 수 없으며 가계의 소득수준을 감안한 상환능력에 의해 결정된다.

ㄹ. 주택은 직접적으로 수익이 발생하는 자산이 아니므로 상환능력은 가계의 소득수준에 의존하므로 채무불이행 위험이 크다.

핵심테마
04 부동산금융상품

- 부동산 간접투자와 직접투자에 대한 이해 및 비교
- 부동산펀드 개념 및 특성 이해

1. 부동산 간접투자와 직접투자

구 분	부동산 간접투자	부동산 직접투자
전문성	전문가가 투자결정 및 자산 운용	비전문가인 투자자 개인의 판단
세제혜택	• 취득세 감면 • 양도소득세 비과세	취득세, 재산세, 양도소득세 세금 부담
안정성	• 지역별, 투자유형별 분산투자 가능 • 소액투자자도 대형부동산 투자 가능 • 전문운용인력에 의한 리스크 관리	• 개인에 의한 투자로 안정성↓ 투자위험↑ • 거액의 투자 필요

2. 부동산펀드의 개념 및 특성

(1) 정 의

「자본시장과 금융투자업에 관한 법률」상 부동산집합투자기구(부동산펀드)를 집합투자재산의 40/100 이상으로 대통령령으로 정하는 비율(50/100)을 초과하여 부동산에 투자하는 집합투자기구

(2) 주요내용

① 부동산을 취득하는 방법에 의한 투자뿐만 아니라 다양한 방법으로 부동산투자를 허용
② 펀드재산으로 부동산 자체에 투자하는 경우 외에 펀드재산의 50%를 초과하여 부동산과 관련된 권리, 금전채권, 증권, 부동산 기초 파생상품에 투자하는 경우 모두 포함
③ 부동산개발과 관련된 법인에 대한 대출을 하는 경우에도 부동산펀드에 포함

(3) 투자대상자산

구 분	내 용
부동산	토지 및 정착물
부동산 관련 권리	지상권·지역권·전세권·임차권·분양권 등 부동산 관련 권리 및 채권금융기관의 부동산 담보가 설정된 금전채권 등
부동산 관련 증권	• 부동산, 부동산 관련 권리 등에 50/100 이상 투자된 증권(집합투자증권, 수익증권, 유동화증권) • 부동산투자회사가 발행한 주식 • 부동산투자목적회사가 발행한 지분증권 • 특정한 부동산을 개발하기 위해 존속기간을 정해 설립된 회사가 발행한 증권
파생상품	부동산 기초 파생상품
대 출	부동산개발과 관련된 법인(시행사, 부동산신탁업자, 부동산투자회사, 부동산펀드)에 대한 대출

적중문제

01 다음 중 부동산 간접투자의 특징이 아닌 것은?

중요도
●●○

① 전문가가 투자결정 및 자산 운용
② 양도소득세 부담
③ 지역별, 투자유형별 분산투자 가능
④ 소액투자자도 대형부동산 투자 가능
⑤ 전문운용인력에 의한 리스크 관리

해설

양도소득세를 부담하는 것은 부동산 직접투자의 특징이다.

02 다음 중 부동산펀드에 대한 설명으로 적절하지 않은 것은?

중요도
●●●

① 60% 이상을 부동산 관련 자산에 투자하는 집합투자기구를 부동산펀드라 한다.
② 부동산개발과 관련된 법인에 대한 대출을 하는 경우에도 부동산펀드에 포함된다.
③ 펀드재산으로 부동산 자체에 투자하는 경우 외에 펀드재산의 50%를 초과하여 부동산과 관련된 권리, 금전채권, 증권, 부동산 기초 파생상품에 투자하는 경우를 모두 포함한다.
④ 부동산펀드의 투자 대상인 부동산 관련 권리는 지상권·지역권·전세권·임차권·분양권 등 부동산 관련 권리 및 채권금융기관의 부동산 담보가 설정된 금전채권 등이 포함된다.
⑤ 부동산투자회사가 발행한 주식도 부동산펀드의 투자대상 자산이 될 수 있다.

해설

① 부동산펀드는 「자본시장과 금융투자업에 관한 법률」상 부동산집합투자기구(부동산펀드)를 집합투자재산의 40/100 이상으로 대통령령으로 정하는 비율(50/100)을 초과하여 부동산에 투자하는 집합투자기구이다.
⑤ 부동산펀드 투자대상 자산으로는 부동산, 부동산 관련 권리에 50/100 이상 투자된 증권, 부동산투자회사 발행 주식, 부동산투자목적회사가 발행한 지분증권이 포함된다.

리츠와 PF

출제포인트

■ 리츠(REIT's)에 대한 개념 및 특성 이해
■ PF에 대한 개념 및 특성 이해

1. 리츠(Real Estate Investment Trusts)

(1) 리츠의 정의

① 다수의 일반투자자로부터 자금을 모집한 후 전문회사인 리츠가 부동산 또는 부동산 관련 유가증권 등에 투자·운용하여 발생하는 수익을 투자자에게 배분하는 간접투자상품

② 리츠는 부동산투자전문회사로 주식회사의 형태

(2) 리츠의 종류

종류	특징	투자대상 유형	관리형태
자기관리형	주식회사 형태로 자산의 투자·운용을 직접 수행	일반 부동산 및 부동산 관련 유가증권	• 상근임직원 • 직접관리
위탁관리형	자산의 투자·운용을 자산전문관리회사에 위탁하여 수행		위탁관리
구조조정형 (CR리츠)	투자자로부터 받은 자금을 바탕으로 Paper Company를 설립하여 기업구조조정용 부동산 매입 후 일정 기간이 지난 후 매각을 통해 이익을 배분	기업구조조정 부동산	

(3) 국내 리츠 시장의 특성

우리나라 리츠는 미국과 달리 투기적 거래 방지를 위해 개발사업이나 단기매매 등이 제한되며, 법인세 면제 등이 되지 않음

2. 부동산개발금융(PF)

(1) 부동산금융의 의의

① 프로젝트 금융(PF; Project Financing)은 개별 사업주체와 법적으로 독립된 개발 프로젝트에서 발생하는 미래 현금흐름을 상환 재원으로 하여 자금을 조달하는 금융기법

② 차주의 신용, 일반재산이 아닌 프로젝트의 사업성 자체가 대출 채무의 담보가 되는 자금조달 방식

③ PF는 부동산개발사업을 영위하고자 하는 시행사에 대해 부동산개발사업에 소요되는 자금을 대출형태로 지원하고 시행사로부터 약정 대출이자 및 원금을 상환받아 부동산펀드의 투자자에게 배분하는 형태의 부동산펀드

(2) 부동산개발금융의 특징

① 시행사에 대출을 할 때 부동산에 대해 담보권을 설정하거나, 시공사 등으로부터 지급보증을 받는 등 대출금을 회수하기 위한 적절한 수단을 확보해야 함
② 엄격한 대출채권 담보장치 → 대출이자↓, 완화된 대출채권 담보장치 → 대출이자↑
③ 대출형 부동산펀드의 경우 시행사의 채무불이행 위험으로부터 대출채권을 담보하기 위해 사업부지인 부동산에 대해 담보권을 설정하고, 중첩적으로 시공사 등의 지급보증 또는 채무인수 등을 받아두는 것이 일반적

(3) PF 주요 점검사항

① 시행사의 사업부지 확보 관련 점검
② 시공사의 신용평가등급 및 건설도급순위 점검
③ 시행사의 인허가 관련 점검
④ 부동산개발사업의 사업성 관련 점검

(4) 부동산개발금융의 흐름

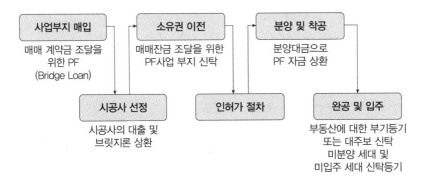

① 국내의 일반적인 PF사업은 자본력이 취약한 시행사가 양호한 사업성을 전제로 토지매입비의 계약금을 제외한 중도금과 잔금 및 분양 전 사업비를 조달
② 시행사가 자금력이 없으므로 지주와 매입협상을 상당히 진행한 후 시공사에 의존하여 토지매입자금을 조달
③ 시공사는 자금 지원의 대가로 시공권을 획득, 공사대금이 일반적으로 도급공사보다 높음

(5) 부동산개발금융의 종류

구 분	내 용
토지(개발)신탁	부동산 소유자가 부동산신탁회사에 소유권을 이전하고 신탁회사는 소유자의 의견을 반영하여 개발 후 이익을 획득하는 사업
PF브리지론	저축은행과 캐피탈사 등에서 인허가 획득 단계 이전에 시공사의 신용에 의존하여 부지매입대금을 차입
PF Loan형 ABS	금융기관이 ABS를 전제로 개발업자에게 여신 제공 후 자산보유자로서 ABS를 발행
매출채권형 PF	장래채권인 분양매출채권 유동화

01 다음 중 리츠에 대한 설명으로 적절하지 않은 것은?

중요도
●●●

① 리츠는 다수의 일반투자자로부터 자금을 모집한 후 전문회사인 리츠가 부동산 또는 부동산 관련 유가증권 등에 투자·운용하여 발생하는 수익을 투자자에게 다시 배분하는 간접투자 상품으로 주로 주식회사의 형태이다.

② 리츠는 크게 자기관리형, 위탁관리형, 구조조정형으로 나눌 수 있다.

③ 리츠의 관리형태 중 자기관리형은 상근임직원이 있어 직접관리하지만 위탁관리형과 구조조정형은 위탁관리한다.

④ 우리나라 리츠는 개발사업이나 단기매매 등이 허용되며 법인세가 면제되는 장점이 있다.

⑤ 위탁관리형 리츠는 자산의 투자 및 운용을 자산전문관리회사에 위탁하여 수행한다.

해설
우리나라 리츠의 경우 미국과 달리 투기적 거래방지를 위해 개발사업이나 단기매매 등이 제한되고 법인세가 면제되지 않는다.

02 다음 중 부동산 프로젝트 금융에 대한 설명으로 적절하지 않은 것은?

중요도
●●●

① 프로젝트 금융(PF)은 개별 사업주체와 법적으로 독립된 개발 프로젝트에서 발생하는 미래현금흐름을 상환재원으로 하여 자금을 조달하는 금융기법이다.

② 프로젝트 금융은 차주의 신용을 토대로 자금을 조달한다.

③ 대출채권 담보장치가 완화된 경우 대출이자는 상승한다.

④ 대출형 부동산펀드의 경우 사업부지인 부동산에 대해 담보권을 설정하고, 중첩적으로 시공사 등의 지급보증 또는 채무인수 등을 받아두는 것이 일반적이다.

⑤ 일반적인 국내 PF사업은 자본력이 취약한 시행사가 양호한 사업성을 전제로 토지매입비 등의 계약금을 제외한 중도금과 잔금 및 분양 전 사업비를 조달하는 방식이다.

해설
② 프로젝트 금융은 차주의 신용, 일반재산이 아닌 프로젝트의 사업성 자체가 대출 채무의 담보가 되는 자금조달 방식이다.
④ 대출형 부동산펀드(PF)의 경우 시행사의 채무불이행 위험으로부터 대출채권을 담보하기 위해 사업부지인 부동산에 대해 담보권을 설정하고, 중첩적으로 시공사 등의 지급보증 또는 채무인수 등을 받아두는 것이 일반적이다.

합격공식
시대에듀

남에게 이기는 방법의 하나는 예의범절로 이기는 것이다.

– 조쉬 빌링스

합격공식
시대에듀

책 없는 방은 영혼 없는 육체와도 같다.

– 키케로

합격공식
시대에듀

희망은 성공으로 이끄는 신앙이다.

- 헬렌 켈러

실전모의고사

하고 싶은 일을 한다면 그 사람은 성공한 것이다.

– 밥 딜런 –

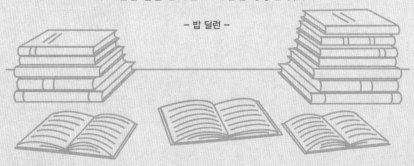

제1회

실전모의고사

제1회 실전모의고사

문항수	100문항
응시시간	100분

금융자산 투자설계 (70문항)

01 다음 중 입·출금이 자유로운 상품에 대한 설명으로 적절하지 않은 것은?

① 보통예금과 CMA는 가입대상의 제한이 없는 상품이다.

② MMDA는 매일의 잔액을 기준으로 최종 잔액에 따른 차등 금리를 적용한다.

③ CMA는 전체가 예금자보호 적용 대상이다.

④ 당좌예금에서는 이자는 지급되지 않는다.

⑤ 저축예금은 일반적으로는 보통예금보다 높은 금리가 적용된 이자가 지급된다.

02 다음 중 금융상품에 대한 설명으로 적절하지 않은 것은?

① 일반적으로 입·출금이 자유로운 상품은 유동성은 높은 반면 수익성은 떨어진다.

② 목돈마련을 위한 적립식 상품의 경우 요구불예금에 비해 수익성은 낮으나 안정성은 높다.

③ 일반적으로 예금의 형태인 금융상품은 예금자보호가 적용된다.

④ 일반적으로 거치식예금은 중도 해지가 되지 않으므로 유동성이 낮은 편이다.

⑤ 금융상품을 선택하는 경우 우선 고려되어야 할 부분은 투자목적에 적합한 금융상품을 고르는 것이다.

03 다음 중 목돈운용을 위한 거치식 상품에 대한 설명으로 적절하지 않은 것은?

① 정기예금의 저축 기간은 최대 60개월까지 설정이 가능하다.

② 양도성예금증서와 표지어음의 이자지급방식은 할인식이다.

③ 회전식정기예금은 회전 단위 기간별로 이자가 복리 계산된다.

④ 환매조건부채권으로 담보대출은 할 수 없다.

⑤ 정기예탁금은 신용협동기구의 별도 기금으로 예금자보호를 한다.

04 다음 중 주택청약종합저축에 대한 설명으로 적절하지 않은 것은?

① 현재 주택청약종합저축을 제외한 나머지 주택청약 관련 금융상품은 가입할 수 없다.

② 청약예금과 청약부금은 예금자보호가 적용되는 상품이다.

③ 주택청약종합저축은 매월 납입해야 하는 금액이 정해져 있다.

④ 주택청약종합저축은 무주택세대주로서 일정금액 이하의 소득이 발생하는 근로자인 경우 연간 납입금액의 40% 범위 내에서 소득공제가 가능하다.

⑤ 주택청약종합저축과 청약저축은 별도의 만기가 정해져 있지 않고 가입한 날부터 입주자로 선정된 날까지를 계약기간으로 하고 있다.

05 다음 중 별단예금 및 자기앞수표에 대한 설명으로 적절하지 않은 것은?

① 별단예금은 일반적인 형태의 예금이 아닌 일시적으로 보유하는 예금 계정이다.
② 자기앞수표는 금융기관이 자신을 발행인 겸 지급인으로 하여 발행하는 수표이다.
③ 자기앞수표가 분실, 도난, 멸실, 훼손된 경우 금융기관은 신고인으로부터 사고신고를 접수받으며, 서면접수가 원칙이다.
④ 사고신고된 자기앞수표의 경우 선위취득자가 지급 제시하는 경우라도 수표대금을 지급할 수는 없다.
⑤ 별단예금 중에서는 금융기관이 정한 일부 범위 내에서 예금이자를 지급받을 수 있는 상품이 존재한다.

06 다음 중 예금자보호적용 대상 금융상품이 아닌 것은?

① 양도성예금증서
② 정기예금
③ 표지어음
④ 정기적금
⑤ 상호부금

07 다음 중 후순위채권에 대한 설명으로 적절하지 않은 것은?

① 후순위채권은 발행회사가 다른 채무를 우선 변제하고 잔여재산이 있는 경우 해당 채권을 후순위로 상환하기로 약정되어 있는 채권을 의미한다.
② 후순위채권은 채권자의 지위이므로 우선주보다 우선 변제받을 권리를 가진다.
③ 일정 요건을 충족한 금융상품의 경우 금융기관은 발행한 후순위채권을 자기자본으로 분류할 수 있다.
④ 후순위채권은 일반적으로 발행한 금융기관이 만기까지 고수익을 보장한다.
⑤ 후순위채권은 원칙적으로는 중도상환이 가능하다.

08 다음 중 중소기업금융채권에 대한 설명으로 적절하지 않은 것은?

① 중소기업금융채권은 중소기업 및 대기업에 대한 투자와 중장기 대출재원 조달 목적으로 발행하는 채권 상품이다.
② 중소기업금융채권은 예금자보호법으로 보호받을 수 없는 상품이다.
③ 중소기업금융채권은 고객에게는 실물채권이 아닌 예금증서와 같이 통장(증서) 형태로 발행되며, 분실 또는 훼손 시 재발행이 가능하다.
④ 중소기업금융채권은 약정기간 이전에 중도상환이 가능하다.
⑤ 중소기업은행의 승낙에 관계없이 자유롭게 양도하거나 질권을 설정할 수 있다.

09 다음 중 자본시장법의 특징으로 적절하지 않은 것은?

① 금융기관별 규율체계
② 포괄주의 방식 채택
③ 금융투자업 상호 간 겸영 가능
④ 투자자보호제도 강화
⑤ 투자성 상품에 대한 청약 철회제도 및 위법계약 해지권 신설

10 다음 중 집합투자업의 설명으로 적절하지 않은 것은?

① 집합투자는 2인 이상의 투자자로부터 투자자금을 모아 펀드를 구성하여 투자를 집행한다.
② 집합투자로 인한 투자펀드의 운용에 따른 수익과 손실이 모두 투자자에게 귀속된다.
③ 집합투자로 인해 다양한 유가증권에 분산투자되어 투자위험이 최소화되는 장점이 있다.
④ 집합투자는 재산의 운용과 관련하여 투자자로부터 일상적인 운용지시를 받는 것이 특징이다.
⑤ 집합투자로 인한 집합투자재산은 자산운용회사의 고유재산과 분리하여 수탁회사가 별도로 보관하여야 한다.

11 다음 중 투자자보호제도의 원칙이 아닌 것은?

① 투자설명서의 교부 및 설명의무
② 적합성의 원칙
③ 적정성의 원칙
④ 부당권유행위 금지
⑤ 내부통제제도의 강화

12 다음 중 주식형펀드에 대한 설명으로 적절하지 않은 것은?

① 주식형펀드는 집합투자규약상 집합투자재산의 60% 이상을 주식 및 주식관련파생상품에 투자해야 하는 펀드이다.
② 주식형펀드는 전통적으로 고위험 고수익형 투자상품이다.
③ 주식형펀드의 운용전략은 크게 액티브형 펀드 및 패시브형 펀드로 분류할 수 있다.
④ 주식형펀드는 가치주펀드와 성장주펀드로 나눌 수 있으며, 저PER주 및 저PBR주로 투자종목을 선택하는 것은 성장주펀드로 분류할 수 있다.
⑤ 액티브형펀드는 펀드의 운용성과에 있어서 펀드매니저의 개인 능력에 대한 의존도가 높으며 보수가 높은 특징이 있다.

13 다음 중 채권형펀드와 혼합형펀드에 대한 설명으로 적절하지 않은 것은?

① 채권형펀드는 집합투자규약상 집합투자재산의 60% 이상을 채권 및 채권관련파생상품에 투자하는 펀드로 주식을 편입하지 않는다.
② 주식형펀드와 비교해서는 기대수익률과 변동성이 상대적으로 낮은 저위험 · 저수익 집합투자상품이다.
③ 혼합형펀드는 집합투자규약상 주식의 최고편입비율이 50% 이상인 주식혼합형상품과 주식의 최고편입비율이 50% 이하인 채권혼합형상품으로 구분할 수 있다.
④ 채권형펀드의 자산배분운용전략은 크게 소극적 전략, 중립적 전략, 적극적 전략으로 구분할 수 있다.
⑤ 혼합형펀드는 위험분산효과로 인해 주식형펀드와 비교하여 수익성은 높고 투자위험은 낮은 특성이 있다.

14 다음 중 부동산펀드의 종류와 특성으로 적절하게 이어진 것이 아닌 것은?

① PF형 부동산펀드 − 시행회사에 초기 토지매입대금이나 시공비 등을 대출한 후 이자를 받아 배당해주는 부동산펀드 상품
② 임대수익형 부동산펀드 − 실물 부동산을 매입하여 임대사업으로 운용하는 수익성 부동산 투자신탁상품
③ 직접개발형 부동산펀드 − 부동산펀드 자체가 직접 개발사업에 참여하여 분양이나 임대를 통해 개발이익을 추구하는 형태로 투자위험이 가장 높음
④ 증권형 부동산펀드 − 다른 부동산펀드의 집합투자증권 및 부동산투자회사(REITs)의 주식 등에 투자하는 펀드 상품
⑤ 경매·공매형 부동산펀드 − 경매 또는 공매에 참가하여 상업용 부동산을 저가에 매입한 후 바로 고가에 매각하여 시세차익만을 추구하는 부동산펀드

15 다음 중 전환형 집합투자기구와 모자형 집합투자기구에 대한 설명으로 적절하지 않은 것은?

① 전환형 집합투자기구는 공통으로 적용되는 집합투자규약에 의해 서로 다른 여러 종류의 펀드 상품으로 전환할 수 있는 권리가 투자자에게 부여된 집합투자기구이다.
② 전환형 집합투자기구는 투자자에게 펀드 전환권을 부여함으로써 투자자의 시장상황 판단 및 전망에 따라 다른 펀드로의 선택이 자유로운 특성이 있다.
③ 모자형 집합투자기구는 투자자가 모펀드에 가입하면 모펀드는 자펀드의 집합투자증권에 투자하고 자펀드는 모인 펀드재산을 운용하는 형태이다.
④ 모자형펀드의 경우 모펀드와 자펀드의 자산운용회사가 동일해야 한다.
⑤ 전환형 집합투자기구는 전환 시에 발생할 수 있는 수수료에 대한 절감효과가 발생할 수 있다.

16 다음 중 구조화 상품의 구조에 대한 설명으로 적절한 것을 모두 고르면?

> ㄱ. 상승수익추구형은 주가상승 시 참여율에 따라 수익이 결정된다.
> ㄴ. 범위형은 주가지수가 강하게 한 방향으로 변동할 것으로 예상될 때 유효한 투자전략이다.
> ㄷ. 디지털형은 미리 정한 조건을 충족하는 경우 수익을 지급하고 조건 미충족 시에는 일정 이자수익만 지급하는 형태이다.
> ㄹ. 원금부분보장형은 통상 원금의 75%~80% 수준이 보장되는 구조이다.

① ㄱ
② ㄱ, ㄴ
③ ㄱ, ㄴ, ㄷ
④ ㄴ, ㄷ
⑤ ㄴ, ㄷ, ㄹ

17 다음 중 투자포트폴리오의 수익과 위험을 측정하는 것에 대한 설명으로 적절하지 않은 것은?

① 포트폴리오 전체 수익을 나타낼 때는 가중평균수익률을 적용한다.
② 일반적으로 포트폴리오의 위험은 분산효과로 인해 개별자산 수익률 표준편차의 가중평균이 아니다.
③ 이론적으로는 표준편차가 큰 주식들의 조합으로 위험이 전혀 없는 포트폴리오를 구성할 수 있다.
④ 분산효과의 정도는 상관계수에 의해 결정된다.
⑤ 포트폴리오의 구성 자산 간 상관계수가 0인 경우에는 분산효과가 발생하지 않는다.

18 다음 중 고객의 재무상황을 분석하는 과정에서 반드시 고객이 가진 자원에 대해 파악해야 하는 내용이 아닌 것은?

① 유동성 확보 정도
② 고객의 총 투자자산 규모
③ 기존 투자자산 투자수익률
④ 투자자의 원금손실 비율 제한
⑤ 투자자산에 대해 부과되는 세금

19 다음 투자안 중 투자자가 효율적 프론티어에 따라 선택할 것으로 예상되는 자산은?

① A : 표준편차 0.01, 기대수익 10%
② B : 표준편차 0.02, 기대수익 10%
③ C : 표준편차 0.01, 기대수익 8%
④ D : 표준편차 0.02, 기대수익 8%
⑤ E : 표준편차 0.03, 기대수익 10%

20 다음 중 자본배분선에 대한 설명으로 적절하지 않은 것은?

① 자본배분선상 오른쪽 위로 갈수록 위험자산의 비중이 증가하며, 왼쪽 아래로 갈수록 위험자산의 비중이 감소한다.
② 위험회피 성향이 높은 투자자의 경우 자본배분선상 오른쪽에 위치한 포트폴리오를 선택한다.
③ 투자자의 위험회피 성향에 관계없이 자본배분선의 기울기는 항상 일정하다.
④ 자본배분선의 기울기가 더 클수록 더 좋은 투자안으로 볼 수 있다.
⑤ 투자자는 무위험자산과 최적 위험포트폴리오 간의 자산배분 비율을 결정해야 한다.

21 다음 중 단일지표모형에 대한 설명으로 적절하지 않은 것은?

① 단일지표모형은 개별자산과 시장의 움직임을 대표하는 단일시장지표와의 공분산만을 고려한 모형이다.
② 단일지표모형의 식 중 $\beta_i R_M$은 시장수익률 변동에 따른 주식 i의 수익률의 변동폭을 나타내는 것으로, 주식 i가 갖는 체계적 위험을 의미한다.
③ 단일지표모형의 알파계수가 0보다 큰 경우 주식의 적정가치보다 높은 가격으로 고평가되었다고 할 수 있다.
④ 단일지표모형의 베타가 1보다 큰 경우 시장 움직임보다 크게 움직이는 종목으로 경기에 민감하게 반응한다고 할 수 있다.
⑤ 단일지표모형의 잔차는 해당 종목의 비체계적 위험을 의미 한다.

22 다음 중 CAPM의 기본가정이 아닌 것은?

① 투자자는 기대수익과 분산기준에 의해 포트폴리오를 선택한다.
② 미래증권수익률의 확률분포에 대한 동질적인 기대를 한다.
③ 무위험자산이 존재하며, 차입이나 대출이 가능하다.
④ 다기간의 투자기간을 가정한다.
⑤ 투자기간 동안의 인플레이션과 금리는 변화가 없다.

23 투자자산 A에 대한 관련 자료가 다음과 같을 때 A의 기대수익률은 얼마인가?

> • 현재 무위험자산의 수익률은 3%이다.
> • 현재 시장포트폴리오의 수익률은 6%이다.
> • A주식의 베타는 1.20이다.

① 3%
② 6%
③ 6.6%
④ 7%
⑤ 8%

24 다음 중 빈칸에 들어갈 것으로 적절하지 않은 것은?

구 분	CAPM	APT
설명요인	(a)	다수 (체계적 위험의 원천이 다수)
시장 포트폴리오	(b)	(c)
모든 자산에 적용	모든 자산 (포트폴리오)에 적용 가능	(d)
자산의 기대수익률	(e)	

① a – CAPM의 설명요인은 시장요인 하나이다.
② b – 시장포트폴리오를 전제하고 있으며 많은 가정이 필요하다.
③ c – 시장포트폴리오를 전제하고 있지만 CAPM보다는 가정이 적게 필요하다.
④ d – 잘 분산된 포트폴리오의 경우 적용 가능하다.
⑤ e – 자산의 기대수익률은 공통요인에 대한 체계적 위험과 선형관계가 존재한다.

25 다음 중 포트폴리오 전략에 대한 설명으로 적절하지 않은 것은?

① 포트폴리오 전략 중 소극적 전략은 단순매입보유전략과 인덱스 전략으로 구분할 수 있다.
② 단순매입유전략은 분산투자 효과로 기업고유위험이 감소하는 효과를 얻을 수 있다.
③ 인덱스 전략은 특정 종목 분석이 필요하지 않다는 장점이 있지만 비용이 많이 소모되는 단점이 있다.
④ 시장예측전략은 시장예측을 통해 우월한 수익을 줄 수 있다고 판단되는 자산군을 선제적으로 포트폴리오 내에 편입하거나 비중을 높이는 전략이다.
⑤ 적극적 전략을 지지하는 현상으로 실제로 1월효과, 기업규모효과, 소외기업효과, 과잉반응 등 시장균형을 벗어나는 현상이 발생한다.

26 다음 중 시장이 매우 효율적이어서 증권의 시장가격이 이미 모든 정보를 반영하고 있어 시장예측과 증권선택의 기술적 가치가 있다고 믿지 않으며 시장초과수익률을 기대하지 않는 투자자가 선택할 투자전략은?

① 시장예측전략
② 제1사분면 투자전략
③ 제2사분면 투자전략
④ 제3사분면 투자전략
⑤ 제4사분면 투자전략

27 다음 중 전략적 자산배분 시 고려할 요소가 아닌 것은?

① 투자자의 위험회피 성향
② 투자자의 투자와 관련한 각종 제약사항
③ 전술적 변화폭
④ 전략적 자산배분의 조정
⑤ 전술적 자산배분 실행 주기

28 투자자 A씨는 A주식을 10,000원에 1주 매입 후 1기 말에 배당금 1,000원을 수령하였다. 2기 초에는 해당 주식을 시장가격 12,000원에 1주 추가 매입 후 2기 말에 배당금 2,000원을 수령하였으며, 배당금 수령 후 주당 13,000원에 매각하였다면, 시간가중수익률은 얼마인가? (단, 소수점 첫째자리에서 반올림한다)

① 20%
② 21%
③ 22%
④ 23%
⑤ 24%

29 다음 중 주식가격 결정요인 중 기업 내적의 양적 요인이 아닌 것은?

① 수급관계
② 수익가치
③ 자산가치
④ 성장성
⑤ 배당성향

30 다음 중 주식시장의 기능으로 적절하지 않은 것은?

① 기업에 대한 소유와 경영의 합치
② 기업에 대한 자금 조달
③ 소득의 재분배
④ 자금의 효율적 배분 촉진
⑤ 기업에 대한 자금 조달

31 다음 중 주가지수에 대한 설명으로 적절하지 않은 것은?

① 주가평균식 주가지수는 대상종목의 주가합계를 종목수로 나누어 산출하는 단순주가평균으로 다우존스산업지수는 주가평균식 주가지수로 계산한다.
② 우리나라 대부분의 주가지수는 시가총액식 주가지수 방법으로 계산한다.
③ 시가총액식 주가지수 방법은 시장 전체의 움직임을 잘 포착하는 장점이 있다.
④ 자본 규모가 큰 종목이 1개가 시장에 포함되어 있는 경우 시가총액식 주가지수 방법은 해당 종목의 영향을 많이 받게 되는 단점이 존재한다.
⑤ 주가지수는 경기변동의 동행지표로 이용된다.

32 주식시장이 다음 5가지 주식으로 구성된 경우 시가총액식 주가지수를 산출하면?

구분	기준시점 주가	기준시점 시가총액	비교시점 주가	비교시점 시가총액
A	10,000원	1,000,000원	14,000원	1,400,000원
B	5,000원	2,000,000원	10,000원	4,000,000원
C	1,000원	10,000,000원	1,300원	13,000,000원
D	3,000원	6,000,000원	3,200원	6,400,000원
E	8,000원	8,000,000원	9,000원	9,000,000원

① 139
② 125
③ 120
④ 110
⑤ 100

33 다음 중 주가와 역의 관계가 성립하는 경제변수는?

① 경제성장률
② 통화량
③ 완만하게 장기적으로 상승하는 물가
④ 이자율
⑤ 환 율

34 다음 중 마이클 포터의 산업구조분석 모형에 대한 내용으로 적절한 설명을 모두 고른 것은?

> a. 진입장벽은 기존 기업들이 신규진입 기업에 비해 가지는 우위로 투입자본이 대표적인 진입장벽이다.
> b. 산업 내 경쟁정도가 심한 경우 매력이 적은 시장으로 볼 수 있다.
> c. 대체품이 많을수록 기업 입장에서는 판매단가를 높게 책정할 수 있다.
> d. 구매자의 후방통합 가능성이 있는 경우 공급자의 교섭력은 상승한다.
> e. 공급자가 소수이거나 조직화된 경우 공급자의 교섭력은 상승한다.

① a, b, c
② a, b, d
③ a, b, e
④ b, c, d
⑤ c, d, e

35 다음 중 제품수명주기에 대한 설명으로 적절하지 않은 것은?

① 도입기에는 매출이 저조하며, 일반적으로는 손실이 발생한다.
② 성장기에는 매출이 증가하며, 경영위험은 점차 낮아진다.
③ 성장기에는 자금조달 능력이 중요하다.
④ 일반적으로 성장기에 상품 단위별 이익은 최고조를 기록한다.
⑤ 쇠퇴기의 경우 경영위험이 점차 높아진다.

36 A기업에 대한 자료가 다음과 같을 경우 이자보상비율은 얼마인가?

> - A기업의 매출액은 2,000,000원이며, 매출총이익률은 20%이다.
> - A기업의 판매 및 관리비는 매출액 대비 10%이다.
> - A기업은 현재 1,500,000원의 차입금이 있으며 해당 차입금의 이자율은 10%이다.

① 1배   ② 1.33배
③ 0.75배   ④ 1.5배
⑤ 1.7배

37 다음 자료를 바탕으로 A기업의 자기자본이익률(ROE)을 계산하면 얼마인가?

> - A기업의 총자본이익률(ROI)은 10%이다.
> - A기업의 부채비율은 100%이다.

① 10%   ② 20%
③ 22%   ④ 25%
⑤ 30%

38 다음 자료를 바탕으로 A기업의 PER을 계산하면 얼마인가?

> - A기업의 발행주식수 : 10,000주
> - A기업의 시가총액 : 2,000,000원
> - A기업의 매출액 : 1,500,000원
> - A기업의 매출액순이익률 : 10%

① 10   ② 11.33
③ 12.33   ④ 13.33
⑤ 13

39 다음 중 해당 기업에 대한 주식 취득을 고려해야 할 상황이 아닌 것은?

① 벤치마크 대비 PER이 적은 경우
② 벤치마크 대비 PBR이 적은 경우
③ 토빈의 q가 1보다 큰 경우
④ 벤치마크 대비 PSR이 적은 경우
⑤ 벤치마크 대비 EV/EBITDA가 적은 경우

40 다음 중 정률성장모형의 가정으로 적절하지 않은 것은?

① 매 기간 이익과 배당이 일정하게 성장한다.
② 요구수익률이 일정하며 항상 성장률보다 크다.
③ 유보율과 배당성향은 일정하다.
④ 필요자금은 내부자금 및 외부차입으로만 조달한다.
⑤ 재투자수익률인 ROE는 일정하다.

41 다음 중 PER평가모형에 대한 설명으로 적절하지 않은 것은?

① PER평가모형은 기업의 단위당 수익률에 대한 상대적 주가수준을 나타낸 것으로 주식의 내재가치를 추정한다.
② PER평가모형은 성장성, 위험, 회계처리 방법 등 질적 측면이 총체적으로 반영되어 있다.
③ PER평가모형의 경우 배당에 대한 정보를 미리 확보해야 하는 한계가 있다.
④ PER평가모형을 구성하는 요소들의 시점, 회계처리 방법, 우발적 손익, 경상이익 및 특별이익 등의 적용 등으로 실질적인 비교가 어려울 수 있다.
⑤ 주당순이익(EPS)이 음수일 경우 PER을 적용하기는 어려운 단점이 있다.

42 다음 자료를 바탕으로 A기업의 EV/EBITDA 비율을 계산하면 얼마인가?

> - A기업의 시가총액 : 10,000,000원
> - A기업의 매출액 : 9,000,000원
> - A기업의 영업이익률 : 12%
> - A기업의 감가상각비 1,000,000원, 상각비 500,000원, 대손상각비 500,000원
> - A기업의 부채총액 : 5,000,000원
> - A기업의 차입금 : 3,000,000원
> - A기업의 현금 및 현금성자산 : 1,000,000원

① 3.95
② 3.90
③ 4.55
④ 4.60
⑤ 4.65

43 다음 중 투자계획서에 포함되어야 하는 사항과 관련 설명이 적절하게 연결되지 않은 것은?

① 투자목표 : 투자자의 재무현황과 위험성향을 바탕으로 목표수익과 위험관리 방향을 제시
② 투자분석 : 투자기간 동안의 주요 투자자산의 기대수익률과 위험의 계량적 추정치를 도출하고 제시
③ 자본시장의 가정 : 주식, 채권, 현금, 부동산 등으로 구분하여 과거 수익률의 수준과 향후 각 투자 대상의 일정 기간대의 평균 기대수익률, 위험, 공분산의 수준, 인플레이션을 감안한 경우의 추정치 산출
④ 자산배분과 종목선정 : 제시한 투자목표와 일치하는 자산배분안 제시
⑤ 사후통제 : 사후적 포트폴리오 수정과 종목선정기준에 따른 종목을 추가 선정

44 다음 중 채권 금리에 영향을 주는 주요 경제변수에 대한 설명으로 적절하지 않은 것은?

① 경기상승 시 금리는 상승한다.
② 물가가 많이 오를 것으로 예측되는 경우 금리는 상승한다.
③ 재정정책을 사용하는 경우 금리는 하락한다.
④ 통화량을 공급하는 통화정책을 사용하는 경우 금리는 하락한다.
⑤ 한국은행에서 통화량을 흡수하는 통화정책을 사용하는 경우 금리는 상승한다.

45 다음 중 채권 발행주체와 채권의 종류로 적절하지 않은 것은?

① 정부 − 국채
② 지방자치단체 − 지방채
③ 특별법에 의해 설립된 법인 − 특수채
④ 금융기관 − 통안채
⑤ 주식회사 − 회사채

46 다음 중 말킬의 채권가격 정리에 대한 내용으로 적절하지 않은 것은?

① 채권가격은 수익률과 반대방향으로 움직인다.
② 채권의 잔존기간이 길수록 동일한 수익률 변동에 대한 가격 변동률은 작아진다.
③ 채권의 잔존기간이 길어짐으로써 발생하는 가격 변동률은 체감한다.
④ 동일한 크기의 수익률 변동 발생 시, 수익률 하락으로 인한 가격 상승폭은 수익률 상승으로 인한 가격 하락폭보다 크다.
⑤ 표면이율이 높을수록 동일한 크기의 수익률 변동에 대한 가격 변동률은 작아진다.

47 다음 중 듀레이션의 특징으로 적절하지 않은 것은?

① 채권의 만기가 길어질수록 듀레이션은 증가한다.
② 채권의 수익률이 높아지면 듀레이션은 감소한다.
③ 표면금리가 높아지면 듀레이션은 증가한다.
④ 이자 지급 빈도가 증가할수록 듀레이션은 감소한다.
⑤ 듀레이션은 현재가치를 기준으로 채권에 투자한 원금을 회수하는 데 걸리는 시간으로도 볼 수 있다.

49 다음 중 볼록성에 대한 설명으로 적절하지 않은 것은?

① 볼록성은 채권가격과 수익률곡선 기울기의 변화를 의미한다.
② 채권의 가격과 만기수익률은 원점에 대해 볼록한 비선형성을 가지며, 듀레이션에 의해 설명될 수 없는 가격변동이 볼록성에 의한 가격 변동으로 볼 수 있다.
③ 만기수익률과 채권 잔존기간이 일정하다는 전제하에 표면이율이 낮아질수록 볼록성은 커진다.
④ 만기수익률과 채권 잔존기간이 일정하다는 전제하에 표면이율이 낮아질수록 볼록성은 작아진다.
⑤ 수익률이 상승할 때 볼록성은 듀레이션에 의해 측정한 가격의 하락폭을 축소시키는 역할을 한다.

48 다음 자료를 바탕으로 A채권의 듀레이션을 계산하면 얼마인가?

> • 채권가격변화율은 5%이다.
> • 현재 채권의 만기수익률은 3%이며, 시장의 만기수익률 변동폭은 −1%이다.

① 5.15
② 5
③ 4.15
④ 4
⑤ 3.15

50 듀레이션이 3, 만기수익률이 10%인 경우 수정 듀레이션은 얼마인가?

① 2.72
② 2.9
③ 3
④ 3.3
⑤ 3.72

51 다음 중 채권의 수익률곡선에 대한 설명으로 적절하지 않은 것은?

① 채권의 수익률곡선이 우상향인 경우 투자자들이 유동성을 선호함에 따라, 만기가 긴 채권에 프리미엄을 요구한 결과로 볼 수 있다.

② 채권의 수익률곡선이 우상향하지 않는 경우 투자자들의 채권 만기에 대한 선호도에 따라 채권시장이 분리된 것으로 설명할 수 있다.

③ 채권시장이 분리된 것으로 설명할 경우 만기에 따라 분리된 각각의 시장 안에서 수급에 따라 각각 금리가 형성된다고 보았다.

④ 경제주체들이 장기채권의 이자율이 미래 단기채권 이자율 이상으로 상승할 것으로 예상하는 경우 채권수익률은 우상향한다고 볼 수 있다.

⑤ 경제주체들이 장기채권의 이자율이 미래 단기채권 이자율과 동일하다고 예상하는 경우라도 채권 수익률은 우상향한다고 볼 수 있다.

52 다음 중 채권 등급 중 원리금 지급 확실성은 양호하나 장래 환경 변화 시 지급능력의 저하 가능성이 존재하는 등급은?

① AAA
② AA
③ A
④ BBB
⑤ CCC

53 다음 자료를 바탕으로 A채권의 자본손익률을 구하면 몇 %인가?

- A채권을 매입할 때 적용된 금리는 5%이다.
- A채권 매도 시 적용된 금리는 3%이다.
- A채권은 할인채이며 매입 시 잔존내용연수는 5년으로, 매도시점까지 1년 3개월 투자하였다.

① 3%
② 4%
③ 5%
④ 6%
⑤ 7%

54 만기가 3년인 A금융기관 복리채권 10,000,000원을 4% 액면가에 매입하고, 1년 후 이 채권을 3%에 매각하였다. A은행의 복리채권의 연환산 투자수익률은? (단, 듀레이션은 잔존내용연수를 적용한다)

① 8%
② 7%
③ 6%
④ 5%
⑤ 4%

55 다음 중 채권 투자전략에 대한 설명으로 적절하지 않은 것은?

① 매매형태를 기준으로 나누는 경우 만기보유전략, 중도매각전략, 교체전략, 딜링전략으로 구분할 수 있다.

② 채권의 투자전략으로 구분하는 경우 소극적 투자전략, 적극적 투자전략으로 구분할 수 있다.

③ 만기보유전략은 채권의 이자수익률만을 목적으로 하는 전략이다.

④ 중도매각전략은 보유 기간 동안의 이자수익률을 얻음과 동시에 롤링효과를 통해 자본수익을 얻으며 매각하기 위한 전략이다.

⑤ 딜링전략은 중단기적인 금리 움직임을 전망하며, 자본수익을 얻기 위해 매매를 실행하는 중단기 채권 매매 전략이다.

56 다음 중 채권의 위험에 대한 설명으로 적절하지 않은 것은?

① 듀레이션 위험은 투자기간 동안 시장 금리의 변동으로 인해 투자수익률이 하락할 위험을 의미하며, 보유하는 채권의 듀레이션이 길면 길수록 듀레이션 위험은 증가한다.
② 채권발행자의 신용도가 하락함에 따라 채권가격이 하락할 위험은 신용 위험이다.
③ 유동성 위험은 채권을 중도에 매각하는 경우 적절한 매수자가 없어서 적정가격으로 매도하지 못할 위험을 의미한다.
④ 듀레이션 위험은 투자자의 상황에 관계없이 일정하게 발생한다.
⑤ 발행자가 중도상환함에 따라 원래 기대했던 이자율을 얻지 못할 위험은 중도상환위험이다.

57 투자자 A씨는 회사채 채권에 투자하였다. 투자 관련 자료가 다음과 같을 때 해당 회사채 투자로 인한 예상투자수익률은?

> • 투자자 A씨는 해당 회사채 채권을 1년 후 재매각할 예정이다.
> • 해당 채권은 액면가 1,000,000원, 표면금리 4%로 매입 시 액면가를 지급하고 취득하였다.
> • 해당 채권의 매입 시 듀레이션은 4년이다.
> • 투자자 A씨는 해당 회사채가 적용받는 예상금리가 3%가 될 것으로 예상하였다.

① 3%
② 4%
③ 5%
④ 6%
⑤ 7%

58 다음 중 주식과 채권을 비교한 것으로 적절하지 않은 것은?

① 주식은 발행주체가 주식회사로 한정되지만 채권은 정부, 공공기관, 특수법인, 주식회사 등 다양한 점에서 차이가 있다.
② 주식은 상환할 의무가 없지만 채권은 정해진 만기가 도래하는 경우 상환해야 하는 의무가 있다.
③ 주식의 주요 권리는 의결권, 경영참가권, 이익배당금 등이 있으며, 채권은 원리금상환청구권이 있다.
④ 주식은 회사의 자기자본을 구성하며, 채권은 타인자본을 구성한다.
⑤ 일정 요건을 충족할 경우 채권자도 의결권이 발생한다.

59 다음 중 파생상품에 대한 설명으로 적절하지 않은 것은?

① 파생상품은 기초자산의 가격에 의해 그 가치가 결정된다.
② 파생상품은 증권과 같이 원본의 범위 내에서 손실을 볼 수 있는 금융투자상품이다.
③ 파생상품은 손익 구조 형태에 따라 자본시장법상 선도, 옵션, 스왑으로 구분할 수 있다.
④ 파생상품은 표준화 정도에 따라 장내파생상품과 장외파생상품으로 구분할 수 있다.
⑤ 선도형 파생상품은 손익구조가 선형인 파생상품으로 선도, 선물, 스왑 등이 있다.

60 다음 중 장내파생상품의 특징에 대한 설명으로 적절하지 않은 것은?

① 장내파생상품은 거래의 내용이나 조건이 표준화되어 있다.
② 장내파생상품은 거래소가 거래상대방의 역할을 하며 거래소를 통해 채무를 이행한다.
③ 장내파생상품은 계약 이행 보증을 위해 청산기관을 운영한다.
④ 장내파생상품은 거래 안정화를 위해 일일정산제도를 운영한다.
⑤ 장내파생상품은 거래당사자가 최초 결제 시점에 결제를 이행하지 않을 경우 결제대금으로 사용할 수 있도록 증거금제도를 운영하고 있으며, 계약체결 시점의 개시증거금만 보유하고 있으면 된다.

61 다음 중 파생상품거래의 구성요소에 대한 설명으로 적절하지 않은 것은?

① 기초자산은 만기일에 인도되는 상품 또는 자산으로 파생상품거래의 대상이다.
② 파생상품별로 계약당 계약 단위 및 호가는 표준화되어 있다.
③ 금융선물계약의 경우 통상 분기의 마지막 월이 결제월로 지정된다.
④ 파생상품거래의 경우 전일의 결제가격을 기준으로 당일 거래 중 등락할 수 있는 최대한의 가격변동범위인 일일가격제한폭이 존재한다.
⑤ 파생상품거래의 경우 만기일에 거래를 종결하는 방식으로 실물인수도 방식만 할 수 있다.

62 다음 중 선도거래와 선물거래의 차이를 비교한 것으로 적절하지 않은 것은?

구 분	선물 (장내파생상품)	선도 (장외파생상품)
거래장소	(a)	(b)
거래방법	공개호가방식 또는 전자거래시스템	거래당사자 간 계약
가격형성	시장에서 형성	(c)
거래상대방	(d)	특정 대상과 거래
인수도	(e)	대부분 실물인수도

① a - 선물은 거래소에서 거래된다.
② b - 선도는 장외파생상품으로 거래장소의 제한이 없다.
③ c - 가격은 거래당사자 간 합의로 결정된다.
④ d - 선물도 선도와 마찬가지로 특정 대상과 거래한다.
⑤ e - 선물은 결제일 이전 반대매매를 통해 포지션 청산이 가능하다.

63 현재 3억원의 주식포트폴리오를 보유하고 있는 투자자 A씨는 6월물을 이용해 주식포트폴리오의 체계적 위험을 관리하고자 한다. 현재 코스피200선물지수가 100포인트, 보유 중인 포트폴리오의 베타가 1.2이다. 투자자는 앞으로 주가가 상승할 것으로 예상하고 베타를 1.4로 상승시키려 한다. 이 경우 6월물 코스피200 주가지수선물을 몇 계약 매수해야 하는가?

① 2.4계약
② 2계약
③ 3.4계약
④ 3계약
⑤ 1계약

64 투자자 A씨는 코스피200주가지수선물에 투자하려 하며, 예상하기로 3월물이 6월물에 비해 상대적으로 더 많이 상승할 것으로 예상하고 있다. 해당 상황에서 투자자 A씨가 취할 행동으로 가장 적절한 것은?

① 강세스프레드
② 약세스프레드
③ 상품 간 스프레드
④ 주가지수 선물매도
⑤ 주가지수 선물매수

65 현재 투자자 A씨는 채권에 투자하려 한다. 투자자 A씨가 채권투자 전 직면한 리스크와 헤지 전략으로 적절한 것은?

① 금리하락 위험 – 금리선물 매수
② 가치하락 위험 – 금리선물 매도
③ 금리하락 위험 – 채권선물 매수
④ 금리상승 위험 – 채권선물 매도
⑤ 가치하락 위험 – 채권선물 매도

66 향후 수익률곡선이 가파르게 하락할 것으로 예상되며 3년 국채선물과 5년 국채선물을 이용하여 상품 간 스프레드전략을 구사하고자 한다. 3년 국채선물 듀레이션은 2.7, 200계약 매도에 대한 5년 국채선물 매수 계약수를 구하면? (5년 국채선물 듀레이션은 4.4이며, 소수점 첫째자리에서 반올림한다)

① 121계약
② 122계약
③ 123계약
④ 124계약
⑤ 125계약

67 다음 중 환리스크 및 해외투자 리스크 관리에 대한 설명으로 적절하지 않은 것은?

① 기업은 수출입에 따른 환리스크를 관리하기 위해 선물환이나 통화선물을 활용한다.
② 차입자는 주로 매도헤지를 활용하여 환리스크를 헤지한다.
③ 환율을 적용한 투자수익률은 외국통화표시 기대수익률과 환율 예상변화율로 구성된다.
④ 환리스크 헤지비율은 포트폴리오 순자산가치 중 환리스크로부터 헤지된 비율을 의미한다.
⑤ 해외투자에 대한 리스크 관리의 일환으로 환리스크를 헤지한 후 원화가치가 지속적으로 상승하는 경우 환차익이 발생한다.

68 다음 중 주가가 강세일 것으로 예상되는 경우 가장 이익이 클 것으로 예상되는 거래는?

① 콜옵션 매수
② 콜옵션 매도
③ 풋옵션 매수
④ 풋옵션 매도
⑤ 스트래들 매도

69 다음 중 옵션 투자의 이익 발생 원천에 대한 설명으로 적절하지 않은 것은?

① (+)의 델타는 기초자산 상승 시 이익이 발생한다.

② 감마는 기초자산 가격 변동 시 델타의 변화를 측정하는 것으로 옵션 매수의 경우 감마는 (+) 값을 가진다.

③ 베가는 옵션가격의 변동성에 대한 옵션가격 민감도를 의미하며, 옵션 매수의 경우 베가는 (−)로 내재 변동성이 증가함에 따라 옵션 매수 포지션은 손실이 발생한다.

④ 쎄타는 옵션의 시간가치 감소를 측정하는 것으로 시간 경과 시 옵션프리미엄은 지속적으로 하락한다.

⑤ 델타는 기초자산 가격 변동에 따른 옵션 가격 민감도를 의미한다.

70 A기업과 B기업은 자금을 차입하려고 한다. A기업은 변동금리를, B기업은 고정금리를 원하나 각자 비교우위에 있는 방식으로 자금을 조달하고 이자율스왑을 할 경우 두 회사가 절약하게 될 금리는 총 얼마인가?

구 분	고정금리	변동금리
A사	4%	KOFIX + 3%
B사	6%	KOFIX + 4%

① 1%

② 2%

③ 3%

④ 4%

⑤ 5%

비금융자산(부동산) 투자설계 (30문항)

71 다음 중 적절한 설명을 모두 고르면?

a. 부동산은 등기를 통해 권리 사실을 공시한다.
b. 부동산과 동산은 선의취득이 되지 않는다.
c. 부동산의 경우 담보물권에 대해 저당권 및 유치권이 가능하다.
d. 미등기 상태로 10년간 동산을 점유하는 경우 취득이 인정된다.

① a, b

② a, c

③ a, d

④ b, c

⑤ c, d

72 다음 중 토지의 자연적 특성이 아닌 것은?

① 부동성

② 부증성

③ 영속성

④ 동질성

⑤ 연접성

73 다음 중 지목의 설정원칙으로 적절하지 않은 설명은?

① 1필 1목 원칙 − 하나의 필지에는 한 개의 지목만이 설정된다.

② 주지목 추종의 원칙 − 1필지에서 토지의 일부가 주된 사용목적과 다른 용도로 사용되거나 주된 사용목적과 종속관계에 있는 경우 주된 사용목적에 따른 지목을 설정한다.

③ 영속성의 원칙 − 지목은 영속적인 사용목적에 의해 설정해야 한다.

④ 사용목적추정의 원칙 − 도시개발사업, 택지개발사업, 산업단지조성사업 등의 지역에서 조성된 토지는 미리 그 사용목적에 따라 지목을 설정해야 한다.

⑤ 균형개발의 원칙 − 토지는 균형발전을 바탕으로 지목을 설정해야 한다.

74 다음 중 다른 지목에 속하지 않는 토지를 일컫는 지목은?

① 잡종지　　② 과수원
③ 임 야　　④ 대
⑤ 구 기

75 다음 중 도심과 부도심의 상업기능 및 업무기능의 확충 목적으로 설정하는 지역은?

① 중심상업지역
② 일반상업지역
③ 근린상업지역
④ 유통상업지역
⑤ 준주거지역

76 A씨는 대지면적이 100m², 건축면적이 80m², 연면적 120m²인 주택을 지으려고 한다. 해당 주택이 도시지역의 주거지역에 위치하는 경우 해당 건물의 건폐율 및 법상 기준을 충족하는지 여부로 적절한 것은?

① 건폐율 : 80%, 충족할 수 없음
② 건폐율 : 120%, 충족할 수 없음
③ 건폐율 : 150%, 충족할 수 없음
④ 건폐율 : 80%, 충족할 수 있음
⑤ 건폐율 : 120%, 충족할 수 있음

77 다음 중 공시가격에 대한 설명으로 적절하지 않은 것은?

① 표준지공시지가는 「부동산 가격공시에 관한 법률」에 의한 절차에 따라 공시한 표준지의 단위면적당 가격으로 매년 1월 1일을 기준으로 산출된다.
② 개별공시지가는 개발부담금의 부과 및 그 밖의 다른 법률이 정하는 목적을 위한 지가산정에 사용된다.
③ 표준주택가격공시는 용도지역, 건물구조 등이 일반적으로 유사하다고 인정되는 단독주택 중 선정한 표준주택에 대해 매년 1월 1일을 기준으로 조사 및 공시된다.
④ 개별공시지가는 매년 5월 31일을 기준으로 그 다음 해 1월 1일까지 결정 및 공시된다.
⑤ 기준시가는 국세청장이 양도세 혹은 상속 및 증여세를 부과할 때 기준이 되는 가격으로 사용하기 위해 고시하는 가격이다.

78 다음 중 공동주택 등의 면적에 대한 설명으로 적절하지 않은 것은?

① 전용면적 : 주거전용면적으로 순수한 자기소유의 공간
② 공급면적 : 전용면적과 주거공용면적의 합
③ 총면적 : 계약면적
④ 기타공용면적 : 주거공용면적을 제외한 단지 내 세대원 전체가 사용하는 지하주차장, 관리사무소, 노인정 등 그 밖의 공용면적
⑤ 주거공용면적 : 주거하는 동에서 공동으로 사용하는 복도, 계단, 엘리베이터 등 지상층에 있는 공용면적

79 다음 중 건축물대장의 구성이 아닌 것은?

① 총괄표제부
② 일반건축물
③ 집합표제부
④ 토지등기부등본
⑤ 집합전유부

80 다음 중 부동산 시장에 영향을 미치는 요인에 대한 설명으로 적절하지 않은 것은?

① 경제상황은 부동산 시장에 미치는 영향력이 가장 큰 요인으로 호황과 불황이 반복되며, 호황기에 부동산 관련 산업이 활성화된다.
② 금리가 상승하는 경우 자금 조달비용이 증가하여 부동산 가격 하락이 발생한다.
③ 구매력은 수요자의 소득 대비 부동산을 매입할 수 있는 능력을 의미한다.
④ 대출은 부동산 시장에서 자금 공급원의 역할을 수행하므로, 대출규제는 유동성의 흐름에 영향을 주는 변수이며, 주로 법률 개정을 통해 대출규제를 조절할 수 있다.
⑤ 전세가격이 상승하는 경우 부동산 가격 상승을 견인한다.

81 다음 중 부동산 가격을 결정하는 가장 중요한 경제 요소는 무엇인가?

① 수요와 공급
② 세 금
③ 전세가격
④ 유동성
⑤ 인플레이션

82 다음 중 우리나라 주택시장 현황에 대한 설명으로 적절하지 않은 것은?

① 2008년 경제위기 이후 지역별 차별화 현상이 나타났다.
② 전국의 변화추이는 다양하게 나타나며, 지역 간 편차가 점차 줄어들었다.
③ 중대형 평형은 하락했지만 소형평수는 1인가구의 증가로 강세가 지속되고 있다.
④ 소형평수의 경우 공급물량 부족 현상이 나타나고 있다.
⑤ 단독주택의 가격은 도시형생활주택의 인기로 상승폭이 크다.

83 다음 중 해외 부동산 시장에 투자할 경우 유의해야 할 부분으로 적절하지 않은 것은?

① 부동산은 국지적인 성격이 강하므로 우리나라의 부동산 시장을 기준으로 투자 판단을 해서는 안 된다.
② 대부분의 나라에서 외국인의 부동산 취득에 대한 제한이 있으므로 부동산 취득 제한 여부를 확인해야 한다.
③ 외국 부동산에 투자하기 위해서는 해당 지역의 지역 간 빈부격차를 확인해야 한다.
④ 대부분의 나라에서는 우리나라와 같이 양도소득세가 고율인 경우가 많으므로 해당 부분을 확인해야 한다.
⑤ 교육시설 주변 지역은 주거입지로서 양호한 평가를 받는다는 점을 유의해야 한다.

84 다음 중 우리나라의 인구구조 변화와 그에 따른 부동산 시장 변화에 대한 설명으로 적절하지 않은 것은?

① 우리나라는 2018년을 정점으로 인구가 지속적으로 감소하고 있다.
② 인구가 감소하더라도 단기적으로는 부동산 시장에 미치는 영향이 제한적으로 평가된다.
③ 인구는 감소하더라도 가구수는 증가하고 있다.
④ 가구수 증가의 영향으로 중대형 평수의 인기가 상승하였다.
⑤ 베이비부머 세대는 은퇴로 인해 주택을 매도하는 대규모 세력으로 부각될 가능성이 있다.

85 다음 중 부동산 정책의 필요성으로 적절하지 않은 것은?

① 경제적 논리
② 정치적 논리
③ 세대적 논리
④ 최유효이용론
⑤ 강력한 복지론

86 다음 중 부동산 정책에 대한 설명으로 적절하지 않은 것은?

① 주택정책의 목적은 크게 주택공급과 주택가격 대책, 주거환경개선 등으로 나눌 수 있다.
② 토지이용계획은 토지를 통해 어떤 공간활동을 영위하는가와 관련 계획 실천을 위한 공공용지 확보도 필요하다.
③ 부동산조세정책은 정책 수단으로 주로 활용된다.
④ 중앙은행은 기준금리를 통해 직접적으로 부동산 정책을 수행한다.
⑤ 대출정책은 부동산 시장에서 즉시 발효 및 시행되므로 주택이나 토지정책 등에 비해 효과가 크고 빠르다.

87 다음 중 정부별 부동산 정책의 특징으로 적절하지 않은 것은?

① 김영삼 정부는 부동산실명제를 도입하였다.
② 김대중 정부는 IMF 직후로 부동산 경기가 침체됨에 따라 주택경기부양책을 적용하였다.
③ 이명박 정부는 종합부동산세를 신설하였다.
④ 박근혜 정부는 대선공약으로 부동산 시장의 정상화를 제시하였고 해당 정책을 시행하였다.
⑤ 문재인 정부는 투기수요차단, 실수요 중심의 부동산 시장을 유도하였다.

88 다음 중 정부 발표자료에 대한 설명으로 적절하지 않은 것은?

① 실거래가격은 거래를 하는 데 있어 중요한 선행자료로 활용된다.
② 주택거래량은 시장동향을 나타내는 지표로 장기간 거래량 흐름을 분석하는 경우 시장 추이 파악이 가능하다.
③ 미분양주택 추이는 주택시장 상황을 나타내므로 시장분석자료로 활용할 수 있으며, 부동산 시장은 지역을 불문하고 획일적인 방향으로 변화하므로 미분양주택 추이를 통해 부동산 시장에 대한 전국 공통적인 해석이 가능하다.
④ 지가변동률은 매 분기 발표되는 자료로 전반적인 지역별 토지시장을 분석하는 데 활용된다.
⑤ 실거래가격, 주택거래량, 미분양주택, 지가변동률에 대한 자료는 국토교통부에서 확인이 가능하다.

89 다음 중 부동산 투자 이론에 대한 특징으로 적절하지 않은 것은?

① 부동산은 다른 투자수단에 비해 투자기간이 비교적 장기이다.
② 부동산은 다른 투자수단에 비해 많은 자본이 필요하다.
③ 건물 및 토지를 취득하는 경우 감가상각에 대한 절세 효과를 기대할 수 있다.
④ 부동산 투자의 경우 장래 기대수익은 유동적이다.
⑤ 부동산 투자를 통해서 투자차익인 자본이득과 임대수익을 기대할 수 있다.

90 다음 중 부동산 투자의 장점이 아닌 것은?

① 안정성과 수익성이 높다.
② 자본이득을 통해 예상 외의 가치 획득이 가능하다.
③ 저당권을 설정하여 자금의 유동화가 가능하다.
④ 시간이 경과하더라도 부동산의 가치는 감소하지 않는다.
⑤ 부동산 투자를 통해 절세기회를 확보할 수 있다.

91 다음 중 부동산 평가의 3방식과 6방법이 적절히 연결되지 않은 것은?

① 원가방식 – 원가법
② 수익방식 – 적산법
③ 비교방식 – 임대사례비교법
④ 수익방식 – 수익환원법
⑤ 비교방식 – 거래사례비교법

92 다음 중 부동산 평가 방법 중 거래사례비교법에 대한 설명으로 적절하지 않은 것은?

① 거래사례비교법은 현재의 가격을 참고하여 파악하는 방법이다.
② 거래사례비교법은 유사한 사례에 대해 과거부터 최근까지의 거래사례를 확보하여 동일한 비율로 반영이 되도록 조정 작업을 거쳐 적절한 가치를 추산한다.
③ 거래사례비교법에서는 자산의 가치를 수요자가 유사한 자산을 구입하기 위해 지불해야 하는 자산의 가격으로 보고 있다.
④ 거래사례비교법을 적용하기 위해서는 물건을 그 종류와 용도별로 수집해야 한다.
⑤ 비교 가능한 최근의 거래 사례가 많을수록 유용한 방법이다.

93 다음 부동산 투자안에 대한 투자 검토의 설명으로 적절하지 않은 것은?

- 투자안의 예상 수익은 연간 10억원이다.
- 투자안의 요구수익률은 4%이며, 투자안의 현재가치는 100억원이다.
- 해당 투자안에 적용되는 대출이자율은 6%이다.

① 투자안의 최소 요구수익액은 4억원이다.
② 투자안의 해당 투자안에 투자할 경우 연간 10%의 수익을 거둘 수 있다.
③ 투자안의 기대수익률이 요구수익률보다 크므로 투자안을 채택할 수 없다.
④ 자금이 부족한 경우 레버리지 활용을 고려할 필요가 있다.
⑤ 투자안의 요구수익률이 11%인 경우 해당 투자안은 기각된다.

94 현재 거주하고 있는 아파트의 시세가 재건축이 예상되는 3년 후 10억원이 될 것으로 예상된다. 해당 아파트의 현재 가치를 구하는 식으로 적절한 것은?

① 10억원 × 일시불의 내가계수
② 10억원 × 일시불의 현가계수
③ 10억원 × 연금의 내가계수
④ 10억원 × 연금의 현가계수
⑤ 10억원 × 저당상수

95 다음 중 예금, 주식, 부동산을 비교한 것으로 적절하지 않은 설명은?

① 예금은 안정성과 환금성이 강점이다.
② 우리나라는 투자처의 부재 등으로 부동산의 비중이 과대하다.
③ 부동산에 투자하는 경우 주택, 상가, 토지 중에 하나의 분야를 골라 집중적으로 투자해야 한다.
④ 부동산은 안정성과 수익성의 장점이 있지만 환금성의 약점이 있다.
⑤ 주식은 환금성과 수익성은 높지만, 안정성의 약점이 있다.

96 다음 중 아파트 투자의 선택 기준이 아닌 것은?

① 교육환경
② 교통환경
③ 자연환경
④ 편의시설
⑤ 다양한 평형

97 다음 중 농지대장 및 농지전용부담금에 대한 설명으로 적절하지 않은 것은?

① 농지대장은 농지 소유와 이용 실태를 파악하고 이를 효율적으로 관리하기 위해 「농지법」에 의해 모든 농지를 대상으로 농지 소재지를 관할하는 행정관청에 작성하여 비치하는 것이다.
② 농지에 대한 변경 사유가 발생한 경우 발생한 날부터 60일 이내에 변경 내용을 소재지 관할 행정관청에 신고해야 한다.
③ 농지대장이 발급된 경우 농업인을 바로 확인할 수 있다.
④ 농지전용부담금은 농지전용허가를 받은 자, 농지전용 협의를 거친 지역 또는 시설예정지에 있는 농지를 전용하려는 자 등이 농지를 보전하고 관리 및 조성을 위해 부담하는 금전이다.
⑤ 농업인에 대해서는 농지전용부담금이 면제된다.

98 다음 중 부동산에 대한 직접관리방식의 장점으로 적절하지 않은 것은?

① 부동산에 하자가 발생하는 경우 신속한 조치가 가능하다.
② 부동산을 오래 관리함에 따라 부동산에 대한 전문성이 있다.
③ 기밀보안 유지가 가능하며, 효율적인 관리가 가능하다.
④ 소유자가 직접 관리하는 방식이므로 친절한 서비스 제공이 가능해진다.
⑤ 직접 관리를 통해 관리 유지비를 절감할 수 있다.

99 다음 중 부동산금융에 대한 설명으로 적절하지 않은 것은?

① 부동산금융을 통해 부동산 공급 확대가 가능하다.
② 부동산금융을 통해 저당채권 유동화가 가능하다.
③ 주택금융 중 장기대출은 장기의 저리대출을 전제로 하며, 자본의 회전속도는 20년이다.
④ 주택금융을 활용하는 경우 채무불이행 위험이 존재한다.
⑤ 주택금융은 직접적인 수익자산에 대한 융자로 볼 수 있으며, 이자율은 해당 부동산의 가치로 인해 결정된다.

100 다음 중 부동산펀드에 대한 설명으로 적절하지 않은 것은?

① 부동산펀드는 「자본시장과 금융투자업에 관한 법률」상 50/100을 초과하여 부동산에 투자하는 집합투자기구를 의미한다.
② 부동산을 취득하는 방법에 의한 투자뿐만 아니라 다양한 방법으로 부동산투자를 허용한다.
③ 부동산과 관련된 부동산 기초 파생상품에 투자하는 경우 부동산에 투자하는 것으로 인정받지 못한다.
④ 부동산개발과 관련된 법인에 대한 대출을 하는 경우, 펀드재산으로 부동산 자체에 투자하는 경우 외에 펀드재산의 50%를 초과하여 부동산과 관련된 권리, 금전채권, 증권, 부동산 기초 파생상품에 투자하는 경우 모두 부동산펀드에 포함된다.
⑤ 부동산펀드의 투자대상자산은 부동산, 부동산 관련 권리, 부동산 관련 증권 등이 포함된다.

많이 보고 많이 겪고 많이 공부하는 것은 배움의 세 기둥이다.

– 벤자민 디즈라엘리 –

제2회

실전모의고사

● 문항 및 시험시간 ●

평가영역	문항 수	시험시간	비 고
은행FP 자산관리사 2부	100문항	100분	

제2회 실전모의고사

문항수	100문항
응시시간	100분

금융자산 투자설계 (70문항)

01 다음 중 입·출금이 자유로운 상품에 대한 설명으로 적절하지 않은 것은?

① 보통예금의 금리는 일반적으로 0.01%에서 0.1%가 지급된다.
② MMDA는 매일의 잔액을 기준으로 최종 잔액에 대한 이자를 지급한다.
③ 당좌예금을 개설하기 위해서는 당좌개설보증금이 필요하다.
④ CMA의 최저 가입금액은 50만원이다.
⑤ CMA를 만기 시점에 인출하지 않는 경우 원리금이 자동 재예탁되고, 예탁기간이 연장된다.

02 다음 중 사고 신고된 수표 대금의 지급과 관련한 설명으로 적절하지 않은 것은?

① 사고 신고된 수표에 대해 사고 신고인과 수표 소지인과의 합의가 있는 경우 수표대금을 지급할 수 있다.
② 재권판결을 선언한 날로부터 1개월이 경과한 경우 수표대금을 지급할 수 있다.
③ 선의취득자로부터 정당한 지급 제시 기간 내에 지급 제시되고 사고신고인이 법적 절차가 진행 중임을 증명할 수 있는 서류를 사고신고일로부터 5영업일 이내에 제출하지 않은 경우 수표의 소지인에게 수표대금을 지급할 수 있다.
④ 선의취득자가 지급 제시하는 경우라도 사고신고가 접수된 경우 금융기관의 손해에 관계없이 '사고신고서 접수로 인한 지급거절'로 부도반환할 수 있다.
⑤ 수표의 소지인이 승소한 경우 수표의 소지인은 수표대금을 지급받을 수 있다.

03 다음 중 목돈마련을 위한 적립식 상품에 대한 설명으로 적절하지 않은 것은?

① 일반적으로 적금 혹은 부금으로 불리며, 요구불예금에 비해 상대적으로 수익성은 높으나 유동성은 낮은 상품이다.
② 재형저축의 가입대상은 총급여 및 종합 소득을 기준으로 제한이 있다.
③ 상호부금은 정기적립식과 자유적립식 방식 중 선택하여 가입할 수 있다.
④ 정기적금은 예금자보호가 적용된다.
⑤ 농어가목돈마련저축은 월납과 반기납은 허용하지만, 분기납은 허용하지 않는다.

04 목돈마련을 위한 거치식 상품 중 5,000만원 이내로 원리금이 예상되는 경우 실제보장금액이 가장 적어질 수 있는 상품은?

① 회전식 정기예금
② 정기예탁금
③ 양도성예금증서
④ 표지어음
⑤ 주가지수연동정기예금

05 다음 중 수익률이 가장 낮을 것으로 예상되는 상황은? (단, 일정 지수 이상/이하를 기록할 경우 소정의 리베이트가 지급된다)

① 상승수익추구형 주가지수연동정기예금 상품으로, 최초 주가지수 2,500포인트, 주가지수 기준이 3,000포인트이며, 주가지수가 하락하여 2,400포인트로 떨어진 경우
② 상승수익추구형 주가지수연동정기예금 상품으로, 최초 주가지수 2,500포인트, 주가지수 기준이 3,000포인트이며, 주가지수가 상승하여 3,200포인트로 올라간 경우
③ 하락수익추구형 주가지수연동정기예금 상품으로, 최초 주가지수 2,500포인트, 주가지수 기준은 2,400포인트이며, 주가지수가 하락하여 2,420포인트로 내려간 경우
④ 하락수익추구형 주가지수연동정기예금 상품으로, 최초 주가지수 2,500포인트, 주가지수 기준은 2,400포인트이며, 주가지수가 하락하여 2,420포인트로 내려간 경우
⑤ 양방향수익추구형 주가지수연동정기예금 상품으로, 범위는 2,400포인트에서 2,600포인트이며 주가지수가 2,530포인트를 기록하는 경우

06 다음 중 개인종합자산관리계좌(ISA)에 대한 설명으로 적절하지 않은 것은?

① 개인종합자산관리계좌 중 일임형의 경우 투자자에게 투자일임을 받아 운용인력이 자산을 운용하고 그 결과를 투자자에게 귀속시킨다.
② 개인종합자산관리계좌 중 일임형의 경우 월에 1회 이상 포트폴리오 재배분을 실시한다.
③ 개인종합자산관리계좌 중 신탁형의 경우 투자자가 직접 종목이나 수량을 지정하여 운용지시를 수행한다.
④ 개인종합자산관리계좌는 하나의 통장 안에 다양한 금융상품으로 포트폴리오를 구성한 후, 운용기간 중 발생한 손익을 통산하여 순소득 중 일정한도까지 세제 혜택을 부여하는 종합자산관리형 상품이다.
⑤ 개인종합자산관리계좌 중 일임형의 경우 자산처분 및 취득 시 투자자에게 사전 통지해야 한다.

07 다음 중 자본시장법에 대한 설명으로 적절하지 않은 것은?

① 금융기관의 종류에 관계없이 경제적 실질에 따라 동일한 금융기능을 수행하는 경우 동일하게 처리된다.
② 포괄주의 방식을 통해 모든 금융상품에 대한 규제가 가능해진다.
③ 자본시장법상 금융투자상품은 원본손실 가능성이 있는 모든 금융상품으로 규정한다.
④ 자본시장법에서는 일반투자자에 대한 보호의무를 대폭 강화하였다.
⑤ 자본시장법에서는 금융투자업 상호 간 겸영을 엄격하게 제한하고 있다.

08 다음 중 집합투자기구에 대한 설명으로 적절한 것만을 모두 고른 것은?

> a. 투자주식회사, 투자유한회사, 투자합자회사의 규약은 정관이다.
> b. 투자주식회사의 법적 형태는 주식회사 형태이다.
> c. 투자합자회사의 투자업자는 자신이 투자한 한도 내에서 유한 책임을 진다.
> d. 투자신탁의 투자업자 지위는 수탁자이다.
> e. 투자합자조합, 투자합자회사의 투자증권은 지분증권 형태이다.

① a, b, c
② a, b, d
③ a, b, e
④ b, c, d
⑤ c, d, e

09 다음 중 증권의 분류에 대한 설명으로 적절하지 않은 것은?

① 채무증권은 지급청구권이 표시된 국채증권, 지방채증권, 특수채증권, 사채권, 기업어음증권이다.
② 지분증권은 주권, 출자증권 등을 일컫는다.
③ 특정 투자자가 그 투자자와 타인 간의 공동사업에 금전 등을 투자하고, 주로 타인이 수행한 공동사업의 결과에 따른 손익을 귀속받는 계약상의 권리는 투자계약증권의 정의이다.
④ 파생결합증권은 기초자산의 가치변동에 따라 수익이 결정된다.
⑤ 증권예탁증권은 증권을 예탁받은 자가 증권이 발행된 국가에서 다시 한 번 발행한 것으로 예탁받은 증권에 관련한 권리가 표시된 것이다.

10 증권사 A의 투자권유대행인으로 근무하고 있는 B씨는 최근 20대 초의 일반투자자와 투자상담을 진행하였다. 투자상담을 진행한 결과 해당 투자자는 아직 금융상품에 대한 이해가 부족한 것으로 판단되어, 위험이 높은 파생상품에 대한 투자권유를 하지 않기로 결정했을 때 이에 해당하는 원칙은 무엇인가?

① 적합성의 원칙
② 적정성의 원칙
③ 부당권유행위의 금지
④ 투자설명서의 교부의무
⑤ 설명의무

11 다음 중 6월 20일(월) 오후 4시 30분에 채권형 펀드를 환매한 경우 적절한 기준가 적용일은?

① 6월 20일
② 6월 21일
③ 6월 22일
④ 6월 23일
⑤ 6월 24일

12 다음 중 성장주펀드에 투자할만한 투자 건은?

① 이익성장성이 높을 것으로 예상되는 A회사
② 장기적으로 투자가치가 있다고 판단되는 B회사
③ 해당 산업의 PER이 10배인 반면, PER 8배가 적용되고 있는 C회사
④ 경쟁기업의 PBR이 2배인 반면, PBR 1.5배가 적용되고 있는 D회사
⑤ 해당 기업의 내재가치가 1,000억으로 평가되는 반면, 현재 시장에서 800억으로 평가받고 있는 E회사

13 다음 중 특별자산집합투자기구에 대한 설명으로 적절하지 않은 것은?

① 특별자산집합투자기구는 집합투자재산의 100분의 50을 초과하여 특별자산에 투자하는 펀드이다.

② 특별자산집합투자기구는 투자위험이나 수익구조를 이해하기가 어려우며, 폐쇄형으로 설정된다.

③ 특별자산집합투자기구 중 실물펀드의 경우 펀드와 관련된 일반적 보수나 수수료 이외에도 실물의 보관, 유통, 매매와 관련한 비용 및 세금에 대한 검토가 필요하다.

④ 특별자산펀드의 종류로 실물자산형 특별자산펀드, 탄소배출권 특별자산펀드, 선박투자형 특별자산펀드, SOC인프라펀드 등이 있다.

⑤ 특별자산펀드는 증권 및 부동산을 포함하여 특별자산의 범위를 경제적 가치가 있는 모든 자산으로 정의한다.

14 다음 중 자본시장법에서 정하는 단기금융상품이 아닌 것은?

① 남은 만기가 8개월인 양도성예금증서
② 남은 만기가 3년인 국채증권
③ 기업어음증권
④ 금융기관에 대한 20일 기간의 단기대출
⑤ 남은 만기가 9개월인 지방채증권

15 다음 중 종류형 집합투자기구의 운용기준으로 적절하지 않은 것은?

① 각 종류별로 판매보수 및 판매수수료의 체계가 달라야 한다.

② 각 종류별로 자산의 운용 및 평가 방법을 다르게 할 수 없다.

③ 각 종류별로 환매수수료는 동일하게 설정해야 한다.

④ 펀드의 기준가격은 각 클래스별로 산정 및 공고해야 한다.

⑤ 투자설명서에 종류별 세부내용을 기술해야 한다.

16 다음 중 신탁에 대한 설명으로 적절하지 않은 것은?

① 위탁자는 신탁재산을 맡기는 자이다.

② 수탁자는 신탁 목적에 따라 신탁재산을 관리 및 처분하는 자이다.

③ 수익자는 신탁재산의 원본 또는 이익을 수령하는 자로 수익자가 별도로 지정되지 않는 경우 수탁자는 신탁에 대한 원본과 이익을 지급할 수 없다.

④ 신탁재산관리인은 수탁자가 불가피한 사정으로 사임 또는 기타 사유로 해임된 경우 법원이 직권으로 선임한 자로 수탁자를 대신하여 일시적으로 신탁재산을 관리한다.

⑤ 신탁에서 인수할 수 있는 재산의 종류는 금전, 유가증권, 금전채권, 동산, 토지와 그 정착물, 지상권, 전세권 및 토지의 임차권, 무체재산권 등이다.

17 다음 중 투자정책서에 반드시 포함되어야 하는 내용으로 적절하지 않은 것은?

① 간략한 고객정보
② 투자목표 및 우선순위
③ 위험허용수준 및 기대수익률
④ 투자의 제약조건
⑤ 투자에 대한 거래비용

18 다음 중 자본배분선(CAL)과 최적 위험포트폴리오에 대한 설명으로 적절하지 않은 것은?

① 포트폴리오의 기대수익률은 위험자산과 무위험자산의 기대수익률을 가중평균하여 계산한다.
② 투자자의 위험회피 성향과 관계없이 자본배분선의 기울기는 일정하다.
③ 자본시장선은 자본배분선 중 시장포트폴리오를 위험자산으로 사용하는 것이다.
④ 투자자는 무위험자산과 최적 위험포트폴리오간의 자산배분 비율을 결정해야 한다.
⑤ 일반적으로 위험회피자를 가정하는 경우 최적위험포트폴리오를 위험자산으로 설정하지만, 위험선호자 및 위험중립자를 가정하는 경우에는 개별자산 및 기타 포트폴리오를 위험자산으로 설정할 수 있다.

19 다음 중 SML선에 대한 설명으로 적절하지 않은 것은?

① CAPM이 성립하는 경우 시장균형 상태에서 모든 증권은 SML선 상에 위치한다.
② SML선보다 아래에 위치한 자산은 고평가된 자산으로 평가할 수 있다.
③ 효율적이지 못한 포트폴리오나 개별자산의 경우 CML이 성립하지 않고 CML 위에 위치하는 SML 상에 표시된다.
④ 위험프리미엄 대 베타의 비율은 시장포트폴리오 내에서 일정하게 유지되어야 한다.
⑤ SML선은 개별증권의 기대수익률과 체계적 위험과의 관계를 의미한다.

20 다음 중 단일지표모형에 대한 설명으로 적절하지 않은 것은?

① 알파계수는 시장요인이 중립적인 경우, 시장수익률이 0인 경우 얻을 수 있는 주식의 초과수익률이다.
② 알파계수가 0보다 큰 경우 주식은 고평가되었다고 볼 수 있다.
③ 잔차는 기업고유위험을 의미한다.
④ 잘 분산된 포트폴리오를 구성하는 경우에는 기업고유위험은 제거된다.
⑤ 단일지표모형상 개별자산의 위험은 체계적 위험과 비체계적 위험으로 구성된다.

21 다음 중 5개의 자본시장이 존재한다고 가정할 경우 가장 위험보상비율이 큰 시장은?

① 무위험수익률 6%, 시장포트폴리오 기대수익률 10%, 표준편차 0.1
② 무위험수익률 5%, 시장포트폴리오 기대수익률 15%, 표준편차 0.2
③ 무위험수익률 5%, 시장포트폴리오 기대수익률 20%, 표준편차 0.2
④ 무위험수익률 6%, 시장포트폴리오 기대수익률 10%, 표준편차 0.2
⑤ 무위험수익률 5%, 시장포트폴리오 기대수익률 25%, 표준편차 0.1

22 다음 중 차익거래 및 단일요인 APT모형에 대한 설명으로 적절하지 않은 것은?

① 차익거래는 동일한 자산이 서로 다른 가격으로 거래될 경우, 싼 것을 매입하고 비싼 것을 공매함으로써 투자자금과 위험부담 없이 수익을 얻는 것이다.
② 투자자의 차익거래 행위를 통해 조정 과정을 거쳐 위험이 동일한 두 자산의 기대수익률이 같아지는 상태에 이르게 된다.
③ 위험이 동일한 포트폴리오인데 기대수익률이 다르면 차익거래 기회가 발생한다.
④ 단일요인 APT 모형에서 위험 1단위당 보상을 산출하기 위해서는 포트폴리오의 총위험을 고려해야 한다.
⑤ 시장균형 상태에서는 동일한 위험을 갖는 잘 분산된 포트폴리오는 동일한 기대수익률을 가져야 한다.

23 투자자 A씨는 B기업의 주가가 저평가되어 있으며 향후 상승할 것으로 예상하여 B기업에 대한 투자를 단행하였다. 해당 투자전략은 무엇인가?

① 시장예측전략
② 증권선택전략
③ 단순매입보유전략
④ 인덱스전략
⑤ 바벨전략

24 다음 중 투자전략 매트릭스상 제4사분면 투자전략에 대한 설명으로 적절하지 않은 것은?

① 해당 투자전략은 일시적으로는 성공할 수 있으나 장기간 지속되기는 어렵다.
② 해당 투자전략을 선택하는 경우 수익의 극대화에만 관심이 있다.
③ 적극적 투자전략을 통해서도 분산 투자효과를 얻을 수 있다.
④ 해당 투자전략을 선택하는 경우 성과향상을 위해 집중투자가 필요하다.
⑤ 해당 투자전략을 선택하는 경우 시장예측에 따라 자산배분비중을 적극적으로 변화시켜 나간다.

25 다음 중 전략적 자산배분과 전술적 자산배분에 대한 설명으로 적절하지 않은 것은?

① 전술적 자산배분은 단기적 추세의 변화를 근거로 해야 한다.
② 전략적 자산배분은 투자목적을 달성하기 위해 장기적인 포트폴리오의 자산구성을 결정한다.
③ 전략적 자산배분은 장기적 자산구성 비율과 중기적으로 개별자산이 취할 수 있는 투자비율의 한계를 결정한다.
④ 전술적 자산배분은 저평가된 자산을 매수하고 고평가된 자산을 매도하여 투자 수익률을 높이고자 하는 전략이다.
⑤ 전술적 자산배분전략은 전략적 자산배분전략 속에서 실행한다.

26 다음 중 투자성과 평가의 목적으로 적절한 것으로 모두 고른 것은?

> a. 전략적인 자산배분의 일관성 유지
> b. 고객 재무상황 및 벤치마크 변화 반영
> c. 경제환경의 변화를 적극적으로 반영하고 효과를 평가
> d. 투자포트폴리오 전체를 대상으로 하는 평가 목적
> e. 투자성과에 대한 피드백 목적

① a, b, c
② a, c, e
③ a, b, d
④ b, c, d
⑤ c, d, e

27 트레이너지수로 판단할 경우 다음 중 어느 펀드를 선택해야 하는가? (단, 종합주가지수상승률은 20%이며, 무위험자산의 수익률은 5%이다)

펀 드	수익률(%)	표준편차	베 타
가	15%	0.1	0.6
나	20%	0.05	0.8
다	25%	0.2	1.2
라	30%	0.15	1.5
마	40%	0.2	2.0

① 가
② 나
③ 다
④ 라
⑤ 마

28 펀드매니저 B씨는 최근 주식이 하락할 것으로 기대하여 투자자 A의 포트폴리오의 전술적 자산구성상 주식비중을 50%에서 30%로 하락시켰다. 전략적 자산구성상 주식의 비중은 40%이며, 벤치마크 수익률은 20%, 실제 A 포트폴리오의 주식 수익률은 25%일 때, 주식에 대한 전술적 자산배분수익률은?

① 6%
② 10%
③ 20%
④ 25%
⑤ 30%

29 다음 중 주식 투자에 대한 개별자산 투자 접근 방식 중 기본적 분석에 대한 설명으로 적절하지 않은 것은?

① 기본적 분석은 해당 기업의 주가가 장기적으로 기업의 내재가치를 반영한다고 전제하고 기업의 내재가치를 분석하는 방법이다.
② 기업의 내재가치 결정요인은 기업의 수익가치, 자산가치 등의 해당 기업의 내용 및 산업의 경쟁구도, 경제상황 등을 의미한다.
③ 내재가치가 시장가치보다 작은 경우 주식을 매도해야 한다.
④ 재무제표를 중심으로 기업의 재무상태와 경영성과를 평가하는 재무적 분석이 기본적 분석에 포함된다.
⑤ 과거의 주가, 거래량과 같은 시장자료 등이 분석에 포함된다.

30 다음 중 주식 유통시장의 기능으로 적절하지 않은 것은?

① 기업의 자금조달 기능
② 환금성 제공
③ 가격결정의 지표
④ 유가증권 담보력 제고
⑤ 공정가격의 제공

31 다음 중 경기변동에 대한 특성의 설명으로 적절하지 않은 것은?

① 경기변동은 각 순환과정의 주기와 진폭이 서로 동일하게 나타나며, 한 주기 내에서도 확장기와 수축기의 길이가 동일하게 나타난다.
② 주가는 경기변동에 앞서 선행하여 움직이는 특성이 있다.
③ 경기변동 중 침체기는 실업률 및 재고율이 높으며 주가도 크게 하락한다.
④ 경기변동 중 회복기는 생산활동이 활발해지고 고용이 증가해 소득증가를 가져오며, 소득증가는 다시 총수요 증가를 가져와 소비의 점진적 확대가 나타난다.
⑤ 활황기의 경우 주식시장도 활황을 띤다.

32 다음 중 마이클 포터의 산업구조분석상 진입장벽이 높게 나타나는 상황이 아닌 것은?

① 새로운 사업을 시작하는 데 소요되는 투입자본
② 규모의 경제 효과
③ 기존 기업의 유통경로상 우위
④ 정부규제가 적은 경우
⑤ 제품차별화

33 A기업은 최근 출시한 제품 B가 출시 단계를 넘어 점차 시장규모가 증대되고 있는 상황이다. 해당 단계에서 나타나는 상황으로 적절하지 않은 것은?

① 매출 증가
② 자금조달 능력 중요
③ 경영위험 높음
④ 수요의 급격한 증가
⑤ 기업의 수익성 높음

34 A기업의 부채비율은 150%이며, 자산총액은 10,000,000원이다. 매출액은 15,000,000원이며, 매출액순이익률은 10%인 경우 ROE는 얼마인가? (단, 부채비율 및 자산총액, 부채 및 자본총액은 1년 내내 동일하다)

① 35.0%   ② 37.5%
③ 40.0%   ④ 27.5%
⑤ 22.5%

35 A기업의 1일 평균매출액은 30,000,000원이며, 기초 매출채권은 1,000,000,000원, 기말 매출채권은 1,500,000,000원이다. A기업의 매출채권 회수기간은 얼마인가? (단, 소수점 첫째자리에서 반올림한다)

① 42일   ② 41일
③ 40일   ④ 33일
⑤ 50일

36 다음 중 시장가치비율에 대한 설명으로 적절하지 않은 것은?

① PER(주가수익비율)은 주당이익의 창출능력에 비해 주가가 높은지 낮은지를 판단하는 기준이다.
② PER(주가수익비율)이 동종업종 대비 낮은 경우 성장성이 그만큼 낮은 것으로 해석할 수도 있다.
③ PCR(주가현금비율)은 기업의 경영성과와 영업현금흐름을 표현한다.
④ PBR(주가순자산비율)은 주가가 순자산가치보다 낮을 경우 저평가되었다고 판단한다.
⑤ PSR(주가매출액비율)은 영업성과에 대한 객관적인 자료를 제공한다.

37 A기업은 작년 말 배당금을 주당 10,000원 지급하였다. 작년까지 배당에 대한 유보율은 50%이며, 자본비용은 10%, ROE는 5%를 적용한다. 올해 말부터 해당 사업에 추가 투자를 하지 않기로 결정하고 이익을 모두 배당하기로 하였을 때 이익의 변화는 없다고 가정하면 주가는 얼마인가?

① 200,000원

② 210,000원

③ 220,000원

④ 105,000원

⑤ 100,000원

38 다음 중 PER 모형에 대한 설명으로 적절하지 않은 것은?

① 배당성향이 높아지면 PER은 높아진다.

② 이익성장률이 높아지면 PER은 높아진다.

③ 주주의 요구수익률이 올라가는 경우 PER은 낮아진다.

④ 배당에 대한 정보가 있어야 PER 모형을 적용할 수 있다.

⑤ PER은 주당순이익이 음수일 경우 적용하기 어렵다.

39 다음 자료를 바탕으로 (주)민수의 PBR을 계산하면 얼마인가?

- 영업이익 : 15,000,000원
- 매출액영업이익률 : 15%
- 매출액순이익률 : 5%
- PER : 10배
- 총자산 : 120,000,000원
- 부채비율 : 100%

① 0.83   ② 1

③ 1.1   ④ 1.13

⑤ 1.23

40 다음 중 투자계획서에 포함되어야 하는 사항이 아닌 것은?

① 투자목표

② 투자분석

③ 자본시장의 가정

④ 자본조달계획

⑤ 자산배분과 종목선정

41 다음 중 주식포트폴리오 종목선정 방법 및 주식포트폴리오 선정 프로세스에 대한 설명으로 적절하지 않은 것은?

① 주식포트폴리오 종목선정의 경우 주식포트폴리오의 성격을 충분히 반영할 수 있는 종목으로 선정하여야 한다.

② 주식포트폴리오 선정 프로세스는 투자 유니버스 선정 → 실제 포트폴리오 구성 → 모델 포트폴리오 구성으로 이루어진다.

③ 주식포트폴리오의 종목선정을 할 때 주식의 유동성이 주식포트폴리오로의 편입과 편출에 용이할 정도로 충분해야 한다.

④ 최종적인 종목선정은 개별종목에 대한 분석을 통해 저평가된 종목을 선정하는 상향식 방법이 일반적이다.

⑤ 주식포트폴리오를 구성하고 종목을 선정하는 것은 액티브 운용에 적용되는 프로세스이다.

42 다음 중 포트폴리오 수정 방법으로 적정하지 않은 것은?

① 포트폴리오 수정은 포트폴리오 구성 후 실제 투자활동에서 예측과 다른 결과가 나왔거나 투자환경의 변화로 기존 포트폴리오를 변경해야만 할 때 보다 성과가 좋을 것으로 기대되는 포트폴리오를 새로 구성하는 것이다.

② 포트폴리오를 수정할만한 상황은 기업이익과 배당에 영향을 주는 기업성과의 변화이다.

③ 포트폴리오 수정 방법은 크게 리밸런싱과 업그레이딩으로 나눌 수 있다.

④ 리밸런싱은 포트폴리오에 상황변화 발생 시 포트폴리오의 목표를 변동된 상황에 맞게 조정하는 방법이다.

⑤ 업그레이딩은 주로 손실을 크게 가져다주는 주식을 찾아 그 종목들을 포트폴리오에서 제거하는 방법이 사용된다.

43 다음 중 적극적 투자전략에 대한 설명으로 적절하지 않은 것은?

① 적극적 투자전략은 시장의 평균수익률을 초과한 수익률을 얻기 위한 투자전략이다.

② 적극적 투자전략을 사용하는 경우 시장에 비효율성이 존재한다고 믿는다.

③ 시장의 이례적 현상을 이용한 투자전략을 반증하는 예로는 기업규모효과, 저PER효과, 저PBR효과, 소외기업효과, 1월효과, 주말효과, 주식분할효과 등이다.

④ 운용스타일로 전략을 구분할 경우 가치투자스타일은 해당 종목의 미래성장성을 중요하게 여긴다.

⑤ 운용스타일로 전략을 구분할 경우 시가총액스타일은 시가총액 기준으로 포트폴리오를 구성한다.

44 금리에 대한 설명으로 적절하지 않은 것은?

① 실질이자율은 물가상승률을 고려한 이자의 실질적인 가치를 반영하는 이자율이다.

② 단리수익률은 원금에 대해서만 일정비율만큼 수익이 더해진다.

③ 표면금리는 채권의 액면가에 대한 연간 이자지급율을 채권 표면에 표시한 것으로 실제 발행자가 부담하는 금리이다.

④ 만기수익률은 채권의 유통수익률을 의미한다.

⑤ 정책금리는 인위적으로 결정되며, 모든 금리의 기준이 되는 초단기금리이다.

45 다음 중 신용도가 가장 낮을 것으로 예상되는 채권은?

① 회사채   ② 통안채
③ 특수채   ④ 국 채
⑤ 지방채

46 만기가 3년인 액면가 10,000,000원의 2년 후부터 수의상환이 가능한 수의상환사채가 있다. 발행시점의 금리는 5%이며, 2년 후 금리가 6% 이상으로 예상되는 경우 발행시점의 예상 발행가액과 해당 채권의 예상 상환기간으로 적절한 것은? (단, 해당 채권의 표면금리는 5%이다)

① 9,900,000원, 3년
② 10,000,000원, 3년
③ 11,000,000원, 2년
④ 11,000,000원, 3년
⑤ 10,000,000원, 2년

47 다음 중 채권 금리와 채권 가격의 관계에 대한 설명으로 적절하지 않은 것은?

① 채권 가격은 수익률과 반대방향으로 움직인다.
② 채권의 잔존기간이 길수록 동일한 수익률 변동에 대한 가격 변동률은 커진다.
③ 채권의 잔존기간이 길어짐으로써 발생하는 가격 변동률을 체감한다.
④ 동일한 크기의 수익률 변동 발생 시, 수익률 상승으로 인한 가격 하락폭은 수익률 하락으로 인한 가격 상승폭보다 크다.
⑤ 표면이율이 높을수록 동일한 크기의 수익률 변동에 대한 가격 변동률은 작아진다.

48 다음 중 듀레이션에 대한 설명으로 적절하지 않은 것은?

① 채권의 수익률이 상승할수록 듀레이션도 상승한다.
② 듀레이션은 현재가치를 기준으로 채권에 투자한 원금을 회수하는 데 걸리는 시간을 의미한다.
③ 듀레이션은 만기의 개념에 채권의 현금흐름까지 반영하고 있다.
④ 듀레이션은 채권포트폴리오의 시장위험을 측정하는 지표가 된다.
⑤ 표면금리가 높아질수록 듀레이션은 감소한다.

49 다음 자료를 바탕으로 해당 채권의 듀레이션을 계산하면 얼마인가?

- 채권가격 변화액 : 500원
- 채권 만기수익률 변화 : −1%
- 채권가격 : 10,000원
- 채권 만기수익률 : 10%

① 4.5　　　　② 5
③ 5.5　　　　④ 6
⑤ 6.5

50 다음 자료를 바탕으로 A채권의 채권가격변동률을 구하면 얼마인가?

- 듀레이션 : 2.7
- 만기수익률 : 5%
- 시장만기수익률 변동폭 : 1%

① 2.6%　　　　② −2.6%
③ 2.5%　　　　④ −2.5%
⑤ 2.4%

51 다음 자료를 바탕으로 볼록성에 의한 A채권의 채권가격변동액을 구하면 얼마인가?

- 볼록성 : 2
- 만기수익률 : 5%
- 채권가격 : 10,000원
- 시장만기수익률 변동률 : 1%

① 1　　　　② 2
③ 3　　　　④ 4
⑤ 5

52 다음 중 볼록성에 대한 설명으로 적절하지 않은 것은?

① 볼록성은 채권가격과 수익률곡선 기울기의 변화를 의미한다.
② 채권가격과 만기수익률은 원점에 대해 볼록한 비선형성을 가지며, 듀레이션에 의해 설명될 수 없는 가격변동이 볼록성에 의한 가격변동이다.
③ 수익률 상승 시 듀레이션에 의해 측정한 가격의 하락폭을 축소시키고, 수익률 하락 시에는 듀레이션에 근거해 추정한 가격의 상승폭이 확대된다.
④ 만기수익률과 채권 잔존기간이 일정할 경우 표면이율이 낮아질수록 볼록성은 작아진다.
⑤ 표면이자율과 채권 잔존기간이 일정할 경우 만기수익률의 수준이 낮을수록 볼록성은 커진다.

53 유동성 선호가 성립한다고 가정할 때 현재 발행자가 동일한 채권 중 만기가 1년인 채권의 만기수익률은 5%, 만기가 3년인 채권의 연평균 수익률은 6%인 경우 만기가 5년인 채권의 예상 연평균 수익률로 가장 적절한 것은?

① 5%   ② 5.5%
③ 6%   ④ 6.5%
⑤ 4.5%

54 다음 중 채권의 신용등급 중 A3 구간으로 분류할 수 있는 구간은?

① AAA   ② AA
③ A   ④ BBB
⑤ BB

55 다음 중 이자와 롤링수익률 방식을 통한 채권 기대수익률에 대한 설명으로 적절하지 않은 것은?

① 채권의 기대수익률을 이자와 1년간의 롤링수익률을 합하여 계산한다.
② 1년의 투자기간 동안의 시장금리 또는 수익률곡선의 변동은 없는 것으로 가정한다.
③ 해당 채권의 신용위험을 고려해야 한다.
④ 모든 채권을 잔존만기와 듀레이션이 같도록 해야 한다.
⑤ 기대수익률을 구하는 기간은 1년이다.

56 만기가 3년인 A은행 복리채권 100,000,000원을 4% 액면가에 매입하고, 1년 후 이 채권을 3%의 수익률을 적용하여 매각하였다. 1년 후 시점의 잔존듀레이션을 2년으로 가정할 경우 A은행 복리채권의 연환산 투자수익률은?

① 9%   ② 8%
③ 7%   ④ 6%
⑤ 5%

57 다음 중 단기채와 장기채만을 집중적으로 보유하는 투자전략은 무엇인가?

① 바벨형 만기전략
② 불릿형 투자전략
③ 매칭전략
④ 면역전략
⑤ 사다리형전략

58 다음 중 채권 단기물 대신 장기물 시장이 더 강세를 보일 것으로 예상되는 상황에서 취할 전략으로 가장 적절한 것은?

① 일드커브 플래트너
② 일드커브 스티프너
③ 바벨포지션
④ 불렛포지션
⑤ 버터플라이 전략

59 다음 중 장내파생상품에 대한 설명으로 적절하지 않은 것은?

① 반대매매 : 거래당사자가 보유하고 있는 포지션과 반대포지션으로 매매
② 일일정산 : 전일 선물가격과 당일 선물가격과의 차이에 해당하는 금액을 익일에 결제
③ 증거금제도 : 거래당사자가 결제를 이행하지 않을 경우 결제당사자가 결제대금으로 사용할 수 있도록 파생상품 거래자가 증권회사나 선물회사에 예치한 담보금
④ 마진콜 : 일일정산 결과 계좌의 잔액이 유지증거금 수준 이하로 떨어진 경우 선물회사가 통보하는 것으로 고객은 선물회사에 추가증거금을 현금으로 납입해야 함
⑤ 거래당사자 : 거래당사자끼리 거래함에 따라, 시장에서의 거래상대방이 거래당사자의 역할을 수행

60 다음 중 파생상품의 리스크관리 전략에 대한 설명으로 적절하지 않은 것은?

① 파생상품을 통한 리스크관리 전략은 크게 불리한 리스크와 유리한 리스크를 모두 제거하는 방향과 불리한 리스크를 제거하고 유리한 리스크를 보존하는 방향으로 나눌 수 있다.
② 불리한 리스크와 유리한 리스크를 모두 제거하는 방법은 주로 선물, 스왑 등 선도형 파생상품을 활용한다.
③ 불리한 리스크를 제거하고 유리한 리스크를 보존하는 방법은 주로 옵션형 파생상품을 활용한다.
④ 불리한 리스크를 제거하고 유리한 리스크를 보존하는 방법은 주로 옵션 매도의 형태를 나타내므로 파생상품 리스크 프리미엄을 수취하여 일부 수익이 발생하는 장점이 있다.
⑤ 불리한 리스크를 제거하고 유리한 리스크를 보존하는 방법 중 리스크 관리비용을 줄이기 위해서 이익 기회의 일부를 매도하기도 한다.

61 다음 중 선도거래와 선물거래의 차이에 대한 설명으로 적절한 것을 모두 고른 것은?

a. 선물거래는 장내파생상품으로 거래소에서 거래된다.
b. 선도거래는 거래당사자 간 계약으로 거래가 성립한다.
c. 선도와 선물거래 모두 거래상대방으로 인한 계약불이행 위험이 존재한다.
d. 선도와 선물거래 모두 결제 이전 포지션 청산이 가능하다.
e. 선도의 경우 거래금액의 제한은 없다.

① a, b, c
② a, b, e
③ b, c, d
④ b, c, e
⑤ c, d, e

62 다음 중 KOSPI200 지수선물의 특징으로 적절하지 않은 것은?

① KOSPI200 지수선물은 KOSPI200이 거래대상이다.
② KOSPI200 선물가격에 거래승수 25만원을 곱하여 계약금액을 산출한다.
③ KOSPI200 지수선물 결제월은 각 분기의 마지막 달이며, 최종거래인은 각 결제월의 두 번째 목요일이다.
④ KOSPI200 지수선물의 결제방법은 실물인수도 및 현금결제방식 중 선택할 수 있다.
⑤ 시장안정화장치로 가격제한폭을 초과하는 경우 프로그램 매매호가를 일시적으로 중단하는 서킷브레이커를 운영한다.

63 다음 중 주가가 상승할 것으로 예상되는 경우 가장 적절한 투자 방법은?

① 주가지수선물 매도
② 강세 스프레드
③ 약세 스프레드
④ 베타가 높은 주식의 비중을 높임
⑤ 베타가 낮은 주식의 비중을 높임

64 현재 보유 중인 주식포트폴리오의 총 가치는 100억원이고 포트폴리오의 베타는 1.2, 코스피 200 지수선물은 250포인트일 경우, 최소 분산헤지를 위해 매도해야 하는 선물계약 수는?

① 180계약
② 186계약
③ 192계약
④ 198계약
⑤ 204계약

65 A펀드매니저는 100억원의 채권포트폴리오를 운영하고 있다. 향후 금리가 하락할 것으로 예상되어 국채선물을 이용하여 포트폴리오의 듀레이션을 3년에서 4년으로 줄이고자 한다. 현재 시장의 국채선물 호가는 120포인트이며, 듀레이션은 2.4인 경우 펀드매니저가 취해야 할 국채선물의 계약 수는?

① 35계약
② 40계약
③ 45계약
④ 50계약
⑤ 55계약

66 다음 중 옵션 투자전략에 대한 설명으로 적절하지 않은 것은?

① 주가가 약세일 것으로 예상되지만 가격변동성은 약화될 것으로 예상되는 경우 콜옵션을 매도한다.
② 콜옵션을 매수하는 경우 손익분기점은 행사가격에서 콜옵션을 차감한 것이다.
③ 강세 콜옵션 스프레드 전략은 행사가격이 낮은 콜옵션을 매입하고 행사가격이 높은 콜옵션을 매도하는 투자 전략으로 이익과 손실이 한정되는 특징이 있다.
④ 강세 풋옵션 스프레드 전략은 행사가격이 낮은 풋옵션을 매입하고 높은 풋옵션을 매도하는 투자 전략이다.
⑤ 약세 풋 스프레드 전략은 약세가 예상되나 확신이 서지 않을 때 택하는 보수적인 투자 전략이다.

67 다음 중 옵션 프리미엄 수입이 가장 크게 나타날 것으로 예상되는 투자 전략은?

① 스트래들 매수
② 스트랭글 매수
③ 스트래들 매도
④ 스트랭글 매도
⑤ 버터플라이 매도

68 다음 중 금리플로어를 이용하여 금리하한조건 예금을 가입한 경우 적절한 설명이 아닌 것은? (단, 시장 예금금리는 KOFR−0.3%이다)

구 분	내 용
예금금액	10억원
예금기간	3년
이 자	KOFR−0.5% (KOFR ≥ 4%인 경우) 3.5% (KOFR < 4%인 경우)

① KOFR가 4% 미만인 경우 예금금리는 3.5%로 고정된다.
② 현재 KOFR 금리가 5%인 경우 적용받는 예금 금리는 4.5%이다.
③ 일정 비용을 지불하고 예금금리에 연동되는 KOFR이 4% 미만보다 하락할 리스크를 헤지 하였다.
④ 해당 예금은 3개월마다 매 이자지급기간이 시 작되기 하루 전에 결정된 금리를 기간 말에 지 급한다.
⑤ 플로어에 대한 프리미엄은 0.5%이다.

69 다음 중 통화스왑에 대한 설명으로 적절하지 않 은 것은?

① 통화스왑은 두 거래당사자가 미래의 일정 계약 기간 동안 주기적으로 이종 통화의 일정한 원 금에 대한 이자지급을 서로 교환하고, 만기 시 원금을 서로 재교환하기로 하는 계약이다.
② 통화스왑은 원금의 교환과 이자의 교환 중에 선택할 수 있다.
③ 국내 기업의 경우 외화표시 부채를 가지고 있 는 때, 외화의 강세가 예상되고 자국통화의 금 리하락이 예상되는 경우 통화스왑을 활용한다.
④ 외화에 대한 변동금리 부채 지급자가 통화스왑 을 체결하는 경우 부채가치에 대한 환위험을 회피하고 차입비용을 감소시킬 수 있다.
⑤ 외화표시 자산을 가지고 있는 국내 투자자의 경우에도 통화스왑을 체결하는 경우 자산가치 에 대한 환위험을 회피하고 투자수익의 감소를 예방할 수 있다.

70 다음 중 통화연계 구조화 상품에 대한 설명으로 적절하지 않은 것은?

① 통화연계 구조화 상품은 선물환을 합성하거나 고객의 요구에 맞게 변형한 상품이다.
② 행사가격 K인 콜옵션 1계약을 C에 매도하고, 만기와 행사가격이 동일한 풋옵션 1계약을 P 에 매도하는 경우 선물환을 K + (C − P)에 매 수한 것과 동일한 효과를 얻을 수 있다.
③ 레인지선물환은 콜, 풋 두 옵션의 행사가격이 상이한 구조로 설계한다.
④ 레인지선물환은 매수옵션과 매도옵션의 프리 미엄이 동일하게 설계되어, 일반선물환 거래와 동일하게 초기 비용이 발생하지 않는다.
⑤ 목표선물환은 합성선물환 거래에서 동일한 행 사가격의 콜옵션을 추가로 매도하여 가격조건 을 개선한 것이다.

71 다음 중 부동산과 동산을 비교한 것으로 적절하지 않은 것은?

① 부동산은 부동성을 가지지만 동산은 유동성을 가진다.

② 부동산은 용도를 다양하게 사용할 수 있지만 동산은 용도의 한계가 존재한다.

③ 부동산과 동산은 모두 완전경쟁이라는 공통점이 있다.

④ 동산은 부동산과 달리 유치권 및 질권이 설정 가능하다.

⑤ 부동산은 동산과 달리 일물일가 원칙이 배제된다.

72 다음 중 건물의 특성으로 적절하지 않은 것은?

① 비영속성
② 생산가능성
③ 공급의 비탄력성
④ 동질성
⑤ 연접성

73 다음 중 용도지역, 용도지구, 용도구역에 대한 설명으로 적절하지 않은 것은?

① 용도지역은 서로 중복되지 않게 모든 토지에 지정된다.

② 용도지구의 경우 필요한 토지에 지정하며, 중복 지정이 가능하다.

③ 용도구역의 경우 시가지의 무질서한 확산방지 등을 목적으로 필요한 토지에 지정하며, 구역 및 지역, 지구의 중복 지정은 가능하다.

④ 용도지구는 군관리계획 등을 토대로 지정된다.

⑤ 용도지역은 토지를 경제적·효율적으로 이용하기 위해 국토교통부장관 등이 결정한다.

74 다음 중 주택의 분류에 대한 설명으로 적절한 것을 모두 고른 것은?

a. 다중주택과 다가구주택으로 적용받기 위해서는 주택 부분이 3개층 이하여야 한다.
b. 다가구주택도 일정 요건을 충족하는 경우 분양이 가능하다.
c. 아파트로 적용받기 위해서는 4개층 이상이며, 세대수는 무관하다.
d. 25세대의 아파트를 건축하기 위해서는 사업 승인을 받아야 한다.
e. 연립주택의 경우 각 동의 바닥면적이 660m²를 초과해야 한다.
f. 연립주택과 다세대주택은 사업승인 등의 절차가 필요 없다.

① a, b, c
② a, e, f
③ b, c, d
④ c, d, e
⑤ d, e, f

75 A씨는 최근 실거주를 목적으로 신축 아파트를 고려하고 있다. 최근 다녀온 B아파트는 도시지역−주거지역에 위치해 있으며, 대지면적은 1,000m², 건축면적은 650m², 건축물의 연면적은 4,500m²일 때, 용적률 및 용적률 한도는 얼마인가?

① 450%, 500%
② 650%, 1,500%
③ 450%, 750%
④ 650%, 750%
⑤ 450%, 1,000%

76 A씨가 취득하려는 부동산의 가치는 10억원, 담보인정금액은 7억원이며, 대출자의 소득은 연간 1억원, 해당 부동산 취득 시 원리금 상환액은 2천만원이다. 그리고 A씨가 해당 부동산 이외에 보유하고 있는 대출에 대한 원금 상환액은 1천만원, 이자비용이 5백만원일 때 LTV, DTI, DSR 비율은?

① LTV : 70%, DTI : 25%, DSR : 35%
② LTV : 70%, DTI : 35%, DSR : 25%
③ LTV : 100%, DTI : 25%, DSR : 30%
④ LTV : 100%, DTI : 30%, DSR : 25%
⑤ LTV : 90%, DTI : 25%, DSR : 30%

77 다음 중 부동산 조사 시 확인할 사항과 확인할 수단으로 잘못 연결된 것은?

① 2동 이상의 건축물 존재 시 동별 현황 표시 − 총괄표제부
② 부동산의 소유권 − 등기사항증명서 을구
③ 공법상 이용제한 사항 − 토지이용계획확인서
④ 일반건축물 각 동의 층별 구조 − 일반건축물
⑤ 토지의 소재지 − 토지대장

78 다음 중 지구단위계획에 대한 설명으로 적절하지 않은 것은?

① 지구단위계획은 도시 내 일정 구역을 대상으로 환경 친화적 도시 환경을 조성하고, 지속가능한 도시 개발 및 도시 관리가 가능하도록 하는 세부계획이다.
② 지구단위계획은 광역도시계획, 도시·군 기본계획 등 상위계획의 취지를 통해 토지 이용을 구체화·합리화하는 것이다.
③ 지구단위계획은 20년 단위로 수립하며, 연도의 끝자리는 0년 또는 5년으로 수립한다.
④ 지구단위계획은 도시의 일부지역을 대상으로 토지이용계획과 건축물계획을 함께 고려한 것이다.
⑤ 지구단위계획의 목표는 토지이용을 합리화·구체화하고 도시 또는 농·산·어촌의 기능 증진, 미관 개선 및 양호한 환경을 확보하기 위한 것이다.

79 다음 중 투기지역, 투기과열지구, 조정대상지역에 대한 설명으로 적절하지 않은 것은?

① 투기지역은 국토교통부장관 또는 시·도지사가 주택가격상승률이 물가상승률보다 현저히 높은 지역으로 투기 우려가 있어 지정하는 지구이다.
② 투기과열지구로 지정되는 경우 청약 1순위 자격 제한 등 여러 제한 효과가 발생한다.
③ 투기지역으로 지정되는 경우 양도세 가산세율이 적용된다.
④ 조정대상지역은 투기과열지구 지정요건 중 과열이 발생했거나 발생할 우려가 있는 지역을 지정한다.
⑤ 국민주택을 초과하는 규모의 주택에 대해 직전 2개월 청약경쟁률이 10:1을 초과하는 경우 투기과열지구로 지정될 수 있다.

80 다음 중 우리나라의 주택시장 현황에 대한 설명으로 적절하지 않은 것은?

① 2008년 경제위기 이후 지역별 차별화 현상이 나타났다.

② 종전에는 전국이 획일적인 변화 추이를 보였지만, 지역 간 편차가 커졌다.

③ 중대형 아파트와 단독주택 시장은 침체인 상태이다.

④ 중대형 부동산의 경우 가치가 하락하였지만 소형 부동산의 경우 가치가 상승하고 있다.

⑤ 생애최초 주택구입자는 소형 주택을 취득할 수 있음에 따라 소형 부동산의 가치 상승에 영향을 주고 있다.

81 다음 중 시기별 우리나라 주택시장의 현황에 대한 설명으로 적절하지 않은 것은?

① 2015년 – 수도권 주택시장의 회복세가 본격화되었다.

② 2017년 – 가계부채대책과 미국발 금리인상, 공급과잉 논란으로 시장이 조정되었다.

③ 2018년 – 재건축초과이익 환수제를 회피하기 위해 사업진행이 빠른 재건축단지를 중심으로 신청을 신속히 하였다.

④ 2019년 – 기준금리 인상으로 유동성이 부동산 시장에서 감소하였다.

⑤ 2020년 – 시장 안정을 위해 노력하였으나 전셋값 및 집값이 상승하였다.

82 다음 중 우리나라 상가시장과 토지시장의 현황과 전망에 대한 설명으로 적절하지 않은 것은?

① 상가시장은 주택과 마찬가지로 하향 안정세가 유지되고 있다.

② 상가시장의 경우 임대수입보다는 시세차익을 중심으로 맞춰져 있다.

③ 토지시장의 경우 건축물 부속토지뿐만 아니라 순수토지까지 거래량은 둔화되고 있다.

④ 토지가격은 주택과 상가건물 가격에 후행하는 형태를 보인다.

⑤ 금리 인상과 대출 규제의 영향으로 토지거래량도 제한적일 것으로 예상된다.

83 다음 중 주택공급 및 주택가격 대책에 대한 설명으로 적절하지 않은 것은?

① 주택공급은 주택정책의 가장 기본으로 주택을 필요한 곳에 적기에 안정적으로 공급하는 것을 목적으로 한다.

② 주택공급은 저소득층 주거안정을 위한 공급과 함께 민간에서 공급하는 공급량까지 적정량을 확보해야 한다.

③ 주택보급률은 100%가 적정 공급 수준으로 100% 이상 공급할 경우 공급과잉이 발생하여 가격이 왜곡될 수 있으므로 100%와 일치하게 주택을 공급하도록 계획해야 한다.

④ 주택가격은 적정선을 유지해야 하며, 사회적으로 합리적인 수준이어야 한다.

⑤ 주택가격 상승 시에는 투기억제조치를 적용한다.

84 다음 중 부동산 정책의 성격으로 적절하지 않은 것은?

① 부동산 문제는 원상태로 되돌리기 어려운 비가 역성이 존재한다.

② 부동산 문제의 경우 예방하는 것보다는 문제를 개선하는 것에 초점을 둔다.

③ 부동산 정책은 부동산 문제를 해결하고 개선하는 데 주목적이 있다.

④ 부동산 정책은 그 자체로 부동산 활동의 일부이다.

⑤ 부동산 정책의 궁극적 목적은 부동산법이 표방하고자 하는 이념이나 이상을 구현하는 것이다.

85 다음 중 해외 부동산 시장에 투자를 계획하고 있는 경우 적절하지 않은 설명은?

① 해외 부동산에 투자하는 경우의 투자금액 제한은 해소되었다.

② 해외 부동산을 취득할 때 지정거래 외국환은행장에게 신고 및 수리를 받으면 된다.

③ 신고 대상 부동산은 주거 이외 목적의 부동산 및 주거용 주택을 대상으로 한다.

④ 2년 6개월 체재할 목적으로 해외 주택을 취득하는 경우에는 신고하지 않아도 된다.

⑤ 해외 부동산에 투자하는 경우 그 나라와 지역 경제 흐름을 파악 및 활용한다.

86 다음 정책 중 성격이 다른 하나는?

① 종합부동산세 시행
② 미분양 주택 양도세 감면
③ 분양권 전매제한 제도 폐지
④ 비사업용토지 양도세 중과 폐지
⑤ 주택사업 인허가 절차 개선

87 다음 중 각 정부별 부동산 정책에 대한 설명으로 적절하지 않은 것은?

① 김대중 정부는 분양권 전매제한 제도를 폐지하였다.

② 김영삼 정부는 부동산실명제를 최초로 도입하였다.

③ 이명박 정부는 부동산 부양을 위해 대폭적인 규제 완화를 시행하였다.

④ 문재인 정부는 투기과열지구, 투기지구 지정 등으로 투기를 억제하려 하였다.

⑤ 노무현 정부는 종합부동산세를 신설하였으며, 부동산 매매를 한 경우 계약체결일로부터 30일 이내에 신고하도록 하였다.

88 다음 중 정부 발표자료에 대한 설명으로 적절하지 않은 것은?

① 실거래가격은 거래를 하는 데 있어 중요한 선행자료가 된다.
② 최근의 거래량이 중요하므로 장기간 주택 거래량보다는 단기간 주택 거래량을 통해 시장의 추이를 파악할 수 있다.
③ 주택 거래량의 경우 시장동향을 나타내는 지표로 거래량이 증가하는 경우 부동산 가격 상승이 발생할 가능성이 높다.
④ 미분양주택이 점차 증가할 경우 부동산 시장의 부담이 발생할 수 있다.
⑤ 지가는 지역별 개발호재 등에 따라 가변성이 크다.

89 다음 중 부동산 투자 이론의 특징을 모두 고른 것은?

> a. 다른 투자수단에 비해 투자기간이 비교적 장기이다.
> b. 타 투자수단에 비해 많은 자본이 필요하다.
> c. 투자수익창출은 투자자의 능력보다는 부동산 시장의 전반적인 흐름이 중요하다.
> d. 장래 기대수익은 확정적이다.
> e. 부동산 개발 시 개발이익이 발생한다.

① a, b, c
② a, b, e
③ b, c, d
④ b, d, e
⑤ c, d, e

90 다음과 같은 상황에서 투자자 A씨의 상황으로 적절한 설명은?

> A씨는 현재 투자 목적으로 부동산을 검토하고 있으며, 가지고 있는 자본은 2억원이다. 검토하고 있는 부동산의 총 가치는 6억원이며, 해당 부동산을 담보로 연이율 6%, 4억원을 조달할 수 있다. 해당 부동산을 임대함으로써 매년 3,000만원의 이익을 얻을 수 있다.

① 해당 부동산을 레버리지를 통해 취득할 경우 LTV는 66.7%이다.
② 해당 부동산을 레버리지를 통해 취득할 경우 연이자는 2,400만원이다.
③ 해당 부동산을 레버리지를 통해 취득할 경우 레버리지비율은 66.7%이다.
④ 해당 부동산을 레버리지를 통해 취득할 경우 부채 조달에 따른 이자비용을 감안하더라도 취득하는 것이 이득이다.
⑤ 만약 차입이자율이 7.5% 이상인 경우 기각하는 것이 이득이다.

91 투자자 A씨는 1년간 임대건물을 운용하면서 수익은 1억원, 비용은 5천만원이 발생하였다. 투자자 A씨가 해당 임대건물에 대한 투자로 적용받는 환원이율은 5%인 경우 해당 건물의 가치는 얼마인가?

① 10억
② 20억
③ 5억
④ 15억
⑤ 25억

92 다음 중 순현가법과 내부수익률법에 대한 설명으로 적절하지 않은 것은?

① 순현가법은 할인현금유입에서 할인현금유출을 차감하여 계산한다.
② 순현가법과 내부수익률법 모두 부동산 보유기간, 미래 현금흐름 추정, 할인율 등에 대한 가정 결정이 선행되어야 한다.
③ 순현가법으로 투자 의사결정을 할 때 독립적인 투자안의 경우 순현가가 0보다 크면 채택하며, 상호배타적 투자안의 경우 순현가가 가장 큰 투자안을 채택한다.
④ 내부수익률은 투자안의 연평균수익률을 의미한다.
⑤ 순현가법과 내부수익률법 모두 할인율로 내부수익률을 적용한다.

94 다음 중 채택할 수 있는 투자안으로 적절하게 짝지어진 것은?

구 분	A 투자안	B 투자안	C 투자안
순현가법 (NPV)	(−)20	100	200
내부수익률법 (IRR)	8%	12%	10%

• 요구수익률은 9%이다.
• A 투자안은 독립적인 투자안이며, B와 C 투자안은 상호배타적인 투자안으로 모든 투자안은 순현가법으로 투자여부를 결정한다.

① A   ② C
③ A, B   ④ A, C
⑤ B

93 다음 중 부동산 포트폴리오의 한계점에 대한 설명으로 적절하지 않은 것은?

① 부동산 시장은 불완전시장으로 시장포트폴리오 수익률을 계량화하기 어렵다.
② 투자안에 따라 서로 다른 세율이 적용되므로 수익률 산정이 어려우며, 투자대안의 수익률이 다르므로 평균적인 수익률 산정 역시 어렵다.
③ 부동산 시장은 동질적인 특징이 있어서 분산효과를 얻기 힘들다.
④ 부동산 고유의 불가분성으로 인해 분할이 어렵다.
⑤ 포트폴리오 이론은 장기시장보다는 단기시장에 적합하여 장기시장인 부동산 시장에 적용하는 데 한계가 존재한다.

95 다음 중 일반 아파트에 대한 투자 전략으로 적절한 것은?

① 아파트는 시세 형성이 용이하고 가격조사 등으로 가치에 대한 객관성을 확보하고 있다.
② 선택기준의 최우선 조건은 투자성으로 사용가치보다는 투자가치가 우선한다.
③ 투자대상으로서의 아파트는 다주택자에 대한 양도소득세 중과, 종합부동산세 등으로 점차 우선순위에서 수익형 부동산에 밀리는 추세이다.
④ 아파트는 점차 임대수익에 대한 선호로 소형아파트 중심의 투자패턴으로 변화할 것으로 기대된다.
⑤ 아파트를 투자하는 경우 투자 목적이 분명해야 한다.

96 다음 중 재건축사업과 재개발사업을 비교한 내용 중 적절하지 않은 것은?

구 분	재건축사업	재개발사업
법적 정의	(a)	정비기반시설이 열악한 지역에서 노후 · 불량 건축물이 밀집한 지역의 주거환경 개선사업
종 류	공동주택 (아파트, 연립), 단독주택지 재건축 사업	(b)
정비사업의 성격	(c)	기반시설의 정비 및 노후 · 불량 건축물 개선
시행자	(d)	조합(민간)
적용법령	(e)	

① a : 재건축사업의 법적 정의는 정비기반시설이 양호한 지역에서 노후 · 불량 건축물이 밀집한 지역의 주거환경개선사업이다.

② b : 재개발사업은 노후 · 불량주택의 재개발사업이 주된 대상이다.

③ c : 노후 · 불량주택만 개선하는 것을 목표로 한다.

④ d : 재건축사업은 공공기관이 주도하여 재건축조합을 설립한다.

⑤ e : 「도시 및 주거환경정비법」으로 재건축사업과 재개발사업이 통합되었다.

97 다음 중 농지대장과 농지전용부담금에 대한 설명으로 적절하지 않은 것은?

① 농지대장은 농지의 소유와 이용실태를 파악하고 이를 효율적으로 관리하기 위해 농지법에 의해 모든 농지를 대상으로 농지 소재지를 관할하는 행정관청에 작성하여 비치하는 것이다.

② 농지의 임대차계약이 체결되는 경우 등 변경사유가 발생한 날로부터 60일 이내에 변경 내용을 소재지 관할 행정관청에 신고해야 한다.

③ 농지대장은 지자체 어디서나 발급이 가능하다.

④ 농지전용부담금은 한국농어촌공사에 납부한다.

⑤ 농업인의 경우 농지전용부담금 감면 혜택이 존재한다.

98 다음 중 부동산 관리시장 및 관리대상의 현재 트렌드로 적절하지 않은 것은?

① 부동산 수익 · 운영관리 목적의 강화

② 자산관리(PM)보다 시설관리(FM)의 중요성 증가

③ 전문자산관리회사(PMC)의 비중 증가

④ 관리건축물의 다양화 및 고층화

⑤ 인터넷 통합관리시스템

99 다음 중 부동산 위탁관리방식의 장점이 아닌 것은?

① 관리업무의 강한 지휘 및 통제 가능
② 빌딩의 전문적 관리
③ 인사관리 등이 용이
④ 관리비용이 저렴하고 안정적
⑤ 업무의 효율성

100 다음 중 부동산 프로젝트 금융(Project Financing) 시 주요 점검사항이 아닌 것은?

① 시행사의 사업부지 확보 여부
② 시공사의 신용평가등급 및 건설도급순위
③ 시행사의 인허가 획득 여부
④ 부동산개발사업의 사업성
⑤ 시행사의 신용도

실전모의고사
정답 및 해설

은행FP 자산관리사 2부

제1회 정답 및 해설

01	02	03	04	05	06	07	08	09	10
③	②	④	③	④	①	⑤	⑤	①	④
11	12	13	14	15	16	17	18	19	20
⑤	④	⑤	⑤	③	①	⑤	④	①	②
21	22	23	24	25	26	27	28	29	30
③	④	③	③	③	②	⑤	④	①	①
31	32	33	34	35	36	37	38	39	40
⑤	②	④	③	④	②	②	④	③	④
41	42	43	44	45	46	47	48	49	50
③	⑤	⑤	④	④	②	③	①	④	①
51	52	53	54	55	56	57	58	59	60
⑤	④	④	③	⑤	④	⑤	⑤	②	⑤
61	62	63	64	65	66	67	68	69	70
⑤	④	①	①	③	③	②	①	③	①
71	72	73	74	75	76	77	78	79	80
②	④	⑤	①	①	①	④	③	④	④
81	82	83	84	85	86	87	88	89	90
①	②	④	④	③	④	③	③	③	④
91	92	93	94	95	96	97	98	99	100
②	②	③	②	③	⑤	③	②	⑤	③

금융자산 투자설계 (70문항)

01
정답 ③

③ 종합금융회사에서 발행한 CMA는 예금자보호가 적용되지만, 증권회사에서 발행한 CMA는 예금자보호가 적용되지 않는다.

02
정답 ②

② 목돈마련을 위한 적립식 상품의 경우 요구불예금에 비해 수익성은 높으나 유동성은 낮다.

03
정답 ④

④ 환매조건부채권은 중도해지, 담보대출, 잔액증명서 발급, 증서 재발행 등이 가능하다.

440

04
정답 ③

③ 주택청약종합저축은 매월 2만원 이상 50만원 범위 내에서 자유롭게 납입할 수 있다.

05
정답 ④

④ 사고신고된 자기앞수표의 경우 선위취득자가 지급 제시하는 경우 수표대금을 지급할 수 있다.

06
정답 ①

① 양도성예금증서는 예금자보호가 적용되지 않는다.

07
정답 ⑤

⑤ 후순위채권은 원본손실 가능성이 있으며 중도상환이 불가능하다.

08
정답 ⑤

⑤ 중소기업금융채권은 중소기업은행의 승낙을 얻어 양도하거나 질권을 설정할 수 있다.

09
정답 ①

자본시장법의 특징으로는 금융기능별 규율체계, 포괄주의 방식 채택, 금융투자업 상호 간 겸영 가능, 투자자보호제도 강화(투자성 상품에 대한 청약 철회제도 및 위법계약 해지권 신설 포함)가 있다. 따라서 금융기관별 규율체계가 아닌 금융기능별 규율체계이다.

10
정답 ④

④ 집합투자는 재산의 운용과 관련하여 투자자로부터 일상적인 운용지시를 받지 않는 것이 특징이다.

11
정답 ⑤

투자자보호제도의 원칙으로는 투자설명서의 교부 및 설명의무, 적합성의 원칙, 적정성의 원칙, 부당권유행위 금지, 청약의 철회 및 위법계약의 해지가 있다. 따라서 내부통제제도의 강화는 원칙으로 적용되지 않는다.

12
정답 ④

④ 주식형펀드는 가치주펀드와 성장주펀드로 나눌 수 있으며, 저PER주 및 저PBR주로 투자종목을 선택하는 것은 저평가되어 있는 종목을 선택하는 것으로 가치주펀드가 투자종목을 선택하는 방법이다.

13
정답 ⑤

⑤ 혼합형펀드는 수익성과 투자위험이 주식형펀드보다 낮은 것이 특징이다.

14
정답 ⑤

⑤ 경매ㆍ공매형 부동산펀드는 경매 또는 공매에 참가하여 상업용 부동산을 저가에 매입한 후 매각 시기까지 임대하여 발생하는 임대수익과 고가에 매각함에 따라 발생하는 시세차익을 동시에 추구하는 부동산펀드이다.

15

정답 ③

③ 모자형 집합투자기구는 투자자가 자펀드에 가입하면 자펀드는 모펀드의 집합투자증권에 투자하고 모펀드는 모인 펀드재산을 운용하는 형태이다.

16

정답 ①

ㄴ. 범위형은 주가지수가 일정 범위 내에서 움직일 것으로 예상될 경우 유효한 투자전략이다.

ㄷ. 디지털형은 미리 정한 조건을 충족하는 경우 수익을 지급하고 조건을 충족하지 못하는 경우 수익을 지급하지 않는다.

ㄹ. 원금부분보장형은 통상 원금의 80%~95% 수준이 보장되는 구조이다.

17

정답 ⑤

⑤ 포트폴리오 구성 자산 간 상관계수가 1인 경우에는 분산효과가 발생하지 않으며, 1 미만인 경우에는 분산효과는 항상 발생한다.

18

정답 ④

④ 투자자의 원금손실 비율 제한은 투자의 제약사항을 파악하는 것과 관련이 있다.

19

정답 ①

효율적 프론티어에 따라 투자안을 선택할 경우, 표준편차(위험)가 낮고 기대수익이 높은 투자안을 선택한다. 따라서 표준편차가 가장 낮은 0.01인 A, C 중 기대수익이 더 높은 A를 선택한다.

20

정답 ②

② 위험회피 성향이 높은 투자자의 경우 자본배분선상 왼쪽에 위치한 포트폴리오를 선택한다.

21

정답 ③

③ 단일지표모형의 알파계수가 0보다 큰 경우 주식의 적정가치보다 낮은 가격으로 저평가되었다고 할 수 있다.

22

정답 ④

④ CAPM은 단기간의 투자기간을 가정한다.

23

정답 ③

$E(R_i) = R_f + \beta_i[E(R_M) - R_f]$이므로 A의 기대수익률은 $3\% + 1.2 \times (6\% - 3\%) = 6.6\%$이다.

24

정답 ③

③ APT모형은 시장포트폴리오를 전제하고 있지 않아 CAPM보다 가정이 많이 필요하지 않다.

25

정답 ③

③ 인덱스 전략은 특정 종목 분석이 필요하지 않다는 장점과 함께 지수를 추종함에 따라 종목 분석에 따른 비용이 들지 않아 상대적으로 저렴한 비용으로 투자가 가능하다는 장점이 있다.

26
정답 ②

시장이 매우 효율적이어서 증권의 시장가격이 이미 모든 정보를 반영하고 있어 시장예측과 증권선택의 기술적 가치가 있다고 믿지 않으며 시장초과수익률을 기대하지 않는 투자자가 선택할 투자전략은 소극적 자산배분과 소극적 증권선택을 하는 제1사분면 투자전략일 것으로 예상된다.

27
정답 ⑤

⑤ 전술적 자산배분 실행 주기는 전술적 자산배분 시 고려할 요소이다. 전략적 자산배분은 장기적 관점에서 최적 자산배분을 결정하는 것이며, 전술적 자산배분은 중단기적인 자산배분을 고려한다.

28
정답 ④

• 1기간 수익률
= (12,000원 − 10,000원 + 1,000원) / 10,000원
= 30%

• 2기간 수익률
= (26,000원 − 24,000원 + 2,000원) / 24,000원
= 17%

∴ 시간가중수익률
$$= \sqrt{(1+30\%) \times (1+17\%)} - 1 = 23\%$$

29
정답 ①

기업 내적요인 중 양적 요인은 수익가치, 자산가치, 성장성, 배당성향, 재무제표에 관한 사항 등이 있으며, 수급관계는 시장 내적요인으로 기업의 외적요인이다.

30
정답 ①

① 주식시장의 주요 기능으로는 기업에 대한 자금조달, 투자수단 제공, 소득의 재분배, 정부의 재정 및 금융정책의 역할 수행, 자금의 효율적 배분 촉진이 있으며, 따라서 기업에 대한 소유와 경영의 합치는 해당되지 않는다. 또한 주식시장을 통해 주식시장의 대규모 지분분산이 가능함에 따라 소유와 경영의 분리가 가능하게 되어 소유와 경영의 합치는 틀린 항목이다.

31
정답 ⑤

⑤ 주가지수는 미래 경제상황에 대한 전망을 반영하므로 경기변동의 선행지표로 이용된다.

32
정답 ②

시가총액식 주가지수 = (비교시점의 시가총액/기준시점의 시가총액) × 100으로 계산한다. 따라서 시가총액식 주가지수 = (33,800,000원/27,000,000원) × 100 = 125이다.

33
정답 ④

④ 이자율의 경우 주가와 역의 상관관계를 가진다. 물가가 급격하게 상승하는 경우 기업 수익이 악화되어 주가와 역의 상관관계를 가지지만 완만하게 장기적으로 상승하는 경우에는 주가에 긍정적으로 작용할 수 있다.

34

c. 대체품이 많을수록 기업 입장에서는 판매단가를 높게 책정할 수 없다.

d. 구매자의 후방통합 가능성이 있는 경우 구매자의 교섭력은 올라가고 상대적으로 공급자의 교섭력은 내려간다.

35

④ 일반적으로는 성숙기에 상품 단위별 이익은 최고조를 기록한다.

36

• 매출총이익
  $= 2,000,000원 \times 20\% = 400,000원$
• 영업이익
  $= 400,000원 - 2,000,000원 \times 10\% = 200,000원$
• 이자비용
  $= 1,500,000원 \times 10\% = 150,000원$
∴ 이자보상비율
  $=$ 영업이익 $200,000원/$이자비용 $150,000원$
  $= 1.33$

37

ROI는 당기순이익/총자본이며, ROE는 당기순이익/자기자본으로 계산한다.

부채비율이 100%라는 의미는 부채와 자본의 금액이 동일하다는 의미이며, 따라서 총자본 대비 자기자본은 1/2 수준이다. 따라서, 분모는 ROI 대비 2배가 되어야 하며, ROE $=$ ROI $\div (1/2) = 20\%$이다.

38

• A기업의 당기순이익 : $1,500,000원 \times$ 매출액순이익률 $10\% = 150,000원$
• A기업의 EPS : $150,000원 \div 10,000원 = 15원$
• A기업의 주가 : $2,000,000원 \div 10,000주 = 200원$
∴ A기업의 PER은 $200 \div 15 = 13.33$이다.

39

③ 토빈의 q는 자산의 시장가치를 추정대체비율로 나눈 값으로 1을 기준으로 1보다 크면 현재 자본설비가 그 자산을 대체하는 데 드는 비용보다 더 큰 가치를 지니고 있다는 의미이며, 따라서 신규진입자의 경우 기존 자본설비를 보유한 기업의 주식을 취득하는 대신 신규로 투자하는 것을 고려하게 된다.

40

④ 정률성장모형의 경우 필요자금은 내부자금으로만 조달한다고 가정한다.

41

③ PER평가모형의 경우 EPS를 적용하여 평가하므로 배당에 대한 정보가 필요 없으며 무배당주식의 평가에도 적용가능하다.

42 　　　　　　　　　　　　　　　　정답 ⑤

- EV/EBITDA = 기업가치/이자, 세금, 감가상각비 차감 전 이익
- EV : 시가총액 + 순차입금(총차입금 − 현금 및 투자유가증권)
- EBITDA : 이자비용, 법인세비용, 유무형자산 감가상각 차감 전 순이익
- EBITDA = 9,000,000원 × 12% + 1,000,000원 + 500,000원 = 2,580,000원
- EV = 10,000,000원 + (3,000,000원 − 1,000,000원) = 12,000,000원
- ∴ EV/EBITDA = 12,000,000원 ÷ 2,580,000원 = 4.65배

43 　　　　　　　　　　　　　　　　정답 ⑤

⑤ 사후통제하는 부분은 사후적인 포트폴리오 수정과 투자성과에 대한 평정을 하는 것으로 종목선정기준에 따라 종목을 추가 선정하는 것은 해당되지 않는다.

44 　　　　　　　　　　　　　　　　정답 ③

③ 재정정책을 사용하는 경우 국채를 발행하게 되며, 채권시장 수급에 영향을 주어 채권금리는 상승하게 된다.

45 　　　　　　　　　　　　　　　　정답 ④

④ 금융기관이 발행하는 채권은 금융채라고 하며, 통안채는 한국은행이 시중 통화량을 조절하기 위해 발행하는 채권이다.

46 　　　　　　　　　　　　　　　　정답 ②

② 채권의 잔존기간이 길수록 동일한 수익률 변동에 대한 가격 변동률은 커진다.

47 　　　　　　　　　　　　　　　　정답 ③

③ 표면금리가 높아지면 듀레이션은 감소한다.

48 　　　　　　　　　　　　　　　　정답 ①

$\triangle P/P$(채권가격변동률) $= -$Duration$/(1+r) \times \triangle r$(시장만기수익률 변동폭)으로 계산할 수 있으며, 따라서 $5\% = -$Duration$/(1+3\%) \times -1\%$, Duration $= 5.15$이다.

49 　　　　　　　　　　　　　　　　정답 ④

④ 만기수익률과 채권 잔존기간이 일정하다는 전제하에 표면이율이 낮아질수록 볼록성은 커진다.

50 　　　　　　　　　　　　　　　　정답 ①

수정듀레이션(DM) = Duration$/(1+r)$으로 수정듀레이션을 계산할 수 있으므로, 수정듀레이션은 $3/(1+10\%) = 2.72$이다.

51 　　　　　　　　　　　　　　　　정답 ⑤

⑤ 경제주체들이 장기채권의 이자율이 미래 단기채권 이자율과 동일하다고 예상하는 경우 채권가격에 대한 수익률곡선은 수평의 모습을 띤다.

52

채권 등급 중 원리금 지급 확실성은 양호하나 장래 환경 변화 시 지급능력의 저하 가능성이 존재하는 등급은 BBB이다.

53

정답 ④

A채권은 할인채이므로 중간에 이자가 발생하지 않으므로 잔존내용연수와 회수기간을 의미하는 듀레이션은 동일하다고 할 수 있다. 최초 매입 시 잔존내용연수가 5년인 채권을 1년 3개월 투자했으므로 잔존기간은 3년 9개월이다. 자본손익률은 (매입금리 − 매도금리) × 잔존듀레이션 ÷ 투자연수로 계산하므로, A채권의 자본손익률 = (5% − 3%) × 3.75 ÷ 1.25 = 6%이다.

54

정답 ③

채권투자수익률 = 이자수익률 + 자본수익률으로 계산한다. 3년인 채권을 매입하여 1년이 경과하였으므로 잔존내용연수는 2년이며, 4%를 액면가에 매입하였으므로 매입 시점의 매입금리는 4%이다.

- 이자수익률 : 4%
- 자본수익률 : (4% − 3%) × 2 ÷ 1 = 2%
∴ 채권투자수익률 = 4% + 2% = 6%이다.

55

정답 ⑤

⑤ 딜링전략은 단기매매전략이라고도 하며, 단기간의 금리 움직임을 전망하며, 자본수익을 얻기 위해 단기매매를 실행하는 단기매매전략으로 중기간의 금리 움직임을 전망하지는 않는다.

56

정답 ④

④ 듀레이션 위험은 투자자의 상황에 따라 달라진다.

57

정답 ⑤

해당 채권의 1년간 예상투자수익률은 채권의 이자수익률과 롤링수익률로 구성된다.

- 채권 이자수익률 : 표면금리 4% 수령
- 롤링수익률 : (매입금리 − 1년 후 예상금리) × 잔존듀레이션으로 계산하며, (4% − 3%) × (4년 − 1년) = 3%
∴ 채권의 예상 투자수익률 : 4% + 3% = 7%

58

정답 ⑤

⑤ 일정 요건을 충족하더라도 채권자의 지위가 주주로 변경되지 않는 한 채권자는 의결권을 행사할 수 없다.

59

정답 ②

② 파생상품은 증권과 같이 금융투자상품으로 분류되지만, 증권과 달리 원본 이외의 추가적인 지급의무도 부담할 수 있는 금융상품이다.

60

정답 ⑤

⑤ 장내파생상품은 거래당사자가 결제를 이행하지 않을 경우를 대비하여 증거금제도를 운영하고 있으며 증거금은 이행보증금의 성격을 가진다. 증거금은 계약체결 후 계좌에서 유지해야 하는 개시증거금과 거래 기간 내내 유지해야 하는 유지증거금(개시증거금의 약 70% 수준)으로 나눌 수 있으며, 개시증거금과 유지증거금은 모두 장내파생상품 거래를 위해 필요하다.

61 정답 ⑤

⑤ 파생상품거래의 경우 만기일에 거래를 종결하는 방식으로 상품별로 실물인수도 방식과 행사가격과 기초자산 가격 차액에 대한 현금결제 방식이 존재한다.

62 정답 ④

④ 선물은 불특정 거래소 회원과 거래가 이루어진다.

63 정답 ①

선물계약 수
$= (1.4 - 1.2) \times 3억원 \div (100 \times 25만원)$
$= 2.4계약(매수)이다.$

64 정답 ①

투자자 A씨는 상대적으로 근월물(3월물)이 원월물(6월물) 대비 상대적으로 더 많이 상승할 것으로 예상하고 있다. 따라서 투자자 A씨는 강세스프레드 전략을 구사해야 한다.

65 정답 ③

③ 투자자 A씨는 채권에 투자하려 하므로 채권 투자 전에는 금리하락으로 인한 가치상승 위험이 존재한다. 따라서 해당 금리하락 위험을 해지하기 위해서는 채권선물을 매수해야 한다.

66 정답 ③

• 5년 국채선물 계약수

$= \dfrac{3년 국채선물 듀레이션}{5년 국채선물 듀레이션} \times 3년 국채선물 계약수$

$= (2.7 \div 4.4) \times 200 = 123계약이다.$

67 정답 ②

② 차입금을 갚아야 하는 차입자는 주로 미래 매수해야 할 통화의 가치가 상승하여 손실이 생길 가능성에 대비하여 선물환 또는 통화선물을 매수하는 거래를 한다.

68 정답 ①

① 주가가 강세일 것으로 예상되는 경우에는 콜옵션 매수가 가장 예상이익이 클 것으로 예상된다.

69 정답 ③

③ 베가는 옵션가격의 변동성에 대한 옵션가격 민감도를 의미하며, 옵션 매수의 경우 베가는 (+)로 내재 변동성이 증가함에 따라 옵션 매수 포지션에서는 이익이 발생한다.

70 정답 ①

A사는 고정금리로, B사는 변동금리로 자금을 조달하여 교환하는 경우
• 기존 : 3% + KOFIX + 6% = KOFIX + 9%
• 스왑 후 : 4% + KOFIX + 4% = KOFIX + 8%로 답은 ①이다.

비금융자산(부동산) 투자설계 (30문항)

71
정답 ②

b. 부동산의 경우 선의취득이 인정되지 않지만 동산의 경우 선의취득이 인정된다.
d. 미등기가 아닌 등기 상태로 10년간 동산을 점유하고 있으면 취득이 인정된다.

72
정답 ④

토지의 자연적 특성은 위치의 고정성(부동성), 부증성, 영속성, 개별성, 연접성으로 구분할 수 있으며, 특히 모든 토지는 동질적이지 않고 개별성을 가지는 것이 특징이다.

73
정답 ⑤

지목의 설정원칙은 1필 1목 원칙, 주지목 추종의 원칙, 영속성의 원칙, 사용목적추정의 원칙이다.

74
정답 ①

① 잡종지는 갈대밭, 물건을 쌓아두는 곳, 돌을 캐는 곳, 흙을 파내는 곳, 야외시장 등과 영구적 건축물 중 변전소, 송신소, 수신소, 쓰레기 및 오물처리장 등의 부지, 다른 지목에 속하지 않은 토지를 일컫는 토지를 의미한다.

75
정답 ①

① 도심과 부도심의 상업기능 및 업무기능의 확충 목적으로 설정하는 지역은 중심상업지역이다.

76
정답 ①

건폐율은 건축면적을 대지면적으로 나누어 산출하며, 용적율은 연면적을 대지면적으로 나누어 산출한다. 따라서 해당 건물의 건폐율은 80/100으로 80%이며, 도시지역의 주거지역 건폐율 기준은 70%로 따라서 조건을 충족할 수 없다.

77
정답 ④

④ 개별공시지가는 1월 1일을 기준으로 그 해 5월 31일까지 결정 및 공시된다.

78
정답 ③

③ 총면적은 계약면적(전용면적, 주거공용면적, 기타 공용면적의 합)과 서비스면적의 합으로 구성된다.

79
정답 ④

④ 건축물대장은 총괄표제부, 일반건축물, 집합표제부, 집합전유부로 구성되어 있다.

80
정답 ④

④ 대출규제는 법률 개정이 아닌 행정부 내의 정책 결정을 통해 조절할 수 있다.

81
정답 ①

① 일반적으로 부동산 가격을 결정하는 가장 중요한 경제변수로 수요와 공급을 들 수 있다.

82 정답 ②

② 종전에는 전국의 변화추이가 획일적으로 나타났지만, 지역 간 편차가 점차 커졌다.

83 정답 ④

④ 대부분의 나라에서는 우리나라와 달리 부동산 보유에 대해 보유세가 고율, 양도소득세가 저율로 과세된다.

84 정답 ④

④ 인구는 감소하고 있지만, 1~2인 가구의 증가가 발생하여 전체 가구수는 늘어나고 있으며, 따라서 소형주택 및 소형평수의 인기가 상승하고 있다.

85 정답 ③

③ 부동산 정책의 필요성은 크게 경제적 논리, 정치적 논리, 최유효이용론, 강력한 복지론으로 나눌 수 있다.

86 정답 ④

④ 중앙은행의 금리 조절은 통화조절 목적으로 간접적으로 부동산 시장에 영향을 미친다.

87 정답 ③

③ 노무현 정부는 주택 투기와 집값을 잡는 강력한 정책 수단으로 세금 중과 체계(종합부동산세 신설, 다주택자 양도세 중과 등)를 확립하였으며, 이명박 정부는 2008년 경제위기 이후 부동산 부양책을 추진하였다.

88 정답 ③

③ 미분양주택의 주택시장에 대한 영향력은 전국을 대상으로 한 획일적인 해석보다는 해당지역별 수급동향을 중심으로 세분화된 분석과 대응이 필요하다.

89 정답 ③

③ 건물을 취득하는 경우 감가상각에 대한 절세 효과를 기대할 수 있으며, 토지의 경우에는 감가상각에 대한 절세효과가 발생하지 않는다.

90 정답 ④

④ 시간이 경과함에 따르는 마멸을 통해 부동산의 가치 감소가 발생할 수 있다.

91 정답 ②

② 적산법은 원가방식으로 분류할 수 있으며, 수익방식은 수익환원법, 수익분석법으로 나눌 수 있다.

92 정답 ②

② 거래사례비교법은 최근 거래사례 중 비교가능사례를 확보하여 조정 작업을 거쳐 적절한 가치를 추산한다. 따라서 과거의 거래사례는 반영하지 않는다.

93 정답 ③

③ 투자안의 기대수익률이 요구수익률보다 크므로 투자안을 채택해야 한다.

94

② 미래 일정 가치의 현재가치를 구하기 위해서는 일시불의 현가계수를 적용해야 한다.

95
정답 ③

③ 부동산에 투자하는 경우라도 주택, 상가, 토지 등의 분야에 분산투자해야 한다.

96
정답 ⑤

⑤ 아파트 투자의 선택 기준은 교육환경, 교통환경, 지역 커뮤니티(주거환경), 자연환경, 편의시설 등을 들 수 있다.

97
정답 ③

③ 신청일 기준으로 1년 내 경작사실 확인이 완료된 농지대장만 발급이 가능하므로 대장 유무만으로 농업인을 바로 확인하기는 어렵다.

98
정답 ②

② 부동산을 직접 관리하는 경우 전문성이 결여되며, 비효율성이 발생할 수 있다.

99
정답 ⑤

⑤ 주택금융은 직접적인 수익자산에 대한 융자로 볼 수 없으며, 이자율은 가계의 상환능력에 따라 결정된다.

100
정답 ③

③ 부동산과 관련된 부동산 기초 파생상품에 투자하는 경우에도 펀드재산의 50%를 초과하여 부동산과 관련된 권리, 금전채권, 증권, 부동산 기초 파생상품에 투자하는 경우와 동일하게 부동산펀드로 정의할 수 있다.

실전모의고사
정답 및 해설

제2회 정답 및 해설

01	02	03	04	05	06	07	08	09	10
④	④	⑤	③	①	②	⑤	③	⑤	①
11	12	13	14	15	16	17	18	19	20
③	①	⑤	①	③	③	⑤	⑤	③	②
21	22	23	24	25	26	27	28	29	30
⑤	④	②	③	①	②	②	①	⑤	①
31	32	33	34	35	36	37	38	39	40
①	④	③	②	①	③	②	④	①	④
41	42	43	44	45	46	47	48	49	50
②	④	④	③	①	①	④	①	③	②
51	52	53	54	55	56	57	58	59	60
①	④	④	④	⑤	①	①	⑤	⑤	④
61	62	63	64	65	66	67	68	69	70
②	④	④	③	①	②	③	⑤	②	②
71	72	73	74	75	76	77	78	79	80
③	⑤	③	②	①	①	②	③	⑤	③
81	82	83	84	85	86	87	88	89	90
④	②	③	②	④	①	③	②	②	⑤
91	92	93	94	95	96	97	98	99	100
①	⑤	③	②	②	④	⑤	②	①	⑤

금융자산 투자설계 (70문항)

01
정답 ④

④ CMA의 최저 가입금액은 100만원이다.

02
정답 ④

④ 선의취득자가 지급 제시하는 경우라도 사고신고 가 접수되었고 금융기관의 손해에 대한 보전대책 을 제공한 경우에 한해 '사고신고서 접수로 인한 지급거절'로 부도반환할 수 있다.

03
정답 ⑤

⑤ 일정 자격에 해당하는 일반 농어민 및 저소득 농 어민을 대상으로 하는 농어가목돈마련저축은 농 어촌의 계절적 상황을 고려하여 월납뿐만 아니라 분기납, 반기납도 허용한다.

04

해당 문제는 예금자보호가 적용되는지에 대한 질문이다. 정기예탁금은 신용협동기구 별도기금으로 예금자보호가 적용되며, 주가지수연동정기예금은 이자 부문에 대한 리스크는 존재하지만 원금은 보장된다. 하지만 양도성예금증서는 예금자보호가 적용되지 않는다.

05
정답 ①

① 상승수익추구형 주가지수연동정기예금은 주가지수가 상승하는 경우 수익이 발생하며, 주가지수 하락 시 원금만을 보장한다. 따라서, 상승수익추구형 주가지수연동정기예금임에도 불구하고 최초 주가지수 대비 주가지수가 하락하여 원금만 보장되는 ①이 가장 낮은 수익률을 기록할 것으로 예상된다.

06
정답 ②

② 개인종합자산관리계좌 중 일임형의 경우 분기별 1회 이상 포트폴리오 재배분을 실시한다.

07
정답 ⑤

⑤ 자본시장법에서는 6개 금융투자업 상호 간 겸영을 허용한다.

08
정답 ③

c. 투자합자회사의 투자업자는 무한책임이사로 해당 투자에 대한 무한 책임을 진다.
d. 투자신탁의 투자업자 지위는 위탁자이다.

09
정답 ⑤

⑤ 증권예탁증권은 증권을 예탁받은 자가 증권이 발행된 국가 외의 국가에서 발행한 것으로 예탁받은 증권에 관련한 권리가 표시된 것이다. 증권예탁증권의 예는 미국시장에서 발행 및 유통되는 미국달러표시 예탁증서인 ADR이 있고, 전 세계 주요 금융시장에서 동시에 발행 및 유통되는 GDR 등이 있다.

10
정답 ①

① 투자자정보를 통해 투자자의 투자성향을 파악하고, 해당 투자자에게 적합하지 않다고 인정되는 투자성 상품을 투자권유해서는 안 되는 원칙은 적합성의 원칙이다.

11
정답 ③

채권형펀드의 경우 오후 5시 이전 환매를 청구한 경우 T＋2영업일에 기준가를 적용한다. 따라서 6월 20일에서 2영업일 이후인 6월 22일의 기준가를 적용한다.

12
정답 ①

① 성장주펀드는 미래성장성에 대해 현재의 기업가치보다 주가가 높게 형성되는 주식에 투자하는 펀드로 성장성이 높은 기업에 집중 투자한다. 이익성장성이 높은 기업의 주식 등이 투자대상이다.

13
정답 ⑤

⑤ 특별자산펀드는 증권 및 부동산을 제외하고 경제적 가치가 있는 모든 자산으로 특별자산의 범위를 규정하고 있다.

14 정답 ①

① 남은 만기가 6개월 이내인 양도성예금증서를 단기금융상품으로 정의하고 있다.

15 정답 ③

③ 각 종류별로 환매수수료는 차별이 가능하다.

16 정답 ③

③ 수익자는 신탁재산의 원본 또는 이익을 수령하는 자로 수익자가 별도로 지급되지 않은 경우 위탁자 본인이 수익자가 된다.

17 정답 ⑤

⑤ 투자에 대한 거래비용은 투자정책서에 포함되지 않는다. 투자정책서에 포함되어야 하는 내용은 고객정보, 투자목표 및 우선순위, 투자기간, 위험 허용수준 및 기대수익률, 경제지표에 대한 가정치, 투자의 제약조건, 자산배분전략, 성과평가를 위한 벤치마크 기술이다.

18 정답 ⑤

⑤ 위험회피 성향에 관계없이 모든 투자자는 최적 위험포트폴리오를 위험자산으로 이용한다.

19 정답 ③

③ 효율적이지 못한 포트폴리오나 개별자산의 경우 CML이 성립하지 않고 CML 아래에 위치하는 SML 상에 표시된다.

20 정답 ②

② 알파계수가 0보다 큰 경우 주식의 적정가치보다 낮은 가격으로 주식이 평가되어 있으며, 주식은 저평가되었다고 볼 수 있다.

21 정답 ⑤

① $(10\% - 6\%) \div 0.1 = 0.4$
② $(15\% - 5\%) \div 0.2 = 0.5$
③ $(20\% - 5\%) \div 0.2 = 0.75$
④ $(10\% - 6\%) \div 0.2 = 0.2$
⑤ $(25\% - 5\%) \div 0.1 = 2$
따라서 위험보상비율이 가장 큰 것은 ⑤이다.

22 정답 ④

④ 단일요인 APT 모형에서 위험 1단위당 보상을 산출하기 위해서는 포트폴리오의 체계적 위험을 고려해야 한다.

23 정답 ②

② 시장에서 적정가치 대비 가격이 낮게 형성된 자산을 선택하여 시장평균 이상의 수익을 추구하는 전략은 증권선택전략이다.

24 정답 ③

③ 적극적 투자전략을 선택하는 경우 특정 증권 및 자산군에 집중 투자하므로 분산 투자효과를 얻을 수 없다.

25   정답 ①

① 전술적 자산배분은 중장기적 추세의 변화를 근거로 하는 것이 적절하다.

26   정답 ②

b. 투자성과 평가의 목적은 고객 재무상황의 변화를 반영한다.
d. 투자포트폴리오 전체를 대상으로 하는 것이 아닌 투자포트폴리오에 최종 편입되어 있는 금융상품의 개별적인 평가 및 피드백 목적이다.

27   정답 ②

가 : $\dfrac{15\% - 5\%}{0.6} = 0.17$

나 : $\dfrac{20\% - 5\%}{0.8} = 0.19$

다 : $\dfrac{25\% - 5\%}{1.2} = 0.17$

라 : $\dfrac{30\% - 5\%}{1.5} = 0.17$

마 : $\dfrac{40\% - 5\%}{2.0} = 0.18$

따라서, 트레이너지수로 측정할 경우 나 펀드를 선택해야 한다.

28   정답 ①

전술적 자산배분 수익률은 전술적 자산배분의 배분비율과 해당 자산군의 비교대상지수의 수익률을 곱하여 산출한다.
전술적 자산배분 수익률 = 전술적 자산배분의 자산배분비율 × 해당 자산군의 비교대상지수 수익률이므로 30% × 20% = 6%이다.

29   정답 ⑤

⑤ 과거의 주가, 거래량과 같은 시장자료 등을 분석하는 것은 기술적 분석에 포함된다.

30   정답 ①

① 주식 유통시장의 기능으로는 투자자에 대한 환금성 제공, 주식 가격결정의 지표, 유가증권 담보력 제고, 공정가격의 제공 등이며, 기업의 자금조달 기능을 수행하는 것은 주식 발행시장의 기능이다.

31   정답 ①

① 경기변동은 각 순환과정의 주기와 진폭이 서로 다르게 나타나며, 한 주기 내에서도 확장기와 수축기의 길이가 다르게 나타난다.

32   정답 ④

④ 진입장벽이 높은 경우는 규모의 경제 효과가 잘 나타나고, 제품차별화가 잘 이루어지며, 진출에 따른 소요자본이 막대한 경우, 기존 판매망이 견고하거나 정부규제가 많은 경우 등으로 정부규제가 많은 산업인 경우 신규진입기업이 진출하기 어렵다.

33   정답 ③

③ 시장규모가 증대되고 있는 상황은 제품수명주기상 성장기이다. 성장기의 경우 매출이 증가함에 따라 경영위험이 낮으며, 경영위험이 높은 단계는 도입기 및 쇠퇴기이다.

34

정답 ②

② ROE는 당기순이익/자기자본으로 산출한다. 먼저 자본총액을 산출하면, 자산총액은 10,000,000원이며, 부채비율은 150%인 경우 부채 3 : 자본 2의 비율로 자본총액은 $10,000,000원 \times \dfrac{2}{2+3}$으로 4,000,000원이다.

매출액순이익률을 통해 당기순이익을 산출하면 15,000,000원 × 매출액순이익률 10%로 당기순이익은 1,500,000원이다.

따라서, ROE를 산출하면

1,500,000원 ÷ 4,000,000원 = 37.5%이다.

35

정답 ①

① 매출채권회수기간은 매출채권을 1일 평균매출액으로 나누어 산출한다. 매출채권은 평균매출채권을 적용하며 기초와 기말 매출채권을 평균하여 계산한다.

- 평균매출채권
  = (1,000,000,000원 + 1,500,000,000원) ÷ 2
  = 1,250,000,000원
∴ 매출채권회수기간
  = 1,250,000,000원 ÷ 30,000,000원 = 42일

36

정답 ③

③ PCR(주가현금비율)은 주가를 주당현금흐름으로 나누어 계산하며, 기업의 경영성과와 자금조달 능력을 표현한다.

37

정답 ②

② A기업의 작년에 대한 주당이익은 10,000원 ÷ 50% = 20,000원이다. A기업의 주당이익은 올해까지 성장할 것이므로 올해의 주당이익은 20,000원 × (1 + 5%) = 21,000원이다. 올해 이후에는 이익을 유보하지 않을 것이므로 주당이익과 배당금이 같고, 현상유지만 하는 것으로 가정하여 제로성장배당모형을 적용한다.

∴ 21,000원 ÷ 10% = 210,000원

38

정답 ④

④ 배당에 대한 정보와 관계없이 PER 모형을 적용할 수 있다.

39

정답 ①

① PBR = 매출액순이익률 × (매출액/총자산) × (총자산/자기자본) × PER

영업이익이 15,000,000원이며, 매출액영업이익률은 15%이므로 매출액은 15,000,000원 ÷ 15% = 100,000,000원이다.

부채비율이 100%이므로 부채와 자기자본의 비율은 50:50으로 총자산 120,000,000원 대비 자기자본은 60,000,000원이다.

따라서

PBR = 5% × (100,000,000/120,000,000) × (120,000,000/60,000,000) × 10 = 0.83

40

정답 ④

④ 투자계획서에 포함되어야 하는 것은 투자목표, 투자분석, 자본시장의 가정, 자산배분과 종목선정, 사후통제 등이다.

41

② 주식포트폴리오 선정 프로세스는 투자 유니버스 선정 → 모델 포트폴리오 구성 → 실제 포트폴리오 구성으로 이루어진다.

42
정답 ④

④ 리밸런싱은 상황변화 발생 시 구성종목의 상대가격 변동에 따른 투자비율 변화를 원래대로 환원하는 방법이다.

43
정답 ④

④ 운용스타일로 전략을 구분할 경우 해당 종목의 미래성장성보다는 현재의 시장가치를 중요하게 여긴다.

44
정답 ③

③ 표면금리는 채권의 액면가에 대한 연간 이자지급율을 채권 표면에 표시한 것을 의미한다. 발행자가 부담하는 금리는 실효금리로 표면금리는 액면 발행하는 경우 실효금리와 표면금리와 일치하게 되지만 이외의 경우에는 표면금리와 실효금리는 차이가 발생한다.

45
정답 ①

① 회사채는 회사의 채무이행 능력에 따라 AAA부터 D까지의 신용등급을 부여받게 된다. 지방채, 국채, 통안채 등은 매우 낮은 위험으로 신용도가 부여되지 않으며, 특수채의 경우 최고등급인 AAA를 부여받는다.

46
정답 ①

① 수의상환사채는 만기상환일 이전 발행자가 원금을 임의로 상환 가능하며, 금리 하락 시 채권의 가치가 상승함에 따라 옵션을 행사한다. 해당 구조는 발행자가 콜을 매입한 구조이므로 프리미엄을 지급하며, 기존 발행가에서 프리미엄을 차감한 가격으로 발행하게 된다. 따라서, 해당 채권은 수의상환 조건이 없다면 액면가로 발행되어야 하지만 프리미엄을 감안하여 10,000,000원 대비 할인하여 발행되어야 하며, 금리가 상승하였으므로 해당 옵션을 행사할 가능성이 없으므로 발행 시점의 만기인 3년을 적용하게 된다.

47
정답 ④

④ 동일한 크기의 수익률 변동 발생 시, 수익률 하락으로 인한 가격 상승폭은 수익률 상승으로 인한 가격 하락폭보다 크다.

48
정답 ①

① 채권의 수익률이 높아지면 듀레이션은 감소한다.

49
정답 ③

③ 듀레이션 $= -dP/dr \times (1+r)/P$로 계산한다.
따라서,
듀레이션 $= -500$원$/(-1\%) \times (1+10\%)/10,000$원
$= 5.5$

50
정답 ②

② 채권가격변동률은 $-Duration/(1+r) \times \triangle r$(시장만기수익률 변동폭)으로 계산한다.
∴ $-2.7/(1+0.05) \times 1\% = -2.6\%$

51

① 채권가격변동액은 $\frac{1}{2} \times \text{P} \times \text{Convexity} \times (\triangle r)^2$ 로 계산한다.

∴ $\frac{1}{2} \times 10,000원 \times 2 \times (1\%)^2 = 1$

52

④ 만기수익률과 채권 잔존기간이 일정할 경우 표면이율이 낮아질수록 볼록성은 커진다.

53

④ 유동선 선호가 성립한다고 가정할 경우 채권의 수익률은 만기에 따라 우상향 수익률 곡선을 따르게 된다. 따라서 만기가 3년인 채권의 연평균 수익률이 6%이므로 만기가 5년인 채권의 연평균 수익률은 6%를 초과해야 하므로 6.5%가 적절하다.

54

④ A3 구간으로 볼 수 있는 구간은 BBB 구간이다.

55

③ 이자와 롤링수익률 방식을 통한 채권 기대수익률에 대해 구할 경우 해당 채권의 신용위험은 고려하지 않는다.

56

④ 채권투자수익률 = 이자수익률 + 자본수익률로 계산한다. 먼저 자본수익률 = (매입금리 − 매도금리) × 잔존듀레이션 ÷ 투자연수로 계산하고, 듀레이션을 2년으로 가정할 경우 자본수익률 = (4% − 3%) × 2 ÷ 1 = 2%로 계산한다. 이자수익률은 액면가에 매입하였으므로 액면이자율은 매입한 시장이자율과 동일한 4%이다. 따라서 1년간 보유한 경우 이자수익은 4%이다.

∴ 채권투자수익률 = 4% + 2% = 6%

57

① 단기채와 장기채만을 집중적으로 보유하는 투자전략은 바벨형 만기전략이다.

58

① 장기물 시장이 더 강세를 보일 것으로 예상되는 상황이나 장기물의 상대가치가 우수한 것으로 판단되는 경우 적용되는 투자전략은 일드커브 플래트너이다.

59

⑤ 거래당사자 : 장내파생상품의 경우 청산기관이 거래상대방의 역할을 수행한다.

60

④ 불리한 리스크를 제거하고 유리한 리스크를 보존하는 방법은 주로 옵션 매입의 형태를 나타내므로, 전략을 취할 때 옵션 프리미엄을 지급하여 비용이 많이 발생하는 단점이 있다.

61

c. 선도의 경우에는 계약불이행 위험이 존재하지만, 선물의 경우 청산소에서 계약이행을 보증하며 청산기관이 거래상대방의 역할을 하므로 거래상대방으로 인한 계약불이행 위험은 존재하지 않는다.

d. 선도의 경우 대부분 만기 시점에서 실물인수도 되지만, 선물의 경우 결제 이전 포지션 청산이 가능하다.

62

정답 ④

④ KOSPI200 지수선물의 결제방법은 현금결제방식을 적용한다.

63

정답 ④

④ 마켓타이밍을 예상하여 주가가 상승할 것으로 예상하는 경우 베타가 높은 주식의 비중을 높여 주식포트폴리오의 시장리스크를 증가시켜야 한다.

64

정답 ③

③ 베타조정 헤지를 위해 필요한 선물계약 수는 베타조정 헤지 × [주식가치 / (선물가격 × 25만원)]으로 계산할 수 있다.

∴ 1.2 × [100억원 / (250포인트 × 25만원)] = 192계약

65

정답 ①

① 듀레이션 조정을 위한 선물계약 수

$$= \frac{(목표듀레이션 - 현재듀레이션) \times S}{선물듀레이션 \times F}$$

∴ 선물계약 수 $= \frac{(4.0 - 3.0)}{2.4} \times \frac{100억원}{(1억원 \times 1.2)}$

$= (+) 35계약$

66

정답 ②

② 콜옵션을 매수하는 경우 손익분기점은 행사가격과 콜옵션을 합산한 것이다.

67

정답 ③

③ 스트래들 매도는 행사가격이 동일한 콜옵션과 풋옵션을 매도하므로 프리미엄 수입이 발생한다.

68

정답 ⑤

⑤ 플로어에 대한 프리미엄은 0.3%와 0.5%의 차이인 0.2%이다.

69

정답 ②

② 통화스왑은 원금 자체를 교환하여 원리금 자체를 교환하는 방식이다.

70

정답 ②

② 합성선물환매수의 경우 행사가격 K인 콜옵션 1계약을 C에 매수하고, 만기와 행사가격이 동일한 풋옵션 1계약을 P에 매도하는 경우 선물환을 K + (C − P)에 매수한 것과 동일한 효과를 얻을 수 있다.

71   정답 ③

③ 동산의 경우 완전경쟁이 성립하지만, 부동산의 경우 불완전 경쟁이 성립한다.

72   정답 ⑤

⑤ 연속적으로 인접한 특성인 연접성은 건물에는 적용되지 않는다.

73   정답 ③

③ 용도구역의 경우 시가지의 무질서한 확산방지 등을 목적으로 필요한 토지에 지정하며, 지역·지구의 중복 지정은 가능하나 구역 간 중복 지정은 불가능하다.

74   정답 ②

b. 다가구주택의 경우 3개층 이하 주택으로 분양은 불가능하다.
c. 아파트로 적용받기 위해서는 5개층 이상이여야 한다.
d. 아파트 사업 승인 대상은 30세대 이상이다.

75   정답 ①

① 용적률은 건축물의 연면적을 대지면적으로 나누어 산출하며 따라서 용적률은 4,500/1,000으로 450%이다. 그리고 해당 아파트는 도시지역 – 주거지역에 위치해 있으므로 법상 한도는 500%이다.

76   정답 ①

• LTV는 담보대출의 가치인정비율로 담보인정금액을 담보가치로 나누는 것으로 이 경우 7억원 ÷ 10억원 = 70%이다.
• DTI는 총부채상환비율(총소득에서 부채의 연간 원리금 상환액이 차지하는 비율)이며, 기타대출의 경우 상환액은 이자만 인정하므로 (2천만원 + 5백만원) ÷ 1억원 = 25%이다.
• DSR은 총부채원리금상환비율(대출자의 소득 대비 원리금 상환액의 비율)을 의미하며, 기타대출의 경우에도 원리금 상환액을 합하여 계산해야 하므로 (2천만원 + 1천 5백만원) ÷ 1억원 = 35%이다.

77   정답 ②

② 부동산의 소유권을 확인하기 위해서는 등기사항증명서 갑구를 확인해야 하며, 등기사항증명서 을구는 소유권 이외의 권리사항을 확인할 수 있다.

78   정답 ③

③ 지구단위계획은 10년 단위로 수립하며, 도시·군기본계획은 20년 단위로 수립하고 연도의 끝자리는 0년 또는 5년으로 수립한다.

79   정답 ⑤

⑤ 국민주택을 초과하는 규모의 주택에 대해 직전 2개월 청약경쟁률이 5:1을 초과하는 경우 투기과열지구로 지정될 수 있다.

80   정답 ③

③ 중대형 아파트 시장은 침체인 반면, 단독주택 시장의 경우에는 도시형생활주택의 인기로 상승하고 있다.

81　　　　　　　　　　　　정답 ④

④ 2019년 − 코로나의 여파로 기준금리 인하에 따른 유동성이 부동산 시장에서 계속 머무는 결과를 가져오게 되었다.

82　　　　　　　　　　　　정답 ②

② 상가시장의 경우 최근 하향 안정세를 유지함에 따라 시세차익보다는 정기적인 임대수입, 현금흐름에 초점이 맞춰져 있다.

83　　　　　　　　　　　　정답 ③

③ 주택보급률은 100%가 적정 공급 수준이지만 예비주택의 필요성, 노후주택의 기능 한계, 새 주택 품질 선호 등의 이유로 여유분이 필요하다.

84　　　　　　　　　　　　정답 ②

② 부동산 문제의 경우 문제를 개선하는 것보다 예방하는 것에 초점을 둔다.

85　　　　　　　　　　　　정답 ④

④ 2년 이상 체재할 목적으로 해외 주거용 주택을 취득할 경우 지정거래 외국환은행장에게 신고해야 한다.

86　　　　　　　　　　　　정답 ①

① 종합부동산세 시행의 경우 주택 투기 및 집값을 잡는 정책이며, 나머지는 부동산 시장을 부양하기 위한 정책이다.

87　　　　　　　　　　　　정답 ③

③ 이명박 정부는 부동산 부양책을 발표하였지만 대폭적인 규제 완화보다는 중립적인 것으로 평가할 수 있다.

88　　　　　　　　　　　　정답 ②

② 장기간 주택 거래량 흐름 분석을 통해 부동산 시장의 추이 파악이 가능하다.

89　　　　　　　　　　　　정답 ②

c. 부동산 투자의 경우 투자수익창출은 투자자의 능력이 중요하다.
d. 부동산 투자의 경우 장래 기대수익은 유동적이다.

90　　　　　　　　　　　　정답 ⑤

⑤ 만약 차입이자율이 7.5%인 경우 임대수입과 차입이자비용이 같으므로 중립적인 관점에서 운용해야 하며, 7.5%를 초과하더라도 대출상환 계획을 별도로 수립한다는 전제하에 투자자금이 모자라는 경우 투자금을 조달하는 측면에서 검토의 의의가 있다.

91　　　　　　　　　　　　정답 ①

① 수익방식 접근법 − 직접환원법으로 자산의 가치를 평가하는 경우 V = I(1년간의 안정적인 순운영수입)/R(환원이율)로 계산할 수 있다. 해당 투자건의 경우 1년간의 순운영수입은 5천만원이므로 가치는 5천만원/5%로 10억원이다.

92
정답 ⑤

⑤ 순현가법의 경우 할인율로 요구수익률을 적용하지만, 내부수익률법에서는 내부수익률을 적용한다.

93
정답 ③

③ 부동산 시장은 각 자산별로 차별성이 존재하므로 분산 효과가 없다고 단정 짓기는 어렵다.

94
정답 ②

② A 투자안은 독립적인 투자안이므로 단독으로 검토하면 되고 B, C 투자안의 경우 상호배타적인 투자안으로 투자가치가 있는 투자안 중 하나를 선택해야 한다.
- A 투자안 : NPV(순현가)가 0 미만이므로 투자안을 기각한다.
- B, C 투자안 : NPV가 0 이상이므로 두 투자안 모두 투자가치는 있다고 볼 수 있다. NPV법으로 투자안을 선택하므로 NPV가 더 큰 C 투자안을 선택한다.
∴ 따라서 투자할 수 있는 투자안은 C이다.

95
정답 ②

② 선택기준의 최우선 조건은 투자성이지만 가치상승의 한계로 투자가치보다는 사용가치가 우선되어야 한다.

96
정답 ④

④ d : 재건축사업도 재개발사업과 마찬가지로 민간이 주도하여 재건축조합을 설립한다.

97
정답 ⑤

⑤ 농업인의 경우 농지전용부담금이 면제된다.

98
정답 ②

② 시설관리(FM)보다 자산관리(PM)의 중요성이 부각되고 있다.

99
정답 ①

① 관리업무의 강한 지휘·통제가 가능한 것은 혼합관리방식이다.

100
정답 ⑤

⑤ 부동산 프로젝트 금융은 차주의 신용, 일반재산이 아닌 프로젝트의 사업성 자체가 대출 채무의 담보가 되는 자금조달 방식으로 시행사의 신용도보다는 해당 사업 자체의 사업성 및 담보력이 더 중요하다.

좋은 책을 만드는 길, 독자님과 함께 하겠습니다.

2024~2025 은행FP 자산관리사 2부 [개념정리 + 적중문제] 한권으로 끝내기

초판2쇄 발행	2025년 01월 10일 (인쇄 2024년 12월 03일)
발 행 인	박영일
책 임 편 집	이해욱
편 저	김경동
편 집 진 행	김준일 · 이보영 · 남민우
표지디자인	하연주
편집디자인	하한우 · 김혜지
발 행 처	(주)시대고시기획
출 판 등 록	제10-1521호
주 소	서울시 마포구 큰우물로 75 [도화동 538 성지 B/D] 9F
전 화	1600-3600
홈 페 이 지	www.sdedu.co.kr

I S B N	979-11-383-7239-8 (14320)
	979-11-383-7237-4 (세트)
정 가	20,000원

시대에듀
금융시리즈

시대에듀 금융, 경제 · 경영과 함께라면 쉽고 빠르게 단기 합격!

금융투자협회	펀드투자권유대행인 한권으로 끝내기	18,000원
	펀드투자권유대행인 핵심유형 총정리	24,000원
	펀드투자권유대행인 출제동형 100문항 + 모의고사 3회분 + 특별부록 PASSCODE	18,000원
	증권투자권유대행인 한권으로 끝내기	18,000원
	증권투자권유대행인 출제동형 100문항 + 모의고사 3회분 + 특별부록 PASSCODE	18,000원
	펀드투자권유자문인력 한권으로 끝내기	30,000원
	펀드투자권유자문인력 실제유형 모의고사 4회분 + 특별부록 PASSCODE	21,000원
	증권투자권유자문인력 한권으로 끝내기	30,000원
	증권투자권유자문인력 실제유형 모의고사 3회분 + 특별부록 PASSCODE	21,000원
	파생상품투자권유자문인력 한권으로 끝내기	30,000원
	투자자산운용사 한권으로 끝내기(전2권)	38,000원
	투자자산운용사 실제유형 모의고사 + 특별부록 PASSCODE	55,000원
금융연수원	신용분석사 1부 한권으로 끝내기 + 무료동영상	24,000원
	신용분석사 2부 한권으로 끝내기 + 무료동영상	24,000원
	은행FP 자산관리사 1부 [개념정리 + 적중문제] 한권으로 끝내기	20,000원
	은행FP 자산관리사 1부 출제동형 100문항 + 모의고사 3회분 + 특별부록 PASSCODE	17,000원
	은행FP 자산관리사 2부 [개념정리 + 적중문제] 한권으로 끝내기	20,000원
	은행FP 자산관리사 2부 출제동형 100문항 + 모의고사 3회분 + 특별부록 PASSCODE	17,000원
	은행텔러 한권으로 끝내기	23,000원
	한승연의 외환전문역 Ⅰ종 한권으로 끝내기 + 무료동영상	25,000원
	한승연의 외환전문역 Ⅰ종 실제유형 모의고사 4회분 PASSCODE	20,000원
	한승연의 외환전문역 Ⅱ종 한권으로 끝내기 + 무료동영상	25,000원
기술보증기금	기술신용평가사 3급 한권으로 끝내기	31,000원
	기술신용평가사 3급 최종모의고사 4회분	15,000원
매일경제신문사	매경TEST 단기완성 필수이론 + 출제예상문제 + 히든노트	30,000원
	매경TEST 600점 뛰어넘기	23,000원
한국경제신문사	TESAT(테셋) 한권으로 끝내기	28,000원
	TESAT(테셋) 초단기완성	23,000원
신용회복위원회	신용상담사 한권으로 끝내기	27,000원
생명보험협회	변액보험판매관리사 한권으로 끝내기	18,000원
한국정보통신진흥협회	SNS광고마케터 1급 7일 단기완성	19,000원
	검색광고마케터 1급 7일 단기완성	20,000원

※ 도서의 제목 및 가격은 변동될 수 있습니다.

시대에듀 금융자격증 시리즈와 함께하는
금융권 취업의 골든키!

시대에듀 금융자격증 시리즈

시대에듀 금융자격증 도서 시리즈는 짧은 시간 안에 넓은 시험범위를 가장 효율적으로
학습할 수 있도록 구성하여 시험장을 나올 그 순간까지 독자님들의 합격을 도와드립니다.

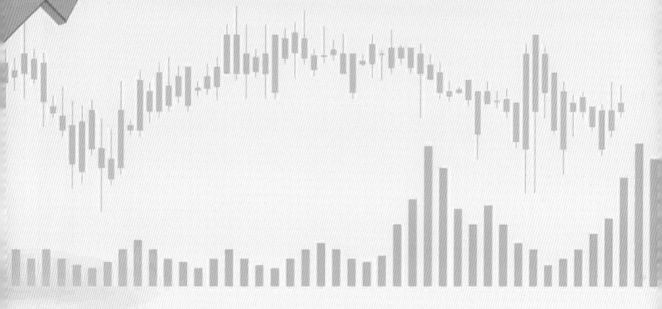

투자자산운용사
한권으로 끝내기 &
실제유형 모의고사 + 특별부록 PASSCODE

펀드투자권유자문인력
한권으로 끝내기 &
실제유형 모의고사 PASSCODE

매경TEST & TESAT
단기완성 & 한권으로 끝내기

매회 최신시험 출제경향을 완벽하게
반영한 종합본과 모의고사!

단기합격을 위한 이론부터 실전까지
완벽하게 끝내는 종합본과 모의고사!

단순 암기보다는 기본에 충실하자!
자기주도 학습형 종합서!